◎2012 年度国家社会科学基金一般项目"基于员工援助计划模式的高校图书馆人力资源管理研究"（12BTQ005）

◎本书受国家社科规划办和安徽行政学院共同资助

基于员工援助计划模式的
高校图书馆人力资源管理研究

刘贵勤 等 著

合肥工业大学 出版社

图书在版编目（CIP）数据

基于员工援助计划模式的高校图书馆人力资源管理研究/刘贵勤等著.
—合肥：合肥工业大学出版社，2016.6
ISBN 978－7－5650－2831－1

Ⅰ.①基…　Ⅱ.①刘…　Ⅲ.①院校图书馆—人力资源管理—研究
Ⅳ.①G258.6

中国版本图书馆 CIP 数据核字（2016）第 135014 号

基于员工援助计划模式的高校图书馆人力资源管理研究

刘贵勤 等 著		责任编辑	郭娟娟	

出　版　合肥工业大学出版社　　　版　次　2016 年 6 月第 1 版
地　址　合肥市屯溪路 193 号　　　印　次　2016 年 10 月第 1 次印刷
邮　编　230009　　　　　　　　　　开　本　710 毫米×1010 毫米　1/16
电　话　人文编辑部:0551－62903205　印　张　21.25
　　　　市场营销部:0551－62903198　字　数　382 千字
网　址　www.hfutpress.com.cn　　　印　刷　合肥现代印务有限公司
E-mail　hfutpress@163.com　　　　发　行　全国新华书店

ISBN 978－7－5650－2831－1　　　　　　定价：48.00 元

如有影响阅读的印装质量问题,请与出版社市场营销部联系调换。

课题组成员及本书作者

刘贵勤　陶方林　王　宁

储结兵　李咏梅　路俊英　许秀杰

序

在全面建成小康社会新的伟大征程中，党和国家高度重视心理健康教育。党的十八大提出，"注重人文关怀和心理疏导，培育自尊自信、理性平和、积极向上的社会心态"。习近平总书记多次强调，领导干部要淡泊名利，保持良好的心态。新颁布的《干部教育培训工作条例》，就开展干部心理健康教育培训提出了明确要求。

作为安徽省公务员培训的主阵地和干部教育培训的主渠道，我院牢牢把握新形势、新任务、新要求，紧紧围绕中心、服务大局，突出特色、发挥优势，不断加强心理健康问题研究和教育培训。刘贵勤研究馆员及其课题组，随时而动、顺势而为，以跨学科研究为基础，以保障质量为导向，以提升水平为目标，开展了"基于员工援助计划模式的高校图书馆人力资源管理研究"，在此基础上形成了这部专著。

该专著坚持理论与应用相结合，注重心理学与管理学融合研究，具有较强的专业性、科学性和实用性。课题组通过对 EAP（Employee Assistant Program，员工援助计划）的系统深入研究，将其融入现代人力资源管理之中，应用于高校图书馆等服务性工作领域。研究中，以问卷和访谈等形式，采集了翔实的数据，分析了馆员工作压力现状及其影响因素，阐明了馆员职业倦怠的测量方法和诊断依据，构建了图书馆员工援助计划（L-EAP）实用模本，并有计划地进行了实证。

此专著的出版，是我院重大课题研究的一项新成果。该研究成果从 EAP 的视角，明确了组织、个人的发展方向，提出了改善、消除问题诱因的方法，形成了营造愉悦的工作、生活和心灵环境的对策，有利于实现组织和个人的持续健康发展。这对所有生活在职场中、关注自身生活质量的读者，提供了为自己消除生活上、心灵上负面因素的良方；对满足教育培训需求，加强干部队伍建设，推进 EAP 在我国的广泛应用及其本土化研究，都具有重要意义。

安徽行政学院党委书记、常务副院长

吴良仁

2016 年元月

目　　录

理　论　篇

实 践 篇

理 论 篇

第一章　绪论：他山之石

员工援助计划（Employee Assistant Program，EAP）除了在超过90%的世界500强企业和部分中国500强大型企业中得以应用外，目前国内在监狱、公安干警和某些政府公务员中也有尝试，但在事业单位鲜有涉足。国人对EAP的了解仅限于心理学工作者和EAP工作者，以及已经购买并实施EAP服务的企业和机构。高等院校，尤其是高校图书馆了解EAP的人更加屈指可数。我们课题组将EAP的触角延伸到高校图书馆的人力资源管理中，尝试构建高校图书馆员工援助计划（L-EAP）实施模式，可为其应用领域的进一步拓展提供借鉴。

第一节　选题的背景与意义

EAP的核心内容是通过对员工的深层心理关怀来提升员工的心理素质和工作绩效，符合现代人力资源管理"以人为本"的基本要求。国内外实践表明，人力资源管理引入EAP，对丰富组织的人力资源开发和利用发挥了重要作用。EAP可以帮助员工缓解工作压力、消除职业倦怠、改善人际关系，更好地规划职业生涯发展，协调工作与生活的平衡，有效地提高员工工作满意度，增强组织凝聚力。

一、选题的背景

胡锦涛同志在党的十七大报告第七部分"推动社会主义文化大发展大繁荣"的第二节"建设和谐文化，培育文明风尚"中明确提出："加强和改进思想政治工作，注重人文关怀和心理疏导，用正确方式处理人际关系。"

十八大报告里有关全面提升公民道德素质的内容中再次强调："要注重人文关怀和心理疏导，培育自尊自信、理性平和、积极向上的社会心态。"

人文关怀和心理疏导，势必成为全社会的关注点。

EAP 是英文 Employee Assistant Program 的简称，中译文为员工援助计划，或员工心理援助项目，也有人称其为全员心理管理技术。它是组织为员工购买的一套系统、长期的支持项目，因此有人视之为精神福利。其工作方式是通过专业人员对组织的诊断、建议和对员工及其家属提供专业指导、培训和咨询，旨在帮助解决员工及其家庭成员的心理和行为问题，提高员工在组织中的工作绩效及改善组织气氛和管理①。EAP 服务先是在企业中试用并推广，随着经济社会的发展和变迁，EAP 服务的内容、服务的对象不断扩充和延伸，研究方法也在不断创新，并与人力资源管理相整合，在对帮助解决员工心理问题、激发员工工作热情、提高管理者水平等方面发挥了重要作用，能有效地提高组织人力资源管理的效率。因此，EAP 也受到企业之外的像政府、军队及各种社会团体的广泛重视。

时至今日 EAP 已有近百年的历史了，国际上无论是理论研究，还是实际应用方面都日趋成熟。2000 年前后，EAP 开始进入国人的视线，目前，国内 EAP 服务主要集中应用于大型企业，政府、军队、学校等其他领域亦有不同程度的涉及。

组织向员工提供 EAP 服务，从某种意义上说是人力资源管理的创新手段。组织要持续健康发展，尽管受多种因素的影响，但最根本的要素是"人"，组织中员工及管理者水平和能力起到了决定性作用。由于 EAP 涉及员工心理问题，通过预防、诊断和干预等技术，调适他们的心理状态，促进员工忠诚组织，服务组织，视组织为家，这与我们传统的政治思想工作有异曲同工之妙。目前，在我国 EAP 理论研究还较薄弱，本土化理论体系尚未建立，应用研究除企业外，在其他领域只是刚刚起步。如何在社会组织中引入 EAP，强化人力资源管理，是 EAP 研究的一个难点问题和需要创新的问题。国内一些学者和专业人士都在这个领域不断进行着开创性探索和尝试。

EAP 的应用研究是指在对组织和员工相关情况进行实际调查的基础上，制订科学合理的实施方案，采取管理学、心理学、社会学等多学科的综合手段和技术，通过长期连续的实施，进行前后对比，从而分析其应用效果。EAP 应用研究虽然由于组织的特质性、样本的局限性及各地社会经济环境的差异性，不同研究者得出结论会有所不同，但能为了解和改进实施效果取得真实的第一手资料，对我国 EAP 本土化应用研究提供针对性强的参考模本。

本课题是将 EAP 服务引入高校图书馆，基于 EAP 在高校图书馆人力资源

---

① 张西超. 员工帮助计划（EAP）：提高企业绩效的有效途径［J］. 经济界, 2003（3）: 58.

管理应用方面的探索性综合研究。目前,国内外涉及 EAP 在高校图书馆实证研究的义献不多,而且存在明显的不足之处:一是选取高校图书馆类型单一,员工样本数也较少,代表性不强,借鉴性欠佳;二是研究视角偏小,EAP 导入的方法和技术过于强调对心理障碍员工的心理疏导,在 EAP 知识普及、员工培训、综合评估等方面不够完善;三是研究方法缺乏创新,研究内容不够深入。

尽管 EAP 在国外已有了近百年的发展历史,理论研究和实际应用日臻成熟,但引入我国时间并不长,加之我国传统文化的影响和道德规范的差异性,普及 EAP 的应用不能照搬照套,必须要经历长期的本土化研究探索方能扎根生长。随着时代的发展,工作和社会节奏的加快,社会观念的变化,特别是人们追求个性化发展的内在要求,必然会寻求解决心理预防和心理问题的方法和途径。EAP 作为帮助解决员工心理问题的一项福利计划,不失为组织和个人的一种良好选择,其应用的范围和价值将越来越大。

随着信息化时代的到来和人们对知识需求的变化,高校图书馆面临前所未有的挑战,服务方式要求多样化、主动化;服务对象要求广泛化、多元化;读者需求呈现专业化、个性化,由此给高校图书馆员工带来新的压力,心理负担加重。从全国高校图书馆整体情况来看,现代人力资源管理的新观念还没有建立起来,传统人事管理的观念仍占主导地位,管理者还没有意识到当今信息时代,图书馆发展的最大制约要素是"人",即馆员队伍建设严重滞后,特别是缺乏具有现代知识、高素质的创新人才,结果导致图书馆管理工作的中心主要放在"事"和"物"上,还没有转到以"人"为中心的发展观上。大多数高校图书馆的人力资源管理仍停留在传统而简单的对馆员的规章制度约束和监督上,客观上限制了馆员的个性张扬,阻碍了他们的积极性和创造性发挥;同时,管理者不注重人力资源的开发,挖掘馆员的潜能。例如,没有建立馆员科学化、规范化、制度化的价值评价体系,导致干多干少一个样,干好干坏一个样,既挫伤了事业心、责任感强的馆员的积极性,又包容了不思进取,看门守摊的馆员。

鉴于上述背景分析,本课题试图通过在高校图书馆引入 EAP,来探索加强和改善高校图书馆人力资源管理的新路径。

二、选题的意义

(一) 理论意义

EAP 的关注点与人力资源管理目标有着诸多的交叉和契合之处,将 EAP 作为现代人力资源管理的重要手段和全新模式,在高校图书馆这个职业倦怠症容易产生的环境中推广应用，值得深入研究。EAP 是减轻工作压力、缓解职业倦怠、提高组织绩效、促进员工心理健康的良方，从心理学的角度，通过实证研究为其他已经或即将使用 EAP 的组织提供理论参考。

（二）现实意义

1. 对促进高校图书馆不断创新具有重要的现实意义

随着高校规模的扩展，高校图书馆及其人力资源也会形成一定规模，EAP 模式中的"心理契约"将有形的规章内化为人的自我需求，促使图书馆员把自己视为人力资源开发的主体，并能够不断保持与图书馆的良好关系，将自我的提升与组织的发展充分融合，从而使个体与组织在动态条件下永远充满活力。也就是说，实现人力资源的自主开发，避免组织与员工个人之间由于"信息不对称"带来的工作效率的缺失是实现"心理契约"的意义所在。因此，将 EAP 的理论应用到高校图书馆人力资源管理中，不仅能够提高图书馆的组织绩效、开发人力资源潜力，而且有利于实现图书馆服务的不断创新。

2. 对于馆员实现自我价值具有一定的促进作用

图书馆与馆员虽有相互矛盾的一面，但又存在着一种利益"共生"关系。图书馆是全体馆员的"生命共同体"，这是内聚力的根基，也是共建"心理契约"的基础。图书馆的目标是组织成长和馆员发展双重目标的统一，将 EAP 理论应用到馆员激励中，是一个充分发挥馆员积极性、创造性与智慧的过程，对馆员自我价值实现具有一定促进作用。

3. 是提升人力资源管理效能的新动力

L-EAP 模式的构建能在管理中创设出积极向上、奋发、进取的组织文化，这种源自健康组织文化而凝聚生成的力量更强大，也更具向心力，足以弥补法律法规等规范制度所规约不到的真空地带，进而形成彼此信任、互敬互爱、团结协作和共同发展的浓郁氛围，可激发馆员的工作热情、调动其主观能动性，充分发掘其潜力，实现人尽其才、才尽所用，有效整合馆员群体多方资源，提升图书馆组织的管理效能。

第二节　国内外 EAP 理论和应用研究综述

国内外 EAP 研究涉及的内容较广泛，自 20 世纪 80 年代研究人员首次提出 EAP（员工援助计划）概念以来，其理论研究和应用研究一直持续深入地进行着，有的探讨 EAP 基本概念，有的分析归纳 EAP 服务内容和模式，更多的是探索 EAP 应用效用。在不同领域的不同组织中引入 EAP，运用 EAP 理论和服务手段，实证其效用价值，提供推广应用模式，同时丰富 EAP 理论研究方向和研究内容。

一、EAP 发展历程简介

EAP 起源于 20 世纪二三十年代美国，至今已有近百年的历史了，大体经历了萌芽阶段、初步发展阶段、快速成长阶段和发展成熟阶段[①]。

（一）萌芽阶段

20 世纪二三十年代，随着西方企业规模的不断扩大，劳动力的需求也随之增加，大量劳力被引进，那时工人们的劳动时间长、劳动强度大，劳动易疲倦，于是，为缓解工作压力、消除疲倦，工作场所饮酒现象逐渐增多，管理者对饮酒现象也持支持的态度，甚至为工作场所提供酒类饮品，其结果是酗酒员工越来越多，怠工、装病、离职现象时有发生，工作事故率上升，工作绩效下降。企业的管理者由此开始关注并干预员工的酗酒问题，有的企业建立了职业酒精依赖项目（Occupational Alcoholism Program，OAP），员工援助计划的雏形从此诞生。1935 年在美国俄亥俄州成立的酗酒匿名团（Alcoholism Anonymous，AA），被视为 EAP 的前身，这一团体建立的初衷是为了帮助那些有严重酗酒行为的员工。随着饮酒现象的普遍增多，人们将视线由对酗酒者健康的关注转向了对工作绩效造成的不良影响，企业管理者更多关注如何戒除饮酒危害，使工人们更好地完成工作任务。

（二）初步发展阶段

第二次世界大战爆发后，各国对军需物品的需求不断增加，工厂都在扩大生产量，员工的工作时间进一步增加，工作强度也越来越大。在这种生产力最大化的压力下，任何能够引起工作效率下降的因素都会受到管理者的极大重视。员工旷工与大量饮酒相关，在如此强大的体力劳动下，即使少量饮酒也会在生产过程中产生极大的安全隐患。因此，管理者对工作场所饮酒现象特别敏感，各种禁酒方案相继出台。到 1939 年，各种 AA 小组已遍及美国中西部和东部部分地区，在 AA 小组帮助下，越来越多的人从酗酒阴影中走出来，戒除酒瘾后，工人们积极工作，为企业创造应有的效益。但此时，戒酒方案还不为外界所知晓，因为企业都是在内部秘密实施 OAP，直到 1947 年，

---

① 陶梦轲，王锐，赵然. 员工帮助计划（EAP）服务需求现状综述［J］. 中国外资，2012（6）：18.

为保障戒酒治疗顺利进行，企业高层管理者需要实施更多的干预方案，联合爱迪生公司正式公开承认酗酒是一种疾病，并建立了三层治疗程序，以帮助酗酒员工恢复身体健康。

（三）快速成长阶段

20 世纪 50 年代，美国工业医疗协会成立了酗酒委员会（后更名为"饮酒问题委员会"）。在耶鲁大学的引领下，酗酒问题列入了课程大纲和研究课题中，很多社会机构也开始举办酗酒研究暑假班。与此同时，企业的工会组织也积极参与这一活动，并有效地促使戒酒方案更加正规化和公开化。OAP 如雨后春笋般层出不穷，并由企业内部转向社会公开。

（四）发展成熟阶段

20 世纪 60 年代，酗酒、吸毒、药物滥用等社会现象在美国日益严重，而家庭暴力、离婚、精神抑郁等也严重影响着员工的工作绩效，于是，OAP 扩大了项目服务范围，其服务对象由员工本人拓展到员工家属，内容和深度也愈加丰富。随着经济全球化进程的加快，进入 21 世纪的企业规模在不断扩大，跨国公司遍布全球，相伴而生的是管理层的流动频繁，员工离职率上升、文化与价值观的冲突加剧……这一切势必引起管理层的高度重视。诸多实践表明，EAP 不仅提升了企业绩效，也取得了良好的社会效益，因而一些国家和政府对 EAP 的态度越来越积极，EAP 也逐渐得以在政府、军队中广泛应用。

二、EAP 理论研究综述

"Employee Assistant Program，员工援助计划"的概念由 Walsh 在 1982 年首次正式提出，至今还没有一个得到普遍公认的统一的定义。

（一）EAP 概念的研究

1. 国外学者对 EAP 概念的研究

（1）Sterhing 等人认为 EAP 最初是一种识别和帮助酗酒员工的服务项目[①]。

（2）Goodins（1987）等人在 20 世纪 80 年代认为 EAP 是企业通过评估、诊断，并运用合理的干预办法，解决影响员工工作表现及业绩问题的过程[②]。

（3）Bohlander（1992）等人认为，EAP 从预防心理问题产生入手，以提

---

① 王雁飞. 国外员工援助计划相关研究述评 [J]. 心理科学进展, 2005 (13)：219-226.
② Goodins B. Occupational Social Work [M]. New Jersey Prentice-Hall, Inc, 1987.

高员工工作、生活质量为目的，通过为员工提供诊断、辅导、咨询等服务，解决员工在社会、心理、经济与健康方面的问题，消除员工各方面的困扰①。

（4）Dessler（1994）定义 EAP 是企业内部正式、系统的项目，通过该项目的实施与推动，为面临情绪、压力、酗酒、赌博等不良因素的员工提供咨询、引导及有效地治疗措施，帮助他们渡过困难的过程②。

（5）Gloria（1994）EAP 是由组织管理者或由工会团体、员工协会与咨询顾问公司、社会团体、心理健康服务机构与个人签约，为员工提供心理问题和心理健康帮助服务的总称③。

（6）Arthur（2000）认为，EAP 主要是针对存在心理问题的员工及家属，提供相应心理评估、咨询辅导与治疗服务及家庭、法律、医疗与财务等方面援助的过程④。

（7）国际 EAP 协会综合上述观点，表述 EAP 概念为：以工作场所为基础的计划，其目的是帮助组织提高工作效率，帮助员工找到解决个人问题的模式，包括但不限于健康、婚姻、家庭、财务、酗酒、毒品、法律及情绪压力及其他可能和组织的问题，改善个人和组织福利，从而提高组织的生产效率⑤。

2. 国内学者对 EAP 概念的研究

国际 EAP 协会中国分会结合我国现阶段实际，提出 EAP 是中国政府机构和企事业单位为其员工所设置的一套系统心理支持项目，旨在协助解决员工及其家庭成员所面临的工作、生活困扰，从而促进组织和谐发展及绩效提升。

（1）张西超认为，EAP 是组织（如企业、政府部门、军队）等为其成员设置的一项长期的帮助和福利计划，通过专业人员对组织的诊断、建议和对组织成员及其家属提供的专业指导、培训和咨询，旨在帮助解决组织成员及其家属的心理和行为问题，以维护组织成员的心理健康，提高工作绩效并改善组织管理⑥。

（2）王雁飞认为，EAP 是组织为员工设置的一套系统的、长期的福利与

---

① Bohlander, Sherman. Managing Human Resources［M］. South-Western Publishing Company, 1992.

② Dessler G. Human resource management［M］. Englewood Prentice-Hall IntemationalInc, 1994.

③ 赵勇. EAP 在中国发展的本土化应用研究［D］. 保定：河北大学，2011：7-8.

④ Arthur A R. Employee assistance programs: the emperor's new clothes of stress management［J］. British Journal of Guidance&Counseling, 2000, 28（4）.

⑤ 王婧. 企业女性员工援助计划的实施设计与应用研究［D］. 呼和浩特：内蒙古财经大学，2012：6.

⑥ 张西超. 员工帮助计划：中国 EAP 的理论与实践［M］. 北京：中国社会科学出版社，2006.

支持项目，它通过专业人员为组织和员工提供诊断、评估、培训、专业指导与咨询，帮助员工自身及其家庭成员解决各种心理和行为问题，目的在于提高员工在组织中的工作绩效和身心健康，并改善企业的气氛与管理效能①。

3. 本研究对 EAP 概念的综述

还有很多学者从不同角度提出了自己的观点，但综合各种国内外文献，尽管他们对 EAP 的基本概念定义不尽相同，但归纳起来，至少具有下列共同特征：

（1）EAP 是为个人和组织提供的一项心理预防和帮助解决心理问题的服务，这种服务范围广，涉及面宽，既包括员工本人和组织，还涵盖了员工家属和其他相关人员。

（2）实施 EAP 的根本目的是为了解决员工影响工作绩效的个人问题和提高组织管理水平。

（3）EAP 是由组织负责提供，而不是由员工个人或某个部门提供，EAP 服务对员工来说是免费的，是他们享受的心理福利。

（4）EAP 不是单一的计划，而是由一系列计划组成的计划体系或综合方案，从最初的宣传教育，到咨询、诊断，直到最后问题得到解决，是一项系统工程。

（二）EAP 相关内容的研究

1. 国外学者对 EAP 相关内容的研究

（1）Lewis（1986）认为 EAP 的内容包括八个方面：个人咨询、团体咨询、咨询服务、教育培训、职业生涯规划、特别服务、研究服务和紧急服务。

（2）Bohlander（1992）认为 EAP 的主要内容包括：社会问题、心理问题、经济问题与健康问题四大方面。

（3）Interlock（2000）认为可以将"员工援助计划"分为个人事务和工作事务两大类。个人事务包括酒精与药物、情绪控制、家庭关系、财务、健康、法律和人际关系技巧；工作事务包括工作职务、工作环境、工作场所性骚扰、人际冲突、工作绩效、工作压力和退休规划②。

（4）CONSAD 研究公司出版的 EAP 手册总结 EAP 的主要内容为：

● 作为一种资源提供给有个人问题的管理者；

● 为培训和发展提供援助；

————————

① 孙冬梅. 国内外员工帮助计划（EAP）的研究综述［J］. 北京建筑工程学院学报，2009（9）：56.

② 闲杰勒德·哈格里夫斯. 压力管理［M］. 刘子正，译. 北京：中国社会科学出版社，2001.

● 为使雇员发挥最大潜力提供援助；

● 在成本控制的情况下，最大限度地使用福利费用；

● 为提高和保持多产和有效率的工作环境提供援助；

● 使组织的社会责任最大化；

● 作为一种资源为协会代表服务；

● 保证照料的质量。

（5）国际 EAP 协会认为 EAP 的核心内容包括：

第一，提供咨询、培训和援助给那些力图管理处于困境的雇员，改善工作环境，提高雇员工作绩效，并培养雇员和家人了解 EAP 服务的工作组织的领导者；

第二，为雇员客户所关系的个人问题提供保密和及时问题甄别以及评估服务，这些个人问题可能会影响工作绩效；

第三，运用建设性的面谈、激励和短期干预的方法，帮助员工客户处理可能影响工作绩效的问题；

第四，为员工客户推荐诊断、治疗和援助服务以及案例监控和跟踪服务；

第五，在工作组织与提供治疗和其他服务的供应商之间建立和保持有效关系以及在管理供应商契约方面提供咨询；

第六，为工作组织提供咨询，鼓励适用医疗和行为问题（包括但不限于：酗酒、药物滥用、精神和情感紊乱）的健康保障的实用性和可获得性；

第七，鉴定为工作组织和个人工作绩效提供的 EAP 服务的效果①。

2. 国内学者对 EAP 相关内容的研究

（1）张西超（2003）认为 EAP 项目包括企业调查研究与建议、宣传推广、教育培训和心理咨询与治疗四个方面，其主要内容有：工作压力、法律纠纷、理财问题、减肥和饮食紊乱等②。

（2）台湾林桂碧（2003）提出 EAP 项目服务内容包括五大类③：

① 心理咨询辅导类：新进员工工作与生活适应，员工个人情绪、情感、婚姻、家庭沟通，职业生涯规划与转换，退休员工和离职员工咨询辅导；

② 教育成长类：员工进修与培训，技能训练，生涯规划，辅导职业智能；

③ 休闲体育类：休闲、健乐、联谊、旅游、球赛、文艺活动、文化交

---

① 刘亚林.EAP（员工帮助计划）的成本、效用：理论研究和实证分析［D］.北京：首都经济贸易大学，2009：7.

② 张西超.员工帮助计划：中国 EAP 的理论与实践［M］.北京：中国社会科学出版社，2006.

③ 林桂碧.他山之石：台湾地区 EAP 的发展与现状［J］.企业研究，2003（18）：66-67.

流等；

④ 医疗保健类：医务室服务，特约医院，医药报销，健康教育（尤其是女性健康这一特殊的领域）等；

⑤ 福利服务类：急难救助，照顾老人和孩子，救济补助，法律咨询，税务咨询，投资理财。

（3）其他分类

还有学者根据 EAP 服务程序分为：

其一为心理调查：对员工心理健康、组织管理状况进行调查，深入分析影响目前状况的各种因素，出具整体分析报告和解决建议，帮助管理者了解员工心理状况及其导致问题产生的原因，为实施 EAP 提供客观依据。

其二为宣传促进：利用海报、自助卡、电子期刊、彩信、视频短片、手机报等形式提供员工关注的身心健康、法律、理财等各种知识。针对员工常见的工作和生活困扰为员工进行专题讲座，内容包括职业心理健康、职业枯竭与应对、挫折应对、工作与家庭平衡等相关内容。

其三为心理培训：通过互动式培训，为管理者和员工工作、生活中与健康有关的各种主题进行培训，帮助员工和管理者提升相关的知识和技能。

其四为心理咨询：设置咨询热线，电话咨询、网上咨询，个体或团体和专门咨询公司建立契约合作关系。

其五为服务评估：首先对咨询和培训某个阶段活动进行评估，对服务模式进行及时调整，使 EAP 服务更具有针对性和实效性；其次是在所有服务项目结束之后，通过员工个人和组织及专业服务人员三个方面来对此次 EAP 服务效果进行总体评价和分析，并提供服务使用率报告。

我们认为，尽管中外学者有关 EAP 的内容在分类上有所差异，但他们所表达的核心内容是一致的，即解决来自员工和组织的有关影响组织绩效的各种问题，具体服务内容则因组织的特性不同、文化背景的差异以及员工在不同时期需求的变化而进行动态调整。由于研究者研究的角度和认识的差异，目前国内外没有公认的、统一的服务内容。

三、EAP 应用研究概况

（一）EAP 服务模式的研究

EAP 服务很难有统一的标准模式，因为不同行业、不同职业对 EAP 的需求和偏好存在差异，各自的理解和要求不一致。作为跨学科项目，心理学、社会学和管理学各领域研究者难以达成统一模式，再加之各国家和地区政治、文化、经济和社会背景不同，EAP 服务模式必然带有浓厚的地域色彩，但可以从服务主体将 EAP 区分为不同类型，通常分为"内部 EAP""外部 EAP""联合 EAP"和"会员制 EAP"四种类型①。

1. 内部 EAP（In-house Model）

以管理为基础的 EAP 是建立在组织内部，配置专门机构或在人力资源部门内增设此职能，配备专职人员负责 EAP 项目策划和组织实施，为员工提供服务。该机构专职人员与员工和管理者之间建立一种常规互动机制，大型和成熟组织大多由组织内部机构和人员实施，这样做能及时准确地了解组织及员工的真实情况，更加有效地发现和解决问题，特别是在处理事故、工伤、暴力威胁以及危机事件方面优势明显。

EAP 对组织的适应性是管理者所密切关注的，因此内部 EAP 的优点是方案的针对性、可操作性强，且富有组织个性特色，项目计划能够借助内部资源去执行。其缺点是实际操作中不可避免会涉及人力资源等组织职能部门，处理不当易产生越位现象；再者服务人员是本单位员工，保密性差。

2. 外部 EAP（Out off-house Model）

外部 EAP 由外部专业 EAP 服务供应机构操作，他们是具有社会工作、心理咨询辅导等知识的专业人员，组织需与服务组织签订合同，并安排一至两名 EAP 专业人员负责联络和配合。

其优点是组织只需支付一定的报酬就可得到全套服务，人力资源耗费少；而且服务人员全部是第三方，员工接受服务时更能获得个人隐私的安全性保障。缺点是与组织管理层接触较少，对被服务组织文化和相关事宜的了解存在局限性；服务过程产生的费用相对内部 EAP 要高。

3. 内外部联合 EAP（Consortium Model）

提供 EAP 服务的外部专业机构与组织内部的 EAP 实施部门携手合作，为组织的员工提供援助服务。这是最理想的服务模式，既保证了工作人员的专业性，又提高了员工的信任度，同时，组织的联系人可对服务的进程和质量进行监督、协调，保证项目整体有序推进和完成。这种内外部联合形式的 EAP 初始都会有一个磨合期，相互交流后最终能确立一个对组织更有利、更有效的服务模式。

4. 会员制 EAP（Affiliate Model）

通过申请加入专业的员工协助服务机构，成为其会员，由专业机构向会

① 李星. EAP 雇员帮助计划［EB/OL］.［2013-6-2］. http://blog.sina.com.cn/s/blog_4b674d3f0100hupc.html.

员提供协助以及个性化服务。

有研究者对实施 EAP 的主要模式做出这样的归纳，即以管理为基础的内部模式、以契约为基础的外部模式、以资源共享为基础的联合模式、以专业化和灵活性相结合的混合模式四种①。它们的实质内容是一致的。

此外，有些学者根据 EAP 服务时间的长短将其分为长期 EAP 和短期 EAP 两种类型。长期 EAP 为系统项目，持续几个月、几年甚至无终止时间；短期 EAP 为特殊时期提供服务，如裁员期心理压力、心理恐惧，企业并购产生业务再造、角色变换、企业文化冲突，灾难性事件（空难、矿难、地震、洪灾）等。

（二）EAP 的应用效用研究

20 世纪 80 年代美国学者曾经对 EAP 实施效果进行成本回归研究，结果显示，投入产出比例为：各企业在 EAP 上平均投入一美元，可为企业节约运营成本五至十六美元。

James Campbell Quick，Cary Cooper 和 Marc Schbracq 的"雇员帮助计划"，对 EAP 的有效性研究表明，2008 年全美使用 EAP 服务的雇主中，大约 60%的企业避免了由员工生病请假给生产经营带来的损失，同时有 72%的企业改进了工作效率降低的现象。

林桂碧对台湾 EAP 实施效果的研究认为，EAP 的受助者对该项目的整体服务成效是肯定的，他们认为推行 EAP 项目有助于劳资关系更和谐及提升工作品质；组织的管理者对 EAP 服务人员的评价也是满意的，并且愿意推荐有关的员工去寻求帮助；同时 EAP 服务人员也肯定企业在推动 EAP 项目后，员工向心力提高，员工抱怨数减少，劳资关系更和谐，企业形象也得到了进一步的提升②。

2001 年 3 月，中国大陆第一个完整的 EAP 项目——联想客户服务部的 EAP，由北京师范大学心理学院张西超博士主持完成。2004 年，上海徐汇区正式实施 EAP 计划，这是国内首次为公务员实施的 EAP 计划埋单。

据美世人力资源咨询公司（William Mercer）调查显示，2007 年以来，中国移动、中石油、中海油、国家电网、南方电网等大型央企，强生、BM、泰科等外企，建设银行、交通银行、民生银行等金融企业，开始关注并开展

---

① 金星慧. 员工帮助计划（EAP）在 DM 煤矿的应用方案研究 [D]. 阜新：辽宁工程技术大学，2011.

② 刘亚林. EAP（员工帮助计划）的成本、效用：理论研究和实证分析 [D]. 北京：首都经济贸易大学，2009：17-20.

EAP 项目，实施效果令人满意。

从理论角度看，EAP 是组织"人性化"管理的一个组成部分，科学有效地实施 EAP，无论对组织还是对员工都会产生很多有益的效果。

1. EAP 在组织层面的应用效果

对组织，通过实施 EAP 可以了解员工心理方面的个人信息，有针对性地为员工排忧解难，促使员工保持良好的工作状态，并且更易于培养员工的忠诚度。具体包括节约招聘费用，节约培训开支，减少办事差错率，降低缺勤率，减少医疗费支出，降低管理人员负担，提高组织公众形象，提高员工士气和提高组织绩效等诸多方面。

2. EAP 在员工层面的应用效果

对员工，当组织所提供的这套援助计划具有高度保密性、可操作性和便利性时，可以减轻不少来自工作和家庭方面的压力，员工能够全神贯注投入到自己职业生涯中，充分发挥自己的创造力及工作热情。具体包括优化工作情绪，提高工作积极性，增强自信心，有效处理人际关系，增强适应力和克服不良嗜好（如抽烟、酗酒、吸毒）等。

3. 应用案例

（1）EAP 在台湾康师傅食品公司的应用

该公司实施一种"永续经营"的"职业安全"项目。公司以对员工个人的知识承诺为中心，提出"成长是我们的最大收获"，塑造员工的"职业安全"，而不是"职务安全"。这种"职业安全"不仅包括职业生涯规划，而且向员工提供全面的就业能力保障。它是从根本上让员工"放心"的管理模式和组织创新设计，为员工创造"机会"，不是暂时权宜之计，而是终身受益的"全人培训"。当经济环境不景气时，导致企业重组及缩减规模，康师傅的人员架构可以从容不迫地应对困难和挫折，组织管理者和员工们齐心协力共渡难关[①]。

（2）EAP 在中国移动的应用

中国移动不仅将 EAP 作为一项给员工的心理福利，是帮助员工解决个人心理困扰的心理咨询，而是更多的将 EAP 视为一种新的管理方法，将其与员工的思想教育工作结合起来，使之更加贴近公司和员工的实际需求。中国移动自 2005 年正式导入 EAP，至今该项服务已覆盖全公司 10 多万员工，各分

---

① EAP 在企业中应用的成功案例［EB/OL］.［2013-6-14］. http：//blog. sina. com. cn/s/blog_61ef74990100fg2l. html.

公司在实践中结合自身需求探索出更实际的服务模式。北京分公司以"快乐、无限"为核心理念，建立了内外部联合 EAP 模式。四川分公司在汶川大地震背景下，启动震后心理援助项目，发挥了员工心理健康保障作用，震后公司员工无一例极端事件。江苏分公司实施"一点支撑，多点覆盖"的服务模式，即由省公司统筹规划、协管各地，确保项目协调性；由 EAP 机构提供专业支撑，确保服务同质性。由苏州分公司提供试点支撑，确保技术效能性，多点覆盖即携手江苏各高校心理咨询领军者，专业力量覆盖全省，确保服务落地性，覆盖江苏省 13 个市级分公司，保证内部的公平性。通过 EAP 的实施，公司取得下列成果：员工身心健康获得提升；EAP 的导向使员工由消极解决问题转向积极心理资本提升；将 EAP 心理服务融入公司管理之中；形成了员工心理保健预警机制[①]。中国移动公司对 EAP 有了全新的定位和认识。

第三节　高校图书馆引入 EAP 的理性分析

EAP 在高校中的应用最早起源于美国。在美国第一个实施 EAP 项目的高校，始于 20 世纪 70 年代，到 1989 年美国有近 150 所高等院校实施了员工援助计划。据一个文科院校的样本调查显示，到 1996 年有近一半的美国高校开展了校园 EAP 服务项目[②]。

EAP 最核心的理念是用一种积极的、关爱式的辅导方法解决组织中员工的个人问题，激励员工积极工作，对组织人力资源管理起到帮助和支持作用。从我国高校图书馆馆员职业特征和人力资源管理存在的问题看，实施 EAP 服务既有必要性又有可行性，能有效地改善人力资源管理方式，稳定图书馆人才队伍，增强馆员的凝聚力和创造力。

一、高校图书馆从业人员的职业特征

高校图书馆是为高校教学科研服务的学术性机构，其从业人员从事的是一种为读者服务的知识服务行业。当代高校图书馆在读者服务方面呈现下列一些基本特征：

---

① 王鹏，乔依琳. 我国 EAP 实证研究成果及本土化研究综述［J］. 现代商业，2011（06）：98-99.

② 路红，凌文辁，任杰. 引入高校教师压力管理的组织机制：EAP 模式［J］. 教育探索，2009（12）：36-37.

（一）服务方式的多样化、主动化

随着信息化时代的到来，图书馆为读者服务不再局限于人对人、面对面的书刊借阅、文献检索，增加了远程访问即人机交流服务。读者可以在网上实施预约借书、网上订书、网上查询、网上导航，真正实行了信息服务由被动向主动转变，读者可以足不出户享受到图书馆提供的各项服务，这就要求馆员必须与时俱进地更新知识结构并不断提高业务能力。

（二）服务对象的广泛化、多元化

图书馆的社会职能随社会的进步与发展而不断扩大，特别是信息化、网络化的发展，使高校图书馆从传统的文献典藏、借阅功能走向信息提供、文献再加工等综合的多功能，兼容其他社会活动。随着社会经济发展，人们的信息意识日益增强，社会上各行各业的人员都对信息有迫切需求，同时随着高校图书馆馆藏资源中的电子文献迅速增多，图书馆的读者群发生了很大变化，不仅是学校的师生员工，还有机关、企事业单位人员及城镇居民等，读者对象呈现多元化的特征。可以说，网络环境下的读者是显性读者和隐性读者并存，他们既可以到高校图书馆去利用图书馆资源，又可以通过计算机和通信网络查找各种文献资源。以读者需求为中心、资源共享、主动服务、读者教育等观念已经成为高校图书馆不得不面对的事实。

（三）读者需求的专业化、个性化

在网络环境下，读者对知识和信息的需求更加趋向专业化、个性化。他们更多地为了汲取对自己有价值的知识信息，希望得到直接的、实用的信息；同时对信息的新颖性、时效性越来越注重，更加讲求信息质量。而读者专业化和个性化服务的需求则要求图书馆从业人员必须熟悉网络环境下相关知识和技术，有针对性地开展深层次的信息服务，从而最大限度地满足多层次、多类型的读者需求。

二、高校图书馆从业人员的素质现状

（一）学历层次悬殊

众所周知，大部分高校图书馆在学校被边缘化，向来是家属、子弟、退伍或转业军人的"收容所"，相当一部分人学历较低，或仅具有一些在职的学历文凭。一些人只能勉强适应图书馆传统的管理方式，对新技术接受能力差，难以适应数字化、网络化图书馆的需求。因而，为了提升自我形象和服务质量，高校图书馆逐年、逐步招聘和引进了一些本科生或硕士生来完成一些高层次的工作。然而，高校图书馆从业人员的现状仍然是学历低的只有初中、高中，高的有大学、硕士生甚至博士生，学历层次悬殊。

（二）人才比例失衡

科学技术的飞速发展，多媒体技术和网络信息技术的普及应用，读者的需求凸显多元化，要求馆员知识广博的同时，还要进一步提升现代情报检索技能。然而，据有关资料统计，目前高校图书馆具有图书情报相关背景知识的人员不足 10%，专业人员与非专业人员比例失衡现象严重。

（三）工作激情不高

一直以来都被看作是"清水衙门"的图书馆，因其相对于高校其他部门而言，是没有经济效益、待遇较低的部门，不仅严重挫伤了图书馆人的工作积极性，使得相当一部分人没有成就感，却有失落感和被忽略感，因而许多年轻人特别是男性青年认为图书馆工作无法发挥自己潜能，展露多彩人生，或丧失工作激情，或选择另谋高就。

（四）性别年龄失调

从目前高校图书馆的性别比例来看，女性工作人员的均数高达六成以上，且是一个普遍现象。从年龄结构上看，比例较高的人员在 45 岁以上，新进人员基本上都在 30 岁以下，没有形成合理的梯队。年龄较大的员工知识老化，专业较为单一，又缺乏学习新知识的能力和动力；年龄较小的新近员工虽有工作热情，但实际工作经验不足，如再缺乏业务骨干的点拨和指导，不仅其成长环境会受到制约，创新精神也会随着时间渐渐消逝①。

三、高校图书馆人力资源管理中存在的问题

（一）缺乏人力资源管理开发理念

传统的人力资源管理是用各项规章制度和条例来实现对人的约束，在管理规范化的同时，也打压了人力资源的积极性，将其创造性锁进了藩篱，使其个性难以张扬，而组织管理者亦无良方在人力资源开发、挖掘馆员潜能方面有所建树，组织活力不再。于是，国内多数高校图书馆的管理者对馆员的管理还基本沿用传统模式，他们重视文献的建设、馆舍的扩建，在硬件配置和争取资金上投入了主要精力，而忽视馆员队伍建设，虽非主观意愿，却在客观上达成了能"看门守摊"就是合格馆员的共识。尽管图书馆员也有准入制度，但却没有建立像教师、医生、律师等专业人员准入制度那样的规范化、制度化的价值评价体系，使得人力资源开发与管理无据可依，造成高素质馆员稀缺，人才引进和培养难度大，馆员队伍建设滞后。

---

① 郝伟. 提高高校图书馆人员素质探讨［J］. 科技信息，2010（25）：645.

(二) 人力资源开发与管理失范

目前，我国一些高校管理者没有从观念上把图书馆员当作一种人力资源，把图书馆人力资源开发列入单独计划的更是寥寥无几，普遍认为图书馆工作本身无需多少技术和能力，无非是借借还还，重复劳动，因而没有准入门槛。各高校图书馆大多数人员来自两个方面：一是校内其他部门优化下来的人员；二是引进人才的家属，形成了图书馆特有的"家属库"现象，如此在人员配置上经常出现学非所用、干非所长的状况。再加上不重视对馆员的继续教育和培训，缺乏科学的绩效考核和评价机制，干好干坏，甚至干与不干都一个样，这种管理制度无疑严重影响了馆员的主观能动性和创造性的发挥。

(三) 工作环境和发展空间受限

当下，我国许多高校图书馆无论是在部门设置、人员配备，还是工作内容上都还停留在传统作业程序和流程上，没有及时转向新时代图书馆发展轨道上来。管理者虽然意识到对图书馆发展至关重要的是拥有高层次创新人才，但这样的环境，束缚了高层次人才的手脚，使他们缺乏用武之地，自身价值难以展现，消弭了他们工作创新的激情，局限了他们的发展空间。为使知识不断更新、实现自身的价值，迫使图书馆已有的这些为数不多的高层次人才转向其他工作岗位。因而以知识深加工、专门知识定向服务和信息资源的传递为主的知识型服务难以拓展。

(四) 人才流失较为严重

据全国高等学校图书情报工作委员会对北京、武汉、长春、广州等地在高校图书馆工作的大学毕业生所做的调查显示，安心在图书馆工作的人仅占47.8%，而想调动的占39%[①]。原因就在于，图书馆与高校其他教学部门相比，不仅工作乏味，劳动强度大、工作时间长，而且在职务晋升和职称评定上机会和职数也少了许多，有的图书馆还论资排辈；但在管理上却一味强调"奉献"精神，忽视员工自身价值实现的需要，跳槽改行现象屡现。

因此，高校图书馆需转化人力资源开发理念，优化人才创新和发展环境，强化馆员队伍建设，把培养和造就适应新时代要求的专业人才视为图书馆建设和发展的重中之重。

---

① 王育惠. 试论新时期高校图书馆人力资源的开发与管理 [J]. 绍兴文理学院学报，2005 (2)：113-115.

四、高校图书馆引入 EAP 的必要性和可行性

（一）高校图书馆引入 EAP 的必要性

1. 图书馆人力资源管理的需要

高校图书馆引入 EAP 对图书馆和馆员双方来说都是正能量。对图书馆来说，有利于增强馆员对图书馆组织的忠诚与信任度，使馆员以良好的状态投入工作，从而提高图书馆的管理和服务水平；对馆员来说，坚信自己最困难的时候能够得到来自组织的帮助，若组织在馆员面临压力时，能够及时采取有效的措施，帮助馆员摆脱困境，排除馆员的心理困扰，馆员就会产生强烈的组织归属感，视图书馆为一个大家庭，更加忠诚图书馆，图书馆也更加和谐团结。

2. 图书馆事业发展的需要

任何一个组织的发展，人力资源都是其最重要的资源。高校图书馆作为知识和智力的载体，更是如此。离开了广大馆员的积极参与和他们聪明才智的发挥，图书馆事业的发展就是无本之木。高校图书馆管理层进行人力资源开发与管理，应把馆员作为图书馆的主体，必须以人为中心，充分调动他们的积极性。把馆员作为图书馆制定发展战略和发展规划的依据，关心他们个人的发展，把馆员个人的发展和图书馆发展紧密结合起来，根据馆员个人的知识结构、能力和专长，协助其合理规划职业生涯，提供相应的工作岗位，并为其自身发展提供继续教育和学习培训的机会和保障措施，EAP 就是实现这一目标的重要途径。

3. 馆员缓解压力的需要

国内外的研究及报道显示，因生活节奏的加快，心理障碍和心理危机频现在人们的日常工作和生活中，如工作上的不甘落后，为了使自己在竞争中立于不败之地，能够再上一个新台阶，谋得适合的职务、职称或为了获评先进工作者，都需要加倍努力，压力或焦虑只增不减。生活中的亲缘关系、子女教育和就业、亲属的下岗、病患、房贷、医保政策、邻里关系等都可能产生心理困扰，使情绪受到冲击，对工作和生活产生各种影响。EAP 服务可在一定程度上缓解工作和生活的压力。

4. 馆员排除心理困扰的需要

作为社会职业群体中的一员，高校图书馆员无疑存在着各种压力和困惑，职业压力和职业倦怠带来的焦虑、抑郁等负性情绪，通过工作中诸多现象，如上班迟到、早退、懒散，工作时间精力不集中，服务用语欠文明，态度生硬，推诿扯皮等来表现和释放。馆员的情绪管理是长期的需求，在帮助员工

管理情绪、消除工作中的不良现象，提高工作绩效等方面，EAP 能发挥积极而独特的作用。

(二) 高校图书馆引入 EAP 的可行性

1. 专业人才优势明显

高等院校是人才汇集的地方，图书馆是其不可或缺的组成部分之一，在没有资金投入的情况下，充分利用其已有资源的优势，积极寻求本校的心理学、管理学和社会学等专业的专家针对员工的工作状况、心理需求、人际关系等需要了解的问题进行问卷设计、调研和组织访谈，为图书馆人员建立心理档案，并向管理层提供反馈，为实施做好前期准备工作。

2. 宣传媒介众多

EAP 服务初始的一项重要内容就是宣传普及，高校众多的宣传媒介，如广播、校报、显示屏、宣传栏、网络等，为 EAP 知识的宣传普及提供了极大的方便，让馆员了解并积极关注。

3. 教育培训条件优越

高校教学资源丰厚，学校的报告厅和图书馆的会议室可以用来开设相关专题讲座和各种针对性专题培训，让馆员在培训过程中学会自我调节、自我规划，同时帮助管理者在处理馆员的心理和情绪问题时更加人性化。

4. 拥有心理咨询室

高校心理咨询室虽然是为在校大学生服务的，EAP 组织亦可借助这个平台为有需求的教职工提供服务。提过宣传和教育，使教职工认识到心理咨询的对象是正常人，并正确看待自己遇到的心理问题，主动寻求专业人员的帮助和疏导，从而更加轻松地生活、积极地工作[①]。

(三) 高校图书馆引入 EAP 的意义

1. 稳定图书馆人才队伍

图书馆在高等院校内的定位为教学辅助单位，其地位难以与高校其他部门相比，图书馆组织又普遍不够重视对人力资源的开发和培养，再加上管理方式落后，造成现有人才不安心，一些馆员还有自卑心理，高层次人才引进难的状况。EAP 服务机构和服务专员立场客观、保持中立，反馈给管理层信息准确、客观，改进的建议中肯、切实可行，真正能够帮助管理层完善管理措施，提高管理效能，促成图书馆组织和个人建立互惠关系，

---

① 张黎. 员工帮助计划（EAP）在高校图书馆员工管理中的应用［D］. 长春: 吉林大学，2011: 22-23.

创造更加适合馆员自身发展的环境和条件，最终提高整个组织的竞争力，达到双赢的目标。

2. 更有效地做好人力资源管理

人本主义管理思想的精髓是对员工进行心理关怀。管理学家戴尔说："除了物质上善待员工外，要把员工的潜能发挥出来，为此你就要创造出允许员工成功的环境，并给他们提供不断成功的工具，让他们犯错误，并关心他们的兴奋点是什么。"马斯洛层次需要理论也说明，员工在满足基本生存需要之后，更希望自己的工作得到承认和尊敬。因此，实现人岗匹配、人尽其才是图书馆人力资源管理的主要目标。通过 EAP 对每个员工进行全面的评估，依据每个员工的具体情况，安排合适的工作岗位，为他们提供施展各自才华的发展平台，并尽可能地给个人发展提供帮助。为每个员工建立个人档案，从人力资源管理的视角协助其做好职业生涯规划，以利更加准确地将具有相应素质的员工安置到相应岗位上，人尽其才。

3. 帮助招聘胜任力强的新员工

从事业的发展角度看，高校图书馆新员工招聘时应设置特定门槛，有必要进行岗位分析，组织面试时引入 EAP，就能更准确、更顺利招聘到适合图书馆所需岗位人才。在职业生涯设计和指导前提下应用 EAP，可以从心理学和管理学角度出发，在图书馆的组织战略设计、招聘录用、绩效管理、新员工培训等方面，全面体现岗位特点要求，为员工职业生涯规划提供依据。这样可以使员工更易适应职业生涯发展的变化和转换，更会去寻求职业生涯转换时期的支持，使员工无论去留，更主动了解自己的职业生涯发展前景。

4. 增强组织对员工的凝聚力

组织最根本最强大的凝聚力是精神凝聚力。图书馆引入 EAP，通过相应的心理疏导和调控，提升馆员的职业认同感、价值观和强大的精神动力，从而缓解馆员的职业压力和职业倦怠。无论何种层次和发展水平的图书馆只要形成强大的精神凝聚力，就经得起任何困难和挫折，团结一致，积极奋斗。

第四节　课题研究的总体思路、主要内容和研究方法

本课题立足高校图书馆馆员为研究对象，选取几所不同类型的高校图书馆为代表，引入 EAP 服务，采用定性和定量相结合的研究方法，以职业压力、职业倦怠、职业高原和人际关系、工作与生活的平衡等方面为主要研究内容，

探索 EAP 在解决员工心理问题、激励员工工作热情，提高人力资源管理绩效的方法和路径，并为今后相关研究者和全国高校图书馆以及其他类型的图书馆运用 EAP 提供参考。

一、总体思路

基于 EAP 理论及实践阐述，引申出 EAP 在高校图书馆中应用的思考与探索；通过对极易出现职业倦怠、低成就感等困惑的图书馆工作人员的心理分析，有计划、有目的地进行相关帮助，提高其工作积极性，促进其身心健康，从而推动高校图书馆建设和发展。

（一）EAP 知识普及

通过资料宣传、举办讲座、学习交流等形式使各类高校图书馆及其员工能够了解 EAP 概念、内容、服务方法及应用意义。

（二）丰富高校图书馆人力资源管理的内涵

高校图书馆是图书馆员工作、生活的场所，更为重要的它也是员工实现自我、成就自我的场所。作为知识的载体，每一个员工所拥有的知识及其奉献态度将决定一个高校图书馆在高校中的价值和命运。组织与员工之间心理契约的实现程度，取决于员工能否从自己工作中得到满足感，如果他们感受到从图书馆的行为中得到了自己期望的，就会对其发展倾注热情、忠诚心和责任感，他们将全力以赴、有效工作，而非只是适当付出努力。EAP 结合高校图书馆组织特征和员工工作特点，更多地融入心理学理论和研究方法，丰富传统人力资源管理的思想和内容，增强人力资源管理理论的指导性和实效性。

（三）应用案例实证研究

选取不同类型的高校图书馆若干所，通过实证研究，了解其实施效果，并进行因子分析，归纳共同性和差异性。实施 L-EAP 激发馆员的工作热情和活力，整合馆员群体诸多要素资源，提高管理效能。求证丰富高校图书馆人力资源管理的新方法，这些案例的成功性和局限性为今后的研究者提供本土化应用研究的完整资料。

（四）通过对 L-EAP 的应用，提高馆员心理健康意识

在宣传和实施 L-EAP 的过程中，体现图书馆对馆员的人文关怀，使馆员通过学习到的心理健康的相关知识，逐渐增强心理自我保健意识，实现对 EAP 由被动接受到主动需求的转变，激发他们的内在动力。

具体如图 1-1 所示：

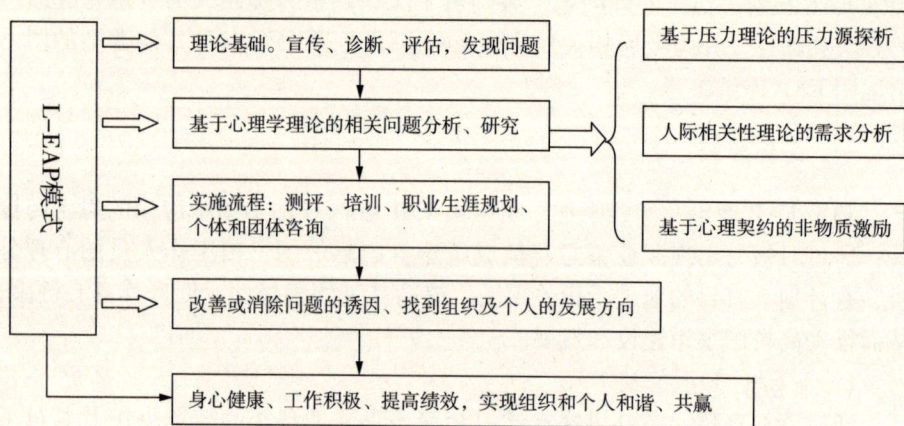

图 1-1　研究思路图

二、主要内容

本课题从理论研究入手，以理论指导实践，再由实践验证理论的方式，促进心理学与管理学的融合。基于心理学理论，如压力理论的压力源探析、人际相关性理论的需求分析、心理契约的非物质激励等相关问题的实证分析、研究，从 EAP 的视角提出了改善或消除问题的诱因、找到组织及个人的发展方向，实现组织和个人和谐、共赢。具体内容如下：

1. 高校图书馆引入 EAP 的理性分析

阐述了选题的背景与意义，综述了国内外 EAP 理论和应用研究概况，介绍了 EAP 的定义、内容、原则、模式、培训、产生和发展过程、发展趋势、应用领域以及高校图书馆引入 EAP 的必要性、可行性和意义，阐明了课题的总体思路、主要内容、研究方法以及尝试构建 L-EAP 模式的初衷等，尽可能地呈现 EAP 的全貌和我们的研究宗旨。

2. EAP 视角下的馆员职业压力与管理

界定了压力的概念及其理论基础，运用压力理论，编制压力问卷，对高校图书馆员工作压力进行了抽样调查，总结了高校图书馆员工作压力的构成及其现状，对馆员工作压力的产生进行了归因分析，描述了工作压力给馆员个人及其组织带来的负性影响，以及当前高校图书馆员工作中存在的心理和行为问题，构建了缓解图书馆员工作压力的 L-EAP 模式。

3. EAP 对馆员职业倦怠的干预

从心理学视角对职业倦怠的概念进行了界定，并将其与其他相关概念做了区分，使用最为广泛应用的马斯拉奇职业倦怠问卷（Maslach Burnout Inventory，MBI），从情感耗竭、人格解体和低职业效能感三个方面对高校图书馆员的职业倦怠问题进行了测量和诊断，并做了基于人口统计学变量的差异性分析和归因分析，提出高校图书馆员职业倦怠的 L-EAP 干预策略。

4. EAP 改善图书馆职场人际关系

运用社会交换理论，探讨了和谐人际关系的理论内涵，从图书馆内部人际关系和外部人际关系两个方面阐述了高校图书馆和谐人际关系的构成要素以及构建图书馆和谐人际关系的重要意义，对高校图书馆人际关系的影响因素分别做了角色因素分析和社会心理归因分析，论证了 L-EAP 模式下实现高校图书馆内人际和谐的可行性，提出了改善高校图书馆人际关系的 L-EAP 对策。

5. EAP 管控馆员的职业高原

本课题通过研究认为高校图书馆员的职业高原是馆员在职务职称、工作岗位以及承担的工作责任和挑战性处于一种客观停滞状态，这种客观状态已内化为馆员相应的心理认知，且产生了心理困扰和行为偏差。我们从职业发展的垂直运动、横向运动、中心化运动三个方面设计问卷进行调研，分析了馆员职业高原的形成机制及其诱因，描述了高校图书馆员的职业高原的外在表现，提出了基于 L-EAP 的馆员个体职业生涯规划和组织对馆员职业生涯的管理。

6. EAP 促进馆员工作与生活的平衡

我们认为工作与生活是人生的两个基本支点，本课题针对高校图书馆员工作与生活冲突的现象，通过翔实的调研数据分析了馆员工作满意度和生活满意度的程度及其相关性，提出运用 L-EAP 调适高校图书馆员工作与生活的平衡关系，促使馆员远离职业倦怠，提升职业安全感、组织归属感、职业成就感和生活幸福感，最终实现工作与生活的平衡。

7. EAP 在高校图书馆的实施

为了证明 EAP 在高校图书馆人力资源管理中同样是有效的管理工具，我们有步骤、分阶段在高校图书馆实施了 L-EAP，从选取试点图书馆、制定项目规划着手，经历开展宣传推广、组织诊断、个案咨询、效果评估等规范流程，充分证实了 EAP 是现代人力资源管理的重要手段之一，是适合图书馆人力资源管理的全新模式，是值得借鉴和推广的。

最后，对研究取得的成绩、存在的问题进行了总结，并就 EAP 的发展前景以及 L-EAP 在高校图书馆的发展前景进行了展望。

三、研究方法

（一）比较法

我国和西方国家在社会制度、文化背景、民族特质等方面存在显著差异，EAP源于西方，发展成熟于西方，很多东西我们只能借鉴，不能生搬硬套。目前，EAP在我国主要是应用于大型企业，高校图书馆的应用几乎是空白，为此，必须在对企业应用的成功经验和做法进行分析的基础上，结合高校图书馆人力资源管理存在问题及馆员特点创造性提出实证研究成果。

（二）问卷法

经过商讨和请教专家后，我们确立了"基于员工援助计划模式的高校图书馆人力资源管理研究"调查问卷，内容涉及个人基本信息、工作感受、特质应对方式、情绪心理反应、性格与职业评判六个方面。

（三）访谈法

以华南、华北和华东地区为重点，走访了各级各类高等院校，选取不同年龄、各个层级的图书馆馆员为样本，进行问卷调研、个别访谈，充分获取相关信息。

（四）文献研究法

发挥图书馆丰富的馆藏信息资料、数字化资源，以及浩瀚的互联网资源的优势，全面搜集研究所需的国内外信息与资料，筛选、提取研究所需文献，丰厚理论研究。

（五）案例分析法

案例分析法是本书的重点研究方法。在对全国各级各类高等院校不同层级的图书馆员抽样调查的基础上，选取试点单位制订实施方案，进一步深入了解员工职业倦怠、职业高原、职业压力等现象并进行诊断，提出一系列应对策略和措施。

这是一项综合性研究，也是一种尝试性的探索，从心理关怀的角度，采取系统化的手段，以心理学实验和实证研究的方法，试图从EAP层面有效地整合图书馆内外多方资源，在适度调节高校图书馆工作人员的工作压力、职业倦怠，帮助其进行合理的职业生涯规划，提高其工作积极性、提升高校图书馆运行效率等方面取得成效。

第二章 职场解压：
EAP 视角下的馆员职业压力与管理

信息技术的迅猛发展深刻地改变了人类生产和生活方式，也给图书馆带来强烈的冲击，给馆员带来新的发展契机，同时也对馆员提出更高的要求和期望，挑战与压力并存。高校图书馆员这个职业一直被认为是压力相对较小的职业，随着信息产业的蓬勃发展和数字技术在高校图书馆中的应用，使图书馆管理内涵和目标发生了转变，业务流程进行了重组和再造，职业环境和技术环境的变化，人际关系的日趋复杂，竞争的日益激烈，收入差距的加大，打破了馆员原有的心理平衡，由之引发了馆员的职业压力和心理健康等诸多问题，甚至有因精神压抑或受刺激而导致的极端性事件发生的案例。

本章节将在企业管理中获得成功的"员工援助计划（EAP）"，引入高校图书馆员压力管理中进行研究，试图在预防和缓解馆员职业压力，维护馆员心身健康方面有所建树。

第一节 压力概念的界定及其理论基础

国际劳工组织曾指出，在今天的世界上，劳动条件正在发生剧烈的变化，职业压力正"成为一种严重影响人们身心健康和工作、生活质量的社会流行现象"[①]。只有认识和了解工作压力的内涵，把握工作压力的不同来源，对不同压力症状开不同的药方，才能有效保护员工身心健康，改善其工作和生活环境。

---

① Cooper C L, Marshall J. Occupatunal Sources of Stress：A review of the literature relating to coronary heart disease and mental ill-health. Jounnal of Occupational Psychology，1978，49：11-28.

一、工作压力及其基本理论

（一）工作压力的概念

压力的概念源于物理学，20 世纪中期加拿大学者汉斯将其引入医学、心理学领域，提出压力定义为环境中的刺激所引起的个体一种非特异性反应即"应激"。随后不同领域学者从不同的角度研究压力，将压力定义为三种观点：刺激观点、反应观点和交互观点。刺激观强调压力的来源，认为压力是外界环境刺激引起个体身心的紧张和恐惧，将压力看成来源于外在的、客观的，而没有考虑到有机体的自身因素；反应观则强调个体的主观感受，是个体为了适应环境刺激因素所产生的一系列身心反应，经历警戒、抵抗和衰竭三个阶段，忽视了压力的来源；交互观强调个体特征与外部环境的影响，认为压力是个体特征和环境刺激物之间相互作用的后果，是形成个体生理、心理及行为反应的过程。

职业压力也称工作压力，如同压力一样，也有许多不同的观点，如Lazarus 和 Lannier 强调工作压力的来源，认为工作压力是需要超出正常适应反应的任何状况[1]。Quick 强调压力的后果，认为工作压力是在面对压力源时对机体自然能力资源的普遍的、有规律的、无意识的调动[2]。而 Caplan 则强调操作层面，认为工作压力是工作环境特性对个人造成威胁所产生的现象，将某些工作特点视为工作压力，如工作负荷、工作复杂性、角色冲突、角色模糊等[3]。国内学者石林认为工作压力是工作者感到需要付出较大努力才能满足工作要求，以及由于适应要求所产生的各种生理和心理反应[4]；许小东认为工作压力是工作环境要求和个体特征相互作用的结果，即在工作环境中，使工作行为受到威胁的压力源长期持续地作用于个体，在个体的主体特性及应对行为影响下，形成一系列生理、心理和行为反应的过程，工作压力导致工作者积极的或消极的不同工作状态，并最终影响组织绩效[5]。

图书馆员工作压力的研究，都是在一般职业压力研究基础上发展而来的。

---

[1] Lazarus R S, Launier R. Stress – related transactions between person and environment [M] // Perspectives in international psychology. Springer us, 1978：287-327.

[2] Quiek J C, Quiek J D. Organizational stress and preventive management [M]. New York：Mc Graw Hill, 1984.

[3] Caplan R D, Cobb S, French J R P. Job demands and worker health：main effects and occupational differences [J]. Psychosomatic Medicine, 1977, 39 (1).

[4] 石林. 职业压力与应对 [M]. 北京：社会科学文献出版社, 2005.

[5] 许小东，孟晓斌. 工作压力：应对与管理 [M]. 北京：航空工业出版社, 2004.

王东波认为图书馆员工作压力是指馆员本人意识到外界对其要求超出其承受能力的一种反应，是一种不愉快、消极的情绪，如忧虑、紧张、沮丧、失落、生气等[①]；周庆认为图书馆的职业压力是指馆员在信息服务实践活动中所产生的身心负荷[②]；郁笑春认为工作压力是工作环境和个体本身特征不相适应的产物[③]；李静认为职业压力是指从事职业活动过程中全体成员对各种内外刺激所产生的不平衡的反应状态[④]。

综上所述，我们认为图书馆员工作压力是指在工作环境中，在个体和环境因素相互作用下，对工作行为造成逼迫和威胁的因素作用于个体，使个体感受到的一系列生理、心理和行为反应的过程；是个体与环境之间的一种特殊关系，当环境要求超过个人能力及可利用的资源时，并危及其心理的平衡与工作生活步调的和谐与完整性时产生的压力症状，强调的是一个过程。

（二）工作压力基本理论

压力理论的研究旨在解释压力产生的原因和结果。基于不同的研究视角，学者们提出了不同的压力理论。影响较大的有传统理论、个体—环境匹配理论、工作需求—控制模式理论、基于交互作用模型的认知评价理论。

1. 传统理论[⑤]

传统理论是从较广泛的各个社会水平对相对独立的与压力有关的概念进行阐释和测量，同时关注其对个体和组织的影响。其特点是将工作压力源与工作压力后果进行区分，再用静态的观点，独立地去研究某一个或若干组织特点或个人特点与工作压力的关系。

2. 个体—环境匹配理论[⑥]

个体—环境匹配理论是于 1982 年由 French 和 Caplan 提出的，该理论强调引起压力的因素不是单独环境因素或个体因素，而是工作环境与个体需求相

①　王东波. 图书馆员工作压力及其应对策略 [J]. 中华医学图书情报杂志，2011，20（3）：21–23.

②　周庆. 高校图书馆员的职业压力及其对策 [J]. 临沧师范高等专科学校学报，2009（3）：129–132.

③　郁笑春. Blog——现代高校图书馆服务育人之创新模式 [C] //现代图书馆服务：浙江省图书馆学会第十一次学术研讨会论文集. 2008.

④　李静. 探索图书馆人文管理的新模式——EAP [J]. 内蒙古科技与经济，2009（1）：110–111.

⑤　Summers T P, Decotiis T A, Denisi A S. A field study of some antecedents and consequences of felt job stress [J]. Occupational stress：A handbook，1995：113–128.

⑥　French J R P, Caplan R D, Van Harrison R. The mechanisms of job stress and strain [M]. Chichester，[Sussex]；New york：J wiley，c 1982.

联系的结果。它包含个体需求与工作环境、工作需求与个体能力两种动态的匹配模式，工作压力的产生是由于个体能力和工作需求不匹配造成的，只有当个性特征与工作环境相匹配时，才会出现非常好的适应效果。

3. 工作需求—控制模式理论①

该理论是于 1979 年由 Karasek 提出，工作压力包含工作需求与工作控制两部分，共同影响着工作压力。工作需求指工作负荷，主要包括时间压力、角色冲突等，工作控制反映个体对工作控制的程度，包括技能和决策水平。工作需求既促进学习也增加工作压力，而有效的工作控制过程可以减轻员工的压力，增加他们的学习动力。后经不断完善加入"社会支持"这一因素，发展成为工作需求—控制—支持模式，包含两个基本假设：高需求—低控制—低支持的工作，导致高工作压力；高需求—高控制——高支持时工作动机增强，促进个人技能发展。

4. 基于交互作用模型的认知评价理论②

该理论是美国著名心理学家 Lazarus 提出的，他认为在面临压力情景时环境因素和个体因素并非是分享和不变，而是相互影响且是动态的，随着时间和面临的任务而发生变化。压力的产生是环境刺激与个体所做的对环境可能产生威胁的评价，首先是个体评价所面临情景对自己的重要性，其次评价自己所具有的压力应对资源，只有当个体的资源无法满足对外部或内部的要求时，心理压力才会产生。评价决定反应，反应也是一个变化过程，随着情景或时间变化而变化。

二、工作压力源及其基本理论

（一）工作压力源概念的界定

工作压力源是指引起工作压力的外部刺激，可以是某个或某些事件，也可以是环境变化。有"主观"和"客观"之说，"主观说"强调主观感受导致压力，压力源与个体特征有很大关系，当个体感受到刺激时，即产生压力，个体没感觉到刺激存在时，压力会消失；"客观说"认为压力源是客观存在的，可以超越个体认知层面存在。Specter 将两者结合起来，认为压力源既包括主观因素也包括客观因素。来自客观方面的压力源，无论谁都会产生压力，

---

① Karasek R A. Job demands, job decision latitude, and mental strain: implication for job redesign [J]. Administrative Science Quarterly, 1979, 24 (2): 285–308.

② Lazarus R S, Launier R. Stress-related transactions between person and environment [M] //. Perspectives in international psychology. Springer us, 1978: 287–327.

个人一般无法自我掌控，如时间压力、工作条件等；来自主观方面的压力，是人们想象中的压力，如期望压力、个人发展压力等。

（二）工作压力源的基本理论

工作压力源的研究旨在对压力的成因进行探讨，是工作压力研究的基础。工作压力源因素有突发的、持续性较短暂，也有长期性、累积性的工作压力。不同专家学者有不同的工作压力源理论。

Weiss 认为压力源主要包括工作本身、组织中的角色、职业发展、组织结构和组织风格、人际关系[①]。

Ivancevich 和 Matteson 等把工作压力源分为组织内部和组织外部的压力源，强调个体的不同和个体对压力的感知，从而把压力源分为五个基本类型：生理条件、个人层面、团队层面、组织层面和组织外因素[②]。

Cooper 等认为工作压力源主要有：工作条件、角色压力、职业发展、人际关系、组织结构和家庭、工作相互影响[③]。

Robbins 将压力源分为环境因素、组织因素和个人因素。环境因素主要强调环境的不确定性，包括经济、政治和技术的不确定性；组织因素指来源于组织层面的工作压力因素包括工作本身、人际关系、职业发展、组织系统、角色冲突等；个人因素包括家庭问题、经济问题和个性特征[④]。

许小东将工作压力源分为内源压力如工作内容、工作标准，外源压力如工作环境、人际关系[⑤]。

就图书馆的职业性质而言，其压力来源是多元化的，既与整个社会环境有关，又与图书馆的工作氛围、组织管理和馆员自身因素有关。Bunge 通过调研认为图书馆员的压力源有工作负荷、工作条件和工作特点、科技压力、人际关系与沟通、角色冲突和角色模糊、组织管理、职业发展[⑥]。台湾学者陈书梅认为图书馆员压力源为工作负荷、信息技术变迁、职业生涯发展、组织气

---

① Weiss S, Baker G S, Das Gupta RD. Vibrational residual stress relief in a plain carbon steel weldment [J]. Welding Journal, 1976, 55 (2): 47-51.

② lvancevich J M, Matteson M T. Stress and work: a managerial perspective [M]. Glenview: Scott. Foresman, 1980.

③ Cooper C L, Marshall J. Understanding executive stress [M]. London: Macmillan Press, 1978.

④ （美）罗宾斯. 组织行为学 [M]. 北京：中国人民大学出版社，1997.

⑤ 许小东. 工作压力应对与管理 [M]. 北京：航空工业出版社，2004.

⑥ Bunge C A. Stress in the Library workplace [J]. New Library World, 1987, 38 (1): 561-564.

氛和组织管理、人际关系、工作职能、个人与家庭[1]。张黎认为馆员的压力源有社会压力、组织压力、工作本身的压力、生活压力和人际关系的压力[2]。

根据压力源相关研究成果可知，压力源是一个多维度的概念，不同职业有其不同的压力来源，虽然压力源的分类不完全一致，但各种各样引起压力的因素大体上可以概括为三大类：一类是与社会有关的因素即环境因素，一类是和工作组织有关的因素即组织因素，另一类是与工作者个人有关的因素即个人因素。这些因素之间相互发生影响，构成了复杂的工作压力系统，对工作者产生不同的影响作用。本研究也以此为据。

第二节　高校图书馆员工作压力的调查与分析

本研究通过访谈和问卷调查，对高校图书馆员工作压力与压力源进行调查与访问，运用数理统计方法对数据进行统计分析，归纳出高校图书馆员的主要工作压力源及压力感受，并分析了差异所在。

一、高校图书馆员工作压力的抽样调查

（一）研究对象

本研究采取整群抽样与随机抽样相结合的方式，对华北、华东、华南三地32所高校馆员发放调查问卷，抽样范围涵盖了部属重点高校、省属与市属高校、军事院校、职业学院等各类不同层次、不同类别的学校。

此项调研累计发放问卷1200份，回收问卷1023份，其中有效问卷927份，回收率85.3%，有效率90.6%，有效样本的描述性统计分析见表2-1。

表2-1　样本基本情况分类表（N=927）

变　量	类　别	样本数	百分比
性　别	男	242	26.1
	女	685	73.9

---

[1]　陈书梅. 我国公立大学暨学院图书馆馆员工作压力源之调查研究［J］. 大学图书馆，2003（1）：25-55.

[2]　张黎. 员工帮助计划（EAP）在高校图书馆员工管理中的应用［D］. 长春：吉林大学，2011.

（续表）

变　量	类　别	样本数	百分比
年　龄	30 岁以下	233	25.1
	31～40 岁	303	32.7
	41～50 岁	301	32.5
	50 岁以上	90	9.7
婚　姻	已婚	723	78.0
	未婚	185	20.0
	其他	19	2.0
学　历	本科以上	310	33.4
	本科	430	46.4
	专科	142	15.3
	其他	45	4.9
职　称	高级	173	18.7
	中级	399	43.0
	初级	240	25.9
	其他	115	12.4
工　龄	3 年以下	154	16.6
	3～5 年	74	8.0
	6～10 年	194	20.9
	10 年以上	505	54.5
职　位	馆领导	11	1.2
	中层干部	117	12.6
	普通员工	799	86.2
收　入	2000 元以下	123	13.3
	2001～3000 元	310	33.4
	3001～4000 元	147	15.9
	4001～5000 元	117	12.6
	5000 元以上	230	24.8

（二）研究工具

本研究所使用的研究工具包括三个部分，一是调查对象的基本情况，包括性别、年龄、婚姻状况、文化程度、职称职务、工作年限、工作岗位、经济收入8个方面；二是馆员工作压力源量表，共7个维度26个题目；三是总体压力感，要求被试回答："作为一名馆员，您感到压力有多大？"

1. 图书馆员工作压力源量表

工作压力源量表借鉴华中科技大学陶芳芳硕士论文《高校教师工作压力源量表》的基础上，通过员工访谈和专家咨询，结合图书馆员工作实际情况以及研究需要编制而成。问卷编好后，在合肥地区对62名图书馆员进行了预测和意见征集，同时请心理学专家对问卷进行了审定。根据第一次数据分析的结果和专家意见对量表进行了修订，分别删除和增添了一些题项，并对个别题项的内容词句做了修饰，最终确定量表由26个题目组成，共7个维度。量表采用李可特四点式计分法，从1到4分别代表"没有压力""有点压力""压力较大""压力很大"，以2.5分为理论上的中等强度观测值，得分越高表示工作压力越大。

该量表包含25个项目，可提取为7个因子，分别命名为：社会因素、学校管理及制度、职业发展、人际关系、工作负荷、个人特质、家庭方面的问题。7个因子（不包括第26题效标问题）共解释了60.97%的方差，因子负荷介于0.41至0.83之间，平均为0.681。总量表的α系数为0.945，各个分量表Cronbach α系数范围为0.701～0.880，表示该量表具有较好的信度和效度。

2. 统计分析

本研究采用SPSS 18.0统计软件作为问卷分析的工具进行数据分析和处理。具体分析有描述性统计、T检验、方差分析等多种统计技术，通过理论建构与实证研究相结合，从而实现本课题的研究目的。

二、高校图书馆员工作压力的数据统计

（一）馆员工作压力感受的调查

调查问卷设计"作为一名图书馆员，您对目前工作压力的总体感受"，反应馆员对自己工作压力状况总的感受和看法。

表2-2　馆员对目前工作压力的总体感受

压力感受	人数	百分比（%）	累计百分比（%）
没有压力	114	12.3	12.3

（续表）

压力感受	人数	百分比（％）	累计百分比（％）
压力较小	537	57.9	70.2
压力较大	130	14.0	84.2
压力很大	146	15.8	100

从表 2-2 中可以看出：有 114 名馆员认为工作没有压力，占总调查人数的 12.3%，认为工作压力较小的有 537 名馆员，占总调查人数的 57.9%，说明图书馆大部分员工在日常工作和生活中虽感到自身有压力，但压力总体感受不高。值得引起重视的是在本次调查样本中，有 29.8% 的被试报告压力较严重。

（二）高校图书馆员工作压力源的描述

1. 馆员工作压力源的现状

表 2-3 馆员工作压力源及各维度的总体现状

维 度	M	SD
社会因素	2.60	0.64
学校管理及制度	2.74	0.73
职业发展	2.54	0.64
人际关系	1.95	0.82
工作负荷	2.21	0.77
个人特质	2.20	0.76
家庭方面的问题	2.01	0.82
压力源总分	2.29	0.59

由表 2-3 测量结果可知，馆员工作压力总均分为 2.29 分，低于理论中值 2.5 分，表明馆员总体工作压力程度不高，界于轻度到中度之间。学校管理及制度因素是目前馆员最主要的压力来源，其次是社会因素、职业发展因素，之后依次是工作负荷因素、个人特质因素、家庭方面的问题，压力最小的是人际关系因素，远远低于理论中值。这一结果与馆员工作压力感受相一致。

2. 亚层次工作压力来源分析

表2-4　较大和较小压力源项目统计

项目	均分	排序	项目内容	所属因子
A3	3.33	1	工资、福利待遇低	社会因素
A8	3.04	2	职称评聘要求高，比例小，竞争激烈	学校管理及制度因素
A10	2.82	3	缺乏晋升的机会	职业发展因素
A7	2.70	4	学校对科研的要求高	学校管理及制度因素
A5	2.68	5	馆员的社会地位低，不受重视	社会因素
A11	2.67	6	感到自己发展前景暗淡	职业发展因素
A9	2.61	7	工作缺乏成就感	职业发展因素
A16	1.95	8	与学生读者的关系疏远	人际关系因素
A14	1.93	9	建立良好人际关系困难	人际关系因素
A25	1.86	10	家人对工作理解和支持不够	家庭方面的问题

从表2-4结果来看，"工资福利待遇低""职称评聘要求高，比例小，竞争激烈"均分高于3分，明显高于中间值，说明在这两个方面馆员工作压力比较大；"缺乏晋升的机会""学校对科研的要求高""馆员的社会地位低，不受尊重""感到自己发展前景暗淡""工作缺乏成就感"这五个题的得分高于中间值2.5，表明馆员在这几个方面的压力处于中等偏上水平。由此可见图书馆员的主要压力源在"社会因素""学校管理及制度"和"职业发展"三个方面，而压力源均分最低依次为"家人对工作理解和支持不够""建立良好人际关系困难""与学生读者的关系疏远"，说明馆员在"家庭方面"和"人际关系"方面工作压力较小，与表2-3结果相吻合。

（三）人口统计学变量对图书馆员工作压力各因素的差异分析

本部分内容拟通过独立样本 T 检验，分析性别和婚姻状况在各研究变量上的差异性，并以单因素方差分析不同年龄、学历、职称、工龄、职位、收入等人口统计变量，是否会带来其工作压力及各维度的显著差异，再经 LSD 进行两两比较。

1. 基于不同性别的差异分析

由表2-5可知，通过 T 检验分析发现，男性馆员压力大于女性馆员，男女馆员在职业发展上差异显著（P=0.025<0.05），在其他因素上没有显著差

异，女性馆员在家庭方面压力大于男性，在其他维度上男性馆员压力均大于女性馆员。

表2-5 馆员工作压力源在性别上的差异分析

工作压力	男	女	T	Sig
社会因素	14.25±3.235	12.54±3.091	1.856	0.069
学校管理及制度因素	8.625±3.030	8.073±1.794	0.683	0.503
个人职业发展因素	14.50±3.347	12.05±3.807	2.255	0.025
人际关系因素	6.250±3.066	5.707±2.228	0.741	0.462
工作负荷因素	9.250±4.025	8.683±2.697	0.520	0.609
个人特质因素	7.062±2.839	6.450±2.012	0.911	0.366
家庭方面的问题	4.000±2.065	4.237±1.460	0.479	0.634
量表总分	61.25±17.63	55.63±13.38	1.280	0.206

2. 基于不同婚姻状况上的差异分析

由于离异和丧偶二项样本数较小，未能达到统计分析要求，故仅分析了未婚和已婚馆员的数据。通过对被试对象 T 检验分析发现，婚姻状况对馆员职业压力的影响没有显著性差异。但从均值可知，未婚馆员压力大于已婚馆员，而在家庭方面则已婚馆员压力大于未婚馆员。结果见表2-6。

表2-6 馆员工作压力源在婚姻状况上的差异分析

工作压力源	已婚	未婚	T	Sig
社会因素	12.94±3.319	13.86±2.410	−0.703	0.485
学校管理及制度因素	8.142±2.041	9.000±3.268	−0.959	0.342
个人职业发展因素	10.12±3.106	12.28±2.984	−1.731	0.104
人际关系因素	5.939±2.331	5.714±3.498	0.223	0.824
工作负荷因素	8.857±2.915	9.000±4.582	−0.112	0.911
个人特质因素	6.604±2.209	6.857±2.968	−0.271	0.788
家庭方面的问题	4.255±1.553	3.333±2.338	1.292	0.202
量表总分	57.13±14.43	60.67±19.22	−0.546	0.588

3. 基于不同年龄的差异分析

由表2-7可知，不同年龄的馆员在职业压力维度上的方差检验不存在显著性差异。经 LSD 两两比较也未发现有明显差异，说明年龄不是影响馆员工作压力的人口学变量。但相比较而言，31~40 岁年龄组的馆员工作压力最大，随着年龄的增加，工作压力越来越小，50 岁以上馆员工作压力最小，但在家庭方面 50 岁以上的馆员压力超过其他年龄段。

表 2-7 不同年龄的馆员工作压力源比较

工作压力源	30 岁以下	31~40 岁	41~50 岁	50 岁以上	F	P
社会因素	13.20±3.048	13.92±3.212	12.15±3.013	11.00±4.000	1.579	0.205
学校管理及制度因素	8.000±2.449	8.417±2.430	8.300±1.867	7.000±2.000	0.402	0.752
个人职业发展因素	11.10±3.281	11.00±3.388	9.300±2.364	9.000±5.196	1.465	0.235
人际关系因素	5.600±2.836	6.041±2.726	5.850±2.007	5.333±3.124	0.119	0.948
工作负荷因素	8.700±3.802	9.291±3.641	8.350±1.694	9.000±4.359	0.334	0.801
个人特质因素	7.000±2.906	7.000±2.670	5.947±1.223	6.667±1.154	0.869	0.463
家庭方面的问题	3.667±2.061	4.304±1.845	4.158±1.014	4.666±2.516	0.409	0.747
量表总分	57.33±17.26	60.30±17.58	54.37±7.805	52.67±21.55	0.647	0.5884

4. 基于不同文化程度上的差异分析

由表 2-8 可知，不同文化程度的馆员在职业压力各维度上，经方差分析，差异均无统计学意义。再经 LSD 两两比较，其中本科生与研究生比较，在工作负荷因素上差异有统计学意义（P=0.035<0.05），本科生压力显著大于研究生；在家庭方面，本科生与无学历人员比较差异显著（P=0.044<0.05），本科生压力大于无学历人员。从均值上看，本科生工作压力最大，研究生压力最小。

表 2-8 不同文化程度的馆员工作压力源比较

工作压力源	研究生	本科生	专科生	无学历	F	P
社会因素	12.23±2.712	13.24±3.201	13.37±3.021	13.00±8.485	0.336	0.800
学校管理及制度因素	7.230±2.488	8.559±1.957	8.375±1.995	8.500±4.949	1.185	0.324
个人职业发展因素	10.08±4.051	10.59±2.819	9.500±2.828	10.50±6.364	0.275	0.843
人际关系因素	4.846±2.609	6.147±2.426	5.875±1.727	7.500±4.949	1.185	0.324
工作负荷因素	7.230±3.192	9.382±3.153	9.250±2.053	8.500±3.535	1.623	0.195
个人特质因素	5.846±2.641	7.212±2.043	6.000±2.070	4.500±2.121	2.164	0.103
家庭方面的问题	3.833±1.899	4.437±1.564	4.125±1.458	2.000±0.000	1.672	0.185
量表总分	51.25±16.47	59.94±14.65	56.50±9.577	54.50±26.16	1.038	0.384

5. 基于不同职称情况上的差异分析

由表 2－9 可知，不同职称的馆员在职业压力维度上，经方差检验，不存在显著性差异。经 LSD 两两比较，在家庭方面高级职称与无职称馆员比较，有显著性差异（P＝0.04<0.05），无职称馆员压力明显大于高级职称馆员。从均值上来看，职称对馆员职业压力没有太大的影响。

表 2－9　不同职称的馆员工作压力源比较

工作压力源	初级	中级	高级	无职称	F	P
社会因素	13.50±3.406	13.64±3.613	12.58±2.811	12.50±3.129	0.476	0.710
学校管理及制度因素	7.813±2.535	8.454±2.621	8.333±2.015	8.389±1.819	0.261	0.853
个人职业发展因素	11.00±3.759	9.909±3.562	10.42±2.574	9.889±2.867	0.407	0.748
人际关系因素	5.125±2.473	5.182±2.822	6.167±1.992	6.722±2.421	1.584	0.204
工作负荷因素	8.187±3.468	8.818±3.600	9.417±2.968	9.056±2.645	0.391	0.760
个人特质因素	6.867±2.532	6.091±2.948	7.000±2.089	6.500±1.757	0.374	0.772
家庭方面的问题	4.200±1.934	4.100±1.912	3.364±0.924	4.667±1.495	1.473	0.233
量表总分	57.20±16.24	57.60±19.13	57.36±13.31	57.72±13.00	0.012	0.998

6. 基于不同工作年限上的差异分析

由表 2－10 可知，不同工作年限的馆员在职业压力维度上，经方差检验，不存在显著性差异。经 LSD 两两比较也未发现有明显差异，说明工作年限不是影响馆员工作压力的人口学变量。虽然不存在显著性差异，但随着工龄的增长，工作压力越来越小。

表 2－10　不同工作年限的馆员工作压力源比较

工作压力源	3 年以下	3～5 年	5～10 年	10 年以上	F	P
社会因素	12.87±3.234	13.54±2.145	12.90±3.604	12.80±4.158	0.144	0.933
学校管理及制度因素	8.083±2.019	9.000±1.732	7.300±2.830	8.500±2.369	1.232	0.307
个人职业发展因素	10.58±3.309	10.38±2.142	10.70±4.029	9.200±3.259	0.506	0.680
人际关系因素	6.291±2.562	5.615±2.181	5.500±2.877	5.500±2.415	0.414	0.744
工作负荷因素	9.292±3.237	9.385±2.092	7.600±3.893	8.300±1.888	0.936	0.430
个人特质因素	7.208±2.377	6.692±1.548	6.100±3.071	5.555±1.509	1.408	0.251
家庭方面的问题	7.208±2.377	6.692±1.548	6.100±3.071	5.555±1.509	1.408	0.251
量表总分	58.92±15.52	58.75±10.83	54.44±20.85	53.89±11.56	0.390	0.761

7. 基于不同工作岗位上的差异分析

由表 2－11 可知，不同工作岗位的馆员在人际关系和工作负荷方面的压力感受，经方差分析，有显著性差异（$P = 0.032$、$P = 0.009 < 0.05$）。再经 LSD 两两比较，其中在社会因素方面中层干部与馆领导比较有显著性差异（$P = 0.037$），中层干部的压力大于馆领导；在人际关系方面中层干部与普通馆员比较有显著性差异（$P = 0.009$），中层干部的压力明显大于普通馆员；工作负荷方面中层干部与普通馆员比较有非常显著性差异（$P = 0.005$），中层干部的压力远远超过普通馆员。从均值来看，中层干部工作压力最大，其次是普通馆员，馆领导压力最小。

表 2－11　不同工作岗位的馆员工作压力源比较

工作压力源	普通馆员	中层干部	馆领导	F	P
社会因素	13.05±3.278	14.30±2.908	11.00±1.826	2.300	0.110
学校管理及制度因素	8.000±2.298	9.500±1.841	7.714±1.496	2.172	0.124
个人职业发展因素	10.35±3.317	11.40±3.062	8.571±1.718	1.684	0.196
人际关系因素	5.450±2.396	7.700±2.497	5.571±1.902	3.684	0.032
工作负荷因素	8.275±3.046	11.30±3.164	8.571±1.397	4.296	0.019
个人特质因素	6.308±2.364	8.000±2.261	6.428±0.535	2.355	0.105
家庭方面的问题	4.027±1.675	4.700±2.002	4.143±0.690	0.651	0.526
量表总分	55.70±15.03	66.90±15.33	52.00±5.508	2.965	0.06

8. 基于不同经济收入上的差异分析

由表 2－12 可知，不同经济收入的馆员在职业压力维度上，经方差检验，收入的不同对压力程度的影响没有显著差异，经 LSD 两两比较也未发现有明显差异，说明经济收入不是影响馆员工作压力的人口学变量。从均值上看，收入越低且压力越大，2000 元以下收入群体主要是年轻馆员。

表 2－12　不同经济收入的馆员工作压力源比较

工作压力源	2000 元以下	2000~2999 元	3000~3999 元	4000~4999 元	5000 元以上	F	P
社会因素	14.00±3.127	12.50±3.360	13.25±2.304	11.50±0.707	12.5±2.121	0.762	0.555
学校管理及制度因素	8.053±2.505	8.433±2.192	8.000±1.414	7.500±0.707	8.00±2.828	0.157	0.959

（续表）

工作压力源	2000 元以下	2000～2999 元	3000～3999 元	4000～4999 元	5000 元以上	F	P
个人职业 发展因素	11.05±3.135	10.03±3.316	9.750±3.775	10.50±2.121	8.50±0.707	0.494	0.740
人际关系因素	6.421±2.673	5.500±2.529	5.250±2.217	6.500±0.707	6.50±0.707	0.512	0.727
工作负荷因素	9.684±3.384	8.367±3.178	8.250±1.893	8.500±0.707	9.50±2.121	0.575	0.682
个人特质因素	7.210±2.740	6.138±2.083	6.750±1.500	8.000±1.141	6.50±0.701	0.828	0.513
家庭方面的问题	4.136±1.765	4.123±1.737	4.000±1.000	4.000±1.141	3.50±0.717	0.126	0.972
量表总分	60.737±16.23	55.28±14.82	56.33±16.29	56.50±3.535	55.0±8.485	0.383	0.820

三、高校图书馆员工作压力的现状分析

在实证研究的基础上，归纳总结出高校图书馆员工作压力的整体状况，分析馆员在不同人口统计学变量差异性，为运用 EAP 帮助馆员缓解工作压力提供实证支持。

（一）工作压力整体状况分析

调查结果显示，高校图书馆员的工作压力总体感受不高，界于轻度到中度之间，没有严重至极。其原因一方面是国内高校图书馆仍以传统服务为主，工作任务单一，对馆员的要求和期望较低，对图书馆投入有限，图书馆服务功能拓展受限制，加之待遇低、管理模式僵化、职业发展前景暗淡，馆员工作没有动力，因而多数馆员感到工作压力相对较小，反应更多的可能是自我身心的压力，如工作不顺心，收入不如意等等；另一方面可能问卷中许多事件所带来的压力发展缓慢，持续时间长，强度较低，没有明显的压力高峰，但这类压力会循序渐进地潜入馆员的工作中，影响着馆员的身心。不容忽视的是尚有 29.8% 的馆员认为工作压力较大或很大，此情应引起图书馆界高度重视。

工作压力 7 个维度中压力感由高到低排序为学校管理及制度、社会环境因素、职业发展、工作负荷、个人特质、家庭方面的问题、人际关系。其中感受最大的压力源是"工资福利待遇低""职称评聘要求高，比例小，竞争激烈""缺乏晋升的机会"等，由此表明经济因素、学校管理及制度和个人职业发展三个因素是目前馆员最主要的压力来源。在所调查的几个因素中，来自人际关系方面的压力最小。

（二）工作压力差异性分析

在各人口学统计变量中，性别、文化程度、职称和岗位对馆员工作压力存在一定的显著性差异，而婚姻状况、年龄、工作年限、经济收入的人口统计学变量对工作压力虽有一定影响，但不具有统计学意义。

（1）男性馆员在职业发展因素上压力明显大于女性馆员，而女性馆员在家庭方面压力则大于男性，其他方面没有显著性差异。

（2）未婚馆员与已婚馆员之间没有显著性差异。未婚馆员压力略大于已婚馆员，但已婚馆员在家庭生活方面压力明显高于未婚馆员。

（3）不同年龄的馆员在压力程度上不存在显著差异。50岁以上的馆员工作压力相对低于其他各年龄段馆员，31~40岁年龄段的馆员其工作压力最高，30岁以下的馆员压力次之。

（4）文化程度不同的馆员在工作负荷因素和家庭方面存在明显差异。在工作负荷方面，本科生与研究生之间差异明显，本科生>专科生>无学历>研究生；在家庭因素上，本科生与无学历比较差异显著，本科生>专科生>研究生>无学历。从整体上可以看出，持有本科学历的馆员工作压力最大。

（5）职称不同的馆员在家庭方面有显著性差异，无职称馆员比高级职称馆员面临更大的职业压力。

（6）不同工作年限的馆员不存在显著性差异，但随着工龄的增长，工作压力越来越小，3年以下>3~5年>5~10年>10年以上。从均值来看，馆员年限得出的结果与年龄呈现的结果是比较相似的。

（7）不同工作岗位的馆员在人际关系和工作负荷方面有显著性差异。在社会因素和人际关系两个维度上中层干部的压力明显大于馆领导；在工作负荷方面中层干部的压力远远超过普通馆员。从均值来看，中层干部>普通馆员>馆领导。

（8）不同经济收入的馆员不存在显著性差异，但2000元以下收入群体自感经济压力较大。

第三节　基于压力理论的高校图书馆员压力源探析

馆员的职业压力来源多种多样，基于上述研究结果，分别从环境因素、组织因素和个人因素三个方面探讨高校图书馆员工作压力产生的深层次原因及其影响因素，为运用EAP进行工作压力干预提供理论依据。

一、高校图书馆员工作压力的归因分析

（一）环境因素

1. 馆员职业社会地位低，工作价值难体现

在发达国家，图书馆员是有较高社会地位、受人尊敬的行业；在我国，受传统观念的影响，社会对图书馆工作在认识上存在偏差，普遍认为图书馆工作是借借还还的低层次劳动，甚至认为传统服务手段终将被网络技术手段所代替，图书馆可有可无，因而缺乏对馆员应有的尊重，尤其是高校，在奖酬、晋升、深造等待遇和机会上与教学、科研和行政管理存在很大差距，在人员安排上几乎是学校安置冗余人员的场所，在读者的眼里只是"管理员"。而图书馆工作性质又决定图书馆社会效益具有隐蔽性和周期长特点，工作价值依附在读者的成就中，无法得以直观的体现，因此往往得不到应有的认可和尊重，馆员自我价值感较低，工作无动力，凡此种种轻视图书馆现象都给馆员带来巨大压力。

2. 收入分配制度改革带来的压力

收入分配制度的改革，拉开了馆员的收入差距，给馆员带来不公平感的压力。根据亚当斯的"公平理论"，职工的工作动机，不仅受绝对报酬的影响，更受相对报酬的影响。报酬绝对不公平是由于馆员工资虽稳定但确实偏低，社会上很多行业的收入都比馆员要高，必然造成馆员心理的失落。报酬绝对不公平是因为在高校，图书馆虽是教学与科研的信息中心，然而，在人们心目中更多的是服务者的角色，义务被强化，利益却容易被忽视。馆员的收入与同职级的行政、教学人员相比，相差甚远，而所付出的劳动和所承受的压力却不比他们少，这种付出与回报的不匹配使馆员失去心态的平衡，长此以往，不满意感、埋怨情绪油然而生，必然产生较大的心理压力。

3. 信息技术快速变迁给馆员带来的压力

随着信息技术和网络技术的发展，大量新知识和新技术在图书馆得以应用，使图书馆在工作内容、工作手段和工作流程等方面都发生了巨大变化，这种全新的功能内涵、管理模式和服务方式，打破了馆员已经形成的工作习惯模式，必然导致馆员心理上的不适与相应的压力感，同时这种变化对馆员的知识结构和业务素质提出了更高的要求，它要求馆员不仅要有扎实的图书馆学知识和外语知识，还要有敏锐的信息意识、较强的网络知识和操作技能，然目前高校图书馆员的知识结构和基本素质与现代馆员相去甚远，多数馆员只能为读者提供简单和低层次服务，当面对读者需要提供多元化、深层次服务时，往往感到力不从心，这种自身素质与数字图书馆要求之间的差距，必

然导致馆员心理压力不断增加，尤其是年龄大的馆员，当信息超出自身接受能力和适应能力时，而图书馆又缺少相应的学习进修机会，感到知识及技能上的耗尽，心理上承受难以负载的压力，产生心理焦虑和挫折感。

（二）组织因素

从调查中可以看出，图书馆组织内部有很多因素会引起馆员压力感，且组织因素是馆员最主要的工作压力来源。

1. 职称评聘难，科研压力大

科研成果是馆员科研能力的反映，更是馆员职称评定的重要依据，在职称评定的过程中图书馆往往不被重视，职数设置偏低，职称评定条件随之提高。按照职称评定的有关规定，职称晋升须发表一定数量和质量的论文，还要承担一定档次的科研课题，职称越高要求越严，动辄就要求核心期刊、省部级课题之类，才能够取得参加相应职称的评审资格，且职称与奖金、福利待遇紧密挂钩，因而职称评定竞争激烈。对图书馆职称评定的要求与教师一样严格，甚至比教师更严，这样有失科学与公平。相对教师而言，馆员科研能力整体薄弱，而且是全天候为读者服务，更难有时间和精力从事科学研究。据调查许多馆员由于难以申请到科研课题、发表科研论文数量质量不高而倍感压抑。每年的年终考核，发表论文的数量和质量作为考评的硬性指标，并且与馆员的收入甚至岗位直接挂钩，使得馆员长期处于科研负荷较大的心理压力状态之中，无疑给馆员增添了很大的压力。

2. 缺少有效的竞争激励机制和工作评价体系

由于受传统管理理念和管理体制影响，高校图书馆普遍缺乏公平合理的评价机制和激励竞争机制，馆员干多干少一个样，干好干坏无差别，薪酬与工作绩效没有很好的挂钩，薪酬水平只与行政级别和专业技术职称挂钩，与工作量或岗位没有必然联系，没有健全的奖罚分明考核制度，平均主义现象仍十分普遍，严重挫伤了馆员工作积极性和创造性。在用人制度上不能落实"以能为本"原则，高职低用，浪费人才，导致一些高级专业技术人员长期在简单事务性操作中耗费时日，使他们感到工作枯燥、前途无望。在考核评优、岗位聘任、职称职级的评定和晋升过程中，存在严重缺陷的工作评价体系，往往主观性判断多于客观性评价，更多体现人际关系的好坏，必然导致馆员晋升晋职中出现不公平、不公正的现象，使馆员产生消极情绪，导致人才的流失。

3. 个人职业发展和自我开发的压力

无论从事何种职业，员工都希望有机会获得职业的发展和晋升，以此来满足生存、尊重、自我实现等不同层次的需求。但由于图书馆社会地位低，领导不重视，职业发展渠道不通畅，对馆员职业生涯的相关培训与指导较少，正常的晋升、进修和深造学习缺乏必要的制度保障，因而导致馆员对自身职业发展缺乏充分而科学的规划。且图书馆员职业发展道路比较单一，管理岗位因管理层人数有限，上升空间狭小，主要通道是专业技术职称的评聘，职业发展空间又狭窄，越往上馆员获得进一步晋升的可能性变得越小，甚至无法再得到提升，进入职业高原期。馆员自我职业规划模糊，职业发展前景不明确，失去积极工作和寻求发展的动力，由此而产生的一种懈怠心理，影响整个职业生涯的发展，况且相当一部分馆员是在不想为而又不得不为之的情势下从事的图书馆工作，对其工作本身无兴趣，必然产生过重的心理负担，加大工作压力。

4. 工作本身压力

（1）工作单调化，缺乏挑战性

图书馆科技化、机械化的应用大大简化了工作流程，降低了技术难度，大部分馆员从事的都是简单枯燥、缺乏变化的工作，馆员易产生烦躁、空虚等不良情绪，渐渐地对工作失去耐心和兴趣，认为自己的工作没有意义，无法体现自己的能力优势，从而造成士气低落，丧失工作动力，养成安于现状、不思进取的从业心态。此外，高校图书馆仍有相当一部分馆员长期从事轻松、负荷量过小的工作，有很多时间处于空闲状态，容易无聊、松懈、无事可做，认为组织没能提供足够的施展才能的机会以及发展空间，感到自己没有被重视，缺乏施展才能的机会和发展空间，从而给馆员造成一定的心理压力，诱发职业倦怠。

（2）工作强度大，时间不固定

读者数量的大量增加，开放式的藏书管理方式和一体化的服务模式以及现代化设备的运用，不但增加了馆员的工作量，加大工作强度，也加重了馆员的工作压力和心理负担。与此同时，各高校图书馆为提供更多学习时间，方便读者，都尽可能延长开放时间，实行全天不间断开放，每周开放时间达到 90 个小时，节假日也不例外，多数岗位实行轮班制，馆员休息时间无规律，扰乱了正常的生活秩序，家庭得不到很好照顾，这对于家务繁重、后顾之忧多的女性馆员不能不说是一种压抑，长久积累造成身心失衡。

（3）工作环境的压力

在公众印象中，图书馆职业是一份清闲、轻松的工作，图书馆是一个修身养性的地方，工作环境优美，条件优越，然而潜在的环境污染为众人所忽视，如，入室人员过多，二氧化碳含量较高，书库里通风换气的条件不佳造成的空气污染，图书纸张材料的油墨、污渍等物质氧化分解后会释放出一些有害气体，长时间的计算机操作给图书馆员的体力、视力造成了新的伤害，尤其是电磁辐射对人体造成的危害等，都可能引起馆员的身心不适，导致心理压力的产生。

5. 人际关系和沟通不畅造成的压力

在高速发展的社会里，人际关系是现代人沟通情感，是交流信息增进健康不可缺少的重要手段。调查显示，图书馆员人际关系总体压力不大，主流是积极健康的，但由于某些客观原因，仍存在一些问题。图书馆组织结构和管理系统是一种线性式的单向封闭体系，馆员之间交流机会少，相互间缺乏了解和沟通，使肯定的认可、正确的评价和适当的支持不是很多；受各种因素影响，馆员间认识水平不同，对大大小小的荣誉和利益得失，相互间普遍心存戒备；晋职晋级、考核评优、学习进修等频繁竞争，加剧了同事间人际关系的淡薄和紧张；对领导方式的不认同，任务分配和人员安排的不满意，无可奈何而心感压抑；对素质参差不齐、需求不一的读者服务中，难免有碰碰撞撞。凡此种种，致使馆员人际交往仅仅是表面的交往，没有起到强化或弱化人际关系密切和疏远程度作用的情感交流，导致人际关系淡薄。

（三）个人因素

心理学家指出：人的不健康心理是由人的不正确、非理性的认识和评价引起的。工作压力的产生虽然与社会环境因素和组织因素紧密联系，但与个人因素更是分不开的，我们常常看到，即使在同样的工作环境或同样工作压力情景下，不同的人感受到的压力也有所不同，主要是与馆员个人因素有关。

1. 职业价值信念的缺失

很多馆员并没有把图书馆职业当成自己的优先选择，对工作本身没有兴趣，只是将此作为一种谋生的手段，尤其是随着用人制度、工资制度、住房制度等的改革，图书馆行业本来具有的职业稳定性已经不复存在，馆员的社会地位及收入水平在社会各阶层中的低下状况，导致馆员本身的一些价值观发生改变，对图书馆职业以及未来的发展缺乏坚定的信念，因而对之并没有付出足够的精力和热情，一旦遇到挫折和困难时，没有信心与热情去解决问题，当发现自己的价值取向与现实的条件和要求不一致或不能很好地结合时，容易对本职工作敷衍了事，得过且过，或调走寻找更好的发展空间，或自生自灭。

2. 自身能力与自我期望的不一致

每位馆员都有自身能力和知识水平的限制，有部分馆员对自身能力和知识水平认识不足，过高估计自己，对自己的期望很大，期望实现自己的价值，胜任高的岗位，希望得到领导及读者的认可，希望得到精神与物质的奖励。实际上，很多馆员不清楚自身的素质和能力与自己的期望之间存在的差距，造成了馆员内在能力和自我期望之间的矛盾凸显出来，当自身能力不能满足自身期望的要求时，难以从工作中得到乐趣，产生失望心理，压力便会不期而至。自我期望值越高，与现实的冲突越激烈，产生的压力也越大。

3. 个人认知偏差造成的压力

由于人的认知受到他的知识水平、社会经验、心理敏感性等各种因素的影响，不同的个体存在较大的认知模式与认知水平差异。这种认知上的差异，会在很大程度上决定个体对压力的体验和反应程度上的差异，相同的压力事件或压力情境，每个人的调整情绪能力不同，有些人乐观通达，可以较为轻松地化解和克服压力，而有些人自我调节能力弱一些，遇到不顺心的事就会悲观失落，对工作产生抵触情绪。

家庭因素虽不是馆员职业压力的直接或主要原因，但有时也起着催化剂的作用。

二、工作压力对馆员及组织的负性影响

工作压力是一把双刃剑，既有积极的作用，也有消极的影响。俗话说："人无压力一身轻"，员工如果没有压力可能也就没有积极工作的动力，一定会松松垮垮、懒懒散散，效率低下。夏蒙和杰克逊（Schamer & Jackson）认为"人们需要一定数量的压力去保持其工作的有效性"，也就是说，工作中要想保持好的效率和达到好的效果，离不开适当的压力。Dodson 和 Yerekes（1908）研究发现，在压力与绩效之间呈倒 U 型对的关系，过大或过小的压力都会使工作效率降低[①]。适度的工作压力有利于人的身心健康，可以使人的身体机能得到有效的锻炼，提高免疫力，同时会调动人们的工作自主性和积极性，激发其工作热情和自身潜力，维持心理的积极状态。适度的压力还是工作的动力，能使馆员集中注意力，减少错误的发生，激发馆员的潜能，完成一个个目标。适度的压力能激发馆员斗志，当个人或组织感觉到压力时，会有意识地自我调整，精力充沛地去应对压力，无形中增加适应能力和应变能力，成为推动个体或组织前行的力量，因而适度的压力对个人及组织的绩效均产生积极作用。而过度、持续的工作压力不仅会损害馆员的身心健康，对

---

① Yerkes R M, Dodson J D. The relation of strength of stimulus to rapidity of habit-fonmation [J]. Joumal of Comparative Neurologcal and Psyohology, 1908, 18 (18): 459-482.

图书馆组织也会产生消极的影响，极大地降低工作效率和服务质量，尤其是当出现工作倦怠与心理健康问题时更是如此。值得注意的是，压力不足所带来的危害与压力过度带来的危害不相上下，整天无所事事或工作中长期缺乏变化和挑战，会造成无聊和身心涣散，引起馆员不良的心理变化，感觉受到冷遇，产生挫败感，进而对工作产生不满和低下的工作动机，因此要适当施加压力，把压力转化为有效的动力。

（一）对馆员个人的负性影响

过度持续的压力会引起馆员的身体不适，导致生理疾病增多，使馆员不同程度的患上头痛、肠胃不适等身体疾病，久坐不活动造成骨骼肌肉长期紧张，引起肌肉酸痛等，并伴有失眠、神经衰弱、免疫力下降等身体失调症状，继而引起高血压、冠心病等多种疾病。

心理上引起馆员的不良情绪反应和认知反应，如抑郁、焦虑、紧张、烦躁、压抑、沮丧等各种不良情绪，并常感心理紧张不安和悲观失望，疲惫不堪，精神不振，从而影响馆员的认知能力，如每天重复同样的工作，产生倦怠情绪；面对不断变化的图书馆环境，感到焦急和忧虑；当需求得不到满足或遇不公时，产生敌视态度，变得孤独，不善与人交往等等，从而对工作失去兴趣，安于现状、得过且过，工作满意度和自我效能感下降，影响自己的职业生涯。

行为上消极行为增多，如行为易冲动、情绪好失常、暴饮或暴食，过度吸烟、酗酒等异常现象，注意力分散，观察力降低，记忆力减退，判断力下降，自信心不足，悲观失望，做事情拖沓不主动，消极应付，工作热情和积极性下降，人际关系不和谐，工作表现和效率降低，并出现缺勤离职倾向。

（二）对图书馆组织的负性影响

过度的工作压力，会使馆员对自己的工作缺乏满意感，出现工作倦怠，注意力不集中，导致工作出现差错，为读者服务时马虎敷衍，勉强应付，读者服务质量降低，工作绩效下降；恶劣的情绪、负性的心理具有弥散效应，消极情绪增多，对组织任务漠不关心，对个人前景失去信心，影响馆员自身的发展，人际关系淡薄，组织气氛压抑，士气低落，严重损害图书馆的形象和声誉；长期在压抑、沉闷的环境中工作，使馆员失去对职业的兴趣和热情，缺乏归属感，怀疑自己的价值选择，从而大量减少工作热情，以消极的视角来看待工作，导致馆员缺勤率和离职率上升，不利于图书馆事业的稳定发展。

第四节　基于 L-EAP 的高校图书馆员职业压力管理

实证研究表明，虽然只有少数馆员感到工作压力较大，但也要引起足够的重视，因为压力具有叠加性，如不加以有效地控制或预防，持续的工作压力不仅影响着馆员生理、心理和行为，更进一步出现职业倦怠，对组织的绩效、运行等产生影响。目前大多数压力管理的策略都是针对个体，教育员工如何应对压力，这不能在源头上解决压力问题，工作压力的形成是社会环境因素、组织因素和个人因素相互作用的结果，仅从馆员个体层面是无法解决压力问题的，必须借助组织的力量，建立完备的预防和减少馆员压力的管理体系，通过组织层面帮助馆员进行工作压力干预，从社会层面给馆员多一些支持，多一些帮助，共同形成社会、组织和个体三方面的合力，最大限度地降低工作压力带给组织及个人的负面影响。在此，我们根据高校图书馆员职业压力产生的原因，结合图书馆的特点和馆员个体的需求，提出适时在图书馆压力管理工作中导入 L-EAP 的建议。

一、高校图书馆员压力管理中的 L-EAP 模式构建

（一）高校图书馆员压力管理的 L-EAP 实施模式

目前，实施 EAP 的主要模式有以管理为基础的内部模式、以契约为基础的外部模式、以资源共享为基础的联合模式、以专业化和灵活性相结合的混合模式四种①。在高校图书馆工作压力管理中实施员工援助服务时，应根据不同高校、馆员不同的需求设置不同的模式。调查结果显示，馆员的主要压力来源于环境制度的改革与构建，更多地需要在组织和宏观层面上解决压力问题，因而我们认为，在高校图书馆管理系统中引入 EAP 项目的适宜模式应是以内部为主、外部为辅的联合模式，即高校图书馆内部设置的 EAP 与外部的专业机构联合，共同为图书馆员提供援助帮助。这种方式既可减少学校的经济支出降低成本，又保证了工作人员的专业性，提高了馆员的信任度，使馆员愿意参加 EAP，并愿敞开心扉寻求心理咨询，同时又可借助组织内部力量，及时发现馆员潜在的压力以及心理问题，为外部 EAP 提供准确而详细的信息，

---

① 金星慧. 员工帮助计划（EAP）在 DM 煤矿的应用方案研究 ［D］. 阜新：辽宁工程技术大学，2011.

构建高效的制度载体,有效地整合内外资源,协助 EAP 整体项目推进,并对 EAP 的服务项目质量进行跟踪、监督和评估。我们将这种方式称为 L-EAP,即 Library-EAP,图书馆员工援助计划。

（二）高校图书馆员压力管理的 L-EAP 服务内容

员工压力管理中的 L-EAP 实施旨在帮助员工解决个人的工作压力等心理困扰问题,具体可分成三部分:第一是针对造成问题的外部压力源本身去处理,即减少或消除不适当的管理和环境因素;其次是帮助员工处理和调节压力所造成的反应,即情绪、行为及生理等方面症状的缓解和疏导;第三是改变个体自身的弱点,即改变不合理的信念、行为模式和生活方式等。根据压力管理理论,设置高校图书馆压力管理的 L-EAP,应针对压力源、压力反应和压力认知的三个项目展开,根据调查和分析结果,我们认为高校图书馆员压力管理中的 L-EAP 服务内容主要有职业发展计划、素质提升计划和压力认知计划。

1. 职业发展计划的构建

职业生涯发展是馆员最主要压力源,而 L-EAP 模式中一个重要内容就是帮助馆员规划职业生涯,通过控制压力来源,缓解职业发展压力。L-EAP 服务通过海报、主题讲座、电子邮件、宣传手册等形式宣传推广馆员的职业发展计划,使馆员了解到职业生涯规划的相关理论、基本技能等,为规划职业生涯奠定理论基础;通过调查对馆员的个人能力进行综合评定,结合其自我评定及领导评价、同事评议,形成整体的个人能力评估报告,帮助馆员找到导致其职业生涯发展存在的问题,根据职业诊断的结果对症下药,向馆员提供咨询意见,帮助馆员制订个人职业规划方案,使馆员更加了解自己的职业状况,对自己的职业发展正确定位,规划好自己的职业发展方向,对于一些存在困惑的馆员,可考虑为其提供专业的职业咨询服务。其次建立个性化的教育培训体系,结合图书馆发展目标和馆员个人职业发展规划,制订以职业生涯发展为导向的各类培训计划,比如,职业生涯辅导、在职培训、专题研讨、业务演练、参加学术交流等多元化的形式,针对科研能力薄弱的事实,可积极申请课题,通过团队的力量,带领馆员提高科研能力;培训的内容依据每个人的特点和要求制订相应的学习计划,满足不同层次需求。同时,培训贯穿于馆员职业生涯的始终,不同职业阶段设计不同培训内容,在职业适应期,注重专业知识技能的培训;在职业成长期,注重职业技能提升及胜任能力的培训;在职业成熟期,注重职业拓展的培训;在职业高原期,注重职业前景的培训,全方位展开馆员的培训和开发,以减弱职业发展压力。此部分内容,详见本书第五章。

2. 素质提升计划的构建

现代社会，既然工作压力是不可避免的，那么增强员工压力的应对能力，是化解其工作压力的一个重要途径。实践证明 EAP 正是一种可以兼顾组织帮助员工应对压力，提高压力应对技能的，长期、有效地改变员工个人心理和行为问题的，由组织提供的帮助计划。L-EAP 对高校图书馆员提供关于素质提升的咨询和培训，帮助馆员学会压力应对、情绪管理、自我成长，旨在通过提升素质促进压力管理能力的提升。首先由 L-EAP 机构对馆员进行压力管理、挫折应对和职业心理健康等一系列知识和技能的培训，开设心理咨询室，由专业心理咨询师通过多种形式对馆员进行心理咨询，找出问题症结，帮助馆员掌握保持心理健康的基本方法和技巧，增强自我调适和控制心理、行为的技巧和能力，提高馆员的心理能量，培育理想人格，促进自我实现，激励开发潜能，以积极、乐观的心态去面对工作压力，鼓励遇到心理困扰问题时积极寻求帮助，从而降低工作压力对其造成的影响；其次有计划、有步骤地加强对馆员的知识、技术、技能等方面的培训，依据每个人的特点和要求制订相应的学习计划，引导馆员积极主动去学习，去获取有益于自身发展的各种资源，从而实现提高馆员知识技能及整体素质的目的，增强自身的竞争力，切实缩短工作环境要求与馆员自身能力之间的差距，使之能够从容不迫地面对工作中的各种困难，增强对工作压力的免疫能力，更好地适应社会环境的变化，有利于缓解自身工作和心理压力。

3. 压力认知计划的构建

根据 Lazarus 提出交互作用压力评价理论，认为压力是个体认知评价的结果，个体的评价起着核心的作用，对于同样的境遇，很大程度上取决于个体对情境的认知差异，因此个人的认知评价是影响馆员工作压力水平的重要因素。只有当个体正确、合理地认识压力并设法解决问题时，才能调动内部和外部的一切资源，来解决问题、减轻压力。因此，我们实施 L-EAP 时，首先，通过多种形式和媒体进行宣传，帮助馆员识别压力的征兆与症状，提供压力管理的技巧与方法，使馆员通晓自己的压力源，提高其压力认知水平；其次，通过压力应对管理、情绪调控、积极认知与思维的构建等系列培训，引导馆员确立合理的认知方式，以积极的视角看待压力，将消极压力转化为积极压力，学会一套有效的放松方法，建立健康的生活方式；再次，通过个案咨询促使馆员更好地了解和评价自我，转换视角，改变不合理的信念、行为模式和生活方式，正确地应对压力、解决压力，减少压力出现的概率。

心理学家薛利指出："完全脱离压力等于死亡"。L-EAP 的实施，旨在促使馆员形成正确的压力认知理念，理解压力是大家普遍存在的，适当的压力有利于激发员工的动力和斗志，要辩证地看待压力，既看到压力是一种危机，同时也是一种机遇。适当地改变自己的思维模式，会使自己有完全不同的感受，消除或减少心理压力带来的不良影响。

（三）高校图书馆员压力管理的 L-EAP 实施路径

L-EAP 项目针对的是组织中的所有成员，重点不是员工出了问题之后的补救，而是重在预防，因此实施必须全面、深入。具体路径包括压力评估、宣传推广、组织改变、教育培训、心理咨询等几个层面。

1. 工作压力的评估

对高校图书馆员工作压力进行调查评估，是实施员工压力管理援助计划有效开展的前提。由 L-EAP 部门的专业人员采用科学的评估方法对高校图书馆员的工作压力及职业心理健康进行调查评估，发现问题所在，并分析引起问题的原因以及不同馆员的工作压力在人口统计学变量上的差异，有针对性地制订员工援助计划项目，对馆员工作和生活中遇到的困扰给予建议和辅导，帮助馆员减少或消除不良的个人因素或组织因素。

2. EAP 及职业心理健康相关知识宣传

通过宣传让馆员充分了解 EAP，接受 EAP，并能够主动使用 EAP 的各项服务，从而起到帮助馆员提高心理健康的意识，预防心理问题的产生，引导馆员正确认识压力，通晓工作压力与自身的认知与反应密切相关的目的，旨在让馆员减少或尽量消除导致工作压力和心理健康困扰的问题。

3. 改变组织制度和工作环境

L-EAP 对工作环境和组织制度进行设计与改善，一方面改善工作硬环境，改善馆员办公、生活等环境，培养舒缓温馨的工作氛围，让馆员不必为条件束缚、为生活奔波；另一方面，协助高校组织在制度、机制、结构等方面进行适当的调整或变革，营造良好的制度环境，通过帮助馆员进行职业生涯规划、工作轮换、改善人际关系等手段改善工作软环境，建立内部支持性的工作环境，丰富馆员的工作内容，指明馆员的发展方向，消除问题的诱因。

4. 员工和管理者的教育培训

根据前期的调查结果，了解团队及个体迫切需求的培训主题，制订适应性的培训方案，有针对性地举办心理健康、压力管理、挫折应对、积极情绪、工作技能等一系列培训，指导馆员如何进行压力的自我预防，帮助馆员掌握提高心理素质的基本方法和技巧，增强其应对压力的能力。对管理者不但要帮助他们掌握一些技巧和方法，提高自身心理健康水平，还要进行心理管理的技术培训，使其能用更人性化的方式处理压力所造成的反应，缓解和疏导馆员在情绪、行为及生理等方面的症状，防患于未然。

5. 多种形式专业心理咨询

通过提供咨询热线、建立网上沟通渠道、团体辅导、个人面询、开辟咨询室等丰富的形式，协助馆员发现工作压力问题及产生的根源，帮助馆员挖掘自身潜在的能力，来改善不合理认知、情绪体验和行为问题，鼓励馆员在感到压力过大或遇到心理困扰问题时积极寻求帮助。心理咨询过程中，咨询师若发现员工有接受长期治疗的需要，会建议将员工转介到相关机构。

（四）压力管理中 L–EAP 模式的核心目标

图书馆压力管理中引入 L–EAP 模式，其核心目标主要围绕馆员个人和组织整体两个层面展开，最终可以实现组织与馆员互利双赢的效果。

1. 馆员个人层面

通过帮助馆员解决工作生活上遇到的问题，缓解工作压力，促进馆员身心健康发展；帮助馆员合理安排职业生涯规划，促进馆员个人的自我成长；促进馆员建立和谐的人际关系及工作关系；改善馆员福利，满足馆员要求，提高工作热情。

2. 组织整体层面

通过改变组织机制和工作环境，改善图书馆的组织氛围，提高馆员士气，增进馆员的向心力和凝聚力，提高馆员的忠诚度和归属感，树立图书馆良好形象；完善组织的福利制度，满足馆员不断变化和提升的需要，特别是心理层面的需求；降低离职率和缺勤率，稳定图书馆人力资源；改进服务管理，提高服务效率和工作绩效。

二、L–EAP 模式的具体应用

L–EAP 作为一种新的管理机制，对改善馆员工作压力，提高馆员抗压能力具有积极的作用，但对于客观存在的实际工作环境 L–EAP 是没有能力解决的，要保证 L–EAP 压力管理的实施，仅仅通过心理治疗是无法彻底解决馆员工作压力状况的，还要对造成问题的外部压力源本身去处理，因而需要各方支持，做好相关的保障措施。针对前期调查问卷暴露出来的导致馆员职业压力的问题，本课题组认为可从社会、组织和馆员个人三个方面开展服务，保障 L–EAP 的有效实施。

（一）从社会环境方面进行大力宣传

调查结果显示：社会环境因素是导致馆员工作压力的重要来源，是馆员个人无法解决的压力源，长期来自社会环境方面的压力必然威胁到馆员的心理健康，给馆员造成较大的工作压力，积极引进与有效实施馆员援助计划（L–EAP），虽然可以有效缓解和预防馆员的工作压力，却无力改变社会环境因素造成的困扰。因而在社会环境因素方面，L-EAP 只能做好舆论宣传工作，大力宣传图书馆的社会作用，尤其是在高校内部，宣传图书馆在学校发展中的巨大作用，引导管理层正确认识和对待图书馆，改变重教学科研、轻服务管理的理念，形成尊重馆员、支持馆员的环境倾向与社会氛围，增强馆员的职业威望，使其对自己的职业产生高度的自豪感，以健康积极向上的态度从事图书馆工作。根本的解决之道是加快图书馆相关立法进程、规范图书馆职业准入制度，通过劳动立法补偿制度的缺失，以立法的形式规定图书馆及图书馆员的社会地位，保障其经济利益，营造关注馆员心理健康的社会氛围，改变人们对图书馆员的思维定式，提高馆员良好的社会形象，提升图书馆地位，方能缓解社会环境因素给馆员造成的压力。

（二）从组织角度构建工作压力的支持体系

压力管理的根本在于管理压力源，从研究结果可知，组织因素是造成馆员工作压力的主要来源。L-EAP 能够从组织成员个体心理健康、组织的整体状况两方面进行调查分析，深入研究组织压力、组织气氛、组织承诺等各方面的情况，将馆员的个人生涯与学校发展很好地匹配，给出整体的工作压力评估报告，但 L-EAP 不具备独立的行政能力，更多的是去了解组织和个人的问题，然后提供改善的建议，管理层将根据 L-EAP 机构提供的评估分析报告和建议，针对可能造成馆员工作压力的组织因素进行改善，尽量消除不良的管理或环境因素给馆员带来的压力，减少工作压力在组织层面的负面影响。L-EAP对组织的建议如下：

1. 构建科学合理的管理机制，缓解馆员的职业压力

（1）完善非薪酬激励机制

EAP 作为一种解决员工心理和行为问题的非薪酬激励手段，可以有效地缓解和疏导由于压力等原因造成的不良情绪影响，从而提高工作效率。基于马斯洛需求理论，L-EAP 机构建议管理层根据图书馆的特点和馆员的个体需求，运用激励的五力模型即拉力、推力、压力、规范力和自我激励为导向，建立科学合理的激励机制，把馆员的行为方式及价值观与图书馆目标结合起来，加强图书馆工作的凝聚力和吸引力。对工作成绩突出的馆员给予物质和精神奖励，从而推动馆员的工作激情，提高其工作干劲；根据馆员的兴趣与工作要求，对其进行恰当的工作再设计，通过合理有效地处理馆员与工作岗位活动之间的关系，实现组织价值目标与馆员深层志趣之间的相对平衡，满足馆员自我实现的需要，以增加他们对图书馆的归属感和忠诚度；通过工作内容丰富化，比如，进行双向选择、轮换岗位，使每位馆员都可参与多种工作或工作环节，从而激励馆员提升工作积极性，克服对单调烦琐工作的厌倦；

根据不同的岗位设置适当的目标，给馆员增加一点具有挑战性的任务，如，开展新的服务项目、业务竞赛等等，让馆员参与管理，给予成长、承担责任和参与决策的机会，使馆员保持适度的压力，以此来激发馆员的积极性和创造性，有效引发馆员的成就动机愿望。在晋升、晋职、岗位聘用等方面，引进竞争激励机制，使馆员能上能下、能进能出，激发馆员的潜力；在人员任务分配方面遵循德才兼备、知人善用和合理组配的原则，科学合理安排馆员工作。

（2）建立公平合理的福利制度

调查显示，薪酬待遇偏低且分配不公平是图书馆员最大的压力源，严重影响馆员的职业满意度和工作积极性。图书馆组织要积极向上级管理部门争取，使管理层在决策和分配过程中，保障图书馆员的地位和权益，健全和完善各种制度，消除收入分配制度的弊端，切实提高馆员的待遇，正确把握付出和所得之间的关系，注意平衡不同岗位、不同人员之间分配的差距，合理地分配馆员的工资福利待遇，至少要与类似单位同级同酬，保障图书馆员工资福利的公平合理，只有建立公平合理的薪酬制度才能有效缓解馆员压力感，消除馆员"不患寡而患不公"的社会心理，促进组织的稳定发展。同时图书馆要建立一种公平合理的绩效评价制度和科学合理的薪酬分配制度，不同岗位制定不同的津补贴，坚持"多劳多得"的原则，使馆员能自觉地把自己的工作活动与绩效评价指标以及薪酬分配制度结合起来，清楚自己的行为付出将获得什么样的物质经济回报。

（3）确立科学的馆员评价体系

在建立激励机制的同时，更应建立与完善能够全面反映高校图书馆员工作特点、工作态度和能力水平以及贡献大小的科学评价体系，对图书馆组织和馆员个体的评价要做到公正、公开、客观、科学、有说服力，营造一种积极的评价环境，保证激励制度真正落实，使馆员的工作对组织的发展战略具有推动作用。如，建立科学合理的岗位评价体系和考核体系，将岗位责任制、目标管理和物质奖励结合起来，合理确定馆员工作职责，根据岗位的不同确定定量和定性相结合的岗位评价体系，将科技创新、科研成果等作为评优、晋升等重要考核指标列入评价体系；调整竞争机制来满足大多数馆员的成就需要；同时充分考虑馆员的岗位素质、专业能力、工作积极性、责任感等实际状况，制定合理的制度，体现考核体制的以人为本，客观公正地评价每位馆员，用切实可行的制度来规范馆员的行为，促进馆员由消极埋怨转为积极进取。

2. 拓宽馆员职业发展通道，缓解职业发展压力

职业生涯是每一个员工都关心的问题，无论目前的薪酬有多高，如果职业生涯前景黯淡，会给员工带来很大的压力。在调查过程中，有许多馆员，对缺乏晋升机会感到压力很大，认为进修的机会少，晋升晋职的希望渺茫，前途黯淡。面对馆员职业发展道路单一，上升空间狭窄的现实，L-EAP 机构一方面和图书馆管理者进行协商，积极争取学校政策上的支撑，建立公平、有效的竞争机制，为馆员提供合理的晋升空间，减轻职业发展空间不足的压力；另一方面，为使不同性格和能力特征的馆员都能找到适合自己的职业发展路径，构建多元化职业发展通道，给予馆员更多现实可行并适用的提升途径，比如，设立学科馆员制度，让馆员承担更具挑战性的工作，承担一定学科的参考咨询、课题跟踪等任务，使馆员的学科专长与图书馆的事业发展相协调，激发馆员工作的热情；对于处于职业高原期的馆员，可扩大工作范围，采用轮岗、传帮带等方式，激发馆员的积极性，创造新的职业亮点，缓解职业发展带来的压力。

3. 以人为本，营造良好的工作环境和氛围

良好的工作环境，是提高工作效率、降低工作压力的有效途径。EAP 组织可以帮助改善工作条件，努力减少工作中各种有碍身心，容易形成压力感的影响因素，为馆员营造一个融洽、和谐的工作环境与心理环境。如，为解决书库通风问题，在窗上安装换气扇，有条件的情况下可安装紫外线消毒灯，对书库进行定期消毒；为操纵电脑的工作人员配备防辐射服，尽量减少电磁辐射对人体造成的危害；帮助馆员个性化地布置自己的工作区域，配置舒适、结构合理的办公设施，因地制宜地种植一些既能净化空气又能美化环境的植物，给馆员营造一个舒适、惬意的工作环境；针对馆员室外活动少，工作单调平凡、枯燥乏味，以图书馆工会名义进行职业健康培训，适当组织开展一些趣味活动，给予小纪念品等作为奖励，既活跃工作气氛，增加凝聚力，又提高自身免疫力；还可以组织馆员开展旅游、素质拓展等活动，通过走入大自然，使馆员能够真正地放松心情，释放压力，减轻心理负担。总之从馆员的身边做起，让每一位馆员都能感受到切实的变化，也就减少了环境压力或健康问题产生的可能。

4. 增进人际沟通，建立制度化的有效沟通机制

高校图书馆员是一个比较特殊的群体，大部分时间都是与书为舞，社交圈比较狭窄，如果在工作上没有建立和谐的人际关系，往往会影响到他们的全部生活。沟通是建立和谐人际关系的基础，良好的沟通是释放和缓解压力的有效途径，更是提高团队凝聚力的重要手段。引入 EAP 能够帮助馆员有效

的调节人际关系，通过与馆员良好的交流与沟通，充分认识到馆员的不满情绪和压力，帮助他们调节情绪、释放压力，增强组织凝聚力。通过提供专门的培训来提高馆员有效处理人际关系的能力和技巧，指导馆员用适当的方法去解决馆员之间的淡薄关系，对读者本着关心爱护的态度，对同事懂得换位思考，对上级要加强沟通与理解，努力缓解由人际关系紧张引发的不良工作压力。同时帮助管理者建立起制度化、多角度、多层次、多级别的双向沟通机制，努力营造宽松的制度文化。建立与馆员之间良好、畅顺的沟通渠道，真诚地倾听馆员心声，加深彼此间的相互理解和信任，有效缩短人际距离，形成馆员内部的支持系统。比如，为解决各楼层、各部门馆员间难以见面和信息封闭等问题，可以组建网络平台，增加馆员相互交流的机会，促进馆员之间的了解，既给单调枯燥的工作带来活力与生机，又有助于在群体内形成轻松友爱、相互关怀的气氛。

（三）馆员个人层面提高自我抗压能力

从馆员个人层面而言，L-EAP 能够为馆员提供个人测评服务，对个人能力和性格等各方面进行综合评定。L-EAP 运用心理学的理论和技巧，通过对个体需求的人文关注、个体认知障碍的深层疏导、个体心理困扰的咨询辅导等[1]，培养馆员的职业信念，树立正确的职业价值观，帮助馆员正确地认识自己的工作，引导馆员从自我认知中寻找行为转化的积极力量，增强自我控制和调节能力，以适应瞬间万变的环境，养成良好的生活方式，提高自我抗压能力，有效地化解职业压力。

1. 树立正确的职业价值观

通过调研可知馆员对图书馆职业以及未来的发展缺乏坚定的信念，对自己的职业没有成就感和使命感，更有甚者仅仅把工作看作是谋职维生而不得不为之的手段，对工作丧失兴趣和热情，将工作视为一种负担，常被情绪所困扰。L-EAP 通过对馆员职业道德和价值观的培训，帮助馆员树立正确的职业价值观，通过讲解、讨论、实践来强化馆员的职业意识，唤起馆员对职业信誉与职业责任的高度重视，进而正确认识自己的职业观，通过咨询，帮助馆员选择正确职业定位，培养馆员对图书馆事业的浓厚兴趣和乐于奉献的职业精神，从心底里认可并喜欢图书馆的工作，以积极的态度去接受这份工作，以认真的姿态完成这份工作，缓解职业带来的情绪反应。馆员必须树立终身

① 潜良玉. 员工压力管理中的心理援助计划（EAP）应用研究——以江西移动公司为例 [D]. 南昌：南昌大学，2011.

学习的理念，将学习作为一种责任，不断提高自己的学历层次、学识水平和工作技能，适应图书馆的发展变化。

2. 正确认知压力，准确评估自我

压力不可避免地伴随于每个人的工作、生活之中，正是种种压力造成了人们不断奋进的一种原动力。面对压力，我们不仅要看到压力带来的消极影响，更应该发现压力的积极作用，适度的压力有利于自身能力的发挥。相同情景下压力的认知水平决定压力的积极或者消极影响程度，改变认知是一种非常重要的调节策略。EAP通过培训咨询帮助馆员改变自己的观念或行为反应，来化减或消除压力所带来的不利影响。当馆员感受到职业压力的时候，应转换角度，接受压力事实，不否认、不回避，用积极的心态看待压力，学会利用压力，努力将压力转化为动力。

在对压力正确认知的基础上，要对自己有一个准确认识评估。在新的环境下，馆员的角色要更新，职责在变化，馆员要胜任新角色，原有的知识和技术以及优势显然不够用，L-EAP通过调研咨询分析馆员的个性、工作能力及所承担的角色，使馆员对自己有充分的了解，能够对自己有准确的定位，不过高估计自己，不强迫做超越自己能力的事情，避免因为不恰当的期望和努力达不到自己预期结果而造成压力。正确认识自我，能够使自己更好面对压力，避免压力问题的侵扰，缓解馆员内在能力和自我期望之间的矛盾。

3. 合理调控情绪，乐观对待压力

人在遇到压力时，往往会产生一些不愉快的情绪体验，L-EAP可以帮助员工缓解压力，疏导情绪。通过咨询过程中馆员的宣泄与交流，得以了解馆员的想法，掌握馆员的心理动态，帮助馆员解决心理问题，缓解职业心理压力，同时通过情绪疏导与积极情感激发，引导馆员合理调控情绪，乐观对待压力，保持心理健康，当情绪受到压抑时，可以将消极的情绪进行合理释放，或找人把心中的苦恼倾诉出来，使心中的消极情绪得到一定程度的宣泄和缓解；当遇到某些不愉快的事情，产生消极情绪时，要学会遗忘，从而缓解消极情绪对自己的烦扰，避免由此产生的身心压力；当情绪不稳定时，可有意识地通过转移注意力对其进行心理调适，比如看电影、听音乐、散步、做家务等有意义的活动来放松紧张的情绪，减轻心理上的压力感。

4. 科学有效地管理时间

馆员的工作非常烦琐枯燥，有很多工作需要花费太多时间，以至于常听馆员说"忙，没时间"，而一旦工作量少时又不知道该干什么，喜欢做简单的事情，对于复杂的工作多采取逃避的态度等，这些都是时间管理的不善，工时效能太低往往是个体工作压力产生的重要原因。科学有效地管理时间，有助于馆员更好地应付工作带来的压力感。L-EAP 服务首先引导馆员掌握时间管理的技巧，帮助馆员制订详细的工作计划，将每日的工作以急迫性和首要性为界合理分类，优先完成最急迫的工作，有效分配每一天的时间。由于时间、精力与能力有限，学会放弃一些相对不重要或者自己不擅长的事情，从而减轻压力。其次帮助馆员确定好目标，为每一项工作任务和事件列出一个期限，不把所有的工作都放在最后时间才去完成，将复杂的任务分解为若干小块，采取各个击破的方法，既增加馆员自信心，又减轻馆员压力感。总之，合理有效安排时间，可缓解因时间紧迫、力不从心带来的压力。

5. **养成良好的生活方式**

生活质量的提高是人们工作的出发点，也是工作的最终目的，面对各种压力馆员有多种发泄的渠道，但良好的生活方式会有效抑制由压力源引起的压力反应。

（1）培养广泛的兴趣爱好

培养广泛的兴趣爱好，能够舒缓紧张的神经并提升生活质量，让身心得到科学的调节。在日常生活中，种植花草、琴棋书画、欣赏音乐、静心读书、旅游等业余爱好，不仅丰富生活内容，增加生活乐趣，心情也会感到愉悦和舒畅，有助于精神和心理的健康成长，从而有效缓解职业压力。

（2）加强锻炼提高抵抗力

很多研究都表明，体育锻炼是最简单的一种精神减压的良方，不仅能够使人精神放松，还能够给人带来自然愉悦的感受，使馆员从情感或身体的紧张状态中放松下来。因此在工作之余，馆员应该多参与一些体育锻炼，做到劳逸结合、张弛有度，以减轻心理压力。

（3）制订健康的饮食计划

平时要养成良好的饮食习惯，注重营养和膳食的合理搭配，尽量多吃一些时令的新鲜水果和蔬菜以及大豆纤维食物等，以保证各种营养物质的均衡供给，保障自己拥有健康的身体素质，有助于增强馆员抵抗压力的能力。

（4）注重休息和放松

休息和放松是缓解职业压力十分重要的一种应对技巧，放松是一种通过训练有意识地控制自己的身心活动，改变机体机能紊乱的心理治疗方法，放松卸载精神上的重负，身体上的消耗则可以通过休息恢复，馆员要学会休息和放松，有效地运用这些方法，实现内心平衡，缓解职业压力。

6. 积极寻求家庭支持

社会支持是个人在社会中得到承认的主要体现，家庭支持则是主要的社会关系因素，对图书馆员而言，最重要的支持来自于家庭。调研得知家庭因素虽不是馆员主要的压力源，但其影响仍不可低估，家庭的有力支持，是出色完成工作的有力保障，通过 L-EAP 的实施，组织应尽可能地了解馆员的生活和家庭问题，帮助馆员解决一些实际问题，以解除馆员的后顾之忧。同时帮助馆员经营好工作与家庭的关系，鼓励馆员工作上遇到压力威胁时，积极寻求家庭的理解和支持，多与家庭成员沟通，不但可以有效地将消极情绪得到适当宣泄，还可以在家人的帮助下对压力事件进行重新审视，找到有效的解决办法。

人性化的 L-EAP 计划，以预防职业压力的发生为目标，构建科学的 L-EAP 干预体系，使馆员能客观看待各种社会现状，适应社会发展变化和组织体制改革的趋势，树立正确的职业价值观，以良好的职业心理、职业行为和职业习惯优化自身职业生涯，克服职业压力带来的各种困扰。

第五节　本章小结

本章界定了工作压力和压力源的概念及其基本理论，运用压力理论，编制压力问卷，对高校图书馆员工作压力状况进行了抽样调查，结果显示：高校图书馆员的工作压力总体感受不高，界于轻度到中度之间，其中社会因素、学校管理及制度和个人职业发展三个因素是目前馆员最主要的压力来源，男性馆员压力大于女性馆员，持有本科学历的馆员和中层干部压力最大，无职称馆员在家庭方面压力明显大于高级职称馆员，不同婚姻、不同年龄、不同工龄、不同收入的馆员压力无显著差异。基于上述调查结果得知，高校图书馆员工作压力由环境因素、组织因素和个人因素三方面构成，分析其工作压力产生的深层次原因，描述了工作压力给馆员及其组织带来的负性影响，以及当前高校图书馆员工作中存在的生理、心理和行为问题。

以馆员职业压力现状及来源分析为依据，从 EAP 视角构建了高校图书馆员压力管理的适宜模式：以内部为主、外部为辅的混合模式。以压力形成机制为基础，从职业发展计划、素质提升计划和压力认知计划三个模块规划了馆员压力管理中 L-EAP 服务内容，构建了运用 L-EAP 干预高校图书馆员工作压力的实施路径：压力评估、宣传推广、组织改变、教育培训、心理咨询等几个层面。

　　EAP 作为一种新的管理机制，对改善馆员工作压力，提高馆员抗压能力具有积极的作用，更是可以使组织从中获利的健康项目。L-EAP 压力管理重点不是员工出了问题之后的补救，而重在预防。要有效预防馆员工作压力，图书馆在 L-EAP 实施过程中，还应从社会、组织和馆员个人三个方面积极配合 EAP 开展服务，保障 EAP 的有效实施。从社会环境方面进行大力宣传，从而给馆员多一些支持，多一些帮助；从组织角度构建工作压力的支持体系，通过组织层面帮助馆员进行工作压力干预；从馆员个人层面提高自我抗压能力，降低馆员因心理问题给组织带来的损失，促进组织目标的实现，最终实现组织与馆员互利双赢的效果。

第三章　积极应对：
EAP 对馆员职业倦怠的干预

在社会变革加剧、科技发展迅猛、人际关系复杂的今天，高校图书馆员在日复一日的忙碌中，往往觉得工作无趣、生活无味乃至人生无聊，常常伴有莫名的紧张感、困惑感和失落感，从而导致职业责任感、认同感和归属感的缺失，进而引发一系列的生理、情绪和行为不适，最终导致职业倦怠。有鉴于此，直面问题所在，把握其发展规律，分析其变量成因，并与时俱进地引进 EAP 模式加以预防和治理，无疑是图书馆人力资源管理的有益举措。这对提升高校图书馆服务水平，推动高等教育事业发展，促进我国文化大繁荣，也将具有一定的现实意义。

第一节　职业倦怠的心理学描述

职业倦怠（Job Burnout）也称工作倦怠，是西方国家职业压力和心理健康研究领域较为流行的一个概念。我国有关职业倦怠的研究大致始于 20 世纪末 21 世纪初，其研究范围从医疗服务类行业逐步扩展到教育、军队、管理等众多领域，受到心理学家、人力资源研究者和企业管理者的广泛重视。在图书情报界，针对高校图书馆员职业倦怠的研究尚处于起步阶段。

一、职业倦怠的概念界定

职业倦怠是由美国临床心理学家 Freudenberger（1974）首次提出，用来专指"那些供职于助人行业的人们因工作时间过长、工作量过大、工作强度过高而引发的一种疲惫不堪的状态"①。此后，有关职业倦怠的研究受到国内

---

① Freudenberger H J. Staff Burnout [J]. Journal of Social Issues, 1974, 30 (1): 159-165.

外学者普遍关注。但到目前为止，有关职业倦怠的概念界定仍未达成一致性结论。

在众多阐释中，美国社会心理学家 Maslach 的定义得到广泛认可，其将职业倦怠表述为"在以人为服务对象的职业领域中，个体的一种情感耗竭、人格解体和个人成就感降低的症状"[①]，并提出了具有代表性的职业倦怠三个维度：情感耗竭、人格解体和低职业效能感。其中，情感耗竭是职业倦怠的压力维度，表现为个体有效的身心资源过度透支，工作没有兴趣和激情，情绪处于极度疲劳状态；人格解体反映了职业倦怠的人际交往维度，表现为个体以一种负性的、否定的态度对待工作，以一种冷淡的、疏远的态度对待同事或工作对象；低职业效能感体现着职业倦怠的自我评价维度，表现为对自己的社会性和非社会性的职业成就倾向于做出消极评价和负面认知。

Maslach 对职业倦怠的界定，不仅精确地描述了倦怠的应激成分（情感耗竭），而且涵盖了倦怠者对待他人的应激反应（人格解体），以及对于自身的负面评价（低职业效能感），因而在相关研究中占据主体地位。本研究对职业倦怠的界定以此为据。

二、职业倦怠与相关概念的区分

职业倦怠关注的是个体在工作中体验到的一组负性症状，与心理学某些概念有一定的联系或重叠，尤其是与工作压力、工作应激、抑郁、疲劳等具有很强的关联性。因此，在开展相关研究之前，有必要将他们予以区分。

（一）职业倦怠与工作压力

工作压力是个体因工作需求超出其可利用资源时而感知的一种心理过程[②]。适度的压力可促进个体对资源的有效利用，获得挑战自我的成就感；过度的压力以及不当应对会使个体情绪沮丧或紧张，长此以往，容易引发职业倦怠。但职业倦怠不是工作压力的简单累加，两者有着本质的区别。

1. 作用时点不同

从时间跨度来看，工作压力可以是一种即时反应，有时来得快，去得也快；而职业倦怠则是长期表现，通常有一个较长的演变过程。

2. 展示维度不同

工作压力仅从压力视角来考量个体面对工作的情绪反应，研究维度单一；

---

① Chutte N，Toppinen S，Kalimo R，Schaufeli W B. The Factorial of the Maslach Burnout Inventory-General Survey [J]. Journal of Occupational and Organizational Psychology，2000，73（1）：53-56.

② 孙红. 职业倦怠 [M]. 北京：人民卫生出版社，2009.

而职业倦怠则不仅如此，还从人际关系、自我评价等维度考察人的态度和行为变化。

3. 表达方式不同

工作压力在情绪上多表现为忧郁、暴躁乃至愤怒；行为上则多表现为厌食或暴食，易产生攻击举动；认知上主要体现为思维迟钝、判断欠佳等。而职业倦怠的基本特征是身心疲乏、缺少激情；态度冷漠、行为沮丧；缺乏成就感和满足感等。

（二）职业倦怠与工作应激

应激是指机体对各种内、外界刺激因素做出适应性反应的过程①，与工作相关的因素所造成的应激就称之为工作应激，可分为良性应激和不良应激两种类型。与职业倦怠相比较，两者的区别主要体现在以下三个方面。

1. 体验程度不同

职业倦怠是个体长期应对不良工作应激的瓦解阶段，重在工作投入与工作回报不一致的情感体验。工作应激是个体伴随有心理和生理症状的短期适应过程，重在工作客观需求与主观能力之间不平衡的工作体验。一定意义上说，工作应激是职业倦怠初级阶段的表现形式。

2. 涵盖范围不同

职业倦怠可谓是一种具有多侧面本质的特殊工作应激，通常发生在那些希望从工作中获得价值和重要性的个体身上。工作应激的发生对象范围却比较广，处于不同岗位的不同个体都可能因为工作而体验到工作应激。

3. 反应属性不同

职业倦怠不是良性的，是个体对服务对象、所在组织和工作本身的负性态度和行为表现，是一个动态的形成发展过程。工作应激并不一定伴随这种态度和行为变化；虽然学者们所提到的工作应激主要是指不良应激，但其本身是包含积极的、令人满意的良性一面的。

（三）职业倦怠与抑郁

抑郁是一种精神上的紊乱，其情绪体验比任何一种单一负性情绪更为强烈，而且持续的时间更长，给人带来的痛苦更大②。抑郁与职业倦怠是两个不同的概念，简要地说，其区别主要在于以下几点。

---

① 宋国萍，汪默. 职业健康心理学 [M]. 南京：东南大学出版社，2010.
② 聂红梅，潘景副，李小英. 阅读疗法对改善大学生抑郁心理的实证研究 [J]. 当代教育理论与实践，2012（7）：25-26.

1. 产生情境不同

个体的职业倦怠是与工作相联系的，具有明显的情境指向性，尤其是在倦怠感产生的初期。而抑郁则广泛存在于生活的各个领域，没有情境的限制和要求，具有很强的普遍性和弥散性。

2. 症状归因不同

虽然倦怠与抑郁可能具有共同的机制，都伴有情绪消沉、精力匮乏、悲观失望等不良表现，但职业倦怠的症状主要源于生理、情绪和行为方面，而抑郁的症状则偏重于精神病理学方面。

3. 引发后果不同

大多数倦怠的个体并不一定表现出抑郁的症状，遭受抑郁困扰的患者也不一定具有倦怠的体验；高倦怠个体很少有自卑、自伤或自杀的想法，而严重的抑郁患者则不然。因此，从理论上看，抑郁应是倦怠的潜在后果。

（四）职业倦怠与疲劳

疲劳，顾名思义，是指主观上的一种疲乏和劳累，其崩溃表现就是"过劳死"。与抑郁类似，疲劳尤其是慢性疲劳综合征，与职业倦怠很容易发生混淆。就两者的区别而言，主要可概括为三点。

1. 症状表现不同

职业倦怠主要表现为身心疲乏、情绪低落、消极无望等，偏重于心理和行为方面，而非躯体症状。疲劳则常伴有头痛发热、肌肉酸软、关节疼痛、睡眠障碍以及喉咙痛、淋巴痛等不良身体反应。

2. 作用机理不同

职业倦怠与职业密切相关，因工作境遇而生，其症状虽包含一定的生理内容，但主要在于心理方面。而疲劳则不受特定生活领域限制，其症状虽包含一定的心理内容，但主要是生理性的，其病因复杂。

3. 概念内涵不同

虽然职业倦怠和疲劳都体现出疲乏不适的耗竭感，但前者还包含有玩世不恭的负性态度和消极颓废的负面认知行为，而后者却没有。

三、高校图书馆员职业倦怠的症状描述

网络时代，基于经济发展的推动力和社会转型的拉动力，高校图书馆员面对信息技术的快速发展，无一例外地经历着各种诱惑与困惑，不可避免地面临着职场的选择和考验。一方面，随着经济社会的发展和生活节奏的加快，越来越多的高校图书馆员开始排斥薪水微薄、工作枯燥或压力过大、行为单调的岗位，一些经不起诱惑又找得到门路的馆员，早已纷纷跳至馆外乃至校

外另谋高就，开启了新的职业生涯。对他们的行为，我们无意深究。另一方面，大部分馆员虽仍坚守岗位，但大多耐不住困惑又别无他法，只得选择毫无热情地维持，按部就班地劳作。长此以往，难免倦而怠之。

《图书馆学和信息科学词典》将图书馆员职业倦怠的内涵描述为：图书馆员在某一工作岗位工作时间长或工作要求过于苛刻时产生的一种身心衰竭情绪，使其不愿从事工作，工作效率低下[1]。处于职业倦怠的馆员，他们工作似乎仅仅是为了养家糊口，服务往往成为机械化的应付差事，不仅对读者缺乏耐心，表现冷漠，而且对自己缺乏信心，感到无望，以致待人处事消极，创新意志消沉，工作激情消亡，从而严重影响图书馆事业发展。其基本症状主要表现在生理、情绪和行为三个方面，见表3-1所列。

表3-1　高校图书馆员职业倦怠基本症状一览表

生理症状	情绪症状	行为症状
常常感觉身体疲倦，精力衰竭	总有失败感，不断怀疑自我	喜疏远人群，爱独居一室
动不动就腰酸、背痛、腿抽筋	没有工作激情，对读者烦躁	行事拖沓，工作效率降低
免疫力下降，经常有身体不适感	往往感觉无助、困扰和无奈	暴饮暴食，或以烟酒解愁
吃东西没味，饮食习惯发生变化	对人事消极，往往愤世嫉俗	总习惯把挫折归咎于他人
多梦、失眠，记忆力明显衰退	缺少成就感，也缺乏幸福感	常迟到、早退或请假在家

第二节　高校图书馆员职业倦怠的测量与诊断

倦怠正成为现代社会的职业通病，助人行业的职业倦怠尤为甚之。其结果不论是对个体身心健康还是组织工作绩效，都必然产生不良影响。高校图书馆作为服务广大师生的助人机构，馆员职业倦怠的存在已是不争的事实，只是不同个体的倦怠程度有所差别而已。要科学测量和诊断馆员的倦怠程度，仅就其症状表现是无法准确判断的，必须在借鉴前人相关研究成果的基础上，广泛开展调研，进行实证分析。

---

[1]　Reitz J M. Dictionary for library and information science ［M］. Westport Libraries Unlmited, 2004.

一、职业倦怠的测量方法

在过去的 30 多年里，有关职业倦怠的测量工具有很多，主要的几种见表 3-2 所列。其中，最为广泛应用的测量方法当推马斯拉奇倦怠问卷（Maslach Burnout Inventory，MBI）。根据 Schaufeli 和 Enzmann 的统计，在已发表的有关职业倦怠的研究中，90% 以上的论文和研究报告采用 MBI 作为测量工具[1]。

表3-2 几种常见职业倦怠测量问卷的比较[2]

测量名称	作者/年代	编制基础	操作定义	单维/多维	反应方式
MBI	Maslach Jackson 1982	临床个案	情绪耗竭 去人性化 个人成就	三维	频率七点
BM	Pines Aronson 1981	临床个案	生理耗竭 情感耗竭 心理耗竭	单维	频率七点
OLBL	Demerouti 2003	JD-R	耗竭 疏离工作	二维	赞同度四点
SMBM	——	COR	生理疲乏 情感耗竭 认知疲惫	单维	频率七点

（一）MBI-HSS

传统上认为，职业倦怠仅出现在以人为主要服务对象的职业领域，因而，最初的 MBI 主要用于与人打交道的职业之中（MBI-HSS，Human Services Survey），由 Maslach 和 Jackson 在与服务行业人员的访谈及个案研究基础上编制而成，包含情感耗竭（9 个项目）、人格解体（5 个项目）和个人成就（8 个项目）三个分量表，用以测量 Maslach 关于倦怠定义中的三个方面症状的内容。该问卷项目以陈述句形式呈现，采用 7 点计分法，要求被试者按每种症状出现的频次进行评定：0 代表"从不"，6 代表"每天"，从 0 到 6 表示出现

[1] Schaufeli W B，Enzmann D. The bournout companion to study and practice：A critical analysis［M］. London：Taylor and Francis，1998：34-35.
[2] 王芳，许燕，蒋奖. 职业枯竭的测量方法［J］. 心理科学进展，2005（6）：814-821.

症状的频次逐步增加。三个分量表相互独立,不能相加:在情感耗竭和人格解体两个分量表上,个体的得分越高,表示体验到的职业倦怠程度越重;在个人成就分量表上,个体的得分越高,表示体验到的职业倦怠程度越轻。情感耗竭、人格解体和个人成就三个分量表的内部一致性 α 系数分别为 0.90、0.79 和 0.71,样本重测信度分别为 0.82、0.60 和 0.80,均在 0.001 水平上显著;其效度采用会聚效度和区分效度来衡量,经检验都达到了心理测量学的标准[①]。

(二) MBI-GS

马斯拉奇倦怠问卷通用版(MBI-GS, General Survey)是 Schaufeli 等在 MBI 基础上编制的一个职业适用领域更为广泛的职业倦怠测量量表。与 MBI-HSS 相比,MBI-GS 也包含三个因素:情感耗竭(5 个项目)、人格解体(5 个项目)和低职业效能(6 个项目),其中,有的项目直接来自 MBI-HSS,也有一些项目是由 MBI-HSS 项目稍加修改而成,还有一些项目则是新编的。其呈现形式、计分方法和操作定义大体与 MBI-HSS 一致。需要说明的是,MBI-GS 中的情感耗竭是比较一般性的,其来源不再局限于工作中的服务对象;人格解体反映的是个体对待工作而不是工作中的人际关系的一种冷淡和疏远态度;职业效能的含义也比个人成就更为宽泛,涵盖了个体在工作中所取得的社会性的和非社会性的成就。虽然 MBI-GS 编制的时间不长,其指标仍有待进一步检验,但就现有研究成果看,其信度和效度还是符合标准的。

(三) MBI-GS 的修订版

基于文化差异等因素,国外的某些研究成果引入中国后,往往需要有"入乡随俗"的改变。MBI-GS 在国内第一次使用时,中科院李超平、时勘等人被授权对其中文稿进行了审慎的处理,并采用利克特 7 分等级量表计分:0 代表"从不",6 代表"非常频繁",从 0 到 6 表示出现症状的频次逐步增加。预试阶段,他们对原先三个维度的 16 个项目进行了探索性因素分析,通过采用主成分法抽取因子、正交转轴等操作,发现"人格解体"中有一个项目的交叉负荷较高,因而删除之,并重新进行因素分析。结果表明:调整后的 MBI-GS 与原来的 MBI-GS 结构完全一致,其情绪衰竭、人格解体和低职业效能三个维度的内部一致性系数分别为 0.88、0.83 和 0.82,具有较好的构想效度[②]。

---

① Maslach C. Burnout, the cost of caring [M]. Englewood Cliffs, NJ: Prentice-Hall, 1982.

② 李超平,时勘. 分配公平与程序公平对工作倦怠的影响 [J]. 心理学报, 2003 (5): 677-684.

MBI-GS 修订版应用非常广泛，被称为测量职业倦怠的"黄金准则"，其信度和效度具有跨文化的一致性①。有鉴于此，本课题对高校图书馆员职业倦怠的测量，基本参照 MBI-GS 的修订版。

二、职业倦怠的诊断标准

在职业倦怠研究的实践中，如何依据 MBI 的测量分数来界定被试个体的倦怠程度，国内外学者有着不同的评价方法，至今仍无统一的标准。

（一）国外的诊断依据

国外学者研究大多使用 MBI 问卷，采用 Maslach 的诊断方法。在 MBI 手册中，编制者将测试样本按得分高低顺序均分为三个群体，并假定得分处于高、中、低各三分之一群体中的个体，分别体验到高、中、低三种不同层次的职业倦怠。以此为基础，通过计算各因素高、中、低三种水平的临界值来对个体在某一维度上的倦怠程度进行分别判定。

也有学者（Ivancevich，1988）研究认为，在 7 点量表上，平均数在 1 ~ 3 之间为低度倦怠，平均数在 3 ~ 5 之间为中度倦怠，平均数在 5 ~ 7 之间为高度倦怠②；还有学者（Farber，1991）表示，在 7 级评分中，平均分超过 4 分就可以被诊断为倦怠③。

此外，加拿大学者（Bibea，1989）通过定性分析指出，可将个体的疲劳程度作为职业倦怠的主观指标，具体包括三个方面：一是由于工作不满意感和职业不胜任感所导致的自尊丧失；二是出现多种身体症状却没有可识别的器质性病变；三是注意力难以集中、易怒和负性情感。与此相验证，可将"个体长达数月时间内的工作绩效显著降低"作为职业倦怠的客观指标④。

（二）国内的评价方式

我国学者针对职业倦怠的诊断标准也不尽相同。赵玉芳等人采用中数作为教师职业倦怠的判定指标（在 4 分量表中，中数为 2.5），并由此认为：中

① 徐长江，时勘. 工作倦怠：一个不断扩张的研究领域 [J]. 心理科学进展，2003（6）：680-685.

② Ivancevich J，Matteson M. Stress diagnostic survey conmments and psychometric properties of a multidimensional self report inventory [M]. Houston：FD Associates，1988.

③ Farber B A. Crisis in education：Stress and burnout in the American teacher [M]. San Francisco：Jossey-Bass，1991.

④ Bibeau G. Certaine aspects culturels，diagnostiques et juridiques de burnout [M]. Montreat：Confederation de Syndicats Nationaus，1989：73-78.

学教师的情感耗竭比较严重，人格解体并不严重，个人成就感较高①。

李超平等人在对医护人员的研究中，直接采用 MBI-GS 的临界值作为判定标准，并由此得出：在被试医护人员中，有一定程度情感耗竭者达 42.1%；有一定程度人格解体现象者为 22.7%；48.6% 的被试缺乏成就感②。

李永鑫等人在 Maslach 诊断方法基础上进行了改进。他们将各因素调查数据按得分高低顺序分别划分为三个大小相等的群体，并以其三分之一处的临界值作为各自倦怠判定标准；以此为基础，对个体综合倦怠程度给出评判：三个因素上的得分都低于临界值，为零倦怠；某一因素上的得分高于临界值，为轻度倦怠；某两个因素上的得分高于临界值，为中度倦怠；三个因素上的得分都高于临界值，为高度倦怠。相关研究证实该诊断标准具有良好的区分效度，以此对教师、医护人员和警察三个传统高倦怠人群的样本进行考察，结果表明：警察职业倦怠程度最高，医护人员次之，教师职业倦怠相对而言稍轻③。

（三）我们的方法选择

综上所述，职业倦怠的诊断方法主要有两类：定性分析和定量分析。定性分析需要通过主试依据被试的陈述和临床观察加以判断，虽然交互性好，直面性强，但对主试要求高，容易受被试语言所诱导或特定情境所迷惑。在定量诊断中，虽然预设某一职业群体具有高、中、低三种倦怠水平的理由不是很充分，但基于临界值、平均数、中数等客观数值的衡量，仍具有良好的实用价值；虽然不能对情感耗竭、人格解体和低职业效能三因素测试结果直接相加求和而得出综合倦怠水平，但基于某一因素得分高低的考量，仍可基本判定该维度上被试个体在群体中的相对倦怠水平。因此，前人的研究成果值得充分借鉴。

然而，职业倦怠是以情感耗竭、人格解体和低职业效能为主要特征的多侧面心理结构，被试个体在某一因素上得分超过其临界值而呈现出倦怠，并不意味着在其他因素上的必然倦怠；仅就单一因素检测结果来分别判定个体在不同维度上的倦怠状况，也不利于对被试个体综合倦怠程度的全面诊断。因此，相比而言，我们认为，李永鑫等人的诊断标准更为合理，因为该方法

① 赵玉芳，毕重增.中学教师职业倦怠状况及影响因素的研究［J］.心理发展与教育，2003（1）：80-83.

② 李超平，时勘，罗正学.医护人员工作家庭冲突与工作倦怠的关系［J］.中国心理卫生杂志，2003（12）：807-809.

③ 李永鑫，李艺敏.工作倦怠诊断标准的初步探讨［J］.心理科学，2006（1）：148-153.

不仅整合考虑了职业倦怠三个因素的交叉作用，易于更有效地对被试个体的综合倦怠程度做出判断，而且其对倦怠程度的水平分级，也更利于人们针对职业倦怠采取有效的预防和干预措施。有鉴于此，本研究的相关诊断标准及其分级方法，以此为据。

三、高校图书馆员职业倦怠的实证研究

在上述相关研究中，我们分析了职业倦怠的测量工具与诊断标准问题，基本明确了本研究所要采用的调查方法和评价依据。随之而来的一个问题就是，如何充分获取数据，并运用相关软件加以统计分析，以准确判定高校图书馆员职业倦怠的现状，从而为 EAP 的引入提供坚实基础。为此，我们编制了问卷手册，有针对性地进行调查和研究。

（一）测量工具

问卷基本信息主要包括性别、年龄、婚姻、学历、职称、工龄、职位、收入、院校类别等，专项量表有工作压力、人际关系等多个。其中，职业倦怠测量工具以李超平和时勘修订的 MBI-GS 为基础，由情感耗竭（5 个项目）、人格解体（4 个项目）和职业效能（6 个项目）三个维度 15 个项目组成，每个项目都以陈述句形式呈现，采用 7 点计分法。1 代表"从不"，7 代表"每天"，从 1 到 7 表示出现症状的频率有低到高。三个分量表相互独立，不能相加：在情感耗竭和人格解体两个分量表上，个体的得分越高，表示体验到的职业倦怠程度越重；低职业效能分量表采用逆向计分，即被试者的得分越高，表示体验到的职业倦怠程度越轻。

（二）样本采集

本研究所采集的有效基本数据构成见表 3-3 所列。

需要说明的是，本研究先后进行了两次调查，对象涉及全国 32 所高校图书馆馆员（重点在广州、安徽和北京），类别包含文、理、医、农、军事及综合等各性质院校，层级涵盖重点大学、一般本科院校和普通高职高专。

第一次发放问卷 500 份，回收 432 份，回收率为 86.4%；

第二次发放问卷 700 份，回收 591 份，回收率为 84.4%；

两次调查共发放问卷 1200 份，实际回收 1023 份，回收率约为 85.3%。

剔除无效问卷，如空白卷、漏答项目在两项以上、答案明显呈规律性等，两次有效样本共 927 份。

在数据处理上，两次有效样本数据的输入与分析均采用 SPSS 18.0 进行处理（逆向题目重新计分）。

表3-3 样本基本情况统计一览表

第一次被试信息（N=369）				第二次被试信息（N=558）			
变量	水平	人数	百分比	变量	水平	人数	百分比
性别	男	92	24.9	性别	男	150	26.9
	女	277	75.1		女	408	73.1
年龄	≤30岁	91	24.7	年龄	≤30岁	142	25.5
	31~40岁	126	34.1		31~40岁	177	31.7
	41~50岁	118	32.0		41~50岁	183	32.8
	>50岁	34	9.2		>50岁	56	10.0
婚姻	已婚	282	76.4	婚姻	已婚	441	79.0
	未婚	80	21.7		未婚	105	18.8
	其他	7	1.9		其他	12	2.2
学历	本科以上	130	35.2	学历	本科以上	180	32.3
	大学本科	167	45.3		大学本科	263	47.1
	专科毕业	54	14.6		专科毕业	88	15.8
	其他	18	4.9		其他	27	4.8
职称	高级	67	18.2	职称	高级	106	19.0
	中级	159	43.1		中级	240	43.0
	初级	93	25.2		初级	147	26.3
	其他	50	13.6		其他	65	11.6
馆龄	≤3年	66	17.9	馆龄	≤3年	88	15.8
	3~5年	26	7.0		3~5年	48	8.6
	6~10年	76	20.6		6~10年	118	21.1
	>10年	201	54.5		>10年	304	54.5
职位	馆领导	3	0.8	职位	馆领导	8	1.4
	中层干部	44	11.9		中层干部	73	13.1
	普通员工	322	87.3		普通员工	477	85.5
收入	<2000元	50	13.6	收入	<2000元	73	13.1
	2001~3000元	129	35.0		2001~3000元	181	32.4
	3001~4000元	55	14.9		3001~4000元	92	16.5
	4001~5000元	47	12.7		4001~5000元	70	12.5
	>5000元	88	23.8		>5000元	142	25.4
类别	重点院校	238	64.5	类别	重点院校	320	57.4
	一般本科	93	25.2		一般本科	186	33.3
	高职院校	38	10.3		高职院校	52	9.3

在研究过程中，我们利用第一次调查数据展开量表检验和馆员职业倦怠临界值探索，以此为基础，利用第二次调查数据研判馆员职业倦怠程度，并进行相关分析。

（三）量表检验

由于 MBI-GS 在我国图书馆界的应用尚处于试用阶段，因此，我们有必要对其信度和效度进行检验。

1. 信度检验

信度即可靠性，用以反映测量工具所测结果的稳定性与一致性。本研究采用克朗巴哈 α 系数来分别检测所用测量工具及其不同维度分量表的同质信度，SPSS 18.0 运行结果表明：总量表的 α 系数为 0.887；情感耗竭、人格解体和低职业效能三个分量表的 α 系数分别为 0.933、0.926 和 0.928。由此可见，该量表内部一致性较好，其针对高校图书馆员职业倦怠情况所测得的结果是可信的。

2. 效度检验

效度是指测量的有效性，用以反映测量工具所测结果是否正确，能否有效说明施测者所要研究的现象。本研究采用统计学上最常用的因子分析法对测量工具的结构效度进行检验。通过 SPSS 18.0 操作，输出的 KMO 及巴特里特球形检验结果见表 3-4 所列。

表 3-4　KMO and Bartlett's Test

Kaiser-Meyer-Olkin Measure of Sampling Adequacy		.898
Bartlett's Test of Sphericity	Approx. Chi-Square	4617.424
	df	105
	Sig.	.000

由表 3-4 可知，KMO 为 0.898，巴特里特球形检验的近似卡方值为 4617.424（df=105，p=0.000），表明样本数据的相关矩阵不是单位矩阵，可放心进行因子分析。

通过碎石图（图 3-1）和因子解释原始变量总方差情况（表 3-5）可知，所提取的三个公共因子特征值的累计贡献率达 77.822%，结果颇为理想。通过正交转轴中的方差最大法得到旋转后的因子负荷矩阵显示，三大因子包含的项目与 MBI-GS 的三个维度完全吻合，说明该量表具有良好的建构效度，所测结果能够有效说明高校图书馆员的职业倦怠现象。

Scree Plot

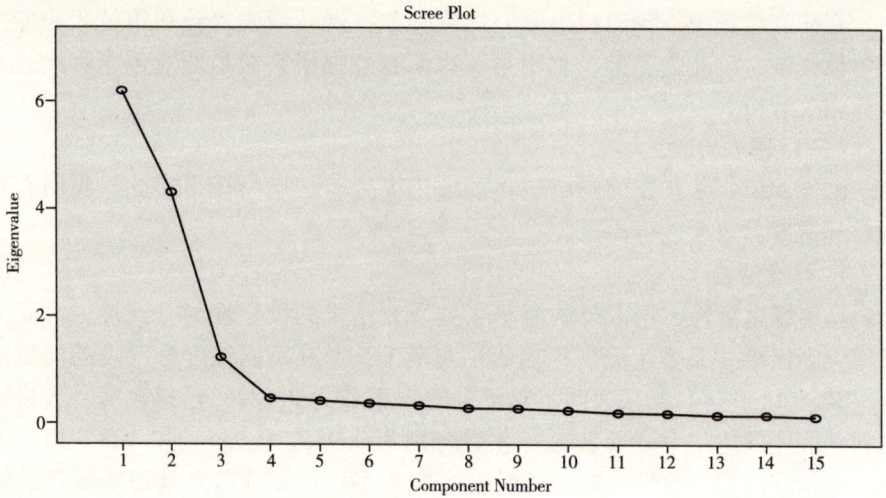

图 3-1 碎石图

表 3-5 Total Variance Explained

Component	Initial Eigenvalues			Rotation Sums of Squared Loadings		
	Total	% of Variance	Cumulative %	Total	% of Variance	Cumulative %
1	6.198	41.319	41.319	4.408	29.390	29.390
2	4.154	27.696	69.015	3.888	25.918	55.308
3	1.321	8.806	77.822	3.377	22.514	77.822
4	.482	3.213	81.034			
5	.413	2.754	83.788			
6	.398	2.654	86.443			
7	.319	2.129	88.571			
8	.306	2.038	90.609			
9	.285	1.897	92.506			
10	.242	1.613	94.119			
11	.217	1.449	95.569			
12	.196	1.309	96.877			
13	.174	1.163	98.040			
14	.156	1.037	99.077			
15	.138	.923	100.000			

Extraction Method: Principal Component Analysis.

（四）数据分析

依据前文所述方法和标准，可通过探求各因素的临界值来综合研判高校图书馆员职业倦怠的总体状况。

1. 馆员职业倦怠临界值测量

在 SPSS 18.0 统计分析软件中，对第一次调查数据中所有被试馆员在职业倦怠的情感耗竭、人格解体和低职业效能三个因素上的得分依次进行降序排序，并均分为三个大小相等的群体，计算出各因素排序上三分之一处的数值作为其临界值，其具体结果见表 3－6 所列。

表 3－6　高校图书馆员职业倦怠的临界值

因　素	低	中	高
情感耗竭	<10	10-14	>14
人格解体	<6	6-10	>10
低职业效能	<15	15-24	>24

2. 馆员职业倦怠程度诊断

通过 SPSS 18.0 统计分析，我们求出第二次被试馆员在各因素上的得分情况，利用表 3－6，可得出该次被试馆员在各因素上的检出率（以情感耗竭分数>14，人格解体分数>10，职业效能分数>24 为标准）。结果表明，就单一因素来说，高校图书馆员在人格解体方面的倦怠表现最为严重，情感耗竭维度次之，低职业效能感相对要轻，但三者差距并不很大，其结果见表 3－7 所列。

表 3－7　高校图书馆员职业倦怠单因素检出率

样本数	情感耗竭（>14）		人格解体（>10）		低职业效能（>24）	
	检出人数	检出率	检出人数	检出率	检出人数	检出率
558	160	28.7%	167	29.9%	124	22.2%

为多维度综合考察高校图书馆员职业倦怠程度，我们将三个因素上的得分都低于临界值的，界定为零倦怠；某一因素上的得分高于临界值的，界定为轻度倦怠；某两个因素上的得分高于临界值的，界定为中度倦怠；三个因素上的得分都高于临界值的，界定为高度倦怠，结果见表 3－8 所列。由被试馆员不同程度倦怠水平检出率可知，有超过二分之一的高校图书馆员有职业倦怠体验，有接近四分之一的馆员倦怠较重。需要说明的是，该诊断结果中，

轻度倦怠检出率包含了中度倦怠和高度倦怠；中度倦怠检出率包含了高度倦怠。

表3-8　高校图书馆员职业倦怠不同程度的检出率

样本数	零倦怠		轻度倦怠		中度倦怠		高度倦怠	
	检出人数	检出率	检出人数	检出率	检出人数	检出率	检出人数	检出率
558	259	46.4%	299	53.6%	129	23.1%	23	4.1%

（五）主要结论

实证研究证明，MBI-GS修订版在图书馆界的应用具有较高的信度和效度，其测得的结果具有较好的稳定性和一致性，且建构效度良好，能够有效说明高校图书馆员的职业倦怠现象。数据分析表明，就单因素检测来看，高校图书馆员在三个维度上的倦怠表现，差别不是很大，依次为人格解体（29.9%）、情感耗竭（28.7%）和低职业效能（22.2%）；就综合倦怠程度而言，大多数馆员存在职业倦怠感，其中，接近四分之一的馆员倦怠感较强，高度倦怠者超过4%。整体上看，馆员职业倦怠程度不容乐观。随着经济社会转型加快，改革加强，竞争加剧，压力加大，这一问题会越发凸显，应引起图书馆界高度重视。

第三节　高校图书馆员职业倦怠的变量分析

实证研究表明，高校图书馆员大多存在一定程度的职业倦怠。那么，年龄、性别等不同变量对馆员职业倦怠的影响是否有差异？同一变量对不同类别馆员的职业倦怠，其差异水平是否显著？造成这些差异的原因究竟有哪些？这是我们本节将要聚焦的重点。

一、基于人口统计学变量的差异性分析

本研究基于人口统计学变量的调查设计主要包括性别、年龄、婚姻、学历、职称、工龄、职位、收入、院校类别等，各变量组别在倦怠方面的差异可通过其显著性差异来研判。

（一）性别及婚姻因素对馆员职业倦怠的差异显著性检验

就性别属性而言，涉及男、女两个样本；就婚姻属性而言，由于本次调查的有效数据中，离异或丧偶的样本只有12例，未能达到统计分析要求，故

仅考察已婚和未婚被试的职业倦怠水平差异。由于只比较样本总体中两个群体（男性和女性或已婚和未婚）的倦怠差异，故可采用独立样本 T 检验来进行研判。SPSS 18.0 统计分析结果见表 3-9 所列。

表 3-9 职业倦怠的性别差异及婚姻差异比较表

因变量	自变量	属性	N	Mean	Std. Deviation	T	Sig
情感耗竭	性别	男	150	12.97	4.880	1.233	0.218
		女	408	12.33	5.710		
	婚姻	已婚	441	12.54	5.629	-.235	0.814
		未婚	105	12.68	5.089		
人格解体	性别	男	150	9.62	4.660	1.835	0.067
		女	408	8.79	4.791		
	婚姻	已婚	441	9.04	4.709	0.129	0.898
		未婚	105	8.97	5.171		
低职业效能	性别	男	150	19.03	7.835	0.065	0.948
		女	408	18.98	7.854		
	婚姻	已婚	441	18.85	7.804	-.622	0.534
		未婚	105	19.37	7.701		

均值齐性的 T 检验显示：性别不同的高校图书馆员在情感耗竭、人格解体和低职业效能三个维度上的显著性概率水平 Sig 分别为 0.218、0.067 和 0.948，均大于 0.05；不同婚姻状态的高校图书馆员在职业倦怠三个维度上的显著性概率水平 Sig 分别为 0.814、0.898 和 0.534，也均大于 0.05。由此可见，性别和婚姻状况不同的高校图书馆员，在职业倦怠的各维度上都没有显著性差异。

（二）其他相关因素对馆员职业倦怠的差异显著性检验

除性别和婚姻两个因素外，基于人口统计学变量的其他因素，均包含了多个样本群体，如学历变量，我们将其分为研究生、本科生、专科生和无学历四个组别；职称变量，涵盖了高级、中级、初级以及无职称人员四个组别，等等。对样本总体中的多个群体差异进行比较，可通过组间方差分析来研判其在职业倦怠不同维度上的显著性水平。SPSS 18.0 运行结果见表 3-10 所列。

表3－10　相关变量与馆员职业倦怠的组间方差分析表

倦怠 变量	情感耗竭		人格解体		低职业效能	
	F	P	F	P	F	P
年　龄	.428	.733	3.057	.028	1.055	.368
馆　龄	.585	.625	2.773	.041	1.030	.379
学　历	6.953	.000	8.622	.000	1.595	.189
职　称	7.830	.000	7.719	.000	1.317	.268
职　位	4.609	.010	1.796	.167	1.273	.281
收　入	7.563	.000	4.913	.001	2.459	.045
类　型	7.108	.001	4.104	.017	2.347	.097

注：P值小于0.05，呈显著性差异；P值小于0.01，呈非常显著性差异。

由表3－10可知，不同年龄和馆龄的馆员，其人格解体维度的P值分别为0.028和0.041，说明年龄和馆龄在显著性水平0.05上，其人格解体的差异显著；不同学历及职称的馆员，在情感耗竭和人格解体两个维度上的P值均为0.000，意味着在显著性水平0.001上，学历及职称对馆员的情感耗竭和人格解体都具有非常显著性差异；不同职位的馆员，其情感耗竭维度的P值为0.010<0.05，表明馆员的情感耗竭与其职位显著相关；不同收入的馆员，在职业倦怠各个维度的P值分别为0.000、0.001和0.045，均小于0.05，表明收入不同的馆员，其职业倦怠存在显著性差异；不同类型的高校图书馆员，在情感耗竭和人格解体两个维度上的P值分别为0.001和0.017，均低于0.05，说明不同类别院校的馆员在情感耗竭和人格解体方面存在显著性差异。

（三）不同群体的差异比较

通过组间方差分析可知，在年龄、馆龄、学历、职称、职位、收入等方面，高校图书馆员的职业倦怠程度在某些维度上有显著性差异。为进一步判断不同类别馆员在不同具体维度上的倦怠差异水平，笔者采用Post Hoc工具，运用LSD方法进行了两两对比，通过方差齐次性检验和多重比较，结果如下：

其一，不同年龄的馆员，其人格解体维度的倦怠水平由高到低分别为：31～40岁→≤30岁→41～50岁→>50岁。总体来看，中青年在该维度的倦怠水平较高，反映出他们所盼与所得的落差相对较大。

其二，不同馆龄的馆员，其人格解体维度的倦怠水平由高到低分别为：3～5年→6～10年→>10年→≤3年。除入馆不超过三年的馆员外，随着馆龄的增加，他们在该维度的倦怠水平有所趋缓，表明他们对图书馆的适应性越来越好，不管是积极的还是消极的。

其三，不同学历的馆员，其情感耗竭和人格解体维度的倦怠水平由高到低分别为：研究生→本科生→无学历→专科生。其中，研究生和专科生两个群体之间具有非常显著性差异，折射出高学历者对图书馆工作的躁动与不安。

其四，不同职称的馆员，其情感耗竭维度的倦怠水平由高到低分别为：高级→中级→初级→无职称；其人格解体维度的倦怠水平由高到低分别为：中级→高级→初级→无职称。总体情况表明，中高级职称馆员的倦怠水平普遍较高，这也是无奈的现实。

其五，不同职位的馆员，其情感耗竭维度的倦怠水平由高到低分别为：中层干部→普通员工→馆领导。具体来说，中层管理人员的情感耗竭与普通馆员之间具有显著差异；相比而言，馆领导的情感耗竭最轻，但由于本次调研数据中，有关馆领导的个案样本仅有 8 例，因此，这一结果的可信度有待进一步证实。

其六，不同收入的馆员，其职业倦怠水平在各维度上的差异都非常显著：越是高收入者，其情感耗竭与人格解体方面的倦怠程度越高，且职业效能感相对较低。这种职业情感体验和个人成就感失落，正是图书馆社会认可度不高的一个写照。

其七，不同院校的馆员，其情感耗竭和人格解体维度的倦怠水平由高到低分别为：重点院校→本科院校→高职院校。总体来看，本科院校馆员的倦怠程度与高职高专院校相比，具有非常显著性差异，这大抵与高校办学定位的不同有关。

（四）主要结论及说明

从人口统计学视角来看，馆员职业倦怠在性别和婚姻方面没有显著性差异，但在年龄、馆龄、学历、职称、职位、收入等方面，其职业倦怠程度在某些维度上仍体现出显著性差异。就情感耗竭维度而言，高学历、高职称、高职位和高收入者表现得相对较重；就人格解体维度而言，中青年的倦怠水平较高，但随着馆龄的增加，其倦怠水平会有所降低；高学历、高收入者的倦怠程度较重，应值得反思。就低职业效能维度而言，收入越高越缺乏个人成就感，应引起全社会的重视。

有调查表明，俄罗斯大约有 25% 的图书馆馆员觉得心理不平衡或失调；美国有 45% 的图书馆员对图书馆工作不满意，20% 的图书馆员有严重的精神紧张和焦虑状况①。吴涛（2004）对部分高校图书馆和社区图书馆的调查发现，近85%的馆员存在不同程度的职业倦怠②。张馨（2006）等人对西安九所高校图书馆员进行的专题调查证实，有61.27%的馆员有职业倦怠倾向③。李静（2008）的调研结果表明：我国高校图书馆员职业倦怠比较严重，助理馆员、馆员与副研究馆员的职业倦怠程度最高；科级干部玩世不恭和低职业效能感最为严重；收入较高人群的个人成就感最低④。杨帅（2009）在广州的测量数据证实：在情感耗竭维度上，高校图书馆员出现中度以上职业倦怠者达54.3%；在人格解体维度上，出现中度以上职业倦怠者达40.7%；在低职业效能维度上，出现中度以上职业倦怠者达38.9%⑤。张红莉等人（2011）基于天津的调研数据认为：高校图书馆员在情感衰竭维度上的倦怠感最为严重⑥；朱海英（2013）认为女性图书馆员承担着工作、家庭、社会多重压力和角色冲突，其职业倦怠问题越来越明显⑦……毫无疑问，他们的研究为我们提供了有益的借鉴。

特别要强调的是，基于文化不同、环境有别、方法不一等多因素制约，笔者调查分析的结果可能与国内外学者的研究成果存在差异，这应当属于正常范畴。基于分组标准的主观性和差异性，本研究可能会存在相关信息的错位或丢失，从而影响不同的统计比较结果，这有待做进一步的探索和分析。

二、高校图书馆员职业倦怠的归因分析

涉及职业倦怠的变量大抵包括两个方面：前因变量和后果变量。前者重在探究职业倦怠产生的具体原因，大抵可从社会环境、组织特征和个体特性三个角度进行归因研究；后者重在研判职业倦怠导致的不良影响，主要体现在生理、情绪和行为三个方面。基于前文对馆员职业倦怠的症状描述，其对馆员身心健康、人际关系、生活态度、工作行为等所带来的不良后果，可谓不言自明，故此处仅侧重馆员职业倦怠的前因分析，以便为其后的干预策略

① 陆萍．高校图书馆员激励的心理保健功效［J］．科技情报开发与经济，2004（11）：41-42.
② 吴涛．图书馆员职业倦怠的归因及其对策［J］．图书馆学研究，2004（8）：28-31.
③ 张馨，王家同．高校图书馆员工职业倦怠的心理学分析［J］．情报杂志，2006（3）：144-145.
④ 李静．高校图书馆员职业倦怠状况的成因分析［J］．大学图书情报学刊，2008（3）：78-82.
⑤ 杨帅．广州高校图书馆员职业倦怠现状调查研究［J］．图书情报工作，2009（7）：99-103.
⑥ 张红莉，鲁海宁，马迪倩．天津市高校图书馆员职业倦怠实证研究［J］．图书馆工作与研究，2011（7）：47-50.
⑦ 朱海英．高校女性图书馆员职业倦怠现状及对策［J］．图书馆学研究，2013（1）：110-113.

选择提供有针对性的参照。

（一）时代背景下的社会环境分析

社会环境导致的馆员职业倦怠，主要缘于社会发展和时代进步，归因于社会认同和社会支持两个方面。

1. 社会认同度低，馆员相对地位不高

在西方发达国家，图书馆的社会认可度高，针对馆员的职业认同感强。而在我国，且不说公共图书馆，大多因其社会效益存在模糊性和延迟性而得不到应有重视，即便高等学府，其图书馆也多处于"说起来重要、做起来次要、忙起来不要"的尴尬境地。皮之不存，毛将焉附，图书馆地位的低下，直接导致馆员的辛勤付出，往往不是被领导忽视，就是被读者轻视，变得不足挂齿、无足轻重，没有体现其真实价值。由此，始而导致馆员因内心难以获得满足感和荣誉感而更倾向于消极评价自己，继而导致一些馆员因难以获得成就感和幸福感而越发封闭自卑，进而导致部分馆员身心疲惫且难以自治、意志消沉且难以自拔，终而导致少数馆员陷入情感耗竭、人格解体或职业效能感降低的困局。

2. 环境支持力弱，馆员整体素质有限

知识经济时代，读者信息需求自形式到内容、由广度到深度、从时间到空间，几乎无处不在、无所不包、无时不有；读者服务方式自模式到内容、由方法到手段、从一元到多元，无不有了质的飞跃。要适应时代发展、满足读者需求，必须有相应的人、财、物乃至技术支撑。但由于办学经费的多元化和有限性，图书馆效用的隐性化和时滞性，各高校办馆资源都存在不足，缺乏有力支持。以人力资源为例，图书馆人才难进、人力难用、人员难养的局面，一直以来就没有得到根本改变，不说是老、弱、病、残者的集散地，也多为领导安置闲散人员的收容所，以致形成量有余而能不够、心有余而力不足的馆员群体，且缺乏进修、培训、交流的学习机会。基于人力支持不足而导致的馆员整体素质低下，不仅坐实了图书馆的低社会认可度，而且催生了馆员自身的低职业认同感；不仅降低了高学历馆员的职业兴趣，而且削弱了来自家庭的支持力度。馆员由此感到失落、自卑乃至产生职业倦怠，自是不足为奇。

（二）心理契约下的组织特征分析

图书馆组织特征对馆员职业倦怠的影响，主要表现为馆员基于图书馆的心理契约的变化。通俗地说，馆员提供大量的时间、精力和技术去适应图书馆要求，却得不到相应的发展机会、职业报酬和承诺保障等。这大抵与图书馆的组织制度、组织结构、组织期望、组织变革等因素密切相关。其中，组织支持中的管理体制与组织公平是最为重要的影响因子。

1. 管理体制僵化，馆员能量难激发

高校图书馆一般被认定为教辅部门，归入事业编制。基于部门属性定位和读者至上理念，馆员义务被强化、利益被忽视的现象普遍存在，工作要讲奉献，地位却低人一等。有鉴于此，在重复单调的工作中，一旦与读者发生冲突、日常工作受挫或晋升机会遇阻，馆员难免会内心苦闷、意志消沉、情绪低落。基于管理体制僵化，馆员工作缺乏竞争机制，没有"以能为本"的业绩考评，即便只适应于借借还还，跟不上信息时代的发展步伐，也毫无被辞退的危机感。谁都知道，学历不代表能力，有学历无能力不过是个绣花枕头；能力不代表实绩，有能力不出力往往影响更坏。但在实际工作中，有学历无能力，待遇不能不给，有能力无学历，红头文件很难认可。这种与市场经济相悖的人力资源管理体制，虽有利于组织稳定与和谐，却不利于个体发展与进步，以致平庸者安于现状而不思进取，有志者愿望难成又无可奈何，长此以往，极易消磨其积极工作的正能量，诱发其身心疲惫的倦怠感。

2. 组织公平缺失，馆员价值难体现

市场经济诱导人们自发致力于物质利益，追求分配公平；社会发展激发人们自觉专注于机会均等，追求程序公平。而在高校图书馆界，馆员收入不仅与外部很多行业存在绝对不公平，而且也与内部教学单位存在相对不公平，其劳动价值没有得到社会充分的认可和读者应有的尊重。诚然，社会的公平对待，尤其是报酬的公平程度，无疑与馆员的满意程度是密切相关的。付出与回报不对等，不但严重挫伤馆员的自尊心，而且也催生着馆员的不满和愤懑，成为其产生职业倦怠的重要诱因。除收入低、待遇差等分配不公外，基于评优定级、职务晋升的程序不公，也在很大程度上抹杀着馆员的发展机会，同样诱发着馆员的职业倦怠感。在高校图书馆人力资源管理中，工作安排难以根据不同馆员的知识结构和兴趣爱好来安排，缺乏显露个人才华的机会和机制；职称评聘往往依据任职时间、馆员学历、成果数量等来确定，且要求不低于教师、待遇不高于教师。凡此种种，严重挫伤着馆员的工作热情，长此以往，必然加剧其失落感，催生其倦怠感。

（三）日常工作中的个体特质分析

馆员职业倦怠的存在，宏观上受社会环境和组织特征制约，微观上主要取决于馆员个体的性格、品行、情感等因素影响，与其日常工作中的理想信念、职业期望和自我认知等诸多要素息息相关。

1. 理想与现实冲突，信念失落催生职业倦怠

计划经济时期，受传统文化熏陶，精英教育模式下的高校图书馆，"谈笑

有鸿儒,往来无白丁";作为知识渊博、谈吐高雅的象征,馆员有一定的社会声望和职业地位,大多不乏吃苦耐劳、爱岗敬业、开拓进取的精神。市场经济条件下,受各种思潮碰撞和现实冲击,大众教育模式下的高校图书馆,其知识殿堂的光环不再熠熠生辉,素质参差不齐的图书馆员,总体上越来越缺乏崇高的理想信念。馆员大多不再看重对事业的执着和对职业的忠诚,不再尊崇组织权威,崇尚哪里需要哪里去;相反,工作中更加注重收入待遇、工作体验、发展空间以及个人潜能的发挥等,很少有人自觉自愿为图书馆事业而无条件牺牲个人利益,对组织的认同感和归属感日益淡化。理想很丰满,现实很骨感,当理想与现实发生冲突时,当馆员社会地位与自我满足背道而驰时,其思想会发生变化,信念就容易动摇,工作便缺乏动力,持而久之,难免得过且过,丧失工作热情,意志消沉,导致职业倦怠。

2. 付出与回报冲突,期望失衡引发职业倦怠

信息时代,网络化、数字化发展对图书馆的冲击是不言而喻的;市场经济,利益机制对人们工作追求的驱动作用是显而易见的。一方面,基于信息技术的发展和读者多元化需求,高校图书馆员正面临越来越多的挑战,如工作单调带来的厌烦情绪、假日开放带来的生活不利、技术进步带来的操作压力、读者漠视带来的自卑体验等,无不需要馆员做出更多的默默无闻的努力和奉献,经受更多的委曲求全的忍耐和屈尊;另一方面,基于利益分配的政策导向和经济收入的明显偏差,清水衙门式的高校图书馆,对内不能落实多劳多得,往往干多干少一个样,对外不能比肩教学单位,缺乏进修深造机会,馆员付出的心血与得到的回报很不相宜,工作期望与现实状况反差较大。有鉴于此,在日复一日的枯燥劳作中,在年复一年的社会比较中,馆员内心的不平衡会因期望落空而自然而然地慢慢滋生,并由此逐渐对工作失去热情、缺乏成就感乃至产生厌烦,遇事消极应付,呈现疲惫之态。

3. 认知与角色冲突,行为失度产生职业倦怠

就人格特质而言,不同个体的馆员,因其知识结构、生活阅历等认知水平差异,其品行、性格、情感等角色定位也各不相同;因其工作应变能力、心理承受能力等行为方式差异,其应对工作压力、职业高原、人际矛盾等的结果也必不尽相同。执着型馆员责任心强,严于律己,往往缺乏工作通融性;注重成败,争强好胜,往往过分在乎别人的看法。一旦遭遇挫折,容易出现紧张、烦躁、失望、自卑等情绪,若不能及时化解,很容易陷入自怨自艾、意志消沉的漩涡,落入情感耗竭的境地。抑制型馆员敏感性强,习惯于顺从他人的思想和要求,克制个人想法和情绪,工作中生怕说错话或做错事,往往承担更多的琐事和任务,容易积聚过多的不良情绪和怨气。一旦承受不住

又未能及时宣泄，极易出现消极处事、疏远待人的负性反应，显现出较强的人格解体症状。与此相反，自爱型馆员自尊性强，自我评价良好，自我定位较高，往往理想过于完美化，目标缺乏现实化，工作努力却不懂得张弛有度，期望甚高却不知道委曲求全。一旦职业目标受阻，发展前景黯淡，必然产生悲观情绪而难以自拔，看低职业效能而否定自我。

第四节　基于 L-EAP 的高校图书馆员职业倦怠干预

压力维度下的情感耗竭、人际交往维度下的人格解体和自我评价维度下的低职业效能感，是职业倦怠的真实写照，不仅会影响馆员个人的生理、情绪和行为，对其身心健康、人际关系、职业发展等带来不良后果，而且会因此破坏图书馆稳定与和谐，降低图书馆工作绩效。因此，正视馆员职业倦怠，并立足馆员倦怠差异，针对馆员倦怠成因，及时有效、与时俱进地进行心理干预，既是促进馆员工作与生活平衡的合理选择，更是强化高校图书馆人力资源管理的必然举措。

因此，我们有理由认为，尝试构建图书馆 EAP（Library-EAP，L-EAP），对高校图书馆人力资源管理来说，不仅是必要的，而且是可行的。

归因研究表明，馆员职业倦怠主要可归结为时代背景下的社会环境、心理契约下的组织特征以及日常工作中的个体特质三个方面。其中，宏观背景下的社会环境支持，如馆员职业地位的社会认同、人才使用中的环境支持等，从根本上讲，最终有赖于《图书馆法》的制定与实施、馆员职业资格的确立与认证等制度性设计和施行，而立法的程序与权限、职业准入与退出机制的重构等，显然超出 L-EAP 所能提供的服务范围。因此，基于 L-EAP 的馆员职业倦怠干预，主要可从组织干预和个体干预两个层面展开。

一、高校图书馆员职业倦怠的 L-EAP 组织干预

馆员职业倦怠与组织环境因素是密不可分的，且引起倦怠的很多因素往往是馆员个体所不能控制的。从组织特征角度看，管理体制僵化、组织公平缺失等是引发馆员职业倦怠的重要诱因，通常的应对策略也因此着重于管理制度的创新、奖惩体系的完善等方面，以强化并激励馆员的职业生涯，避免或减少倦怠的困扰，这些都是毋庸置疑的有效方法。从人文关怀角度看，馆员自尊水平的提高、公平理念的深化和自我价值的实现等更值得组织重视与关注，基于心理需要而非仅为劳动报酬的组织支持感、程序公正性以及管理

人性化，无疑是预防和缓解馆员职业倦怠更为科学的根本方法，也是 L-EAP
干预馆员职业倦怠的主要方向。

（一）强化组织支持，激发馆员情感

组织支持感是指员工对组织如何看待其贡献并关心其利益的一种总体知
觉和信念①。馆员组织支持感的核心要点，既在于馆员对组织是否重视其贡献
及成就的感受，也在于馆员对组织是否关注其利益及待遇的感受。这就要求
在设计和实施 L-EAP 时，应突出组织的支持作用，以激发其工作热情；正视
馆员的福利水平，以提升其幸福感。

1. 尊重馆员价值，激发其正能量

处于倦怠困扰的馆员，往往疏离人群，比较自卑，更需要获得理解与尊
重，得到信任与支持。其中，馆领导作为组织的化身，在 L-EAP 实践中，应
提供主动的支持，积极展现对下属的肯定与关心，体现对馆员贡献的认可与
赞赏，包括对其工作方法、工作程序、工作效果以及付出的努力等做出应有
的尊重与赏识，鼓励其自主开展工作，并使其感知这些行为的动机，不是外
在环境的压力使然，而是出于真诚的重视和关怀，从而自觉自愿地提高工作
效能。部门主任作为组织的代理人，也应与馆员建立良好的信任和支持关系，
通过明确传达目标信号，细化具体工作任务，使馆员切实感受到领导对其作
用的重视和关注；通过开诚布公的沟通和无微不至的关怀，构建真诚友善的
人际关系，赢得馆员家庭的大力支持。由此使馆员增强对组织的责任感，产
生积极的认知体验，心甘情愿地完成各项工作，从而降低倦怠产生的概率或
影响。

2. 满足馆员诉求，提升其幸福感

传统的激励机制大多侧重基本工资、绩效津贴和福利待遇等低层次的报
酬满足，基于工作成就的认可、发展机会的创造、自我价值的实现等高层次
荣誉体验却未获得足够重视，而这恰恰是引发馆员职业倦怠的深层因素。因
此，L-EAP 服务者应就馆员核心需要，展现组织支持的存在，帮助营造更具
人性化的激励氛围，创造一些更开放公正的福利支持。例如，可通过轮岗制，
为馆员设定不同的工作任务，规划多种职业发展道路，激励馆员勇于挑战自
我，创造更多获得成就感的机会，避免枯燥的一岗定终身的弊端；可基于目
标责任制，给馆员更多的自由时间激励，让其拥有更好的自主权和发挥空间，
使其在获得一定满足感的同时，创造性地开展服务，发挥特长；可通过申诉

---

① 360 百科．组织支持感．http：//baike. so. com/doc/5986602. html.

制，认真听取馆员对被投诉问题的申辩，而不是盲目批评一线馆员而迁就违章读者；对可依托工会组织，开展丰富多彩的文体项目或福利活动，改善馆员境遇，提高福利待遇，增强其融入组织的喜悦和快乐，并以此促进其身心健康，强化其组织归属和幸福体验，有效远离职业倦怠。

（二）促进程序公正，完善馆员人格

就高校而言，组织的程序公正与否是影响馆员职业倦怠的重要因素，这不仅体现在其政策形成是否公正，更在于其资源分配是否合理；就图书馆而言，前者旨在对馆员工作有影响的规章制度的公平性，以凝聚人的合力，而后者重在对馆员服务有影响的资源分配的合理性，以发挥人的潜能。因此，提供 L-EAP 时，应着力优化管理决策方式，在相关政策制定和执行中，能够切实以人文本，重视馆员的参与作用；努力促进资源分配模式的创新，强化对馆员工作条件的支持，以馆员的满意度作为衡量 L-EAP 各项工作开展是否有效的根本标准。

1. 强化民主管理，提升馆员参与度

就图书馆而言，作为教辅部门的组织定位不公，大抵是分工称谓不妥罢了，诸如工资增长、职位提升、职称晋级、培训提高等具体政策的偏颇，也非 L-EAP 的干预目标。但这并不意味着对僵化管理体制的听之任之。事实上，馆员倦怠干预措施有效与否以及执行如何，关键在于决策的民主化和信息的对称性，换个角度说，就是馆员的参与程度。调查表明，馆员的人格解体往往源自组织公平的缺乏，如岗位设置、管理制度、奖惩措施等政策制定的不透明和不对称。因此，我们在开展 L-EAP 服务时，建议图书馆组织创造条件，让馆员有机会以多种形式参与到馆务决策和日常管理中来，对岗位职责、管理守则、服务规则及考勤办法等馆务规章的制定和执行，做到民主参与、全程评估。就倦怠干预而言，可通过问卷调查、个体访谈、部门交流等形式，了解馆员的意愿与需求，并依靠馆员制定有针对性的策略，促使馆员积极融入各种培训和活动中来，自觉接受干预，有计划地约束、改变自己的行为，与组织形成合力。从某种意义上讲，有些干预措施只要馆员参与进来，就是干预的目标。

2. 优化资源分配，提高馆员认可度

在馆员职业倦怠的萌动中，一个不可忽视的因素便是资源分配的不公，诸如设备工具、教育培训、福利待遇等等，往往都是馆员特别关注的。如果缺少这些支持，不仅馆员所提供的服务会大打折扣，而且更为严重的是，会最终导致馆员的气愤和挫折感。有鉴于此，L-EAP 针对造成馆员倦怠的不公正感受，应不仅限于馆员的声音和意愿能够被听到和感知，还要保证馆员的反映和诉求能够得到重视和反馈,以促进干预措施的持续展开。这就要求在 L-EAP 执行中,基于图书馆可掌控的各类资源的分配,诸如与馆员工作相关的服务设备和办公用品的供给,帮助馆员自主开展工作的技术条件和业务环境的配置,有助于提高馆员待遇的学习培训或晋级机会的提供等,都必须公平公正,得到馆员的普遍认同。为此,干预措施可通过设置意见箱、电子信箱等方式听取馆员对馆务问题的看法和建议;通过信息公开来保证馆员提出的问题得到答复,并使馆员清楚地知道,自己的建议是怎样体现到最后的决策中;通过各类兴趣活动小组的建立,增强组织共识,均衡工作负荷,和谐人际关系,激发个人潜能和工作活力,展现人性的光辉和人格的升华。

(三)立足心理健康,提升馆员自我价值

图书馆实践表明,心理问题一直是管理者在工作中最容易忽视的方面,尤其是涉及社会关系、家庭和睦和情感困扰的个人问题,组织往往唯恐避之不及,而诸如此类的心理困扰不只是危害馆员个人的身心健康和职业发展,还必然破坏整个图书馆的工作氛围和组织绩效。也就是说,高校图书馆员的职业倦怠,不仅是馆员个人心理问题的集中暴露,也是图书馆组织管理的漏洞所在。因此,L-EAP 的实施,一方面,要通过帮助馆员减少或消除导致心理问题的隐患,促进馆员心理健康;另一方面,要通过管理方式的革新,促进馆员工作绩效的提高,并依托馆员个人价值的展现,推动图书馆整体功能的实现。

1. 开展心理健康培训,远离职业倦怠困扰

虽然终身学习是当今社会发展的必然趋势,馆员能够也应当以一种积极、健康的心态加强各类学习,提高个人素质,但受传统文化制约和社会环境影响,一些发生职业倦怠的馆员,往往不愿承认或面对自身存在的心理问题,不能主动寻求或获得心理援助。因此,L-EAP 执行的首要任务,就是要对其进行健康培训和心理辅导。作为管理者,可通过举办健康知识讲座、发放宣传手册、开通网站心理咨询答疑等多种形式,做好心理健康宣传和辅导,帮助馆员正确面对倦怠,学会缓解紧张、压力、焦虑乃至抑郁等不良情绪的方法和技巧,从而提高心理素质,增强抗压能力。作为咨询师,应采用专业的心理健康评估方法,发现和诊断馆员的倦怠状况及其形成原因,并通过开通咨询热线、开展团队辅导、提供面对面咨询、进行心理拓展训练等服务,帮助馆员改变不合理的认知结构、行为模式以及生活方式,以树立健康的职业理念,构建和谐的人际关系,有效规避职业倦怠的侵袭。对那些无法专心工作或工作失误增多、情绪非常沮丧或经常与人发生冲突的馆员,倦怠程度较

深，应设法帮助转介到专业机构进行心理治疗。

2. 促进人性化管理，展现馆员的自我价值

顺应人性的管理，才是最好的管理，而人有勤奋、积极、光辉的一面，也有懒散、消极、阴暗的一面①。要改变倦怠馆员的消极情绪，激发其人性的光辉，必须针对馆员的倦怠成因和心理差异，采用更人性化的管理方式，帮助其更好地达到自我价值的实现。由于不同年龄段馆员的职业期望和利益诉求的重心各不相同，年轻馆员侧重关注职业发展和现实报酬，中年馆员更在乎工作与家庭的平衡，年长馆员则更重视自身健康和未来保障，等等。因此，L-EAP 项目除了普适性的制度改良和培训教育外，管理者应针对不同馆员的层次特性，给予更为人性化、个性化的关怀和承诺，构建更为具体有效的动力与压力、约束与保障、升迁与淘汰等动态管理机制，提供更有利于馆员展示才华的空间和平台；职业咨询师应根据图书馆发展需要，立足馆员个人兴趣和特长，帮助其清晰地描绘期望目标，做好职业规划，使其明了今年做哪些努力、明年取得哪些业绩、后年就可以实现哪些期望目标和职业愿景。如此，引导馆员将个人的不懈努力与图书馆的发展需要融为一体，达到奉献组织的同时，展示了自身价值，从而获得由衷的归属感、满足感和幸福感，彻底摆脱职业倦怠的干扰。

特别需要说明的是，不论是家庭纠纷使然还是人际关系导致，也不管是经济、法律等社会问题影响，还是工作压力、职业发展等工作环境变故，每一个人都会自觉或不自觉地产生一些消极情绪。如果不采取一些疏通的办法使其负性感受得以宣泄或转移，必然会带来各种心理问题，造成诸多不良后果，倦怠只是其一。因此，基于组织特征的 L-EAP 设计，绝不仅仅是针对心理健康已出现问题的馆员，而是针对所有的馆员；不仅限于解决馆员具体的个人现实问题，更在于提高其健康心理意识和应变能力；不只是出于组织单方面的帮助，还需要馆员的自觉响应，最终获得馆员个人和图书馆组织的互利双赢。

二、高校图书馆员职业倦怠的 L-EAP 个体干预

调查研究发现，馆员职业倦怠的程度与差异主要取决于馆员个体的认知构建和行为方式。馆员要从职业倦怠的状态中恢复过来，基于组织层面干预的环境改变，只是外因的修复，并不能完全从心理这一内因上解决倦怠产生

---

① 陶方林. 关于图书馆人本管理的理性思考 [J]. 农业图书情报学刊, 2009 (3)：220-222.

的根源。因此，通过自我认知的调节和行为方式的训练，从个体层面积极改变自己，才是摆脱职业倦怠困扰的最好方法。

（一）基于馆员认知调节的 L-EAP 干预策略

传统管理模式下，对馆员认知的调节往往侧重于思想政治教育，旨在帮助馆员坚定理想信念和提高职业素养，增强应对职业倦怠的免疫力，这无疑是必要的。L-EAP 则主要基于心理因素，校正馆员认知，纠正归因偏见，并通过积极的思维方式，协助馆员建立合理的职业期望。这同样是非常必要的。

1. 校正自我认知

不少处于倦怠之中的馆员都持有一些不切实际的认知，如：希望馆领导按照自己的意愿决策，否则就觉得不受重视；急盼晋升职务或职称，否则便觉得自己没有价值；苛求他人一直善待自己，否则就感觉受到有意或无意的伤害；要求压力要小、待遇要好，否则工作便没有意义……一旦诸如此类的不合理思维方式占据主导，就极易导致不良情绪或行为发生，并最终引发职业倦怠。要改变馆员类似的认识偏差，提供 L-EAP 服务的心理咨询师或管理人员可采取问题解释、言语盘问、角色扮演等心理咨询方法或技术，对馆员的非理性认知进行甄别、分析乃至辩论和批判，使其难以自圆其说，从而修正或放弃错误观念，终而调整、控制自己的看法和观念，形成合理的意识和感知。诚然，要改变馆员的认知理念是一件比较困难的事情，通常需要通过布置认知作业的方式帮助控制，促其改变。

2. 纠正归因偏见

一般说来，低努力、低自信、低职业成就感的馆员，总是习惯将失败归咎于外界因素，表现为对困难退缩、对前景悲观；对同事少合作、对读者欠热情……总认为自己的行为决定不了事情的发展，结局如何不是由自己所控制，而是运气好坏、背景大小乃至人为操纵程度等所致。对诸如此类将成败归因于机遇、社会或他人的外控型馆员，其自尊水平低，情感耗竭重，角色定位比较模糊，人格体验更趋解体。因此，在防治其倦怠产生的干预活动中，L-EAP 可借助心理测试量表、支持疗法、咨客中心疗法等心理学方法和技术，对其情感、人格和认知等提供有针对性的倦怠评估，并立足其性格倾向、能力特点、兴趣爱好等特性予以心理疏导和组织支持；通过鼓励参与、关怀体贴、激发情感等形式，匡正其对自身价值的不实评价，减轻其忧郁、焦虑等不良情绪；通过调动其周围的积极因素，改善其工作生活环境，提高其人际交往能力和自控能力。

3. 修正职业期望

行为缘于动机，动机来自需要，需要是自身缺乏而力求获得满足的一种心理状态①。生活中，馆员个体需要主要表现为各种欲望的满足，诸如车子、房子、票子、位子等，如果所欲之事无法实现，自然会焦虑不安、内心烦躁。工作中，馆员的个体需要更多地体现为自身的职业期望，诸如社会声誉、职称职务、薪金报酬、工作环境等，如果期望时常落空，就会丧失工作热情，倾向负面认知，从而导致职业倦怠。对此，从事 L-EAP 的咨询师，应针对不同馆员的心理差异，通过认知疗法、行为疗法等合适的咨询方法，协助馆员建立合理的职业期望。尤其是对那些成就动机过于要强、期望目标偏于理想的馆员，要帮助其认清图书馆定位的特殊性和馆员职业的局限性，使其对清贫与寂寞有足够的思想准备，对付出与回报有清醒的理性认识；当理想游离于生活或期望背离于现实的时候，能够正视现状，不盲目攀比，用积极的心态，修正期望值，从容淡定地面对未来，自然而然地远离倦怠。

（二）基于馆员行为训练的 L-EAP 干预策略

L-EAP 从认知角度对馆员职业倦怠予以干预，旨在对可能导致倦怠的因素加以调节和控制。馆员一旦与职业倦怠不期而遇，如何有效获得解放，使其尽快走出倦怠的阴霾，则需要采用更直接的行为训练，方能释放其消极情绪，缓解其倦怠症状。其中，传统文化压力为动力的自我修炼、以人为本的人际和谐、保持家庭与工作的良好平衡等应对方式固然值得借鉴，但从心理学角度来看，提供 L-EAP 服务的咨询师，最宜采用的干预方式莫过于使倦怠馆员的不良情绪得以宣泄或转移。

1. 消极情绪的宣泄

对一些情绪处于焦虑、烦躁、压抑的馆员进行心理疏导，可采取宣泄的方法予以干预，以释放其消极情绪。宣泄的形式有很多，酗酒、骂人、摔东西只会害人害己，迁怒式的大打出手也为情理不容。L-EAP 旨在针对不同特性的倦怠馆员，引导并帮助其采用积极的宣泄方式，如倾诉、哭泣、写作等。

一是倾诉。鼓励倦怠馆员把生活中的不快与苦衷尽情诉说出来，把工作中的不满乃至怨恨如实表达出来。通过对亲朋好友敞开心扉的倾诉，与领导及同事推心置腹的交流，释放苦恼，发泄郁闷，得到安慰，获得帮助，从而

---

① 边建芳，陈恒玉. 高校图书馆员职业倦怠现象的心理学分析［J］. 晋图学刊，2010（4）：44-46.

缓解倦怠。

二是哭泣。不论男女，当其遭受各种挫折而出现情感衰竭或人格解体时，体内都会生成一些有害的化学物质，有效排除这些有害物质的途径之一便是哭泣。对倦怠者尤其是女性馆员而言，如果能面对咨询师或值得信赖的人来一场痛快淋漓的哭诉，心里会痛快许多；哪怕什么问题也没解决，其后的情绪状态也会趋于平和，倦怠症状多会有所改善。

三是写作。通过日记等形式，把心中的烦恼、愤懑等不良情绪表达出来，以宣泄内心深处的纠结，释放难以启齿的情怀，这也是排解情感耗竭的有益选择。诚然，无论是倾诉、哭泣还是写作，都可谓是方便快捷且几乎没有副作用的心理治疗方法。

2. 倦怠困扰的转移

转移是阻断个体消极情绪的灵丹妙药，也是缓解馆员职业倦怠的有效良方。对一些精力衰竭、情绪紧张、行为偏执的倦怠馆员，L-EAP 可采取转移的方法对其进行心理调适，以安其身心，定其情绪，清除其心中的彷徨和忧郁。转移的方法有很多，就馆员的职业特征和个体特性而言，可采取的转移主要可有以下几种：

一是音乐欣赏。音乐不仅可以调节并稳定人的情绪，甚或可以治疗失眠、减轻痛苦，可从心理和生理两个方面缓解馆员职业倦怠。如对情绪忧郁的倦怠馆员，可通过欣赏《彩云追月》《喜洋洋》等轻盈欢快的音乐，催其奋进；对焦虑紧张的倦怠馆员，可选择《汉宫秋月》《二泉映月》等平和舒缓的音乐，平复其心境。

二是休闲运动。长年的假日值班，枯燥的借借还还，常常使得重压或负压下的馆员感觉身心疲惫。对由此引发的职业倦怠，可通过春游踏青、登山旅游等休闲方式予以适当缓解。事实上，大自然的秀丽风光不仅可以使人心情愉悦，心胸开阔，而且可以强身健体，陶冶性情；不仅可将工作中的不快一扫而光，而且能使倦怠中的馆员迅速摆脱困扰。休闲是缓解职业倦怠的可取方法，运动则是化解职业倦怠的积极策略。

三是兴趣拓展。对生活失去兴趣就容易消沉，对工作失去兴趣必易导致倦怠。每天饶有兴致地忙碌于工作的馆员，一般都不会受到消极情绪的长久缠绕。兴趣是最好的老师，当职业倦怠不请自来而又难以摆脱时，找一些自己感兴趣的事，让自己忙起来，或尝试接触一些新事物，把不如意抛到脑后，也是一种有效的转移方法，可有助于减轻职业倦怠对馆员身心健康的危害。

四是放松训练。要消除身体的紧张状态、缓解内心的焦虑情绪，简单的放松训练也是非常有效的。因此，在开展 L-EAP 服务中，可按照"紧张、放松，更紧张、更放松，最紧张、最放松"的原则，引导倦怠馆员从头至脚逐步调动全身肌肉群，切身体验肌肉的收缩和松弛，以便有助于疲劳消减和倦怠缓解。

倦怠作为现代社会的一种职业通病，在高校图书馆员中存在普遍的反映；L-EAP 作为信息时代的一种管理方式，与传统的图书馆人力资源管理有着越来越多的重合，对高校图书馆员的倦怠干预必将产生显著作用。

第五节　本章小结

本章着重研究了高校图书馆员职业倦怠的表现形式、客观现状、差异分析和主要成因，探讨了 L-EAP 的基本理念、涵盖项目、服务原则和实施程序，并由此提出了基于 L-EAP 的馆员职业倦怠干预策略。其主要观点如下：

（1）职业倦怠是现代社会的通病，主要表现为压力维度下的情感耗竭、人际交往维度下的人格解体和自我评价维度下的低职业效能感三个方面，与工作压力、工作应激、抑郁、疲劳等既有联系，又有区别。

（2）高校图书馆员职业倦怠的基本症状一般体现在生理、情绪和行为三个方面，对其身心健康、人际关系、职业发展等带来不良后果，并有损于图书馆稳定与和谐，会降低图书馆工作绩效。

（3）超过半数的高校图书馆员存在职业倦怠，其程度受年龄、馆龄、学历、职称、职位、收入等因素影响，在某些维度上具有显著性差异，其成因与所处时代背景下的社会环境、心理契约下的组织特征以及日常工作中的个体特质有关。

（4）EAP 是以心理学为主并融合多学科知识交叉集成的一种综合服务项目，对现代人力资源管理卓有成效。L-EAP 的实施，有助于预防和解决馆员职业倦怠引发的困扰，推动并促进图书馆工作绩效的提升。

（5）基于馆员职业倦怠的 L-EAP 服务内容，主要涵盖倦怠调查、教育培训、理念推广、倦怠测评、职业咨询、职业规划、倦怠干预、效果评估、后续服务等项目，一般应遵循自愿性与保密性、权威性与专业性、公平性与公正性等基本原则。

（6）要有效干预馆员职业倦怠，图书馆在 L-EAP 实施过程中，应明确相应的职能部门，统筹资源调度；成立专项小组，确立合适的心理咨询服务；开展需求分析，明晰预期的干预目标；落实项日预算，细化和量化成本费用；选定专业团队，协同开展服务；建立管理系统，强化考核机制；开展督查评估，促进项目执行。

（7）基于 L-EAP 的馆员职业倦怠干预包括组织和个体两个层面。前者重在强化组织支持、激发馆员情感，促进程序公正，完善馆员人格，立足心理健康，提升馆员价值；后者在于调节馆员认知，帮助馆员适时宣泄或转移消极情绪，以减少倦怠侵扰。

第四章　和谐共赢：
EAP 改善图书馆职场人际关系

人际关系，是指作为个体的人为了满足自身生存和发展的需要，在人类社会生活实践活动中，通过一定的交往媒介，与他人逐步建立、发展起来的关系[①]。现实生活中常指人与人相互交往所形成的关系总称，通常称作人缘关系。人与人之间从相识、相交到相处是一种缘分，更是一门高深的学问。它标志着人与人之间的亲近性、融洽性、协调性的现实状况和发展水平[②]。图书馆人际关系是图书馆行业内起决定性作用的社会心理环节，它不仅影响着馆员个体行为方式的转变和心理的发展状态，而且还影响着图书馆服务质量的提高和服务目标的实现，影响着图书馆的整体组织效能建设。

图书馆史学家约翰逊在《西洋图书馆史》一书中指出："在书籍和图书馆的发展史中，人的因素始终是最重要的"[③]。因此，在图书馆组织中构建和谐的人际关系，可以协调各方面的关系和利益，最大限度地推动图书馆事业的可持续发展。

第一节　基于社会角色互动理论的和谐人际关系探讨

构建和谐图书馆是创建和谐校园的需要，也是构建和谐社会的一项重要任务。而构建和谐图书馆的核心就是构建和谐的人际关系，因此，和谐的人际关系的构建对高校图书馆的发展是举足轻重的。我们立足社会角色互动理论，从内、外两个方面探讨了高校图书馆人际关系的构成要素以及构建高校图书馆和谐人际关系的意义。

---

① 姚晓敏. 和谐社会构建中的人际关系探析 [D]. 长沙：湖南师范大学，2009.
② 李梅，张满红. 浅谈高校图书馆的人际关系 [J]. 农业图书情报学刊，2010 (5)：44-46.
③ 刘磊. 构建图书馆和谐文化 [J]. 科技情报开发与经济，2007，17 (24)：74-75.

一、高校图书馆和谐人际关系的理论分析

高校图书馆和谐人际关系的构成依赖于图书馆内不同社会角色之间的良性互动，如馆领导与馆员、馆员与馆员、馆员与用户之间的角色转换与互动，研究图书馆和谐人际关系的构成，首先要了解社会角色互动理论的定义及理论内涵。

（一）和谐人际关系的理论基础——社会角色互动理论

社会角色互动是指社会主体为了实现一定的目的，在特定情境中，按照社会规范、凭借合法手段而发生的直接影响对方的相互沟通和交互反应的行为。国内学者认为这一理论主要包括以下几个要素：第一是互动者，指社会互动的双方参与者；第二是互动目的，指互动前和互动中角色双方所期望达到的目标；第三是互动手段，指角色互动双方所持有的态度和采取的交往策略，它直接影响着互动的结果；第四是互动规范，既包括法律、法规这样的硬制约，也包括文化制度之类的软约束，它们可以最大限度地减少互动中的不确定性，增加角色互动过程中双方的信任度；第五是互动情境，即角色互动的场所和氛围，在不同的情境下，互动的结果将会产生显著的差异[①]。

社会互动的实质是角色之间的互动，角色与互动之间是紧密相连的，角色互动的结果会形成不同的角色关系，如合作关系、交换关系、对立关系和矛盾关系等。在高校图书馆的工作环境中，互动者（主要指馆领导、馆员及用户）为实现不同的互动目的，采取不同的互动手段，会形成特定情境中的特定属性关系。若馆员与馆领导、馆员与馆员以及馆员与用户之间的互动双方能协调互动目的、自觉遵守互动规范、采取正确的互动手段，则能实现双方互动关系的和谐发展，形成合作关系；若他/她们之间在各自的社会角色扮演过程中，对方对自己角色的期望值与自己对自身扮演角色的领悟之间，产生明显的差异所导致的两类角色之间相互抵触、对立和矛盾，形成对立关系和矛盾关系，这类角色冲突最容易导致图书馆内、外部人际关系的不和谐。

（二）和谐人际关系的理论内涵

和谐人际关系的形成主要是指人与人在社会交往过程中，双方利益基本

---

① 邓以惠. 角色换位体验与社会互动——浅谈高校图书馆和谐人际关系的建设［J］. 科技情报开发与经济，2011（22）：38-40.

一致，对彼此之间的感情能够达到认同，心理距离比较接近，且具有一定的心理相容性，通过平等、和睦和友好相处，团结互助，能够通过适度的角色冲突来调节和改善彼此间的情感关系，以实现双方心理平衡的过程①。这种和谐关系的界定主要包括三种含义：第一，和谐的人际关系必须建立在平等互助、共同发展的基础之上，只有平等，才有深交；第二，和谐的人际关系必须坚持适度的冲突原则，在人际交往过程中，双方秉持相互理解、通力合作的原则，取长补短、求同存异、配合默契、融合统一，找到不会侵害任何一方利益、双方都愿意接受的解决办法，最终实现化解冲突、互利互惠的发展态势；第三，交往的双方必须维持各自的心理平衡，双方之间只有相互信任，在思想、信念、态度、行为及价值等方面才能够相互摄取精华，双方才能共同进步、协调发展。

在图书馆的日常工作中，和谐的人际关系通常表现为领导与馆员、馆员与馆员之间能够和睦相处、通力合作，情感比较容易沟通，矛盾比较容易化解，在学习、工作及生活过程中每个角色都能做到心情愉悦、积极向上，馆员个体的能力和才华能够最大限度地发挥。但这种和谐的人际关系绝不意味着人与人之间没有丝毫的矛盾和冲突，只有妥善协调、处理好图书馆内人与人之间的各种矛盾和冲突，使各个利益主体之间长期处于一种"和而不同"的状态，才能实现最佳的人际关系和谐状态。

（三）图书馆和谐人际关系的构成

图书馆和谐的人际关系的构成，既包括馆员个体与个体之间的关系和谐，也包括个体与群体、群体与群体之间的关系和谐。这种和谐的人际关系主要分为图书馆内部人际关系的和谐，以及图书馆外部馆员与用户之间关系的和谐两个方面。

1. 图书馆内部人际关系的和谐

图书馆的发展是要通过每一位馆员个体的辛勤劳动和创造才能实现的，馆员是图书馆一切活动的主体，对图书馆的发展起着至关重要的作用。馆员之间交往的过程，是一个认识上相互沟通、情感上相互交流、行为上互相作用、性格上互相影响的过程。在图书馆的日常工作氛围中，和谐的人际关系可以增强馆员的归属感和自信心，馆员之间相互理解、支持、密切配合、协调一致，可以最大限度地发挥整体效益，以最小的能量消耗收获最大的功能

---

① 姚晓敏. 和谐人际关系理论在图书馆工作中的应用 [J]. 科技情报开发与经济，2009（30）：14-15.

效益，达到事半功倍的效果。由于馆内岗位设置的不同，每一位馆员完成的工作任务不一样，在实际工作中难免会产生或多或少的分歧和矛盾，这就需要每位馆员树立"一馆之内，和为贵"的思想，自觉地统一思想、统一行动、求同存异、相互理解，共同维护图书馆的整体利益，增强图书馆的向心力和凝聚力，推动图书馆事业的可持续发展。因此，图书馆内部应鼓励建立一套不同岗位、不同层次之间合理有效的交流机制，使馆员与领导、馆员与馆员之间可以开诚布公地交流思想、经验，共同培养一种健康积极、有责任感和奉献精神的工作氛围。图书馆内部人际关系的和谐主要分为：

（1）领导与馆员之间的和谐关系

图书馆领导与馆员和谐相处的关键在于两者之间能够相互尊重、信任、支持、协作。作为馆领导，不仅要具有优秀的人格品质，关心每一位馆员的健康成长与发展，而且要尊重馆员，鼓励馆员参与馆里的决策、管理，充分发挥馆员的民主监督权力；作为馆员，首先要理解、支持领导的工作，做领导决策的贯彻执行者，其次要摆正位置、明确职责、踏实工作，积极踊跃地投入到图书馆的各项建设和服务中去。如此一来，领导关心馆员，馆员服从领导，上下和谐一致，才能创建和谐的人际关系和工作氛围，确保图书馆的各项工作有条不紊地展开。

（2）馆员与馆员之间的和谐关系

馆员是图书馆事业的主体。融洽的人际关系，有助于馆员将更多的精力放在工作上，而不是放在人与人之间的争斗上，提高他（她）们的自我认知、评价、规范等综合素质，促使馆员多思考如何更好地发挥自己的才能，如何综合利用各种有利因素，实现效率最大化、共谋图书馆事业的发展。

因此，馆员与馆员之间应形成相互尊重、相互促进、和谐愉快的群体气氛，以工作促进团结，以团结激发工作的热情，从而提高图书馆的整体工作效能。这就要求馆员除了认真完成本职工作、自觉履行职业职责之外，馆员与馆员之间还要经常沟通、交流，促使全体馆员"心往一处想、劲往一处使"，不断增强协作意识，增强集体荣誉感。此外，每位馆员还要从细微处入手，注重培养馆员自己律己宽容的处人之道，竭力消除人际关系中的不和谐因素，在馆员中逐步形成"识大体、顾大局、讲团结、合作进取"的良好工作作风和人际关系氛围。

2. 图书馆外部人际关系的和谐

（1）馆员与用户之间的和谐关系

用户是馆员赖以存在和发展的根本依据，馆员的工作离开了用户的支持就毫无价值和意义。馆员与用户之间关系和谐与否，直接影响着图书馆各项服务工作的顺利开展。首先，馆员要牢固树立"用户第一、服务至上"的服务理念。尊重用户、体谅用户，时时刻刻把用户的利益放在首位。其次，馆员要"想用户之所想、急用户之所急"，热情接待用户，做到不断改善服务态度、及时了解用户需求、开展深层次服务、提升服务水平。最后，馆员还要不断加强与用户的沟通与交流，妥善处理好与用户发生的各类矛盾。另外，用户也要尊重馆员的劳动，自觉遵守图书馆的各项规章制度，服从馆员的管理和教育①。馆员与用户之间只有建立起和谐、融洽的关系，馆员熟悉用户、用户支持馆员，才能获得最佳的服务效果。

（2）馆员与其家庭成员的和谐关系

家庭是社会的细胞，是人与人之间相处的最基础环境。家庭和睦是人际关系和谐的基础，也是图书馆人际关系和谐的良好开端。家庭和谐要求家庭成员之间互敬互爱，能协调好各种关系，做到夫义妇德、父慈子孝、尊老爱幼②。馆员由于其工作性质的特殊性，有时双休日、节假日仍然要坚守在工作岗位上，得不到家庭成员的理解和支持；有的馆员在工作过程中遇到不顺心的事件，或多或少会把工作中的烦恼带回家中，影响与其家庭成员的和谐相处；家庭成员之间若发生冲突也必然会影响馆员工作时的情绪、状态。馆员若想要与家庭成员建立和谐的人际关系，在工作之余，每位馆员还要经常与其家庭成员进行沟通、交流，以加深理解、消除隔阂，及时、有效化解工作与生活中的一些矛盾情形，营造和谐的家庭环境。

总之，图书馆内、外存在的上述四个方面人际关系密切联系，它们之间相互影响、相互促进。就内在影响因素而言，领导与馆员的良好关系是整个图书馆和谐人际关系的开端；馆员与馆员的良好关系是和谐人际关系的基础；馆员与用户的良好关系是和谐人际关系的关键。就外在影响因素而言，馆员与其家庭成员之间关系的和谐与否及和谐程度，会对图书馆整体人际关系的和谐状况产生直接的影响。

二、构建高校图书馆和谐人际关系的重要意义

（一）和谐人际关系是社会发展的需要

和谐社会主要体现在人与人之间的和谐、人与社会之间的和谐以及人与自然之间的和谐，归根结底还是人与人之间的和谐。党的十八大报告中明确

① 王雪梅.浅析高校图书馆人际关系的和谐 [J].中国西部科技，2011 (08)：33-35.
② 乔翠香.谈高校图书馆人际关系协调 [J].商丘师范学院学报，2007, 23 (10)：115-116.

提出："注重人文关怀和心理疏导，用正确方式处理人际关系"①。由此可见，人际关系和谐是社会和谐的根本标志，促进人际关系和谐是构建社会主义和谐社会的根本任务。具体到图书馆行业来说，图书馆内、外和谐的人际关系，是构建和谐图书馆的首要任务，也是社会发展的迫切需要。

（二）和谐人际关系可以促进图书馆事业的可持续发展

馆员人际关系和谐与否直接影响着图书馆事业的发展。若馆员人际关系良好，馆员之间相互理解、支持，各个岗位团结协作、工作配合默契，则能提高服务水平和工作质量。反之，如果馆员人际关系不和谐，工作中经常出现相互推诿、扯皮的现象，就会产生内耗，部门之间相互牵制，影响工作的顺利开展。由此可见，馆员良好的人际关系的形成，有助于建立和谐、融洽的工作氛围，有助于全面提升服务质量，推动图书馆事业的整体发展和可持续发展。

（三）和谐人际关系可以促进信息的传播

图书馆是高校的"心脏"。"心脏"的健康是要以和谐的人际关系为基础的。图书馆作为高校的信息中心，是高等学府中不可或缺的重要学习场所，是高校教学科研体系的重要组成部分，更是高校信息传播的主要途径之一。只有当图书馆内、外人际关系形成了和谐、融洽的氛围，图书馆的存在价值及信息的传递功能才能充分彰显，用户在图书馆中感受到的和谐氛围，才能进一步转化为增强用户求知欲的一种动力。

（四）和谐人际关系可以强化图书馆的育人功能

图书馆是物质文化和精神文化的结合体，承担着传播文明、积累文化的重任，图书馆和谐的人际关系，将会在无形之中汇集成一股十分强大的感召力量，潜移默化地影响着师生的学习、生活。因此，图书馆应充分发挥资源优势及信息传播的媒介作用，充分发挥图书馆"信息导航员"的育人作用，为用户提供即时的学习平台，促使师生更积极、主动地接受馆员的指导和帮助，搭建和谐的人际关系。否则，高校图书馆内任何一种不良的人际关系，都会影响学生的健康成长，逐渐削弱图书馆的信息教育功能。

（五）和谐人际关系可以促进馆员的自我发展、自我完善

一个人在其成长及发展过程中，既受到外部客观环境的影响，也会受到人与人之间相互交往关系的影响。当馆员处于一种健康、和谐、积极向上的良好人际关系环境之中时，由于能够借助交往对象的积极因素，产生一种社

① 张宝石. 浅议社会主义和谐社会语境下和谐人际关系的建构［J］. 牡丹江教育学院学报，2008（4）：85-86.

会助长作用，从而推动馆员的自我发展、自我完善。同时，良好的馆员人际关系将对双方的互助互学、相互促进、共同发展起着重要的推动作用，促使双方在健康与和谐的氛围中共同进步①。

因此，构建和谐的人际关系是图书馆员追求自身发展、实现自我价值的需要。馆员只有不断完善自己，对图书馆工作充满热情，在工作中投入高度的责任心，不断增强服务的主观意识，才能从图书馆平凡的工作中获取收获知识和技能的种种快乐，才能在良好的人际氛围中实现自我价值的不断提升。

（六）和谐人际关系可以推进高校教学、科研工作的开展

高校图书馆的核心任务是为教学、科研提供优质的信息服务。在图书馆中构建和谐的人际关系，是做好信息服务的前提条件。和谐的人际关系有助于提升从事共同事业的集体凝聚力，使馆员与相关人员尤其是与师生、员工之间的感情更融洽，他们之间互助、互促，焕发工作、学习、钻研的激情，从而形成强有力的推进高校教学、科研事业共同发展的合力②。这有利于打造优良的校风，提高高校教学、科研的总体发展水平，充分发挥图书馆在高校教学、科研中的推动作用。

第二节　基于社会交换理论的人际关系分析

高校图书馆是以服务为中心来开展各项工作的，服务的主体是馆员，客体是用户。因此，人（馆员、用户）是图书馆工作中最活跃的因素，也是最容易产生不和谐的渊源。本书主要从社会交换理论的角度出发，分析高校图书馆人际关系不和谐的理论根源，详细阐述造成这种不和谐现象的缘由和主要影响因素，如职业性质、职业压力、职业倦怠、福利待遇、性别因素及开放时间等，从图书馆内部环境的根源上，采取有效措施，减少和杜绝高校图书馆内人际关系不和谐的现象，营造和谐的图书馆人际关系氛围。

一、影响高校图书馆人际关系的角色因素分析

（一）高校图书馆人际关系不和谐的现象

由于馆员与用户之间存在服务与被服务、老师与学生两种角色关系，这

---

① 李美玲. 浅谈高校图书馆员和谐人际关系的培养及其意义 [J]. 内江科技, 2011 (4)：25-27.

② 沈小风. 论高校图书馆和谐人际关系的构建 [J]. 图书馆, 2007 (4)：74-76.

两类角色关系之间容易产生矛盾。另外，由于传统及整个社会对高校图书馆行业的认识与定位存在偏差，导致图书馆行业的社会地位、经济地位和职业声望不高，加之长期以来高校图书馆形成的僵化的管理模式，以及管理工作中存在的一些偏差与不公平，造成高校图书馆固有的一些缺陷。如女性馆员占大多数；馆员职称晋升不太容易，还要论资排辈，且讲关系、讲情面等，导致馆员过分看重大大小小的荣誉与利益得失，相互之间普存戒备之心。长此以往，高校图书馆内人际关系不和谐的现象时有发生，这种不和谐的现象集中体现在以下几个方面。

1. 领导与馆员之间的关系不和谐

在图书馆管理中，由于制度的不完善或部分领导的家长作风，馆领导在行使指挥权、奖惩权、任免权以及其他各种权利时，容易产生矛盾，易导致馆员心理的不平衡。特别是当有关馆员切身利益的某个决策、决定形成时，如果不能真正做到公开、公平、公正，双方缺乏及时沟通、了解，遇事都仅从个别馆员的自身利益、角度出发，很少或从不顾及对方的感受和处境，容易使馆员之间产生信任危机，导致上下级之间的关系紧张。

2. 馆员与馆员之间的关系不和谐

图书馆工作是一种相互协作、共同努力才能完成的服务性工作。但有些馆员对自己的工作漠不关心，做事敷衍塞责、拖拖沓沓，无形之中加重了同部门其他（她）同事的工作强度，造成他（她）们之间的抱怨与不满，影响了同事间的和谐关系。图书馆内各部门之间的馆员、本部门中不同岗位之间的馆员还存在缺少沟通，缺少相互理解、包容的情形，遇事不能协商处理，一旦工作出现差错就相互推卸责任，矛盾不能及时化解，集腋成裘，进而使冲突的范围和深度进一步扩大[①]。

另外，图书馆内因工作岗位设置不合理，人员安排不公平，容易造成某些馆员的积怨情绪，甚至个别馆员用"罢工"来宣泄自己的不满，有的干脆把自己应该完成的分内工作推诿给同部门的其他人，从而导致摩擦、冲突的相继产生。图书馆因其特殊原因女性馆员占大多数，而这其中有一些女馆员思想素质不高、喜爱散布小道消息，对同事不理解、不尊重，影响了图书馆整体人际关系的和谐氛围。长此以往，使得馆员之间只考虑个人利益的得失，忽视同事间的团结协作，更有甚者互相指责、相互牵制，导致馆员之间形成

---

① 李梅，张满红. 浅谈高校图书馆的人际关系 [J]. 农业图书情报学刊，2010，22（5）：335-337.

不良竞争、恶性循环的局面，从而影响馆内、外人际关系的和谐。

3. 馆员与用户之间的关系不和谐

用户是高校图书馆赖以存在和发展的主导力量，馆员是沟通高校图书馆与用户之间的桥梁与纽带。从用户的角度来看，在高校图书馆内部，有部分师生存在不理解、不尊重高校馆员工作的不良行为和倾向，有的将从书刊架上翻阅后不想借阅的书刊随意丢放；还有些素质较低的用户把作为公共物品的馆藏书刊当作私人拥有产权的读物，在借阅的书刊上随意涂鸦和标记，甚至撕毁部分书刊的内容。这些不文明的一些行为和举措，无形之中，一方面增加了高校图书馆管理员的工作量和工作难度，增加了管理和维护书刊的时间和物质成本；另一方面也违反了高校管理书刊的相关制度和条例，为馆藏书刊的完整、有序保存和后期用户的书刊借阅制造了一定的麻烦，同时，也容易使馆员与前来借阅的用户之间形成对立情绪，甚至为冲突种下了隐患①。

从高校图书馆员的角度来看，随着高校馆服务功能的不断拓展，服务对象人数的不断增加，作为老师和服务提供者双重身份的高校图书馆员，人数却很少增加，有的图书馆工作人员数量还在不断减少，造成某些图书馆十几名工作人员每天要为数量庞大的、需求不同的师生员工提供书刊的查询、借阅、归还和分类整理等各项细致性服务工作，馆员每天的工作量、工作强度是可想而知的。人作为一种感情化的动物，在工作负荷的压力之下，作为服务提供者的馆员，难免会把工作中的一些压力和不满映射在日常服务的言行举止之中，日积月累，容易与用户发生各类不愉快的冲突事件。

（二）角色期待及其差异性分析

1. 图书馆员与用户之间的两种角色关系

高校图书馆不同于其他类型的图书馆，它的服务对象绝大部分是教师和学生。在教育部颁布的普通高等学校图书馆规程（修订）中明确规定高校图书馆的主要职责之一就是："开展信息素质教育，培养用户的信息意识和获取利用文献信息的能力"，这也正式规定了馆员与用户之间的师生关系②。

另外，高校图书馆作为信息、知识服务的提供者，它提供的服务项目类似公共产品，具有半公益性：广大用户在享受各类服务的同时，不需要直接承担服务的成本；而作为服务提供者的馆员也并非按照等价交换原则提供信息服务，他（她）们以高校员工或者教师的身份出现，提供更多、更优质的

---

① 夏淑芳．谈高校图书馆流通部良好人际关系的建立［J］．河北技图苑，2008，21（5）：64-66.

② 刘剑波．高校图书馆与大学生信息素质教育［J］．经济技术协作信息，2009（4）：20-22.

服务并不能为自己带来更高的收益，他（她）们与前来借阅的用户之间除了是一种师生关系，也是一种服务与被服务的关系①。

2. 两种角色关系——师生关系、服务与被服务关系的冲突

这两种角色关系的差别在于服务与被服务关系是建立在金钱基础上的等价交换，而师生关系则是建立在师生之间的含有人情味的关系基础之上。如何在服务与被服务关系、师生关系这两类角色关系之间进行协调，是处理好图书馆内人际关系的焦点问题。馆员与用户之间角色互动的和谐与否，关键在于进行互动的双方要把角色互动建立在师生关系的基础之上，而非建立在纯粹市场化的服务者与被服务者的关系之上。一方面，馆员要很好地领悟用户对其角色的期望，不能过高，也不能过低；另一方面，作为用户的师生也要对馆员的角色有符合实际的期望。

从现实情况来分析，绝大多数用户都能像尊重教师一样尊重馆员的劳动，与高校馆员实现良好的角色互动，师生关系成为他（她）们角色互动融洽、和谐的基础。但也有部分用户不能很好地协调这两类关系，这部分用户把他（她）们与馆员之间的社会互动仅建立在服务者与被服务者的关系之上，对馆员付出的劳动未能给予足够的尊重。对于享受图书馆信息服务的用户而言，他（她）们往往对馆员的服务存有过高的期望，希望馆员每次都能提供优质、快捷的图书借阅服务，最好能像市场上所有服务业的服务人员一样，能始终如一地用微笑的态度提供友善和细致的服务。从社会角色互动理论可以看出，任何一方过高的期望都不利于双方角色的协调互动，容易使服务与被服务关系、师生关系这两类角色关系发生冲突，不利于馆员和用户之间形成融洽的角色互动关系。

二、影响高校图书馆人际关系的社会心理归因分析

（一）图书馆职业的社会地位和职业声望不高——职业性质

一种职业的社会地位，取决于该职业的政治地位、经济地位和职业声望。在政治地位、经济地位和职业声望三者中，政治地位是决定性的因素，政治地位决定了某种职业的职业声望，职业声望的高低又决定了该职业的经济地位，从而也就决定了该职业的吸引力和从事该职业的人员的社会地位及其价值。从事高社会地位的职业自然容易受到人们的羡慕、尊敬、优待，从业人

---

① 邓以惠. 角色换位体验与社会互动——浅谈高校图书馆和谐人际关系的建设［J］. 科技情报开发与经济，2011（08）：35-37.

员也就能够更多地感到优越与自豪，且能充分体验到自我成就感和快乐感，从而就会更加热爱自己所从事的职业①。随着我国改革开放政策的确立和市场经济的快速发展，实用主义、功利主义思潮正在不断侵蚀着人们的心灵，并以权、钱、物的占有量来衡量人的价值，以是否拥有或根据拥有支配他（她）人的资源的大小或多少，作为评价其社会地位的高低标准。与其他行业的工作相对比，图书馆行业在社会地位、经济待遇及职业声望等方面明显处于劣势。

图书馆是服务性、学术性和教育性三位一体的社会文化机构。它既不同于科研部门和生产性组织，也不同于其他社会服务行业和宣传娱乐性文化机构。它的神圣功能是保存人类文化遗产、传播文化信息、传承人类文明、开展社会教育、丰富人们的精神生活；其职责主要是传承人类积累的文献、知识、经验、科学技术以及开发利用各类信息资料等。图书馆工作，在发达国家是很多人羡慕、向往的体面职业，馆员也容易受到人们的爱戴与尊敬，但在我国却是社会地位和职业声望不高、工作价值难以体现、经济待遇偏低的职业②。长期以来，国内许多高校图书馆几乎都成为学校教工家属及院系落聘人员的安置部门，"想要的人才要不到，不想要的人员随便进"的现象比比皆是。高校图书馆工作在部分人眼里甚至等同于低层次、无专业技术要求的简单机械的体力劳动。以上种种偏见都动摇着馆员对自己职业的崇敬、对事业的忠诚度，影响着馆员的工作热情以及与用户之间的和睦关系。

另外，由于高校馆员的工作价值具有滞后性，馆员的服务对象主要是在校学习的各类学生，学生一般要在他（她）们工作以后，甚至还要经过很多年的锻炼之后，其才能和在大学（包括在高校图书馆）所学知识的价值才能体现出来，相对应，其在学校学习期间馆员为其提供的服务价值才能显现；另一方面，馆员的劳动价值还具有隐蔽性③。用户所取得的成就当中，馆员为其提供的服务到底占据了多大的作用，是很难甚至根本无法定量或定性地准确衡量。由于馆员工作的社会效益具有模糊性，导致馆员的成就感、自我实现感低，内心高层次的需要得不到满足，而图书馆内部管理体制却很少有一些针对性的变革与创新，加上图书馆的工作岗位又不能够频繁地轮换，馆员就会由"厌倦"发展为对工作的"冷漠、疲惫及懈怠"。从以上的研究数据可以看出，高校馆员对图书馆职业普遍缺乏职业认同感和归属感，有相当数

---

① 王梅. 图书馆员职业倦怠的原因及对策分析 [J]. 图书馆论丛, 2006 (02)：31-33.
② 张美莉. 新时期高校图书馆员的心理障碍及对策 [J]. 贵图学刊, 2010 (01)：18-20.
③ 李静云. 对高校图书馆馆员职业倦怠的若干思考 [J]. 中国科教创新导刊, 2009 (19)：254.

量的馆员是在无可奈何或极不情愿的情况之下坚守在图书馆的岗位上，这种惰性状况对图书馆的组织绩效和馆员个人的发展都会产生消极的影响。

（二）职业压力造成的心理不平衡，影响人际关系的和谐性——职业压力

图书馆员一直被大家认为是一个压力较小、比较轻闲的职业。其实，它同样存在与其他职业员工相同的职业压力。在美国，由《图书馆杂志》开展的针对不同类型的图书馆员工作进行心理压力调查，发现有 15%～40% 的馆员承认自己确实有工作压力①。这些压力主要体现在：

1. 工作环境的压力

图书馆员所在的工作环境，是他（她）们在工作中每一天都要面对的，包括：办公室的结构布局、采光照明、色彩设置、安全卫生等。如果工作环境欠佳，必然会在馆员的心理中产生某些潜在的负面影响。

2. 工作时间的压力

图书馆为了能够给用户更多的学习时间，更好地服务于用户，有的部门实行全天候开放，这就要求馆员工作轮班上，上班时间不固定，常常会导致馆员生活节奏紊乱，作息时间没规律，思想焦虑、身心失衡。

3. 工作强度的压力

图书馆的开放借阅制度使得用户人数不断增加，馆员每天采购、编目的图书数量增加，图书整理、上架、解答用户各类咨询等一系列工作不断增多，时间一长，超负荷的精力和体力的透支，会让馆员产生厌烦情绪，对心理健康极为不利。

4. 职业发展的压力

随着复合型人才培养模式的发展，用户对高校图书馆的服务内容、服务形式的要求愈来愈高，相应地，对馆员的服务能力和综合素质的要求也就更高，不仅要求高校馆员掌握多学科的背景知识，还要求具有较强的网络操作技能，娴熟的信息搜集、筛选与整理能力，以及敏锐的观察力与创新思维能力等。目前，高校馆员的整体素质与这种发展要求是有一定距离的，而从高校馆员个体层面上来讲，其学历层次、专业方向、心理承受能力及爱岗敬业精神等，都不能完全适应科技的全球化、现代化发展对馆员提出的高要求，这给馆员带来一定程度上的恐慌、着急、无奈等心理失衡情绪。

5. 科研的压力

对于高校而言，科研是生命线，同时也是职称晋升、考核教职工的硬性

---

① 孙红卫. 高校图书馆员心理压力影响因素分析与对策 [J]. 图书馆界，2007（1）：32-35.

标准。高校教职工为了争取在科研上有所成就，不得不花费更多的时间和精力。然而，与高校普通教师相比，馆员能用于科研的时间和精力十分有限，能获得各级、各类科研项目的机会更少，难度更大。因此，处于夹缝中的馆员其科研压力是一般人无法体会的。

（三）行业发展造成的心理不平衡，影响人际关系的和谐性——职业倦怠

1. 高校图书馆员职业倦怠的描述

《图书馆学和信息科学词典》将图书馆员的职业倦怠描述为：图书馆员在某一工作岗位工作时间长或工作要求过于苛刻时产生的一种身心衰竭情绪，使其不愿从事图书馆工作，工作效率低下①。国内学者指出：图书馆员职业倦怠是指从事图书馆工作的馆员在长期的工作压力和简单重复的工作内容及工作过程中，由于人际关系的不适应和不理解，或者图书馆工作不能满足人的期望和需求，在种种不良社会环境的影响下产生的身心疲劳与耗竭，从而对图书馆工作松懈、轻慢的消极性的心理与工作状态②。随着现代科技在图书馆的应用，职业倦怠（Professional Burnout）已成为馆员职业发展和图书馆人力资源开发的主要障碍。

2. 高校图书馆员职业倦怠的现状

美国精神科医生罗登伯格首次提出职业倦怠是一种容易在服务行业中出现的情绪性耗竭的症状。俄罗斯的调查表明，大约有25%的馆员觉得心理不平衡或失调；美国的研究显示，有45%的馆员对图书馆工作不满意，有20%的馆员有严重的精神紧张和焦虑状况③。在科技发达、经济发展水平高、法制化程度高的发达国家，姑且存在一定比例的职业枯竭现象，在我国服务性行业包括图书馆在内，情况更要严重一些。国内学者对其所在地区的高校图书馆和部分公共图书馆员进行调查，发现竟有近85%的馆员存在不同程度的职业倦怠；当问卷调查中问到"如果给你机会调换工作，你是否愿意改行？"时，竟然有80%的馆员选择了"愿意"和"非常愿意"。

在高校图书馆中，女性馆员、高学历馆员占有相当大的比例，馆员的职业倦怠状况比其他类型的图书馆情况还要严重。根据对西安石油大学、西安邮电大学、西安科技大学等9所高校173名高校图书馆员的专题调查，有106

---

① 陈宇. 我国图书馆员职业倦怠研究 [J]. 图书馆工作与研究, 2009 (4)：6-9.

② 邓尚民, 门伟莉. 高校图书馆员工作满意度与职业倦怠关系的实证研究 [J]. 图书情报工作, 2010 (06)：23-25.

③ 张军华. 高校图书馆员心理冲突的表现及其对策 [J]. 图书馆学刊, 2007, 29 (6)：25-27.

人表示自己对职业行为有倦怠倾向，占总数的 61.27%①。另据刘美萍对高校图书馆员职业倦怠所做的实证研究结果显示：有 34.09% 的被调查者有较高的情绪衰竭；有 47.73% 的被调查者成就感较低；有 59.09% 的被调查者玩世不恭得分较高；若以职业倦怠的情绪衰竭、低个人成就感和人格解体三项指标中"一项指标出现"作为轻微职业倦怠标准的话，就有 92.95% 的被调查者出现轻微的职业倦怠；若以"职业倦怠的二项指标出现"作为中度职业倦怠的标准，则有 61.33% 的被调查者属于中度职业倦怠；若以"职业倦怠的三项指标均出现"作为重度（或高度）职业倦怠的标准，就有 27.03% 的被调查者符合这一标准。可见，高校图书馆员职业倦怠的程度比其他行业的程度似乎更为严重②。本课题的前期调查结果显示：大多数馆员存在职业倦怠感，其中超过二分之一的高校图书馆员有职业倦怠体验，近四分之一的馆员倦怠感较重，高校馆普遍存在馆员职业倦怠现象（详见第三章）。

由此可见，图书馆的服务做得好坏、工作绩效的高低在很大程度上取决于馆员工作的主动性、积极性、创造性的发挥，而这些主观能动性的发挥是一种伸缩性极强的内在心理潜能。也就是说，图书馆工作是最需要激发人的主动性、积极性、创造性的工作类型，而现实中图书馆工作偏偏又是性质很单调、重复性很大，工作的创造性和挑战性较低的、人的积极性很难激发的、职业倦怠十分严重的工作类型。

（四）福利待遇不太高造成的心理不平衡，影响人际关系的和谐性——经济因素

馆员的工作虽然平凡却很繁重，它是整个大学教学与科研的基础性工作。然而，在人们心目中馆员更多的是服务者的角色，义务被无限放大，利益却容易被忽视。粗略估计，一个高校图书馆员和学校同职级的其他（她）人员相比，总收入比行政人员低，比教学人员、科研人员更低。馆员由此而产生"不患寡但患不公"的心理，从而导致馆员工作的积极性、主动性及创造性难以提高。

此外，馆员不但工资待遇较低，而且工作时间相对来说比较长，工作既单调又平凡，加上体力劳动又较多，在这种情况下图书馆行业的吸引力不强，某些馆员仅把图书馆当作跳板，一旦有机会就纷纷"跳槽、改行"，如此一

---

① 罗红艳．新形势下对图书馆员素质提高的探讨［J］．法制与社会：旬刊，2009（24）：368-369.

② 刘美萍．国内外职业倦怠研究概说［J］．沈阳师范大学学报：社会科学版，2003，27（1）：81-84.

来，人心涣散，馆员与馆员之间的关系随着时间的推移就变得平淡甚至冷漠。

（五）图书馆对外开放时间的局限性，影响与用户之间人际关系的和谐性
——时间因素

从图书馆相关制度制定和实施来看，图书馆所能提供的服务和广大师生的需要之间存在着诸多不一致和矛盾之处①。一般来说，高校图书馆主要是在白天正常工作时间内对外开放，而广大师生由于白天主要从事学习、教学和科研等活动，正常工作时间内经常不能抽出很多时间到图书馆查询、借阅书刊资料，他（她）们往往需要在非正常工作时间内才能到图书馆去，而此时间内大多数图书馆往往闭馆；即使在图书馆正常工作时间内，前来借阅的师生由于时间仓促，能够提供服务的馆员数量有限，也不能保证对每一位用户提供细致、高效的咨询、借阅、查询、归还等服务。日积月累，容易与用户之间形成心理隔阂，影响图书馆人际关系的和谐性。

（六）馆员与用户之间的关系造成的心理不平衡，影响人际关系的和谐性
——用户因素

高校馆员与用户之间角色冲突、角色转换能力不足，影响馆员与用户之间人际关系的和谐性。馆员的工作不同于高校的教师和科研人员，也不同于一般的行政人员和后勤服务人员。读者所期待的馆员角色是"良师""益友""德高者""有学问者""人类灵魂的工程师"等，馆员则希望自己就是一个普通的图书馆服务人员，角色越简单越好。这种用户对馆员所期望的角色与馆员实际上扮演的角色之间形成的不对等关系，经过时间的摩擦和积累所产生的角色冲突是馆员心理不平衡的主要原因。此外，部分馆员可能因为自我效能感不足以及政治、经济地位不高对自己形成一种错误定位，认为自己是学校里的"边缘人"，理想角色与实际心理定位产生冲突。

另外，馆员似乎兼有"教育""科研""服务""管理"等多种角色，而现实情况是，馆员到底是读者心目中的"老师"，还是"馆员"；到底是高校三大支柱之中的一员，还是大学中的"教辅人员"；在馆员所担当的角色当中并没有严格地划分主次，馆员感到自己的角色界定是模糊的。在科技发展的推动下，传统意义上借借还还的"图书管理员"角色必须转换，重在对信息资源进行开发与利用并对用户获取文献信息进行教育与培训的"信息导航员"转换，现实中的一些馆员因种种原因这种转换能力不强，从而产生自卑和矛盾的心理。日积月累，馆员与用户之间的冲突越来越多，隔阂越来越深，人

---

① 张彤彤. 谈图书馆人际关系的和谐 [J]. 大学图书情报学刊, 2007（8）：53—55.

际关系极度不和谐。

（七）女性馆员之间的关系造成的心理不平衡，影响人际关系的和谐性
——性别因素

职场女性的心理健康问题一直是社会各界关注的焦点，和男性职工相比，女职工面临着家庭、职业、社会、性别、生理等多方面的多种压力。据中国人力资源开发网2009年发布的"员工心理健康"调查报告，有27.45%的被调查女性存在一定程度的心理健康问题，而只有22.08%的被调查男性存在一定程度的心理健康问题①。

图书馆行业的女性馆员较多，有些高校图书馆的大多数员工甚至管理者都是女性。相关数据显示：在我国高校图书馆员工中，女性的人数一般都在70%以上，最高的能达到85%②。俗话说"三个女人一台戏"，女性多的部门矛盾多、冲突多，由于观念、文化、知识、情感、意志、性格等方面的差异，必然会影响各自的处世态度和交际方式。再加上女性的心理承受能力较弱，在图书馆日常工作交往中，女馆员相互间因个性差异会经常发生碰撞，导致各类心理健康问题频繁发生，时间长了就会损害彼此之间的关系，使馆员与馆员之间的距离越来越远、感情越来越淡薄、关系越来越紧张。

综上所述，分析高校馆员人际关系不和谐的影响因素，既有馆员个体因素的影响，也有图书馆组织因素的影响，有些人际关系冲突的现象是两者综合作用的结果。

第三节　基于L-EAP的高校图书馆内和谐人际关系的构建

高校图书馆员的人际关系是一个复杂而广泛的课题，要真正实现高校图书馆内的人际和谐任重而道远，它需要理论与实践两方面共同努力探索。在图书馆信息化和数字化建设快速发展的今天，高校图书馆有必要将员工援助计划（EAP）的理论与方法，应用于高校馆的实际管理与服务中，将馆员个人素质的提高与现代化图书馆的发展契机相结合，调整好馆内外各种人际关系的积极影响因素，以高标准、严要求的姿态投身于学院的教学和科研之中。

---

① 何晓春，徐进，庄丽丹，等. 为什么女性员工更需要EAP服务——以某通信公司为例 ［J］.中国市场，2009（13）：21-23.

② 肖菊蘋. 现代职业女性心理健康状况调查与分析 ［J］. 职业，2013（24）：170-172.

一、L-EAP 模式下馆内人际和谐的可行性

(一) L-EAP 模式引导下高校图书馆构建和谐人际关系

高校图书馆由于其本身创收能力十分有限，加上高校资金投入不足，造成馆内资金相对匮乏，没有充足的资金招聘更多的图书馆工作人员。在这样有限的人员配备条件下，如何在满足用户对图书服务要求不断提高的前提下，有效缓解高校图书馆由于人员不足、工作任务繁重造成的工作压力，有效缓解馆员与广大用户之间形成的种种冲突和矛盾，实现图书馆内、外人际关系的和谐发展，对于目前我国高校图书馆的建设和发展而言，是一个意义重大而又亟待解决的难题。

员工援助计划（EAP）自始至终都强调和坚持"人文关怀"，而人文关怀的核心就是如何实现尊重人、理解人、信任人、关心人、爱护人、感化人、引导人、激励人、最终完善人①。作为服务的提供方——高校图书馆提供人性化服务是其必然的发展方向和趋势，作为服务主体的馆员和图书馆管理者，只有充分意识到各自所要扮演的角色，以人为本，关爱用户，关爱自己，多运用人性化的管理模式和服务策略，完善人性化管理和人性化服务，以饱满的精神状态和良好的工作态度把图书馆的各项服务做得更细致、周到，更好地满足高校广大用户的各种需求。

可以看出，EAP 的核心理念和图书馆工作的管理目标是一致的，都强调"人文关怀"。图书馆的管理者和馆员在工作过程中必须树立人文关怀的理念，运用员工援助计划的相关措施，构建和谐的馆内、外人际关系，而和谐的人际关系是图书馆提高工作效率、提升服务质量的前提和保证，更是创建和谐图书馆的基础和条件。

(二) L-EAP 模式构建和谐人际关系的实现目标

在构建高校图书馆和谐人际关系过程中，馆员必须注重培养健康的人际交往能力，而首先学会做人、做事，是培养人际交往能力中对每个馆员的最基本要求。学会做人，就是要求馆员建立一种积极向上、真诚友善的待人处事态度及行为方式；学会做事，就是要求馆员树立爱岗敬业、严谨认真的工作作风②。馆员在工作中应以事业为重，不断提高自身综合素质，妥善处理好

---

① 李清，程利国. 员工帮助计划（EAP）：提高员工心理健康的有效途径［J］. 闽江学院学报，2004（4）：17-19.

② 申励. 高校图书馆馆员人际关系新论［J］. 金陵科技学院学报：社会科学版，2010，24（2）：83-85.

人际关系，营造和谐、健康的工作环境。在 L-EAP 模式引导下，构建和谐的高校图书馆人际关系可以实现以下目标：

1. 营造民主自由的图书馆氛围，搭建和谐的人际关系平台

马斯洛把人的需要分为五个层次：生理需要、安全需要、社会需要、自尊需要和自我实现需要。个人低一层次的需要得到基本满足后，就会谋求高一层次的需要，而自我实现需要是最高层次的需要，其本质是人的潜能和创造力的充分发挥①。因此，图书馆 L-EAP 组织应创造条件，在馆员人际交往过程中，多了解馆员的需求，分层次、分级别地逐步满足馆员的合理需求，使馆员在交往中顺心，在生活中舒心，在工作中齐心，营造民主团结、积极向上的交往氛围，搭建和谐、融洽的人际关系交往平台。如在选拔、任用各级干部过程中，采取公开招聘、竞争上岗等形式，避免趋炎附势、任人唯亲的现象出现；当馆员在工作中遇到难题时，领导要鼓励大家一起齐心协力、排除困难；当馆员在生活中遇到困难时，领导要号召其他（她）馆员伸出援助之手。

2. 提供良好的交往条件，提高馆员交往的层次

图书馆馆员之间的相互交往是在图书馆管理中最基本的活动，馆员的交往形式是多种多样的，图书馆 L-EAP 组织应以积极的态度多提供一些时间、设备和场所，多提供一些相互沟通和交流的机会，加强馆员的人际交往，并不断提高馆员的交往层次。由于实施 L-EAP 没有固定可以遵循的模式，图书馆可以根据实际情况采取灵活多样的方式。在缓解人际关系冲突方面，可以考虑通过登山、攀岩、慢跑等户外运动进行，在自然环境中既可以调动馆员的活动积极性，也可以通过团队的形式来开展人际关系的协调活动，如素质拓展、角色互换等；在进行职业生涯规划方面，可以通过专业团队开展一对一的辅导活动，为每位馆员勾勒出短期、中期和长期奋斗目标以及实现目标的具体途径；在缓解馆员的工作、生活压力方面，可以考虑采用职工沙龙的形式，获得彼此间的鼓励与支持，沙龙应选择在一个相对安静、舒适的场所举行，并配备相应的桌椅、茶具等辅助设施②；经济条件较好的图书馆还可以鼓励馆员多参加社会实践，使馆员间交往的范围更广、内容更丰富，有利于提高馆员的综合素质。

---

① 马斯洛．马斯洛人本哲学［M］．成明，编译．北京：九州图书出版社，2003：1-2.

② 杨蓉，张莉，周虹．浅析针对高校教师队伍员工援助计划（EAP）的实施［J］．中国民航飞行学院学报，2012（4）：22-23.

3. 保持沟通渠道的畅通，缓解人际关系方面的压力

沟通是释放压力的良好渠道。图书馆 L-EAP 组织应加强与馆员的沟通与交流，通过与馆员的良好交流与沟通，及时发现馆员的不满情绪和压力，帮助他（她）们调节情绪、释放压力。只有消除人际关系紧张的压力源，才能使馆员保持良好的身心健康，以最高的热情投入工作。如图书馆 L-EAP 专业人员通过测评、辅导及治疗服务，通过教授认知行为技术及放松技术等，帮助馆员学会处理压力的不同方法、提升应对压力的行为技巧，从而减少职业压力引起的不良反应和消极影响，以提高馆员的工作积极性和工作绩效。

4. 满足用户的合理需求，实现良性的角色互动

用户服务是图书馆永恒的使命，让用户满意是图书馆永恒的主题，和谐图书馆最根本的体现就是馆员与用户能够和谐相处。图书馆的一切工作都应坚持以用户为出发点和落脚点，尽力做到"一切为了用户，为了用户的一切"。高校图书馆要真正实现与用户之间的良性角色互动，首当其冲是要了解用户对图书馆服务的需要和期望，"想用户之所想，供用户之所要"，实行与用户对接、互动的管理模式，做到"有求必应、有惑必解"，尽量满足广大用户的合理要求，与用户建立起相互理解、相互尊重的合作关系，并不断改进服务工作的质量。

因此，图书馆 L-EAP 组织应结合各馆的实际情况，注重加强对馆员的再教育，提高馆员对岗位的适应能力；而馆员自身也应结合自己的本职工作，加强图书馆业务知识的学习和提升，不断拓展和提高自己的服务能力和服务水平。另外，还要尽量促使馆员与用户之间的交流、互动常态化，实现需求对接，使馆领导接待日制度化、规范化。这样，既能使馆员了解广大用户的各种需求，也能促使用户多了解图书馆管理工作中的一些难处和困境，减少不同角色之间的冲突和矛盾，实现角色良性互动与图书馆和谐共赢的良好局面。

二、改善人际关系的 L-EAP 策略

（一）高校图书馆存在的问题与 EAP 的介入

高校图书馆作为一个服务部门，不能用提高馆员薪酬的方式来调动馆员的工作积极性，只能采取其他的激励方式。L-EAP，图书馆员工帮助计划，是一种很好的激励机制，可以通过培训、教育、辅导等课程给予馆员适当的鼓励、帮助，帮助馆员正视目前所处的人际关系现状，从心理上进行自我规划、自我调节、自我提升，收获心理健康。如在心理上可以帮助馆员增强抗压、解惑能力；在工作中帮助馆员寻求和发现工作的价值；在社会地位等方面帮助馆员发掘图书馆行业的优势，去除悲观、攀比心理，在馆员周围建立

起积极、向上的正面影响氛围,打造一个和谐、温馨的人际工作环境。

针对高校图书馆现有的工作环境中存在的一些不和谐现象,实施 L-EAP 所采取的方法及预期达到的目的见表4-1所列。

表4-1 高校图书馆存在问题及 L-EAP 改进方法示例

图书馆存在问题	L-EAP 改进方法	预期达到目的
工作环境差	增加绿色植物、更换新的办公用品及设备	提升馆员直观感觉
人员心理不平衡	课程辅导、个别访谈、知识讲座、培训	提高馆员自身素质
工作单调	开展业务培训、逐步熟悉各部门业务工作、轮换岗位	增加工作多样性

(二) 高校图书馆实施 L-EAP 改善人际关系的步骤

通过前文的分析可以看出,高校图书馆确实存在人际关系不和谐的现象,每一位馆员都深有体会,图书馆管理层也为这些问题所困扰。根据人际关系不和谐的相关影响因素,在图书馆实施员工援助计划(EAP)可以有效缓解或消除图书馆人际关系中的冲突。试点大学图书馆在本课题组的专业指导下,组织和开展了一些 L-EAP 的实践活动,并取得了一定的成效。其主要实施步骤有:

1. 宣传推广

这是实施 L-EAP 项目的前提,也是首要的一个步骤。由于 EAP 项目在我国企业的应用也不是很广泛,由企业过渡到在高校中应用更是一项空白,学校行政领导和图书馆管理者要高度重视 L-EAP 的基础性工作。我们在试点大学图书馆的 L-EAP 专业人员利用讲座、培训、板报、宣传栏、宣传册、报纸、网络等多种媒体渠道进行宣传和教育,并通过图书馆主页以及在图书馆大厅入口处张贴海报等形式,对 L-EAP 的内容及实施意义进行宣传,帮助馆员了解 L-EAP 的性质和效果,使全体馆员都能正确地了解、认识L-EAP,鼓励馆员遇到心理困扰时,消除心理顾忌,及时寻求 L-EAP 的帮助。

我们力图通过宣传使试点大学的领导层了解到:有力的财力保障是组织导入 L-EAP 的坚实后盾,因 L-EAP 是组织为员工推进的一项长期服务性项目,在组织的福利开支预算中应当包含其费用,必须纳入到学校的福利开支预算中。

2. 组织调研

这个阶段是为了后期进行更深入的 L-EAP 服务做铺垫。在这个阶段,试点大学图书馆 L-EAP 组织可以通过专业咨询人员提供的相关调查问卷和个人访谈等，对馆员目前的心理状况、工作状况、人际关系、压力状况等，做一个全面的调查、分析，以此来建立每个馆员的心理健康档案。然后依据组织调研中的相关结果，对馆员中普遍存在的问题进行深入剖析，向图书馆管理层进行及时反馈，为下一步实施 L-EAP 改进措施提供参考。因为，图书馆组织实施 EAP 项目还需要其他各部门互相配合、产生联动，整个项目才能顺利地开展。

3. 教育培训

教育培训是 L-EAP 项目中至关重要的环节，通过之前对馆员基本情况的初步了解，L-EAP 服务人员可以为馆员提供有针对性的教育、培训课程。培训的对象不仅仅是馆员还包括图书馆管理者。对普通馆员，我们通过压力管理、挫折应对等专题辅导，增强馆员的抗压能力，引导馆员建立健康的生活方式，搭建馆员和谐成长的心理服务平台，在培训及教育中不断提升馆员自我规划、自我调节的能力；针对图书馆管理者，L-EAP 服务人员为他们提供实用性更强的技巧培训，如让管理者们学会运用心理学的各种技巧和方法，来处理管理中遇到的困扰，协助管理者用更人性化的方式，妥善处理馆员的心理纠结以及其他管理难题，从而使管理更加融洽、更加通畅。

4. 心理咨询

心理咨询被誉为"温柔的精神按摩"，心理咨询服务是关系到 L-EAP 项目服务效果的核心环节，主要是针对个别馆员出现的特殊问题和隐私问题所提供的服务，因为 L-EAP 的服务对象主要是正常馆员而不是已经出了问题的馆员，在图书馆中要树立"预防为主、治疗为辅"的服务观念，所以在心理咨询过程中，试点大学图书馆 L-EAP 服务人员通过运用咨询热线、团体辅导、面对面咨询等专业的心理咨询方式，充分了解馆员的心理困扰，以共情的态度改变馆员不合理的认知及行为模式，确保参加咨询馆员个人信息的隐秘性，提高他（她）们对心理咨询的认可度和参与度[1]。尤其当图书馆组织出现突发事件给馆员心理造成重大创伤时，L-EAP 便可及时地为他们提供强有力的社会支持。在 L-EAP 专业人员的帮助和疏导下，馆员们能够正确地看待自己遇到的心理健康问题，及时扫除心理障碍、排除干扰，以更加积极的态度工作和生活。

5. 自我总结

这是实施 L-EAP 项目的最后环节。在整个援助计划结束之后，试点大学

---

① 许宁，刘志明. EAP——精神按摩企业员工［J］. 现代企业教育，2005（04）：44-45.

图书馆 L-EAP 服务人员给每位馆员进行一个自我总结，既总结计划实施期间每一位馆员发生的转变和提高，同时还对全体馆员的行为做一个综合性评价，以增强团队协作意识，达到共同进步、共同发展的目的。

（三）高校图书馆实施 L-EAP 改善人际关系的具体措施

针对高校图书馆短时期内不可能有较大规模的资金投入这一现状，我们课题组利用各馆现有的条件，调选专业人员组建内外结合模式的 L-EAP 实施小组，按照上文中提到的实施步骤，在试点大学图书馆中分阶段、逐步实施 L-EAP。由于 L-EAP 是一个涉及面广、系统性强的服务项目，在本课题组的悉心指导和试点大学图书馆的密切配合下，采取的主要措施有：

1. 定期进行心理健康普查，建立馆员身心健康评估体系

在 L-EAP 具体实施之前，试点大学图书馆 L-EAP 组织首先进行一次大规模的馆员心理健康普查，然后计划每隔 3 至 5 年进行一次馆员心理健康检查，在此基础上进而构建一个有序的、具有高校特点的馆员心理健康常模体系。从馆员个体层面上来说，该常模体系的建立可以帮助馆员及时察觉个体的心理变化状态并进行适度调整，还可以督促馆员寻求专业的心理专家帮助；从组织层面来说，该常模体系的建立有助于 L-EAP 组织及时了解、宏观掌控馆员整体心理健康状况，分析相关影响因素，帮助管理决策层采取有针对性的措施，提高管理效果[①]。同时，该常模体系也为 L-EAP 执行过程中，进行问题诊断与干预提供了相关操作依据。

2. 组建 L-EAP 兼职工作队伍，及时对馆员进行心理辅导

在课题组的精心指导下，试点大学图书馆组建和培训了本馆的兼职心理健康工作队伍。这支队伍的建设，一方面，有助于在 L-EAP 服务过程中，及时觉察、了解每一位馆员的心理变化状态，做到预防重于治疗，提前疏导、杜绝出现更加严重的心理症结；另一方面，也有助于个别馆员在出现心理困扰时，能很快找到合适的专业人员，并及时获得心理援助。同时，兼职心理健康工作人员还时刻关注馆员群体的心理状态，针对群体心理中普遍存在的阶段性问题，定期或不定期地邀请专家进行团体心理辅导，广泛开展群体心理知识讲座和疏导等工作，发挥心理辅导的干预作用。

3. 设立常规心理服务机构，对馆员进行深入心理关怀和援助

本课题的 L-EAP 小组建议试点大学图书馆设立专门的 L-EAP 服务机构，

---

① 柳艳艳. 高职院校员工援助计划（EAP）实施模式的构建 [J]. 天津市财贸管理干部学院学报，2012（09）：25-27.

通过网页、QQ、电话、电子邮箱等多种媒介方式，为馆员提供诸如网络咨询、电话咨询、L-EAP远程专家会诊等常规的心理咨询服务。试图通过深度个体心理咨询活动，一方面挖掘馆员心理压力形成的深层次原因，使馆员的一些心理压力与负面情绪能够合理释放，有效缓解或解决馆员的个性化心理异常问题；另一方面可引导馆员发掘自身潜力，养成良好的思维方式和行为习惯，使"优项更优、劣项变优"，恢复心理健康，提升心理品质。

另外，试点大学图书馆 L-EAP 组织还制订了一套实施方案，通过对个别案例或典型案例的培训、心理辅导等，从心理方面给予深入关怀和援助。经过一段时期（半年或一年）的实施以后，让全体馆员都观察到所有案例的改变和提高，凸显出图书馆实施 L-EAP 的初期效果，达到让全体馆员认可L-EAP的目的。

4. 开展形式多样的 L-EAP 辅导，满足馆员的多样性需求

针对不同馆员的心理健康状况，我们在试点大学图书馆开展了不同形式的辅导培训。如针对新馆员，通过导师制的辅导方式帮助他们完成工作适应；针对中青年馆员，建立馆员互助小组，广泛开展有关子女教育、压力管理方面的心理讲座；针对老年馆员，帮助他们寻求更多的社会支持，以解决退休适应问题；对个别心理问题较严重的馆员，通过网上咨询、电话咨询或面对面咨询等一对一的形式进行专家心理辅导；对一般馆员通过身心健康手册、心理网站、心理艺术节等形式普及心理健康常识，提高馆员心理健康的综合素质[①]。

5. L-EAP 组织与工会联合，更多关注女性馆员的心理健康

试点大学图书馆 L-EAP 组织还与工会组织联合开展了多项工作，从精神和心灵上更好地维护女馆员的权益，使之成为新时期工会工作的创新和亮点。如帮助女馆员疏导来自社会、工作、家庭等因素造成的心理问题，辅导她们走出心理困境，促进身心健康；改善女馆员不良情绪，预防心理问题的出现，引导她们聚集正能量，缓解心疲乏，使其拥有积极向上的心态；培养女馆员的社交能力，建立良好的人际关系，为女馆员提供更适宜的环境，营造良好的心理氛围等。

L-EAP 小组还通过多种方式增强女馆员的团队意识，努力营造宽松民主的氛围与和谐的人际关系，培植人与人之间的诚信，让每一位女馆员都能在

---

① 张西超. 员工帮助计划（EAP）：提高企业绩效的有效途径 [J]. 经济界, 2003（3）: 57–59.

职场上体会到温馨与关怀。如注重引导、鼓励女馆员形成更广泛的兴趣爱好；多开展一些群众性精神文明创建活动，进一步丰富女馆员的业余生活，使女馆员在工作之余得到放松；不断增强女馆员对组织的归属感、认同感[①]；帮助女馆员提高自信心，鼓励其发挥自身优势，解决工作中的困扰，合理规划职业生涯，辅助她们度过职业瓶颈期；帮助女馆员正确看待工作中的性别差异，缓解因此产生的角色冲突。

在试点大学图书馆的大力支持下，本课题组通过 L-EAP 的一些实践活动，使图书馆管理层可以觉察出馆员群体的心理健康状况有了明显的改善；群体意见的关注角度也发生了变化；有严重心理困扰的馆员的心理健康状态已经发生改变；馆员对图书馆的总体满意度大大提升；人际冲突有所减少，个人和团队的工作效率有所提高，人际沟通变得更加顺畅、有效等。实践证明，L-EAP 的引入、实施必将成为高校图书馆管理工作的重要组成部分，也将成为激发馆员工作积极性、构建和谐人际关系的重要推动力量。

第四节　本章小结

人际关系和谐是社会和谐的根本标志，促进人际关系和谐是构建社会主义和谐社会的根本任务。具体到图书馆行业来说，图书馆内、外和谐的人际关系，是构建和谐图书馆的首要任务，也是社会发展的迫切需要。和谐人际关系可以加快信息的传递、强化图书馆的育人功能、促进馆员的自我发展与自我完善……也就是说和谐人际关系不仅有利于图书馆事业的可持续发展，而且对推进高校教学、科研工作的开展有着重要的作用和意义。

本章基于社会角色互动理论对高校图书馆和谐人际关系做了理论分析，认为高校图书馆和谐人际关系的构成依赖于图书馆内不同社会角色之间的良性互动，如馆领导与馆员、馆员与馆员、馆员与用户之间的角色转换与互动，它们之间密切联系、相互影响、相互促进。就内在影响因素而言，领导与馆员的良好关系是整个图书馆和谐人际关系的开端；馆员与馆员的良好关系是和谐人际关系的基础；馆员与用户的良好关系是和谐人际关系的关键。就外在影响因素而言，馆员与其家庭成员之间关系的和谐与否及和谐程度，会对图书馆整体人际关系的和谐状况产生直接的影响。

---

① （英）迈克尔·卡罗. 职场心理咨询 [M]. 上海. 华东师范大学出版社，2012.

从社会交换理论的视角对高校图书馆人际关系的影响因素做了角色因素和社会心理因素的分析，认为高校馆员人际关系不和谐的影响因素，既有馆员个体因素的影响，也有图书馆组织因素和行业发展不平衡等社会因素的影响，有些人际关系冲突的现象是多元综合作用的结果。

L-EAP，是一种很好的激励机制，在馆员个体层面可以通过培训、教育、辅导等课程给予适当的鼓励、帮助，促使他们正视目前所处的人际关系现状，从心理上进行自我规划、自我调节、自我提升，收获心理健康、人际和谐。图书馆组织可采取恰当的措施在心理上帮助馆员增强抗压、解惑能力；在工作中协助馆员寻求和发现工作的价值；在社会地位等方面帮助馆员发掘图书馆行业的优势，去除悲观、攀比心理，在馆员周围建立起积极、向上的正面影响氛围，打造一个和谐、温馨的人际工作环境。

第五章　提升自我价值感：
EAP 管控馆员的职业高原

　　社会生产力的发展，不仅改变着人们的工作、生活方式，人们的观念、期望和要求也在发生着深刻的变化。工作已经不再单单是人们谋生的手段，人们更加关注个人职业的发展，期望通过工作获得自我效能感和成就感。然而，现实并非一帆风顺，各种主客观因素阻碍着人们的职业发展，甚至让人们在职业生涯的某一阶段陷入职业发展停滞，这一现象被称为职业高原。高校图书馆员是图书馆的灵魂和核心，研究馆员职业高原形成机制，分析诱因，引入 EAP 方法加以干预，既能有效开发馆员个人价值，满足馆员职业发展需求，也对促进我国高校图书馆事业发展有重大意义。

第一节　高校图书馆员的职业高原效应

　　高校图书馆员作为从事信息服务的一个职业群体，其职业发展组织环境、内生因素及职业高原现状有其一定的特殊性。从客观职业高原的基本概念出发，对我国高校图书馆员职业高原的现状进行抽样调查，以调查的统计结果为依据，立足于客观存在决定主观反应的基本原理，探讨职业高原引起的馆员心理和行为上的偏差，是寻求馆员职业高原的诱因和 EAP 介入的前置条件。

一、职业高原内涵的演化及述评

　　1977 年美国职业心理学家 Ference 最早提出"职业高原"的概念，他从个人职位等级发展的角度将其定义为"个体在职业生涯中的某个阶段，个体获得进一步晋升的可能性较小"①。随着研究者对职业高原认识的加深，职业高原的概念得到了进一步扩充。Veiga（1981）认为职业高原不仅包括晋升的可能性很小，而且包括水平流动的停滞，他将职业高原定义为"由于长期处于某一职位，从而使得个体未来的职业流动（包括垂直流动和水平流动）变得不太可能"。Feldman 和 Weitz（1988）对职业高原的概念又提出了新的见解，从工作责任与挑战性角度来判断职业高原，他们认为组织的层级水平与工作的责任并非存在必然联系，职业高原意味着个人在工作上接受进一步增加责任与挑战的可能性很小。后来，研究者又开始从主观方面描述职业高原，Bardwick 认为职业高原是个体对职业发展的"一种感觉，一种心理状态，不能为外界所观察"②。Crokford（2001）提出内部高原（Internal Plateau）的概念，认为它是个体对自己职业发展现状的一种认识和主观感受。Chao（1990）的研究更关注员工的认知，把职业高原作为一个认知方面的变量，并把它看作员工任期的对立面，结果表明员工的认知比上级对员工的任期评估能解释更多的职业高原差异。

纵观职业高原内涵的演化过程，我们发现学者们从晋升、流动以及工作责任三个角度对职业高原进行定义。概念的发展主要在维度的拓展上，职业高原描述了一种停滞的状态，是一个状态量。然而，客观的停滞必然伴随着个体对自己所处的环境进行认知和评价，而正是被感知的现实作为实际的变量影响着人的行为和发展。所以，我们认为职业高原不仅是一个状态量，还不可避免地与个体自我概念相关，即隐藏着一个心理量，客观的停滞与主观的晋升愿望所构成的落差才体现高原的本质。

根据以上分析，我们将高校图书馆员职业高原界定为：馆员在职务职称、工作岗位以及承担的工作责任和挑战性处于一种客观停滞状态，这种客观状态已内化为馆员相应的心理认知，且产生心理困扰和行为偏差。

二、高校图书馆员职业高原的客观现状

职业高原的测量目前还没有一个有影响力的标准工具，从文献上看，研究者开发的测量工具主要有两类：一是使用一些客观的指标诸如年龄、任职时间、两次晋升间隔等从他人判断的角度对职业高原进行测量。二是引入心

---

① Ference T P, Stoner J A, Warren E K. Managing the Career Plateau [J]. Academy of Management Review, 1977, 2 (4)：602-612.

② Bardwick J M. The Plateauing Trap：how to avoid it in your career and your life [Z]. New York：American Management Association, 1986 (47)：159-172.

理学的方法，通过知觉测量来判断职业高原。然而，客观决定主观，主观是对客观的反映，馆员职业发展的客观停滞或即将停滞的条件显现，才会在馆员主观上产生相应反应，带来认知和行为上的问题。所以，本研究立足于馆员职业高原客观现状的调查，在分析调查结果的基础上，由此及彼，再进一步探讨高原馆员心理和行为上的偏差。

（一）高校图书馆员职业高原客观现状调查问卷的设计

客观职业高原描述的是个体在职业生涯发展路径上的一种停滞状态，所以本次调查问卷是以馆员职业发展路径为维度来设计的。Schein（1971）指出，个体在组织中的职业生涯运动方式有三种：①垂直运动，即跨越职位等级晋升；②横向运动，即跨越职能边界水平运动；③中心化运动，即在不晋升的情况下，通过赋予员工更大或更多的责任而使其向组织权利中心运动，是一种在既定等级上向权力中心的运动①。（如图 5-1）

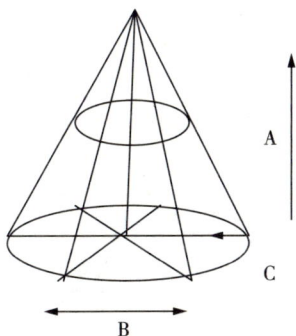

图 5-1　职业生涯运动形式
A. 向上运动　B. 横向运动　C. 中心运动

根据这种划分形式，我国高校图书馆员职业发展路径如下：①向上运动包括了两个方面：一是馆员系列的专业技术职称评聘，即从助理馆员、馆员、副研究馆员到研究馆员职称的评聘；二是行政职务的晋升，即从部门主任、副馆长到馆长职务上的升迁。②横向运动主要指工作岗位的变动，包括同一部门内不同工作岗位的调换和馆内不同部门之间工作岗位的调换。横向运动能够帮助馆员学习新知识，积累相关方面的工作经验和多种工作能力，为以后的职位提升或综合职业能力的提高创造有利的条件。③中心运动可体现为

---

①　Schein E. The individual, the organization and the career：A conceptual scheme ［J］. Journal of Applied Bhavioral Science. 1971. 7（4）：401-406.

馆员承担更具挑战性的工作或享有更大的自主权和决策权。从这三个维度，以客观指标为工具我们设计了5道调查问题（见表5-1），并据此判定高校馆员是否处于职业生涯高原期。

据调查，大多数高校图书馆员选择的是专业技术发展路径，而且目前我国多数省份规定在取得某一专业技术岗位任职资格5年后，才具备参评更高一级专业技术的条件（破格除外）。另外，高校图书馆在制定发展规划时，多以5年作为一个规划期，一般来说，在每一个规划期末新的规划期开始这段时间是工作调整、人员变动的爆发期。所以我们这次调查问题的设计是以5年作为时限的。客观事物的状态要么存在要么不存在，所以判断项设计为"是"或"否"两个维度。

表5-1　高校图书馆员职业高原客观现状调查表

序号	问题（近5年内）	判断	
		是	否
1	您的职务有变化吗？		
2	您的职称有变化吗？		
3	您的工作岗位有变化吗？		
4	您所从事的工作挑战性有变化吗？		
5	您是否有机会参与馆内重大事项决策？		

资料来源：本课题组设计。

（二）高校图书馆员职业高原客观现状的结构统计

基于馆员职业发展路径，从状态描述的角度，可将馆员职业高原分为：①层级高原：馆员在组织中进一步晋升的可能性小，从职务和职称两个维度衡量；②内容高原：是当馆员掌握了所从事工作岗位所需要的所有技能、知识和信息之后，缺乏进一步增长技能、知识和获取相关信息而表现出的职业发展停滞状态，以馆员工作岗位变化衡量；③中心化高原：指馆员在不改变职级和职称的情况下，工作责任没有变化，以工作的挑战性和参与决策机会大小衡量。

本课题组在全国32所高校图书馆，随机发放调查问卷1200份，实际回收1107份，回收率92.25%，其中有效问卷927份。对927份有效问卷进行分类预处理，问题1、问题2反应馆员向上运动现状，问题3反应馆员横向运动现状，问题4、问题5反应中心化运动现状。然后进行分类统计，其统计数据见表5-2。

表5-2　高校图书馆员职业高原客观现状结构统计表

职业高原类型	样本特征	人数	百分比
层级高原	职位未变化	702	75.73%
	职称未变化	524	56.52%
内容高原	工作岗位未变化	610	65.80%
中心化高原	工作挑战性未变化	721	77.78%
	参与重大事项决策机会小	756	81.55%

（三）职业发展欲望对职业高原结构的调节

职业发展客观的停滞与职业发展的主观欲望是一对矛盾体,二者之间的反差导致了个体心理困扰和行为偏离,体现着职业高原问题的本质。因此,分析馆员职业高原结构,必须将馆员职业发展欲望作为调节因素纳入约束条件范畴。

沿着这一思路,为了更好地掌握馆员职业高原结构,本课题组还针对馆员职业发展欲望进行了同步调查。在927份有效样本中,希望专业技术职务能进一步提升的馆员809人,希望在行政管理岗位有所发展的馆员312人,认为自己工作岗位需要调整的馆员459人,希望增加工作挑战性的馆员510人,认为图书馆应建立一定机制使自己能参与馆内重大事项决策的馆员403人。设N表示总样本数,X表示期望在某一职业路径能进一步发展的馆员数,Y表示在相应职业路径上处于客观停滞馆员数,V表示在某一职业路径馆员职业发展期望的未满足率,则 $V = 1 - [(N-Y)/X]$。

表5-3　职业发展欲望对馆员职业高原结构调解结果统计表

职业高原类型		X	Y	V
层级高原	职务高原	312	702	0.28
	职称高原	809	524	0.50
内容高原	工作岗位高原	459	610	0.31
中心化高原	工作挑战性高原	510	721	0.59
	参与决策高原	403	756	0.58

（四）馆员职业高原的现状

根据以上统计和分析,我们可以得出以下几个结论:①高校图书馆员职业高原现象较严重。在未考虑职业发展欲望调节因素的情况下,近5年内各个职业发展方向上处于停滞期的馆员都超过 50%，最高的达到 81.55%（参与决策机会），最低的达到 56.52%（职称高原）。②从向上运动看，专业技术是馆员选择的主要职业发展路线（87.27%），应作为考察馆员职业高原现象的主要方面考虑。职务晋升竞争激烈，以专职管理岗作为职业生涯发展路线的馆员获得进一步发展的难度大。由于将职务晋升作为主要职业发展方向的馆员所占比例低于专业技术职业发展方向，所以其职业发展未满足率低于后者。③高校图书馆员岗位流动率不高，工作岗位相对稳定，工作岗位横向运动整体气氛不活跃。工作岗位未变化达到 65.80%，内容高原系数为 0.31。④在目前高校图书馆的管理体制下，中心运动路线基本属堵塞状况。对 77.78% 的馆员来说，感觉工作不具有挑战性，也就是认为自己的潜力没有得到发展；81.55% 馆员认为自己参与馆内重大事项决策的可能性很小。

三、高校图书馆员的职业高原效应解析

研究者对于职业高原效应，主要关注员工的工作绩效、组织承诺、缺勤、工作卷入度、工作满意度以及离职意愿六个效果变量。但遗憾的是，除比较一致的证实职业高原与情感承诺和缺勤之间存在比较稳定的负向关系外，与其他四个效果变量之间的关系研究结论不一。Hall① （1985）、Stout②（1988）和 Burke③（1989）等人的研究表明，职业高原员工比非职业高原员工有更低的工作卷入度、更低的工作绩效和更高的离职意愿，然而 Near（1985）④ 等人的研究却发现职业高原员工与非职业高原员工在这三个维度上没有显著差异。对于职业高原与工作满意度的关系分歧更大，Orpen（1983）⑤ 的研究发现结构高原员工比非结构高原员工有更低的工作满意度。Tremblay（1993）⑥

① Hall D T. Project work as an antidote to career plateauing in the declining engineering organization [J]. Human Resource Management, 1985, 24（3）: 271-292.

② Stout S K. Dynamics of the career plateauing process [J]. Journal of Vocational Behavior, 1988, 32: 74-91.

③ Burke R J. Examining the career plateau: some preliminary findings [J]. Psychological Reports, 1989, 65: 295-306.

④ Near J P. A discrin inant analysis of plateaued versus non-plateaued managers [J]. Journal of Vocational Behavior, 1985, 26: 177-188.

⑤ Orpen C. The career patterns and work attitudes of plateaued and non-plateaued managers [J]. International Journal of Manpower, 1983, 1（4）: 32-37.

⑥ Tremblay M, Roger A. Career plateauing reactions: the moderating role of job scope, role ambiguity and participation among Canadian managers [J]. International Journal of Human Resource Management, 2004, 15（6）: 996-1017.

研究显示,非高原员工比高原员工对工作满意度要高,员工处于高原时间愈长,工作满意度会相应提高,离职倾向会降低,他们之间的具体关系受员工的工作类型、所处的职业生涯发展阶段等多种因素影响。

（一）高校图书馆员职业高原效应的分析

国内外有关职业高原结果效应研究之所以出现不同结论,除了测量体系差别影响外,没有将职业高原个体的情境变量纳入测量体系是一个重要原因,同样处于高原的个体,由于其所处的情境不同,心理和行为反应也有所不同。其中处于高原期个体职业发展欲望的强弱差异是重要情境变量之一。当馆员职业发展欲望弱,客观的职业发展停滞和职业发展欲望冲突小,职业高原的结果效应是无害的;但当个体职业发展欲望强烈,而现实职业发展长期处于停滞,矛盾冲突激烈,职业高原的结果效应是有害的。对于职业发展欲望强烈的高原馆员,我们认为以下结论是合理的:①个体产生心理困扰和行为偏差;②职业高原与馆员的工作绩效、组织承诺、缺勤、工作卷入度、工作满意度呈负相关关系;③职业高原与馆员的离职倾向呈正相关关系。

（二）职业高原效应的传导机制

正如研究者更多关注的是冲突的负面效应,更多的学者对职业高原效应持消极的观点,认为员工知觉到自己的绩效、对组织的贡献以及能力不再被组织认可,就会发生机能失调、出现心理困扰。

客观职业高原的存在一定程度上内化为个体主观相应的认知,但这种认知是否引起不良后果,受个体主观职业发展欲望的调节。由于馆员之间的个人心理特质、年龄、任职期限、晋升愿望、职业期望、对职业成功的定义等的差异,对于自身所处的客观停滞状态的感知也有选择性差异。这种选择性差异最终体现在个体职业发展欲望的强烈程度的不同。只有当馆员强烈感受到现实与主观发展愿望的落差,并被这种状态困扰时,客观的停滞状态就会内化为主观感受,此时,就会发生认知偏差和机能失调,进而直接影响馆员的工作态度和行为。这种不良结果效应的传导机制可描述为如图 5-2 所示。

图 5-2 职业高原效应的传导机制

（三）职业高原产生的心理困扰和行为偏差

职业发展的客观停滞与主观职业发展需求之间的冲突是个体产生心理困扰的主因。心理学家 K. 勒温认为个体的需要若得不到满足,就会出现紧张、焦虑等心理状态，从而产生失败的情绪体验，即挫折感①。挫折对个体心理的消极影响表现在以下几个方面②：①影响个体实现目标的积极性。由于挫折，使个体的情绪处于不安、烦恼等消极状态中，过低估计自己的能力，过高估计各种困难，信心不足，从而降低个体的抱负水平，影响积极性，难以达到目标。②降低个体的创造性思维活动的水平。挫折使个体处于不良心理状态，现代生理心理学研究表明：在不良的情绪状态下，大脑会释放一种使人身心疲劳的有害物质，大脑神经元联系的精确度发生变化，从而影响个体对问题的分析和解决以及思维的敏捷性，严重的挫折甚至会导致个体大脑神经细胞的破坏，变得呆若木鸡，毫无创造性可言。③有损身心健康。个体遭受挫折，不能实现目标，会引起紧张、焦虑、矛盾冲突等心理状态。当情况严重而得不到解决时，就发展为应激状态。加拿大生理学家 C. 谢尔耶的研究发现（1974），应急状态的延续能击溃个体的生物化学保护机制，从而降低抵抗力，易为病菌侵袭。在社会生活中，人们由于长期心境不良而患神经衰弱、神经官能症的，屡见不鲜。④减弱自我控制力，发生行为偏差。由于挫折而处于应激状态时，感情易冲动，控制力差，往往不能约束自己的行动，不能正确评价自己行动的意义，不能顾及自己行动的后果，以致语言偏激，甚至发生攻击行为。

（四）高校图书馆员职业高原效应的外在表现

根据国外的相关研究，一般来说，处于职业高原期的男性个体会产生挫败感，女性则会产生被出卖的感受，在心理上易出现愤怒、沮丧、焦躁等不良情绪，对组织的认同感和归属感降低；个体行为表现为工作无激情，出现职业倦怠，工作效率下降。高校图书馆员的"职业高原"不良结果效应主要表现在以下几个方面：

1. 职业迷茫与盲目跳槽

当馆员个体实现职业生涯目标出现阻碍，在个体无法改变这一状态而在生活压力下不得不继续从事图书馆工作时，部分馆员常常会迷失职业生涯方向，不知道自己能干什么和要干什么。还有一部分馆员，尤其是处于职业发展早中期的馆员盲目地想方设法跳出图书馆，这也是高校图书馆一直觉得人才难留的根本原因之一。

2. 工作无创新，出现"职业呆滞"

"职业呆滞"是指个体仅仅在程式化的工作中走着程式化的步伐，没有创

---

① 时蓉华. 现代社会心理学 [M]. 上海：华东师范大学出版社，1989：197.
② 时蓉华. 现代社会心理学 [M]. 上海：华东师范大学出版社，1989：206.

新观念和思想。当馆员感知到自己工作上承担更多的责任或挑战的可能变小时，往往丧失了进一步发展的外部动力，仅仅满足于做好自己现在的工作，不会去积极关心周围其他部门和整个图书馆的绩效，久而久之，对工作麻木不仁，对他们来说，工作仅仅是一种谋生的手段，没有任何创新观念和活力。

3. 工作无激情，出现"职业倦怠"

1981 年职业心理学家 Christina Maslach 将职业倦怠定义为："在以人为服务对象的职业领域中，个体的一种情感衰竭、人格解体和个人成就感降低的综合症状"①。处于职业高原期的馆员，在心理上出现挫败感的同时，倾向于消极地评价自己，工作能力体验和成就感体验下降；认为工作不但不能发挥自身才能，而且是枯燥无味的烦琐事情，工作缺乏热情和活力；往往刻意在自身和读者及同事间保持距离，对读者和图书馆采取冷漠、忽视的态度，对工作敷衍了事，人格解体。

4. 焦躁易怒，人际关系紧张

对于馆员来说，职业高原期出现的愤怒、沮丧、焦燥等不良情绪通常表现为处理问题缺乏耐心，易与读者和同事发生冲突；对待家庭缺乏关心，影响家庭和睦。久而久之，人际关系紧张，不仅自身受到周围环境的排斥而且心里接近崩溃。

第二节　高校图书馆员职业高原的诱因

职业高原负向效应促使学者进一步探讨其产生的原因。到目前为止，有关职业高原产生原因的研究成果可归结为：二因素说、三因素说和六因素说。Ference（1977）和 Slocum 等人（1987）提出职业高原产生原因可以分为组织原因和个人原因；Trembly 和 Roger（1993）把影响员工达到职业高原的因素划分为个人、家庭与组织三大因素；Feldman and Weitz（1988）认为员工达到职业高原主要受六大因素影响：个体的能力和技术、个体的需要和价值观、压力、内部动力、外部奖励、组织成长，其实质也可分为个人因素与组织因素。从上述研究成果可以看出，学者对于职业高原成因的探讨视角主要立足于个体因素和组织因素。高校图书馆员作为一个职业，工作内容有其自身特殊性，其职业高原诱因与其他职业相比，既有其共性也必有其个性。本节在对高校图书馆员职业高原分类和形成机制探讨的基础上，主要从组织环境、

---

① 郑美群. 职业生涯管理［M］. 北京：机械工业出版社，2010：296.

工作特点和个体三个方面分析馆员职业高原诱因。

一、职业高原的分类和成因

在美国职业心理学家 Ference 提出"职业高原"的概念后，Veiga 和 Feldman 在此基础上做了进一步研究，拓展了"职业高原"的内涵，把个体职位的横向变动以及工作上进一步增加责任与挑战的可能性变小，都纳入到"职业高原"的范畴。后来，研究者又开始从主观方面描述职业高原，认为职业高原不仅描述了职业发展的停滞状态，是一个状态量，还不可避免地与个体自我概念相关，即隐藏着一个心理量。不同的学者从不同的角度对职业高原进行分类，其中具有代表性的有三种：Ference（1977）将职业高原分为个人高原（Personal plateau）与组织高原（Organizational plateau）①；Bardwick（1986）则将职业高原划分为结构高原、内容高原和个人高原②；根据对职业高原认知主体的不同，职业高原包括主观职业高原和客观职业高原。以职业高原成因为视角，高校图书馆员职业高原可以从组织、工作、个人三个维度进行分类。组织高原：指虽然馆员有进一步晋升的能力和愿望，但是图书馆不能满足馆员要求，没有晋升的机会，从而使馆员达到职业高原；内容高原：指馆员长期处于某一工作岗位，工作缺乏挑战性，工作本身不能提供接触新的知识、技能和职责，所出现的一种个体职业发展的停滞状态；个人高原：指由于馆员个人的学历、年龄、自我价值观等因素导致缺少进一步晋升所需的能力和动机，而形成的职业高原。其分类和影响因子整理见表 5-4 所列。

表 5-4　馆员职业高原分类

馆员职业高原分类	
类别	影响因子
组织高原	组织结构、组织体制、组织环境、组织条件等
内容高原	工作特征、工作挑战性、学习机会等
个人高原	客观：学历、年龄、性别、能力、性格、兴趣、价值观 主观：自我概念、需求、动机

资料来源：根据 Ference T P 的 Academy of Management Review 和 Bardwick T M 的 American Management Association 两文整理。

---

① Ference T P, Stoner J A, Warren E K. Managing the career plateau [J] . Academy of Management Review, 1977, 2 (24)：602-612.

② Bardwick J M. The Plateauing trap : how to avoid it in your career and your life [Z] . New York：Ameriean Management Association, 1986 (47)：159-172.

作为状态量，职业高原描述的是个体在职业发展路径上的停滞状态，以馆员在各种职业发展路径上的停滞为视角，馆员职业高原可分为：①层级高原，指馆员在组织中职务或职称进一步晋升的可能性小；②内容高原，是当馆员掌握了所从事工作岗位所需要的所有技能、知识和信息之后，缺乏进一步增长技能、知识和获取相关信息而表现出的职业发展停滞状态，以馆员工作岗位变化衡量；③中心化高原，指馆员在不改变职级和职称的情况下，工作责任没有变化，以工作的挑战性和参与决策机会大小衡量。

二、高校图书馆员职业高原的形成机制

Feldman and Weitz（1988）提出了职业高原动态发展模型[①]。

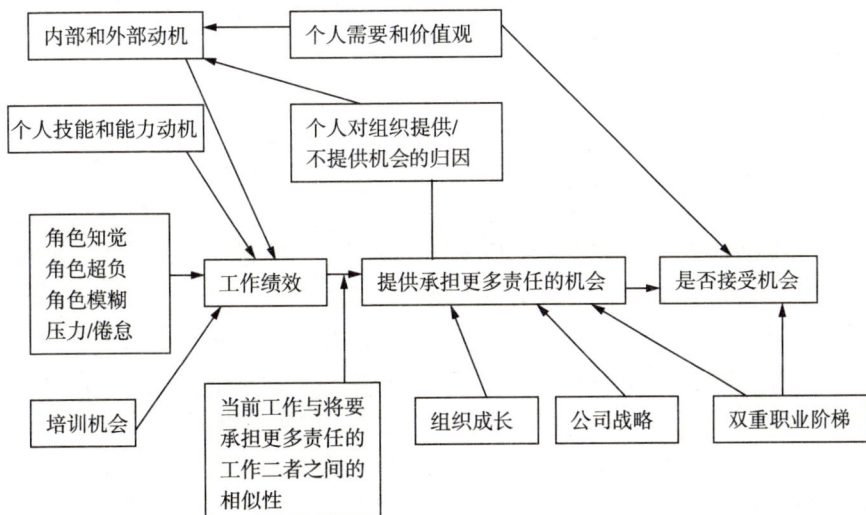

图 5-3　职业高原模型

在此模型中，员工的工作绩效、组织提供更多责任的机会、员工是否接受组织所提供的机会三个维度之间既相互影响又构成一个连续链，链条中任何一个环节的断裂都会导致员工进入职业高原。

基于这一模型，高校图书馆员达到职业高原有三个原因：①馆员的工作绩效降低，从而使图书馆为馆员提供更大职责岗位的可能性降低；②图书馆没有更多的更大责任的岗位可以提供，那些绩效高的馆员不得不进入高原状

---

① 谢国宝，龙立荣. 职业生涯高原研究述评［J］. 心理科学进展，2005，13（3）：350.

态；③由于馆员个人偏好和价值观，馆员不希望接受有更大责任的岗位。这三个方面是相互影响和连接的，每一方面内又有自身的形成机制：①馆员个人需要、价值观、对图书馆能否提供发展机会的归因影响馆员的动机，馆员的内外动机、个人技能和能力、角色知觉、培训机会影响其工作绩效，工作绩效的好坏、馆员当前工作与将要承担更多责任的工作之间的相似性又影响图书馆是否愿意提供职业发展机会；②图书馆的成长、发展目标和战略、双重职业阶梯决定了图书馆能否提供具有更多更大责任的岗位；③馆员个人需要和价值观、双重职业阶梯决定了馆员是否希望接受有更大责任的岗位。

职业高原的分类和形成机制为我们探讨高校图书馆员职业高原的成因提供了非常清晰的视角。职业高原的分类为我们从组织、工作特点和个体三个维度寻找具体影响因子提供了路径，形成机制进一步阐述了各个影响因子之间的关系，厘清了职业高原形成的过程和路径。

三、基于心理契约的高校图书馆员职业高原归因分析

（一）组织影响因素

1. 职业管理体制和人事管理制度

高校图书馆仍处于高度计划经济的体制下，虽然近年来进行了一些体制上的改革，如竞聘上岗、定编定员，但并没有真正落到实处。在人事管理、奖惩制度等方面，仍然采用财政拨款、岗位终身、按部就班、论资排辈的固定模式。在分配上，依然沿用"大锅饭"制度，于是就形成了责任面前人人推诿、工作面前人人退缩的局面。在这一情况下，图书馆员既没有工作压力，更没有工作动力。由于缺乏竞争机制，挫伤了部分馆员的工作热情，进而产生职业倦怠，最终导致产生职业高原。在用人制度上，各高校都以教学和科研为中心，往往忽视图书馆的价值。目前，各高校都非常重视师资队伍的建设，在职称、学历等方面实行高水平配备。而图书馆在招聘、录用人员时没有人事自主权，高水平的专业人才进不来，往往成为"招聘人员"的收容站，导致图书馆员工水平参差不齐，整体水平偏低。这种先天性不足是高校图书馆员工"职业高原"现象产生的客观原因。

2. 职业发展路径的宽度

就我国高校图书馆目前的实际情况看，高校图书馆这一平台为馆员提供的职业发展宽度是极其有限的。从向上运动方式看，有两条职业发展路线：一条是专业技术职称的评聘，另一条是管理岗位的晋升。从调查的情况看，大多数馆员都选择了专业技术发展路线。专业技术发展阻碍主要体现在两个方面：一是专业技术职称的学历限制，从目前各省图书馆员系列专业技术职

称评聘条件看，低学历人员要想以专业技术作为自己的职业发展路线不仅耗时长，甚至是不可能，因为有的省份规定高中及以下馆员属工人身份，不可评聘专业技术岗位，这也是目前低学历馆员职业高原现象较严重的症结所在。二是专业技术职称指标限制。这是目前限制馆员发展的核心问题。绝大多数高校馆不仅副研究馆员、研究馆员指标极少，甚至馆员指标也非常紧张。当指标短缺时，馆员即使符合相关评聘条件，也只能坐等。许多 40 岁以后的高学历馆员进入职业高原期，其中很重要的一个原因就是受职称指标限制，失去了进一步发展的目标和动力。职务晋升阻碍主要来自于高校图书馆金字塔式的组织结构，管理岗位晋升竞争激烈，许多高校的副馆长、馆长人选还不是从图书馆内产生，所以从一般馆员晋升到馆长岗位的人更是凤毛麟角。

3. 组织培训体系设置

外职业生涯的发展是以内职业生涯的发展为基础的，而内职业生涯的发展是依靠不断学习取得的。组织的培训体系是否完善是影响内容高原的一个重要组织因素。培训可以满足员工自身发展的要求的渴求，从而提高员工自我认同感。因此培训的重点是让员工感受到知识或是技能的进步，拓宽员工的工作范围，感受到自身的发展，从而减缓内容高原的形成。目前，高校馆员进修、培训等继续教育存在的障碍主要表现在：图书馆缺乏对馆员培训需求分析，培训目标不明确；无制度保障；经费配备不足；培训流于形式，培训实际效果既不理想又缺乏实绩考核标准，达不到馆员提高职业能力的要求；在开展馆员间互相学习方面投入的时间少，机制不灵活。馆员内职业生涯得不到发展自然会导致外职业生涯发展陷入停滞，从而进入内容高原。

4. 授权激励机制

对于馆员来说，工作承载着实现自我价值的期望。馆员在图书馆中自我实现的愿望是通过承担更大的工作责任，向组织权利中心运动而实现。这种运动的停滞就容易导致中心化高原。授权的价值在于鼓励馆员积极、高效的工作。正确授权，对于馆员来说，可以克服消极心态，锻炼成为具有判断能力、创新能力的人才，从被动的执行变为主动的执行。授权的过程实际上就是普通馆员向组织中心靠拢的过程，有效授权能使馆员远离中心化高原。由于高校图书馆金字塔式的组织结构，馆内重大事项基本都是馆长办公会决策，一般馆员参与的机会少。调查的结果显示只有约 2.37% 的非领导馆员认为自己有机会参与馆内重大事项的决策。

5. 咨询或相关帮助计划

客观高原内化为主观高原后，当与职业发展欲望发生冲突时，馆员产生心理困扰，在困扰长期得不到缓解时就会影响馆员身心健康和工作效率。在欧美等西方国家，通过推行员工援助计划（Employee Assistance Programs，简称 EAP）帮助员工解决心理和行为问题取得了较好的效果。其内容包括对组织和员工进行诊断，分析员工存在的各种问题、对员工进行心理卫生的自律训练、性格分析和心理检查等并提供相应的咨询信息和解决问题的建议方案。核心目的在于帮助改善组织的环境和氛围，解决员工的各种心理和行为问题，以及提高员工在组织中的工作绩效。在我国高校图书馆中，对于馆员的心理困扰管理还存在缺陷，既缺乏有效的预防措施也无协助馆员解决问题的专门咨询机构和专业人员，馆员主观职业高原与职业发展欲望的冲突得不到组织协助解决。客观高原内化为主观高原引起的馆员不良情绪得不到缓解，就会加大主观高原的严重性和破坏性。由专业人员为馆员提供咨询服务和解决问题的建议方案，能缓解馆员的主观职业高原和心理困扰。

（二）工作影响因素

1. 工作岗位轮换不活跃

高校图书馆工作内容呈现多层次性，馆员的劳动可分为学术性、技术性和事务性三种：学术性劳动包括书刊审定、图书分类、书刊评价、情报调研、专题咨询、定题跟踪、读者教育、业务调查研究等工作，从事这些工作的人员要具备相当的知识水平；技术性劳动包括编目、典藏、文献检索、一般性咨询等工作，工作人员要有较好的文化基础，受过正规的图书馆专业训练；事务性劳动包括图书验收、阅览室值班、整架、上架、流通借阅等工作，这类工作技术含量较低，一般的人员加以培训即可胜任。这种工作技术含量的层次性给馆员的横向流动带来一定的阻碍，一方面由于不同层次的工作对馆员自身素质要求不同，从事事务性工作的馆员不一定能承担技术性或学术性工作；另一方面，从事事务性向技术性，学术性岗位流动的馆员会对自身工作价值做出正面评价，但反向流动馆员恰恰会降低自我评价，这样就造成图书馆岗位轮换困难，结果是馆员工作岗位长期相对固化。

2. 工作内容的单调性

工作内容的丰富化程度涉及工作的创新性、多样性、反馈性等变量。创新性即通过改变管理模式、工作方法、工作内容等提高工作效率；多样性即完成工作设计的范围，包括各种技能和能力；反馈性即员工能明确知道其所从事的工作的绩效和效率。一般来说，工作的创新性、多样性、反馈性与内容高原呈负相关关系。长期以来，由于部分高校图书馆工作创新不足，大多数馆员的工作内容长期无变化，挑战性小。尤其在工作岗位轮换不活跃的情况下，许多馆员在某一工作岗位工作多年，早已掌握现有工作要求的各项技能，继续从事相同内容的工作必然导致馆员工作中不能学到新东西、不能接触到许多与工作有关的新鲜事物、不能开阔视野等体验。工作任务和活动已变成重复性劳动，无绩效和效率感，内容高原现象严重。

3. **工作价值的隐性**

高校图书馆员的工作是为读者提供文献信息服务，这种工作性质既不能给馆员带来功利钱财的满足感，也不能带给馆员权力的自信。工作的价值依附在读者所取得的成就中，馆员事业成就感不强。低成就的体验导致部分馆员认为工作不能体现个体价值，工作动力不足，职业发展陷入停滞。

4. **职业声望较低**

职业声望是人们对职业社会地位的主观评价。高校图书馆在高校内定位为教辅机构，职业声望不高。由于人们对高校图书馆工作缺乏全面了解，主观的评价倾向于认为高校图书馆工作属简单劳动，技术含量并不高，一般人员经过简单培训和实际操作就能胜任。而现实中，由于流通和阅览等事务性工作需求，确实存在图书馆是高校安排低学历人员的场所。而且与教学科研部门相比，即使是同等学力人员，在职称晋升方面，馆员机会小，这种同一组织内相比较而产生的落差感挫伤了部分馆员积极进取的动力和主观能动性的发挥，付出的减少就导致了部分馆员进入了职业高原。

(三) 个体影响因素

个体需要、价值观、人口统计学变量等的差异是影响个体职业高原的重要因素，其反映在个体职业发展动力、职业生涯管理上的差异性。个体职业发展动力不足或职业生涯的粗放式管理是馆员职业高原的重要诱因。

1. **职业生涯管理缺失，无目标激励**

本课题组对 927 个调查样本的统计分析显示，有近 50% 的高校图书馆员不知道什么是职业生涯，57.1% 的馆员无明确职业生涯规划，没有职业发展目标。从学历、年龄、职称三个维度对调查样本进行分析，结果显示低学历、高职称、45 岁以上馆员占职业生涯管理缺失人员的 92.3%。从结构来看：认为职业发展道路窄，对自己的职业发展前景无信心的低学历人员占 38.6%；已取得副研究馆员或研究馆员任职资格，自认为已无进一步发展空间的高职称馆员占 23.4%；45 岁以上馆员占 30.3%，分为两种情况：一部分是更愿意把更多的精力和时间投入在家庭生活中的馆员，另一部分是因为技术落伍，专业技术知识未得到更新，自行降低成就标准和兴趣的馆员。职业生涯管理缺失导致馆员陷入职业迷茫，具体表现为：心理上工作成就感、组织归属感下降；情绪上空虚、无聊、悲观、得过且过；行为上工作激情不足、职业倦怠、职业呆滞。

职业生涯规划与职业效能、职业顺应性、工作卷入度呈正相关关系。

目标设定理论（Goal Setting Theory）认为目标本身具有激励作用[1]，能把人的需要转变为动机，使人们的行为朝着一定方向努力，并将自己行为结果与既定目标相对照，及时进行调整和修正，从而能实现目标。职业生涯无规划，职业发展无目标必定影响着馆员个人价值的实现和图书馆事业的发展。

2. 职业价值观与图书馆工作特性不匹配

职业价值观是指个人对于某一职业的价值判断，是个人人生目标和人生态度在职业选择方向上的具体体现。一方面，由社会分工而形成的不同职业在劳动性质、难度和强度、劳动条件和待遇、劳动的稳定性上存在客观的差异；另一方面，由于个人的身心条件、年龄阅历、教育状况、家庭影响、兴趣爱好等不同，各类职业在人们心目中的声望地位也就不同。这种主客观的差异就形成了人们不同的价值观。职业价值观决定着人们就业后的工作态度和劳动绩效水平，从而决定了人们的职业发展情况。美国心理学家 Vctor H. Vroom 提出期望理论，认为个体行为动机的强度取决于效价的大小和期望值的高低（$F = V \cdot E$），F 为动机强度，指积极性的激发程度；V 为效价，指个体对一定目标重要性的主观评价；E 为期望值，指主体估计的目标实现概率。当馆员的职业价值观与高校图书馆工作特性不匹配时，馆员在主观上就会认为在高校图书馆工作能获得的成绩对自己并不重要，现实职业平台不能实现自己职业期望目标。此时，V、E 值都接近于 0，F 也就趋近于 0。这类馆员具有以下特点：①馆员个人目标与图书馆发展目标不一致；②工作积极性不高，工作效率低；③离职欲望强烈；④工作满意度低，即使工作上取得一定成绩也不能带来工作快乐感和成就感。

3. 自我认知不清晰

职业生涯管理是从自我认知开始的，只有自我认识清晰，才能确定职业发展方向，建立切实可行的职业生涯目标。自我认识不清晰是年轻馆员职业生涯管理中最常见的问题。由于对自己的长处与缺点、气质与性格、兴趣、动机、能力等缺乏了解，不清楚自己真正的需求，导致目标过高，或方向错误。这类馆员具有三个明显特点：①盲目跳槽。由于自己真正的需求不清晰，工作中遇到挫折归因倾向于外部环境，跳槽欲望强烈。②常体验挫败感。由于职业目标与自身的兴趣、特长、能力、人格不匹配，目标常常难以实现，成为工作中最易受挫一族。常常体验挫败感，易产生沮丧、急躁、易怒等不

---

① 郑美群. 职业生涯管理［M］. 北京：机械工业出版社，2010：137.

良情绪。③组织归属感低。盲目跳槽的欲望和工作中挫败感的体验，往往导致馆员不安心工作于现有岗位，对组织的认同度较低，组织归属感降低。自我认知问题产生的根本原因在于馆员缺乏自我分析的知识和技能，同时缺乏组织和其他外界的帮助。一个相对完备的自我分析方案包括自我分析的内容和方法。分析内容主要包括个人的能力和能力倾向、气质和性格、职业适应性、健康情况、自我充实情况、休闲管理。分析方法分为两类：正式的评估工具和非正式的评估工具。正式的评估工具主要是指那些具有一定信度和效度的测量问卷，比如常氏智力表，一般能力倾向测试（GATB）等等；非正式的评估工具包括自我访谈记录、24H 活动日记、想象引导、生涯传记、乔哈里窗等等。只要对馆员提供相应的培训或帮助，做到了解自我、认清自我是可以做到的。

4. 职业性向与图书馆工作特性不匹配

20 世纪 60 年代，美国著名的职业指导专家 John L. Holland 创立了人格类型理论[1]，他认为职业性是指一个人的职业意愿和职业渴望，一个人的职业性向会极大地影响职业的职业适宜度。当从事的职业与个体兴趣相吻合时，就可能发挥最佳水平，易于做出成就；反之，则可能感到极不适应或毫无兴趣，即使取得一定成绩也难以获得成就感。在我们的文化环境中，大多数人的人格和人们生活的职业环境可以划分为现实型、研究型、艺术型、社会型、企业型和常规型。个人的行为是由个人的人格和其所处的环境相互作用的结果。按照职业环境的划分，高校图书馆工作属于常规型的职业，具有常规型人格的个体适宜于从事该职业，最易做出成绩。常规型个体人格具有喜欢按计划办事，习惯接受他人指挥和领导，自己不谋求领导职务；不喜欢冒险和竞争，对社会地位、社会评价比较在意，通常愿意在大型机构做一般性工作；工作踏实有毅力，忠诚可靠，遵守纪律，偏保守，与他人工作中的交往会保持一定的距离。部分馆员在职业选择时，对自己人格特点和高校图书馆的职业环境缺乏了解，或由于就业需求未能找到适合自己的职业而选择了高校图书馆工作，在现实的图书馆工作中发现自己的职业并不能满足自己的职业欲望，不是自己兴趣所在，工作缺乏成就感体验，工作动力不足，职业发展欲望不强，逐步走进了职业高原。

---

[1]　杨文士. 管理学原理［M］. 北京：中国人民大学出版社，2004：46-47.

第三节　L-EAP 在高校图书馆员
职业高原管理中的应用

职业高原期的馆员，职业发展欲望得不到满足，心理和行为产生偏差，这既影响馆员个体身心健康也影响组织工作效率。高校图书馆引入员工援助计划协助馆员管控职业高原，服务内容和着力点在于通过心理咨询师协助馆员做好高原期的心理调适，职业咨询师协助馆员做好职业生涯规划，加强组织诊断，提出降低或消除职业发展阻碍因素的建议和正面引导馆员积极向上的管理举措。

一、EAP 管控职业高原的契合性分析

有效管理职业高原能促使馆员实现个人价值，挖掘个人潜能，帮助馆员解决职业生涯管理问题是提高高校图书馆绩效，实现馆员和图书馆双赢的重要途径。对于高校图书馆员职业生涯管理中存在的问题，选择适当的方法进行有效的管控是解决这些问题首先要考虑的，EAP 是管控这些问题行之有效的重要方法。

EAP 是现代人力资源管理工具，专注于运用心理学、组织行为学、管理学等理论和技术，整合个人、家庭、组织和社会等多方资源，帮助组织和员工解决与工作场所有关的所有问题。利用 EAP 工具管控职业高原问题的契合性表现在三个方面：

（一）目标契合

EAP 服务的核心目标分为员工层面和组织层面[①]，但二者之间是相辅相成的，员工摆脱心理困扰，自我良好成长，身心健康的实现必然会提高工作满意度，增强幸福感，降低管理成本和改善组织绩效。

职业高原不仅阻碍了馆员个人价值实现，影响了高校图书馆事业发展，而且导致馆员产生各种不良心理和情绪。解决馆员职业高原的目标就是既要排除馆员的各种心理困扰，又要促进馆员成长，实现馆员个人价值，增加馆员工作满意度，提高高校图书馆绩效，实现个人与组织的双赢。

---

① 张西超. 员工帮助计划 [M]. 北京：中国社会科学出版社，2006：31.

（二）内容契合

为馆员提供职业生涯规划培训、咨询，增强馆员职业生涯管理意识和技能；协助馆员自我测评，帮助馆员认清自我，选择好发展路径，树立合适的目标，做好职业生涯设计和管理是解决馆员职业高原的核心工作之一。而这些工作也是现代 EAP 提供的主要服务内容。

（三）方法和手段契合

EAP 服务是由专业的心理咨询师和职业生涯规划师，通过对个人和组织的调查和诊断，运用心理学和行为学等知识和技能，解决员工的心理和行为问题。解决馆员职业高原问题也主要是通过对馆员个人和图书馆层面的深入调查，以心理学、组织行为学、管理学理论为支撑，分析问题产生的诱因，依靠心理学、人力资源管理方法来解决问题。

因此，我们课题组在高校图书馆人力资源管理中引入 EAP，并构建 L-EAP模式，尝试对馆员的职业高原心理和行为进行有效干预。

二、L-EAP 对职业高原馆员心理问题的干预

（一）职业高原情绪的管控途径

处于职业高原期的馆员，都有一种挫败感，在心理上易出现悲观、易怒、焦躁不安等不良情绪，甚至影响馆员的生理健康，为此实施 L-EAP 对馆员进行心理调适和情绪管理很重要。Rantzw 和 Feller（1985 年）[1] 提出了个体调适的平和法、跳房子法和内部调和法，对于高校馆员来说，就是或者接受这种状态，努力压制自己的挫败感和愤怒，或者在原有职位不变的情况下，努力向其他方面发展，以求在其他方面有较好发展，或者通过尝试、创新等途径努力开发现有的工作。Tan（1994 年）提出模仿非职业高原员工的正确方式也是个体调适的一种重要方法。从心理学角度来说，馆员建立良好的人际关系，找到适当的发泄方式，锻炼自己的意志，培养乐观、豁达的人生观等都是应对挫败感产生不良心理的有效举措。

（二）开设心理咨询，做好馆员心理调适

L-EAP 开设心理咨询，解决馆员心理困扰，在帮助馆员应对职业高原情绪中扮演着重要角色。L-EAP 开设心理咨询，主要是做好两个方面的工作：①传授心理问题应对技巧，解决眼前困扰。L-EAP 心理咨询服务一般都是由

---

① Rantze K R, Feller R W. Counseling career – plateaued works during times of social change ［J］. Journal of Employment Counseling, 1985（22）: 23-28.

专业的心理咨询师承担，他们一般都具有专业的心理学知识。面对馆员的咨询，要通过观察、面谈、测试等不同方法，确定馆员不良情绪的类型，传授心理问题应对方法，帮助馆员度过眼前的心理困难期。②找出问题症结，根本解决问题。L-EAP 心理咨询的重点在于帮助馆员审视自己的职业生涯，找出引起问题的症结所在，鼓励并帮助馆员设计一个解决问题的行动计划并付诸实践，旨在通过实践效果的改善从根本上消除馆员的心理困扰。

三、基于 L-EAP 的高校图书馆员职业生涯规划

职业生涯规划是个人根据对自身的主观因素和客观环境的分析，确立自己的职业发展目标，制订相应的工作培训和教育计划，以便在后期按照一定的时间安排，采取必要的行动以实现职业生涯目标。职业高原问题是馆员在职业生涯发展过程中出现的问题，L-EAP 协助馆员做好职业生涯规划是预防职业高原问题的有效途径。

（一）开设职业生涯规划培训

通过培训的形式，使馆员更好地了解职业生涯规划的含义，促使馆员对个人职业发展进行深入的思考。由职业规划师为馆员开设职业生涯规划课程，课程的内容从馆员的自我认知出发，探索馆员如何找到适合的职业路线，将自我实现的目标和图书馆的战略规划结合起来；利用各种资源使自我得到提升，最终完成自我潜能的实现。

（二）协助馆员做好职业生涯规划

在 L-EAP 服务中，由职业生涯规划师帮助馆员做好职业生涯规划是解决馆员职业生涯管理问题的核心举措。协助馆员制定职业生涯规划要把握好三个关键环节：职业生涯分析；确定职业发展路线；确定职业生涯目标。

1. 职业生涯分析

职业生涯分析也就是要分析馆员个体和环境，帮助个人真正了解自己，并且进一步评估内外环境的优势、限制，只有认清自我、认清环境，才能建立切实可行的目标，并制订实施目标的方案，才能在现实中趋利避害，使职业生涯规划更具实际意义。

（1）自我分析的内容和方法

由 L-EAP 测评专家利用多种量表，以及测评专家和馆员的一对一访谈，对馆员个人的能力和能力倾向、气质与性格、职业适应性、健康状况、自我充实、休闲管理六个方面进行测定，并对照专业的常模，分析馆员的优势和不足。L-EAP 测评专家将根据这些资料，进行深入的分析挖掘，最终形成馆员个人综合评定，并出具综合评定报告。

（2）环境分析内容和方法

不同职业的工作环境存在很大的差异，只有环境和个人的兴趣、价值观和能力相匹配，才能有效地开展职业生涯规划。在 L-EAP 服务中，首先要收集高校图书馆的行业背景、战略目标、组织文化等方面信息，对这些资料进行深入的考察分析，了解高校图书馆工作的行业特点；其次要收集馆员所在图书馆的人事结构、晋升途径、组织结构以及人员需求情况，以此为背景，帮助馆员建立其在图书馆内部的职业生涯规划；再次要考察馆员对图书馆现有组织结构、晋升人事等方面的满意度和建议，找到现有环境的不足和优势，作为在后续工作中优化生涯管理体系的基础。

2. 确定职业发展路线

高校图书馆员职业发展主要有职务、职称晋升的向上运动，同一层次不同职务之间的横向运动和既定等级上的中心运动。美国波士顿大学教授帕森斯根据官能心理学提出特性-因素匹配理论①，指出人们依据人格特性及能力条件等特点，寻找与之对应因素的职业理论。他认为每个人都有一系列独特的特质，并且可以对其进行客观有效的测量，个人特性与工作要求之间配合得越紧密，职业成功的可能性也就越大。高校图书馆工作具有明显的多层次的特征，不同馆员其人格特质、兴趣特长不同，其适合的岗位与职业发展路线也不同。

L-EAP 专家在帮助馆员确立职业发展路线时一定要综合考虑，首先要在充分掌握馆员个体生理和心理特征、兴趣特长的基础上，同时要分析高校图书馆不同工作岗位和职业发展路线的基本信息和要求，再提出个体与职业发展路线相匹配的建议。比如，学历较低、专业理论不强的馆员不适宜选择专业技术职称发展路线，具有管理特长的馆员适宜从事管理工作，可选择职务晋升的发展路线。提出建议时一定要综合考虑，要充分体现出择其所爱、择其所长、择其所需、择其所利的建议原则。

3. 确定职业生涯目标

在确立职业生涯目标的过程中，要遵循四个原则：①具体化原则。要判断一个目标是否足够具体，一个简单的方法是看它能否提供充分的信息来指导人的行为。②可衡量性。目标具有可衡量性，才能在目标实现过程中根据来自各方的反馈信息对其进行评价，这对于目标的调整，职业生涯实施方案的调整都具有重要意义。③可实现性。目标不能过低或过高，偏低了无意义，

---

① 杨文士.管理学原理［M］.北京：中国人民大学出版社，2004：45.

偏高了实现不了。④时限性。没有时间限制的目标没有办法评价，也会使目标失去激励意义。

L-EAP专家将根据上述资料，进行深度分析，最终设计完成适合馆员个人能力和兴趣的职业生涯规划书。

（四）提供职业生涯规划咨询

馆员在实践职业生涯规划的过程中，不可能一帆风顺，会遇到各种各样的职业阻碍。L-EAP项目组要派出职业咨询专家，在项目实施期间，为馆员开展专项咨询，任何对于职业发展有困扰的馆员都可以随时找咨询师进行电话或面对面的咨询，获得专业帮助。

四、基于组织层面的 L-EAP 职业生涯管理

馆员面临的职业生涯管理问题就其诱因来说，既有个人因素也有组织因素。L-EAP 服务提供组织诊断，改善建议，消除馆员职业生涯发展阻碍是L-EAP协助馆员做好职业生涯管理的重要内容。L-EAP 服务内容主要包括：分析高校图书馆行业特点；掌握馆员所在图书馆的组织环境；进行馆员工作满意度测量。在此基础上，深入分析阻碍馆员职业发展的组织因素，面对面和高校图书馆管理者进行协商，形成组织改良意见书。

（一）组织职业生涯管理体系的建立

帮助高校图书馆将职业生涯管理制度化，利用规章制度、定期个人和管理者反馈等形式，使职业生涯规划融入日常人力资源管理系统；同时建立馆员个人的职业发展档案，便于管理者按时监督馆员对计划的执行，掌握图书馆人才储备和发展情况。

（二）变革管理模式，拓宽职业发展通路

高校图书馆员职业发展通路的狭窄性是由我国高校图书馆的现行管理体制导致的。L-EAP 认为变革高校图书馆的管理体制可着重于三个方面：

1. 从向上运动看

由于管理岗位晋升的机会小，大多数馆员选择了专业技术发展路线，而专业技术发展路线最大的阻碍因素是专业技术指标名额限制。为此 L-EAP 建议首先采取评聘分开的模式，给予符合条件的馆员参评的机会，并且逐步取消指标名额限制，着重在评聘条件和质量上把关，而不是在指标上限制。其次，在专业技术职称上建立能上能下机制，由于在我国当前高校馆中基本上都只有能上的条件，没有能下的标准，许多明星馆员在取得副研究馆员或研究馆员后，就放松了对自己的要求，甚至迷失了职业发展方向。

2. 从横向运动看

由于高校图书馆工作的多层次性，实行馆员全面轮岗有难度，L-EAP建议可以通过团队的建设，加强馆员的横向流动，比如科研团队，专题咨询团队，定题服务团队等等，在团队中，由某些能力强的馆员带领部分能力弱的馆员共同完成一项工作任务，既能达到人员横向流动的目的，也能促使能力相对弱的馆员取得进一步发展。

3. 从中心运动看

在目前高校馆的塔式管理结构下，馆内的重大决策都是由馆领导做出，一般馆员参与的机会小，为此L-EAP建议扁平化高校馆管理结构。可以通过建立馆务委员会的方式，重大决策由馆务委员会做出，馆务委员会的成员除了馆领导外，可在全馆选举产生，每年换届，这样就打通了馆员中心运动的一条通路。

（三）创新工作内涵，增加工作的挑战性

在本次调查中发现很多馆员认为自己的工作缺乏挑战性，这与我国当前很多高校图书馆在服务方式、方法上缺少创新是紧密相连的。我们对于高校图书馆工作"服务性"的认识误区在于认为高校图书馆是信息的"服务"机构而非信息的"生产"机构，馆员的职责就是把收藏的文献根据读者的需要提供给读者就可以了，其实图书馆员也可以从事信息的"再生产"工作，比如二、三次文献的生产，为读者提供"浓缩"的信息。在服务方式上，不仅要做好被动服务，也要积极做好主动服务，加强定题或跟踪服务，甚至预判读者潜在需求，为满足读者潜在需求做好充分准备。L-EAP尝试改变馆员对工作的认知、工作挑战性的增加等措施，不仅丰富了工作内涵，增强了馆员成就感体验，也提高了图书馆的服务质量。

（四）建立学习型组织

学习型组织（Learning Organization）是美国学者Peter M. Senge在《第五项修炼》（The Fifth Discipline）一书中提出的管理观念，倡导组织成员建立终身学习理念，以增强个体和组织的竞争力。学习型组织的建设是馆员内职业生涯发展的必备条件，就目前我国高校图书馆而言，在经费许可的情况下，可以有目的地为馆员提供在职培训，除此之外，L-EAP建议还可以采取以下几种组织形式：一是组建学习团队，在团队中建立导师制。在培训经费紧张的情况下，组建学习团队，以高学历高职称馆员为核心，通过传、帮、带的形式，帮助新员工和低学历员工是营造组织学习氛围的一条重要途径。二是建立科研团队，以课题带团队，以团队促个体学习。围绕工作中出现的问题，建立课题小组，在科研中既解决了问题又提高了馆员的素质和能力。科研团

队的建设还为高学历、高职称的馆员提供了进一步发展的空间，增加其成就感，避免职业高原的出现。

第四节　本章小结

职业高原是各类职业群体在职业发展过程中面临的普遍性问题。高校图书馆员的职业高原现状、诱因是什么，如何引入 EAP 解决职业高原问题是本章探讨的三个核心问题。

根据对全国 32 所高校 927 份有效调查问卷的统计分析，高校图书馆员职业高原现象较普遍，立足于客观存在决定主观反应的基本原理，职业高原的客观存在就会一定程度上内化为个体主观相应的认知，这种主观认知与职业发展需求之间的冲突必定引起馆员心理和行为上的偏差，其内在表现为个体挫败感体验，外在表现为职业迷茫与盲目跳槽、"职业呆滞"、工作无激情、无创新，进而导致"职业倦怠"、焦躁易怒、人际关系紧张等负性结果。

职业高原负向效应促使人们进一步探讨其产生的原因。到目前为止，有关职业高原产生原因的研究成果可归结为二因素说、三因素说和六因素说，探讨的视角主要立足于个体因素和组织因素。我们在借鉴已有研究成果的基础上，主要从高校图书馆特定的组织环境、个性化的工作特点和馆员个体三个方面分析了馆员职业高原的成因。在组织层面上，高校图书馆职业管理体制和人事管理制度的僵化，组织培训体系设置和授权激励机制的不完善，职业发展路径的狭窄，咨询或相关帮助计划的缺失；高校图书馆工作内容的单调性，工作岗位轮换不活跃，工作价值的隐性，职业声望较低；个体职业生涯管理缺失，职业价值观与图书馆工作特性不匹配，自我认知不清晰，职业性向与图书馆工作特性不匹配等这些因素都直接或间接地导致了馆员的职业高原。

职业高原既影响馆员个体身心健康也影响组织工作效率。高校图书馆引入员工援助计划协助馆员管控职业高原具有较好的契合性，主要体现在目标契合、方法和手段契合、内容契合。服务内容和着力点在于通过心理咨询师协助馆员做好高原期的心理调适，职业咨询师协助馆员做好职业生涯规划，加强组织诊断，提出降低或消除职业发展阻碍因素的建议和正面引导馆员积极向上的管理举措。

第六章 守护心灵：
EAP 促进馆员工作与生活的平衡

　　工作和家庭是人类日常活动中不可或缺的组成部分，两者相互作用、相互联系，并持续不断地交替变化着……员工是拥有令人羡慕的工作重要，还是拥有一个幸福美满的家庭更重要？回答是：两者都重要，要尽量协调工作与生活之间的关系，不可偏颇于任何一方。如何实现员工工作和生活的平衡发展，已成为现代社会人力资源管理的关注焦点。本课题组通过前期研究发现：目前国内高校图书馆普遍存在职业压力、职业倦怠、职业高原等现象，也同样存在馆员工作与生活相互冲突，即工作与生活失衡的现象。

　　本研究主要针对馆员工作与生活中的失衡现象，探寻如何利用员工援助计划（EAP）中的一些方法和策略，促使馆员积极工作、快乐生活，在提高馆员工作满意度的同时，提高生活满意度，实现馆员工作和生活的相互促进、平衡发展。

第一节 工作与生活平衡概述

　　工作与生活是人生的两个基本支点，悬挂于人生天平的两端，若平衡不当，将会对个体的生活质量、工作绩效乃至组织发展产生直接的负面影响。"平衡"设想了一幅场景：就像一幅在工作和生活两端之间荡来荡去的秋千，在动态而不是静态中寻求平衡（如图6-1）。平衡工作与生活，能够使馆员在工作中因获得成就感和荣誉感而快乐，在家庭生活中因获得爱与和谐的关系而满足。有学者将工作与生活比喻成员工的两条腿，图书馆管理者只有帮助馆员实现工作与生活的平衡，才能使馆员的两条腿协调迈步，从而走出精彩的人生之路。

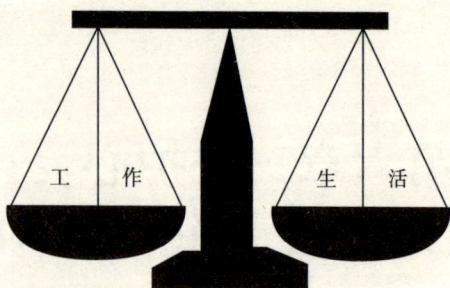

图 6-1　协调工作与生活的平衡

一、工作与生活平衡的研究背景

"工作"与"生活"是每个人每天都要面对的，由于个人时间与精力的有限无法全面满足来自工作和生活两方面的多种需求，常常导致工作与生活之间相互冲突：一种现象是工作侵占生活，即工作影响了生活；另一种冲突是生活侵占工作，即生活影响了工作。毋庸置疑，这两种冲突最终都会导致个体工作满意度和生活满意度的下降。

国内外许多学者的研究发现：工作、生活平衡与工作满意度和生活满意度之间存在显著的正相关关系。工作和家庭生活是人类生存和发展的两大支柱，工作和家庭绝不是互相对立的关系，而是相互补充、相互促进的关系，可以实现工作与家庭生活的相互融合，甚至实现双赢①。本课题组也支持这种观点，摒弃了以往将工作和家庭生活相互对立的构思和角度，指出工作和生活是两个既相互独立又相互依赖的交叉领域，来自工作的需要与回报和来自生活的需要与回报之间，不断地相互作用、相互影响、相互交替，动态折射出工作和家庭生活的变化关系。

本研究从积极的视角更多地关注工作和生活之间的相互促进作用，重点阐述两者之间的平衡关系，帮助馆员尽可能地减少工作、生活之间的角色冲突，实现平衡。

二、工作与生活平衡的研究内容

（一）工作与生活平衡的定义

平衡是指个体平等地参与工作、家庭角色活动获得同样的满足程度，即

---

① 李奇奇. 女性工作——家庭冲突的组织支持策略与员工援助计划［J］. 人力资源管理，2010（12）：86-87.

满意平衡。平衡不仅仅是指时间上的均衡，还包括空间上的平衡，最重要的，是强调心理平衡①。工作—生活平衡（Work-Life Balance），是指个体对工作和家庭生活的满意、工作和家庭职能良好、角色冲突最小化的心理状态②。另有一些学者认为，工作与生活平衡是指人们能够主观、自主地掌控工作与生活双重角色的程度，实现工作与生活平衡的过程，是个体达到自己所期望的理想目标过程，其中来自周边环境的期望、个人经历以及感官知觉等都可视作良好平衡或失衡的缘由。

（二）工作与生活平衡研究的主要内容

1. 国内外学者研究工作与生活平衡的主要内容

从上面的定义可以看出，所谓的工作与生活平衡，实际上是指人们的一种心理状态，因为这种平衡是感知到的，它不是一种数量上的绝对平衡。工作与生活平衡的重要研究内容之一就是研究员工的心理状态，准确把握员工在时间、场所上对工作、生活的控制权和使用权，激发员工掌控自己何时何地以及如何工作、生活的能力。每个人对于平衡的认识和看法不尽相同，员工在时间、空间上的安排顺序，乃至行为上的动机和控制程度，都是工作与生活平衡关注的主要内容。

由于西方国家长期地实行高福利制度，工作与生活平衡的研究在英、美等国起步早，得到了很好的发展，工作与生活平衡的理念已经上升到了国家和宏观组织层面，且已渗透到人们的日常工作与生活之中。在北欧的一些高福利国家，对工作与生活平衡的研究有着非常领先的管理实践，他们认为：工作与生活平衡与大量的人力资源管理实践有关，它反映出来的不仅仅是一种政策和制度，甚至于被认为是一种惯例或观念，几乎影响着员工职业发展的每一个环节。到目前为止，无论是在政策法规的制定上，还是在意识形态方面，与英、美等发达国家相比，其他国家都有很大的差距。在中国以及其他的亚洲国家，由于经济发展的滞后性，劳动者的相关权益很难得到保证，关于工作与生活平衡的研究起步较晚，像工作与生活平衡研究中提及的"弹性工作制"这样具有重大意义的管理措施，很少或几乎没有来自个体层面的请求，来自组织方面的相关支持也很罕见。

从文献的回顾可以看出，理论界在 20 世纪 90 年代就意识到非货币化的

---

① 何勤，陶秋燕，刘宇霞. 工作—家庭平衡问题国际比较研究［J］. 北京联合大学学报：人文社会科学版，2010，8（1）：94-99.

② 李奇奇. 女性工作——家庭冲突的组织支持策略与员工援助计划［J］. 人力资源管理，2010（12）：86-87.

激励模式对于工作与生活的重要性。2000 年以后，美国薪酬协会提出的总报酬（Total Rewards）模型中，工作与生活平衡这种非货币化的激励模式，开始作为一个独立的研究领域出现，该模型指出工作与生活平衡的研究内容主要包括：弹性工作制、带薪休假、健康计划、财务支持、自助福利、社区参与、组织文化变革等。自此以后，工作与生活平衡的理论和实践受到了前所未有的关注和重视①。很多组织都相继推行了很多具体措施，如员工援助计划、工作分享、交通补贴等，使得员工在工作与生活方面受益匪浅，很大程度上减少了工作与生活的冲突发生。

2. EAP 模式下工作与生活平衡的主要研究内容

EAP 模式下工作与生活平衡的研究内容主要包括：时间平衡，即员工在工作和生活上投入的时间数量相同；心理平衡，指员工在工作和生活角色中投入的心理包含程度相同；满意平衡，指员工关于工作和生活的满意度水平相同②。

本研究根据 EAP 模式下工作、生活平衡的主要研究内容（时间平衡、心理平衡和满意平衡），以构建平衡的工作、家庭生活关系为导向，积极找到工作、生活冲突的有效解决途径，采取工作场所的一些组织支持性措施，帮助馆员减少工作与生活冲突，在弹性中寻求平衡点。

三、工作与生活平衡的理论支撑

（一）积极心理学

1. 积极心理学的定义

积极心理学是指利用心理学中比较完善的各种研究方法（如实验法、调查法、问卷法以及质性研究方法等），来研究人的发展潜力、美德等积极力量和人格品质的一门科学③。积极心理学关注的是每个人所储备的积极力量的多寡④。同时，面对问题时，积极心理学倡导用积极的思维进行处理，它认为心理学最重要的是实现价值平衡。

---

① 林菲，袁凌. 工作生活平衡计划的构成及其实施策略 [J]. 统计与决策, 2008 (20)：176-177.

② 何勤，陶秋燕，刘宇霞. 工作—家庭平衡问题国际比较研究 [J]. 北京联合大学学报：人文社会科学版, 2010, 8 (1)：94-99.

③ 崔丽娟. 积极心理学研究综述 [EB/OL]. [2009-11-24]. http://wenku. baidu. com/view/6782580102020740be1e9ba5. html.

④ 陈纳. 积极心理学视野下的企业员工援助计划 [J]. 学理论, 2013 (7)：92-93.

2. 积极心理学与 EAP 的契合点

（1）契合点之一：培养馆员积极的认知方式

在图书馆员工援助计划（L-EAP）中，可以采用积极心理学中两种积极的认知方式："希望"和"幸福"。积极心理学的"希望"理论认为，希望是"个人对自己有能力达成某一目标的途径和措施的认知和信念，即个人对自己能沿着既定目标前进的动机的认知和信念"。可见，积极心理学中所指的希望强调个体对理想的一种美好追求，它是一种朝向目标的奋斗动力，更是撬起员工"正能量"的基石。将积极心理学中的"希望"理念引入 L-EAP 之中，可以帮助馆员树立正确的目标观，朝着"希望"去努力。在"希望"理念的引导下，馆员在面对各种问题与困扰时，许多心理问题就能迎刃而解。另一种积极的认知方式是对幸福的追求。积极心理学倡导、鼓励人们自主地追求幸福，其对"幸福"的理解是"超越没有抑郁、焦虑和愤怒之上的一种心理感受过程"[①]。将积极心理学中的"幸福"理念引入 L-EAP 之中，可以帮助馆员创造幸福、享受幸福，通过馆员实现自身生存和发展幸福感的心理体验，可以改变馆员的精神面貌和行为状态，增强员工援助计划的实效性。

（2）契合点之二：培养馆员积极的人格特质

积极的人格特质是每个人身上所固有的，但有的积极特质具有"潜在性"，如果不被发掘就不会显露出来。培养、挖掘馆员积极的人格特质，是积极心理学与员工援助计划共同的目标[②]。所以，L-EAP 要注重对积极人格特质的培养，让馆员的积极特质得到充分显露和张扬。L-EAP 可以通过组织开展一系列主题活动，如各类心理健康讲座及作品展示等，让馆员深刻地觉察到人格特质力量的魅力所在，逐步地将潜在的积极人格特质自主地转换为现实存在的积极人格特质。

另外，L-EAP 实施过程中应注重发掘馆员自身的优势和潜能，塑造馆员积极的人格特质。图书馆实施员工援助计划过程中，在"积极的标签"的引导下，经过一段时间心理暗示之后，馆员的积极特质得到越来越多的发挥，消极因素渐渐没有立足之地，馆员自身所储备的积极力量与日俱增。

---

① 陈纳. 积极心理学视野下的企业员工援助计划［EB/OL］.［2013-06-21］. http://www.docin.com.

② 许丽违，段学红，肖杨. 挖掘大学生积极的人格特质［EB/OL］.［2013-09-25］. http://www.docin.com.

（二）激励理论

1. 激励理论的定义

基于需求的激励理论是西方"人本主义"的主要观点，它主要强调人的需求满足程度在激励过程中发挥的影响作用，强调基于需求实施激励措施。具体地说，激励方式主要分为：满足员工生存需要的激励行为，如薪酬激励、时间激励（休假、弹性工作制）、环境激励；满足员工关系需要的激励行为，如情感激励（沟通、人文关怀、信任）、荣誉激励；满足员工发展需要的激励行为，如知识激励、晋级激励、参与激励等①。激励理论强调采用关怀、欣赏和赞扬等积极情感来激励和引导员工，使个体对组织产生强烈的归属感与认同感，从而激发积极工作的驱动力②。

2. 激励理论与 EAP 的契合点

21 世纪初以来，随着世界心理健康运动的重大突破和成果之一——员工援助计划的出现和应用，其核心理念与激励理论的思想不谋而合，在促进个人和组织健康发展中发挥了重要的推动作用。可以预见，在 L-EAP 项目中引入激励理论的思想和理念，在充分了解、研究和满足馆员不同阶段、不同层次的个性化职业需求基础上，制定和实施富有针对性和成效性的激励措施，在为馆员提供心理帮助、解决心理困扰的同时，馆员的工作满意感和生活满意感也会同步提升。

四、图书馆行业研究工作与生活平衡的意义

"工作与生活的平衡"主要是指从业人员如何合理支配工作和生活的时间，达到在完成本职工作的同时，又能照顾好自己和家庭成员的生活③。"工作与生活平衡"的理论与实践研究，在英、美等发达国家早已开展并且取得了显著的成效。受其影响，很多国外组织的分支机构在我国纷纷推出了"工作—生活平衡计划（Work—Life Balance Program）"，如中国的微软、摩托罗拉、惠普、宝洁等都已实施了各自的"工作—生活平衡计划"。尽管如此，目前我国有关"工作与生活平衡"的本土化学术研究并不多，在此方面的实际应用也较为少见，尤其在图书馆行业开展馆员"工作与生活平衡"的研究更

---

① 吴志鸿. 从 EAP 视角谈图书馆个性化激励机制的构建［J］. 大学图书情报学刊，2010（03）：10-14.

② 吴志鸿. 基于 EAP 视角的图书馆个性化激励机制的构建［J］. 上海高校图书情报工作研究，2010（01）：32-36.

③ 贺冬怡. 平衡工作与生活：实现人生的可持续发展［J］. 商业现代化，2009（4）：312-313.

是罕见。有鉴于此，在图书馆行业开展工作、生活平衡的研究，对图书馆组织和馆员都能产生积极的影响，主要体现在：

（一）从图书馆组织的角度研究工作—生活平衡的意义

它可以帮助馆员在平衡工作、生活中各层次需求的同时，提高馆员对图书馆组织的忠诚度、认可度，降低馆员的缺勤率和离职率，减少管理成本，增强服务满意度，同时还可以建立一个公正愉悦、充满活力且效率高的工作环境。前期的研究发现，任何组织只要在日常管理中注重员工的工作、生活平衡问题，愿意在员工的工作和生活平衡方面投资、建设，迟早都能从员工身上得到相应的回报。因为，只有协调好工作与生活之间的平衡关系，才能使员工保持持续、旺盛的工作及生活热情，促使家庭和睦、事业有成，实现员工和组织双方共同发展的良性循环①。

（二）从馆员的角度研究工作—生活平衡的意义

它可以帮助馆员降低工作、生活冲突，在弹性需求中找到工作与生活的平衡点，能够使馆员拥有更高的热情、更敏锐的大脑、更加专注的工作状态，使馆员在工作中因获得成就而感到快乐，提高馆员的工作满意感；同时，能够使馆员拥有更多和家人在一起享受生活乐趣的时间和精力，使馆员能更多地关心幼小的儿童、年迈的老人，使馆员在家庭生活中因获得爱而感到满足，提升馆员的生活满意感，使馆员在工作与生活的平衡中提高生活质量、享受丰富多彩的生活。

第二节　高校图书馆员工作与生活失衡现象研究

衡量和检测工作与生活是否平衡的重要指标是"工作满意度"和"生活满意度"，研究馆员工作与生活是平衡还是失衡，必须以调查和分析馆员工作满意度和生活满意度的状况为重要依据，根据高校馆员工作满意度、生活满意度的调查结果，以及 EAP 与馆员工作、生活满意度影响因素的相关性调查与分析，凸显高校图书馆引入 EAP，解决馆员工作与生活失衡现象的重要性和可行性。

一、高校图书馆员工作与生活失衡现象的理论探源

一个人的时间、精力非常有限，工作时间的延长，必然会造成其对家人

---

① 贺冬怡. 平衡工作与生活：实现人生的可持续发展 [J]. 商场现代化，2009（04）：312-313.

关注度的降低，与家人团聚时间的缩减，久而久之将造成工作与生活的冲突。有调查显示：在我国，有65%的人抱怨工作与生活失衡；韩国是最"失衡"的国家，这一比率高达92%；情况最好的国家是荷兰，也只有57%的人认为自己工作和生活是平衡的①。

高校图书馆作为高校的三大支柱之一，承担着保存人类文化遗产、传播文化信息、开展社会教育、丰富人们精神生活、传承人类文明的神圣功能，是学校的教学、科研及信息中心②。由于高校馆工作的特殊性（服务性、单调性、重复性等）及其他一些社会原因（如图书馆的社会地位不高、经济收入低、工作时间规律性差、职业声望低下、成就感低等），馆员心理上或多或少地出现某些冲突与矛盾，进而表现出明显的工作与生活失衡倾向。这种失衡倾向会严重损害馆员的身心健康，导致馆员工作与家庭领域中消极情绪提升，进而出现诸如饮食失调、精神紧张、情感困惑、工作倦怠、子女教育、经济压力、人际关系失调以及生理疾病等现象，降低他（她）们的工作满意度和生活满意度。因此，工作与生活相互冲突的现象容易在图书馆行业滋生蔓延。

二、高校图书馆员工作与生活失衡现象的调查与分析

通过调查与分析，了解目前高校馆员工作满意度、生活满意度水平不高的主要影响因素，从中找出馆员工作与生活失衡的主要原因，然后结合 EAP 的四个方面（咨询辅导、家庭协助、教育发展及员工福利等），提出针对性的 L-EAP 实施措施。本研究开展的调查有三项：高校馆员工作满意度状况及其影响因素的调查与分析；高校馆员生活满意度状况及其影响因素的调查与分析；馆员生活满意度与工作满意度的相关性调查与分析。

（一）高校馆员工作满意度状况及其影响因素的调查与分析

1. 工作满意度概述

工作满意度（Work Satisfaction）是一个与工作、生活质量密切相关的问题，工作满意度水平的高低直接反映了工作者对工作及工作环境的满意程度，历来是人力资源管理、组织行为学、心理学等领域关注和研究的焦点。工作满意度代表着工作本身以及其相关方面（如工作环境、工作方式、报酬、人

---

① 林卫民. 帮员工实现工作和生活的平衡 [J]. 人力资源，2007（05）：34-37.
② 程萃文. 浅谈信息素质养成教育——新时期高校图书馆的重要使命 [J]. 河北科技图苑，2008，21（2）：26-28.

际关系等）满足个人需要的程度①，是员工对工作、工作过程及外部环境进行评估的一种情绪状态，由员工在特定的工作过程中实际获得价值与其预期获得价值之间的差距决定，差距小则满意度大，反之则满意度小。经研究发现：员工的工作满意度与工作绩效、组织承诺存在着显著的正相关关系；对离职倾向及员工的工作积极性有一定的预测作用；此外，工作满意度还具有溢出效应，会影响到员工对生活的满意程度②。

2. 分析和研究高校图书馆员工作满意度的意义

馆员是图书馆服务的主体和核心，馆员工作满意度的水平高低，直接影响和制约着馆员积极性和创造性的发挥程度，研究如何提高馆员的工作满意度，对改善读者的服务质量和服务效果，提高组织绩效，推进图书馆事业发展有着很强的现实意义。

（1）研究馆员工作满意度有助于提高馆员的工作业绩

较高的工作满意度会促使馆员做出更高的组织承诺，在工作中加倍努力，导致高工作绩效，而高工作绩效往往会使馆员在组织中获得更高的声望和地位，因而又会提升其工作满意度，这种良性循环对馆员和组织发展大有裨益。

（2）研究馆员工作满意度有利于馆员的身心健康，提高馆员的生活满意感

提高工作满意度对馆员的生活有正面、积极的辐射影响，使馆员能以更饱满的情绪、更健康的心态投入生活、享受生活，减少与生活的冲突，提升生活质量。

3. 国内学者对高校图书馆员工作满意度的影响因素分析

导致馆员工作满意或不满意的因素是多方面的，仅从单个维度很难对其做出准确、合理的判断。如人际关系、经济报酬、工作本身、职务晋升等是馆员工作满意度的重要影响因素，而性别、年龄、受教育程度、婚姻状况等因素也会对馆员的工作满意度造成影响③。据此，国内学者对其影响因素开展了不断深入的研究：

马迪倩、宋震等④在《天津市高校图书馆员工作满意度回归分析模型》中论述：天津市高校图书馆员的工作满意度水平受工作薪酬、高校类型、专业背

---

①　张健，张再生. 科技工作者工作满意度实证分析——基于天津市数据［J］. 中国科技论坛. 2010（3）：112-116.

②　何遥. 员工工作满意度、组织承诺与离职倾向的关系研究［D］. 广州：中山大学，2009.

③　李凤念. 图书馆员工满意度影响因素分析及对策研究［J］. 河北科技图苑，2011（06）：77-79.

④　马迪倩，宋震. 天津市高校图书馆员工作满意度回归分析模型［J］. 图书馆工作与研究，2010（02）：52-55.

景、职务职称、年龄工龄、工作岗位、学历、性别等多个方面因素的影响。

徐建华①在《从实证的角度研究当代图书馆员工作满意度》中，对全国范围内1400余名图书馆员进行问卷调查。调查结果显示：天津市高校图书馆员工作满意度的均值属于中等水平。根据从高分到低分的前后顺序排名，各维度依次排序为：人际关系满意度、工作价值满意度、管理者满意度、组织氛围满意度、获得发展机会满意度、公平性满意度，其中前4个维度得分均值均高于中间值，后2个维度得分均值低于中间值，说明馆员对本行业工作待遇和晋升机会的满意度反映普遍较差②。

张利③在《高校图书馆员工工作满意度调查量表的编制研究》中以北京8所高校130名图书馆员为对象进行工作满意度调查，通过数理统计分析，将工作满意度分为领导管理、工作本身、工作压力、人际关系、福利报酬、发展前途6个方面。

4. 本课题对高校馆员工作满意度状况及其影响因素的调查与分析

我们设计了馆员工作满意度调查量表，采用纸质问卷和电子问卷相结合的调查方法，通过采集的数据分析馆员工作满意度的主要影响因素。具体情况如下：

（1）研究假设

根据国内外学者的前期研究，综合判断高校馆员的工作满意度是一个多因素共同作用的结果，其中可能包括馆员的个体特征，如学历、年龄等；可能受到工作本身的影响，如工作待遇、劳动报酬等；还可能涉及工作环境的制约，如岗位设置、高校类型等④。鉴于此，本研究试图将这些因素统一归纳到对工作满意度的影响模型中，从中筛选出对工作满意度起到显著影响作用的核心因素。

（2）高校图书馆员工作满意度主表的编制

第一，初始量表的编制。

目前，国内外测量工作满意度的量表主要有以下9种：明尼苏达满意问卷；工作描述指数；需要满意度问卷；工作说明量表；工作满意度指数量表；

① 徐建华. 从实证的角度研究当代图书馆员的工作满意度 [J]. 图书情报知识, 2007 (09)：5-7.
② 马迪倩. 天津市高校图书馆员工作满意度实证研究 [D]. 天津：南开大学, 2008.
③ 张利. 高校图书馆员工工作满意度调查量表的编制研究 [J]. 大学图书情报学刊, 2008 (02)：26-30.
④ 马迪倩, 宋震. 天津市高校图书馆员工作满意度回归分析模型 [J]. 图书馆工作与研究, 2010 (02)：52-55.

SRA员工调查表；工作诊断调查表；工作满足量表；洛克、阿莫德和菲德曼量表①。然而，这9种量表大多适用于组织和公司，针对高校图书馆这个特殊领域并不完全适用。本研究参照"高校教师满意度量表"的编制，设计了"高校图书馆员工作满意度调查量表"初始表。初始表分为两个部分：第一部分是高校图书馆员工作满意度量表的主表，包括45个测试题；第二部分是被试者的个人信息，包括性别、年龄、学历和职称4个人口统计学变量②。

第二，馆员工作满意度主表的编制。

主表的编制借鉴杨秀伟、李明斐和张国梁（2005）③的工作满意度量表，他们以高校教师为研究对象，探讨了高校教师工作满意度的主要组成因素，得出一个包含5个维度的工作满意度量表，分别是领导管理、福利报酬、工作本身、工作环境和人际关系。在参考这一量表的基础上，对馆员及图书馆中、高层管理人员进行了访谈。在量表中增加了工作压力这个维度，最终设计出的工作满意度量表包括7个维度、45个题项④。这7个维度分别是：领导管理、福利报酬、工作本身、工作压力、人际关系、发展前景及个人生活（详见表6-1）。

表6-1　高校图书馆员工作满意度调查量表问题示例表

因素	维度	说明	题项
领导管理	政策管理	单位为实现一定时期路线和任务而制定规范化的制度和行动准则，以及对单位事务的管理活动	1. 领导很关心职工的思想状态，经常找我谈话。 2. 图书馆的职称评聘政策及制度公平、合理。 3. 我认为图书馆的工会工作细致周到。
	行政管理		4. 当我遇到困难时，我会得到领导的支持和帮助。 5. 当我工作取得成绩时能得到领导的表扬、奖励。 6. 图书馆领导能接受职工提出的合理可行的建议。 7. 领导在处理问题时比较公平，对事不对人。 8. 图书馆的领导廉洁奉公。 9. 图书馆的领导班子团结协作。
	受重视程度	在工作中被领导认为很重要而受到的认真对待	10. 图书馆的奖惩制度严明，有利于提高工作效率。 11. 图书馆领导鼓励职工积极争取学习和发展机会。

① 李宏亮. 农业企业员工满意度测量与分析方法研究——以某农业企业为例 [J]. 安徽农业科学, 2011, 39 (36): 22708-22709.
② 张利. 高校图书馆员工工作满意度调查量表的编制研究 [J]. 大学图书情报学刊, 2008 (02): 27-30.
③ 杨秀伟, 李明斐, 张国梁. 高校教师工作满意度及其与离职倾向关系的实证研究 [J]. 大连理工大学学报: 社会科学版, 2005 (04): 66-69.
④ 张利. 高校图书馆员工工作满意度调查量表的编制研究 [J]. 大学图书情报学刊, 2008 (02): 27-30.

（续表）

因素	维度	说　明	题　项
人际关系	与上级关系	既包括正式的职务关系也包括非正式的人际关系	1. 工作中发生问题时我能得到同事的帮助。 2. 与同事相处时，我感到轻松愉快、没有烦恼。 3. 与目前的同事共事，我感到工作有积极性。 4. 通过同事间的交流，我能及时知道学校和图书馆的许多信息。 5. 图书馆的人事纠纷多。
	与同事关系		
工作本身	工作条件	馆员在工作中的设施条件、工作环境、劳动强度和工作时间的总和	1. 我的工作让我觉得很充实。 2. 我的工作让我有成就感。 3. 我的工作具有一定的挑战性。 4. 我的工作环境舒适、整洁。 5. 在工作中，我能自由地运用专业知识。 6. 我的工作使我的知识能力水平不断提高。 7. 我的技术和工作能力能在工作中得到施展。 8. 我的工作可以提供给我公平的晋升机会。 9. 我的工作和我对报酬的期望值一致。 10. 我的工作积极性较高，能主动处理一些疑难问题。 11. 工作让我充满活力，可以应付生活带来的挑战。
	工作地位	馆员在工作单位中的职务、职位以及由此显示出的重要程度	
	工作性质	工作本身具有的区别其他工作的根本属性	
	工作成就感	指馆员在工作中，为自己所做的事情收获的愉快或成功感	
工作压力		指馆员在工作中，为自己所做的事情感到不愉快或有压力	1. 工作几乎耗尽了我所有的精力。 2. 易疲劳，我常常感到精力不充沛。 3. 图书馆的人事管理制度和评价体系使我感到压力很大。 4. 图书馆的工作既烦琐又单调，影响了我的健康状况。
福利报酬		单位按国家和地方政策发给馆员的报酬以及对员工贡献的补贴	1. 我认为图书馆的工作环境安全舒适。 2. 我的工资与我的亲戚及常交往的同学相比是高的。 3. 作为一名高校图书馆工作人员，我感到自己在社会上有一定的地位。 4. 我对我所拥有的福利和补贴感到满意。 5. 我认为自己的工作完全被认可，并充分体现在我的报酬上。 6. 在高校工作有寒暑假让我觉得满意。

（续表）

因素	维度	说明	题项
发展前景		馆员获得提升以及自我的实现机会，也包括能力的提高等（如职称和职务的晋升）	1. 对最近一段时间内的涨工资，我觉得比较公平合理。 2. 我对自己的最近的晋升、晋级感到很满意。 3. 图书馆同事之间的竞争多数是良性竞争。 4. 我和我的同事经常有机会参加业务学习和培训。
个人生活		指馆员工作以外的个人生活情况	1. 在图书馆工作期间，我的业余生活丰富多彩。 2. 我感到生活很充实，生活满意度比较高。 3. 图书馆组织的各项活动有利于馆员的身心健康。 4. 图书馆工作对我的个人生活有促进作用。

（3）调查样本基本情况

调查历时两个月，样本来全国32所不同类型的高校图书馆的图书馆员。

根据有效样本的数据统计，高校图书馆员基本情况如下：在流通、阅览部门工作的人数最多，然后依次是采编、技术、办公室、期刊、咨询、古籍部门的馆员人数最少；工作在15年以上的馆员有55.7%；有79.6%的图书馆员为已婚状态；重点高校和普通高校的馆员人数占46.5%和47.3%，其他高校只占6.2%；一直在图书馆岗位上工作的馆员略多于中途调换过其他职业的馆员；有79.4%的图书馆员月收入在2000～4000元之间。

（4）高校图书馆馆员工作满意度主表的调查结果分析

本调查结合员工访谈、专家咨询等方法，建立了一个比较系统、全面的"高校图书馆员工作满意度量表"，详细分析了影响高校馆员工作满意度的主要因素。对调查所得的数据，采用SPSS 18.0进行了项目分析、回归分析及维度分析，并对量表进行了信度和效度检验。详细结果及分析如下：

分析一：调查问卷基本信息分析

参考其他高校馆员工作满意度量表的调查情况，发现对馆员个人资料的调查部分比较复杂，包括性别、年龄、学历、职称、职务、婚否、馆龄和学校级别等多个因素，由于婚否、馆龄和学校级别等因素不是影响工作满意度的主要因素，所以本项调查只考察性别、年龄、学历和职称等变量对工作满意度的影响[1]。调查采用独立样本T检验和单因素方差分析方法，分别从馆员

---

① 孙利. 高校图书馆员工工作满意度调查量表的编制研究［J］. 大学图书情报学刊，2008（02）：26-30.

基本信息的不同因素出发，检验各个因素对馆员工作满意度是否起显著影响作用。分析结果显示：存在显著性差异的影响因素主要有性别、职称和馆类型等。

第一，不同性别的馆员工作满意度情况。调查结果显示：女性馆员的工作满意度较高，女性中76.3%的人对工作感到满意，高于男性69.7%的满意度6.6个百分点，这说明女性的心理平衡度较好，家庭氛围融洽，经济收入贴近或比较符合自我期望值。此外，男性中1.2%的人对自己的工作非常不满意，有2.2%的人对自己的工作不满意。总体上分析，有17.5%的男性馆员对自己的收入不太满意，可见，经济收入是影响男性馆员工作满意度的重要因素。

第二，不同职称的馆员工作满意度情况。馆员的专业技术资格，能证明馆员具有从事某一岗位所必备的学识和技能，代表着馆员的学识水平和工作业绩，同时也是馆员专业素质被社会广泛接受、认可的重要评价标准，对个人来说，职称与工资福利挂钩，同时也与职务升迁挂钩。调查结果显示：职称高的馆员在整个图书馆界处于优势地位，正高职称馆员的工作满意度最高，其满意和非常满意之和为98%；其次是初级职称的图书馆员，其满意和非常满意之和为96.6%；然后是副高职称的图书馆员，其满意和非常满意之和为93.5%；最后是中级职称的图书馆员，其满意和非常满意之和为82%。

第三，不同馆类型的馆员工作满意度情况。调查结果显示：普通院校馆员的工作满意度很高，持非常满意态度的人数达35.5%，重点院校馆员持非常满意态度的人数为19.1%；从满意和非常满意之和来说，也是普通院校略高，为95.7%，而重点院校为93.8%。这将引起我们进一步思考和探索，重点院校馆舍、资源等硬件设施均强于普通院校，工作环境、工作条件也优于普通院校，为何重点院校馆员的工作满意度会低于普通院校馆员的工作满意度呢？

分析二：回归分析

本课题将调查问卷中的题项分为10个影响因子，分别是F1～F10，分别用自变量$X_2 \sim X_{11}$表示（见表6-2）。根据前面基本信息的分析结果，可以判断职称对馆员的工作满意度影响重大，因此，特将中级职称单独作为一个影响因子F11，用自变量X_1表示。利用SPSS 18.0统计分析软件对馆员工作满意度的11个影响因子进行多元线性回归分析，通过考察自变量与因变量之间是否存在显著的线性关系，发现馆员工作满意度和11个影响因子之间存在有显著的线性关系。标准化回归方程为：

$$Y = -0.088X_1 + 0.076X_2 + 0.003X_3 + 0.249X_4 - 0.033X_5 + 0.025X_6 +$$

$$0.245X_7 + 0.137X_8 + 0.079X_9 + 0.037X_{10} + 0.054X_{11}$$

标准化回归系数反映了各指标对馆员工作满意度的影响大小，将各影响因子按照降序排列得到表 6 - 2 中的结果。

表 6 - 2　各影响因子的影响力列表（降序）

自变量名称	因子	系数	标准化系数	标准化系数（绝对值）	说明
X_4	F3	5.499	0.249	0.249	工资福利
X_7	F6	5.4	0.245	0.245	工作地位
X_8	F7	2.637	0.137	0.137	工作成就感
X_1	F11	−3.669		0.088	中级职称
X_9	F8	1.104	0.079	0.079	受到重视
X_2	F1	1.273	0.076	0.076	政策与行政管理
X_{11}	F10	1.014	0.054	0.054	个人发展
X_{10}	F9	0.601	0.037	0.037	工作性质
X_5	F4	−0.529		0.033	个人生活
X_6	F5	0.489	0.025	0.025	工作条件
X_3	F2	0.035	0.003	0.003	与上级、同事的关系

从表 6 - 2 中可以得知，影响力最大的是 X_4——工资福利，以后依次顺序是 X_7——工作地位，X_8——工作成就感，X_1——中级职称，X_9——受到重视，X_2——政策与行政管理，X_{11}——个人发展，X_{10}——工作性质，X_5——个人生活，X_6——工作条件，X_3——与上级、同事的关系。毋庸置疑，经济因素在馆员工作满意度的影响因素中占据了第一位。按照学术界公认的标准，经济因素与主观幸福感、个体满意度等主观体验之间存在一个阈值，目前认为年人均收入约为 50000 元是一个阈值，人均低于这个阈值，经济因素对满意度的影响就越大，高于这个阈值，经济因素的影响就会逐步递减[①]。分析高校馆员的收入状况，年收入在 4 万元以下和 4 ~ 8 万元收入的馆员占了此次调查人数的 80.3%，所以经济收入是工作满意度的核心影响因素。另外，工作地位和工

————————

① 王冰，彭静. 深圳地区公共图书馆员工工作满意度调查报告［J］. 公共图书馆，2010（03）：30-37.

作成就感，尤其是工作地位，也占据了很大的影响系数。X_1 和 X_5 与工作满意度是负相关，即"中级职称"和"个人生活"与工作满意度是负相关，这表明：职称是中级的馆员，其工作满意度低于其他职称的馆员。个人生活满意度的高低影响和制约着工作满意度的总体水平。这说明整个图书馆行业的社会地位不高，各级领导对图书馆的关注度不够，馆员，尤其是中级职称的馆员自我评价偏低、职业成就感不高，因而，图书馆员的整体工作满意度水平因职称为中级的馆员而降低。

回归分析的结果显示：对工作满意度影响力最大的是福利报酬，以后依次是工作地位、工作成就感、中级职称、受重视程度、政策与行政管理、发展前景、工作性质、个人生活、工作条件、与上级及同事的关系。

独立样本 T 检验的检验结果显示：性别因素对馆员工作满意度有显著的差异性影响，总的来说，女性馆员的工作满意度要高于男性馆员。单因素方差分析的结果表明：职称和馆类型对工作满意度也存在差异性影响。需要引起重视的是：中级职称的馆员工作满意度最低。

分析三：维度分析

从上述 7 个维度的分析结果可以看出，领导与管理、人际关系、工作本身和个人生活 4 项得分分别为：3.3307、3.7768、3.4129、3.0657。得分均大于 3 分，处于满意的状态，尤其是人际关系这一项的得分最高，为 3.7768，说明馆员对工作中同事之间的交流沟通的通畅性及共事关系的满意度最高。工作压力、福利报酬和发展前景 3 项的得分分别为：2.9386、2.7614、2.9873。得分都小于 3 分，说明馆员在这 4 个方面处于不满意的状态（参见表 6－3）。特别是大多数馆员对福利报酬的满意度偏低，这比较符合目前图书馆的实际情况，因为，在高校中图书馆一直是个工作烦琐、待遇较低的部门，作为图书馆管理者应该重视从多方面提高馆员的福利报酬。另外，管理者还应该重视提高馆员的工作成就感，为馆员提供更多的个人发展空间。

表6－3　高校图书馆员工作满意度量表的维度分析结果

维度	领导管理	人际关系	工作本身	工作压力	福利报酬	发展前景	个人生活
得分	3.3307	3.7768	3.4129	2.9386	2.7614	2.9873	3.0657

（二）高校馆员生活满意度状况及其影响因素的调查与分析

1. 图书馆员生活满意度概述

（1）生活满意度的内涵

积极心理学是当代心理学的一个重要思潮，是引导人们走向幸福、快乐的必然途径。生活满意度作为积极心理学研究领域的重要组成部分，更是受到各行各业学者们的格外关注。生活满意度（Life Satisfaction，以下简称LS）是指个人依照一定的选择标准对自己大部分时间或持续一段时间内，生活状况的总体性认知和评估，是衡量某一社会一定时期内人们生活质量的重要参数①。生活满意度可以分为两种：总体生活满意度和特殊生活满意度。总体生活满意度是对个人生活质量的总体评价；特殊生活满意度是对不同生活领域的具体评价，如家庭满意度、学校满意度、社区满意度等②。生活满意度与生活质量密切相关，是人们衡量主观幸福感的重要指标，生活满意度的高低不仅反映出生活质量的好坏，而且还反映出个人对生活幸福感的认知和感受情况。

（2）本课题对生活满意度的研究

国内外心理学家们从思辨、实证的角度对生活满意度的构成、影响因素以及测评工具的开发、利用等方面进行了深入研究，以期为探索如何提高人们的生活满意度提供参考。在科学、准确界定生活满意度内涵的基础上，目前国内研究者须进一步扩大以下研究领域：加强LS的原创性、本土化研究；加强LS的跨文化、跨学科研究；加强国内、外研究者之间的协作研究；对生活满意度产生的心理机制（如归因、社会比较等）进行专门化研究；对生活满意度进行干预性研究等。

本研究主要从工作满意度的角度出发，研究生活满意度与工作满意度的相关性，使工作与生活相互促进、和谐发展。调查结论是：馆员生活满意度与工作满意度呈正相关关系，即工作满意度提高了，生活满意度也会随之提高。

（3）在图书馆行业开展生活满意度研究的意义和前景

随着社会的发展，人们对生活质量和主观幸福感研究的逐步深入，生活满意度作为其中的重要衡量指标也备受关注。研究者们试图探寻在物质条件日益改善和精神生活日益丰富的当今社会，人们生活满意度的总体状况如何？生活满意度的个体差异性如何？除经济因素外还有哪些因素直接影响着生活满意度的水平？在社会大环境的推动和影响下，馆员们也需要思考同样的问题。对这些问题的研究和探讨不仅有利于图书馆管理者制定出适时有效的政策，改善馆员的精神状态，还有利于重塑馆员对生活的认识、改善馆员的生

---

① 易嫦娥. 主观幸福感概述［J］. 现代企业教育，2010（2）：181.
② 姚本先，石升起. 生活满意度研究现状与展望［J］. 学术界，2011（8）：218–227.

活质量，也为其他各级组织提高员工的生活满意度，保持社会的繁荣与稳定提供一些借鉴和参考。因此，在图书馆行业开展生活满意度的研究有着重要的理论价值和现实意义。

目前，国内外关于生活满意度的研究已取得了大量的成果，通过分析、比较主要还存在以下不足：首先，研究的范围还不够全面，没有涉及社会中的每一类人，况且对老年人和青少年的研究结果没有普适性，根本无法推广到其他人的研究领域，这样使研究成果的外部效度受到了限制①。其次，研究的深入度还不够，缺少对生活满意度进行干预性研究。目前，国内研究 LS 比较肤浅，仅停留在现状调查及影响因素的分析上，对影响因素的分析也仅停留在人格因素方面，对其他方面的关注度还很不够，另外，几乎没有开展一项长期的追踪、干预研究。所以，图书馆研究 LS 应注重对生活满意度进行干预研究，提出实施有效的 L-EAP 策略来提升馆员的生活满意度。

2. 图书馆员生活满意度的影响因素

美国最新的一项调查结果显示，金钱是人们衡量生活幸福感的重要指标。在当今美国社会，家庭年收入 5 万美元是生活幸福与否的分界线。调查显示，5 万美元是个人幸福感和生活满意度的分水岭，家庭年收入低于 5 万美元的人幸福感相对较少，生活满意度较低②。

与国外相同，国内对生活满意度主观因素的研究，认为人格与认知是影响生活满意度的重要因素。其中人格是影响生活满意度的最主要主观因素，与个体的中、高级需要（归属与爱的需要、尊重需要、自我实现需要）的满足程度有关。不过，与国外学者认为自尊是对生活满意度最有力的影响因素不同，国内学者陈世平和乐国安③则认为乐观是对生活满意度影响最大的主观因素，其后依次为自尊、自我评价等。

无论是对自然科学还是对社会科学进行研究，研究者通常都可以从主观和客观两方面来进行分析，对生活满意度的研究亦可如此。目前，国外对生活满意度主观因素的研究，主要集中在人格和认知因素两个方面。在人格因

---

① 王伟，杨俊生等．国外生活满意度研究成果及其意义价值［EB/OL］．［2013-12-22］．http：//www.docin.com.

② 乔颖．美国最新调查：年收入 5 万美元　幸福常伴身边［EB/OL］．［2012-04-19］．http：//www.dayoo.com.

③ 陈世平，乐国安．城市居民生活满意度及其影响因素研究［J］．心理科学，2001，24（6）：664-666.

素方面，Campbell[①] 提出自尊（Self-Esteem）是对生活满意度最有分量的影响因素。馆员生活满意度的影响因素小可从主观因素和客观因素两个角度来考察。与馆员 LS 有关的客观因素主要有：生活事件、家庭环境、社会化关系以及人口统计学变量等；与馆员 LS 有关的主观因素主要有：自尊、价值观、自我评价、自我认知以及其他一些人格因素。

3. 高校馆员生活满意度的测量

（1）生活满意度的测量方法

陈世平、乐国安认为对生活满意度的测量主要有两种不同方法：一是根据多重差异理论，认为一个人对自己生活的满意度取决于他（她）在心理上对几个不同差距的信息的总结，这一方法多用于测量某一生活领域的满意度；二是根据社会心理影响因素，认为个人生活满意度与诸多社会心理因素有直接关联，如压力、抑郁、他人支持、内控（相信个人可以掌握自己的命运）、外控（意识到个体的命运被别人所控制或被机遇所控制）等[②]。通过分析对生活满意度会产生影响的重要因素，就能通过对这些因素的测量来评定生活满意度的水平高低。

（2）高校馆员生活满意度的测量工具

国内在评定不同群体的生活满意度时主要借用国外相关经过信度、效度检验的生活满意度量表，其中应用最广泛的是 Neugarten、Havighurst 等编制的《生活满意度量表》（Life Satisfaction Scales）[③]。

根据高校图书馆的实际情况，在生活满意度测量指标的选择上主要考虑测量指标的有效性与针对性，把着眼点放在对生活满意度的影响因素进行横向比较上。鉴于此，本研究设计了针对高校图书馆员的生活满意度调查量表（详见附录），在全国高校图书馆部分馆员中开展了调查，以期了解目前馆员生活满意度的现状及相关。

（3）高校馆员生活满意度的测量结果及分析

第一，通过调查、数据分析馆员生活满意度的主要影响因素（从生活态度、家庭成员关系、家庭总收入、家庭责任、业余生活、身体状况等 7 个维度），结果证明部分馆员生活满意度不太高的主要影响因素是家庭成员关系、

---

① Campbell A，Converse P E，Rodgers W. The quality of American life: perceptions, evaluations and satisfactions [M]. NewYork: Russell Sage Foundation, 1976.

② 陈世平，乐国安. 城市居民生活满意度及其影响因素研究 [J]. 心理科学, 2001, 24 (6): 664-666.

③ 姚本先，石升起. 生活满意度研究现状与展望 [J]. 学术界, 2011 (8): 218-227.

家庭总收入等。

高校馆员生活满意度的总体情况。该调查量表采用李克特氏五点评分方法，分别给予"非常满意""比较满意""一般""不太满意""很不满意"以分值，然后统计总分。依据伊利诺伊大学心理学家爱德华·达纳在《生活满意度量表》中使用的国际标准计分方法，统计得分在 31~35 分之间表明你对生活特别满意；26~30 分表明非常满意；21~25 分表明大体满意；20 分表明无所谓满意不满意；15~19 分表明不大满意；10~14 分表明不满意；5~9 分表明特别不满意①。我们的结论是：高校馆员中只有 1% 对自己目前的生活状况表示"非常满意"，12.7%"较满意"，35.8% 的表示"一般"，30.1% 的馆员表示"不太满意"，19.1% 馆员的表示"很不满意"（详见表 6-4）。

表 6-4　高校图书馆员生活满意度的总体情况

	满意度	频　数	百分比	有效百分比	累计百分比
有效值	很不满意	324	19.1	19.3	19.3
	不太满意	511	30.1	30.5	49.8
	一般	608	35.8	36.3	86.1
	比较满意	216	12.7	12.9	99.0
	非常满意	16	1.0	1.0	100.0
缺失值		23	1.4		

第二，高校馆员生活满意度的现状及其影响因素。以高校馆员总体生活满意度为一级综合指标，以经济状况、家庭成员关系、工作、健康状况、人际关系、环境等方面的满意度为二级指标，在此基础上，运用验证性因子分析考察了馆员生活满意度现状及其影响因素。研究发现，高校馆员对二级指标中的人际关系、健康状况和环境的满意度较高，而对经济收入状况、家庭成员关系、工作满意度明显偏低，尤其是经济状况的满意度最低，得分仅为 2.09 分，因子载荷的估计值也是最低，仅有 0.33（见表 6-5）。经济收入状况应当成为改善高校馆员生活满意度的重要着力点。

---

① 郑日昌. 北京师范大学心理测评表：看看你对生活的满意度吧 [EB/OL]. [2008-02-05]. http：//www.baidu.com.

表 6-5　生活满意度一级指标、二级指标及因子载荷结果

一级指标	二级指标	因子载荷估计值
	经济状况满意度	0.33 ***
	家庭成员关系满意度	0.46 ***
生活满意度	健康状况满意度	0.56 ***
	人际关系满意度	0.62 ***
	环境满意度	0.55 ***

注：*** 表示参数在 0.01 水平上显著。

（三）生活满意度与工作满意度相关性的调查及分析

工作不仅占据着人们除生活之外最多的时间和精力，还是人们获得成就感、提升自豪感的重要途径。人们在工作中是否感到愉快通常也会影响到生活方面的质量，如休闲质量、家庭关系的和谐程度以及人格因素中的自我认同感。国内外学者都很关注生活满意度与工作满意度的相关性，考察工作满意度对生活满意度的影响程度及效应大小。

国外学者早已通过考察不同工作层次变量与生活满意度相关性的方法，探索出工作满意度和生活满意度的相关性，发现整体生活满意度和整体工作满意度的相关系数为 0.47。1977 年 Crandall & Seals[1] 在他们的研究中考察了同事、工作本身、工资、工作条件和资源的满意度和生活满意度的相关性，发现工作本身和工资满意度和生活满意度的相关性较密切，相关系数分别为 0.29 和 0.25。

国内学者林丽玲和李诚[2]研究工作满意度对生活满意度的影响力度大小。工作层面中与整体生活满意度相关性比较高的变量依次是：工作本身、人际关系、主管领导风格；生活领域中与整体工作满意度相关性比较高的变量依次为：主观知觉与健康状况（详细结果见表 6-6）。由于婚姻、年龄、教育程度、工作满意度都会影响生活满意度，本研究以婚姻、年龄、教育程度、工作满意度为自变量，以整体生活满意度为因变量，作了回归分析，发现工作满意度对生活满意度的解释力度为 0.458（见表 6-7），是该方程中对生活满意度解释力度最大的变量。

---

① Crandall M G, Seals M. The impact of job level and sex differences on the relationship between life and job satisfaction [J]. Academy of Management Journal, 1977（20）：66-73.

② 王保红. 工作满意度与关系研究综述 [J]. 经济研究导刊, 2008（12）：195-199.

表6-6　林丽玲和李诚的研究结果

项　目	整体生活满意度	项　目	整体工作满意度
整体工作满意度	r==0.501 ***	整体生活满意度	r==0.501 ***
工作本身	r==0.474 ***	健康状况	r==0.402 **
薪资所得	r==0.297 *	主观知觉	r==0.451 ***
升迁	r==0.276 *	经济状况	r==0.270 *
社会福利	r==0.186	所受教育	r==0.392 **
人际关系	r==0.606 ***		
主管领导风格	r==0.374 **		

注1：* 表示 $P<a$（a 为显著性水平，取值 0.05）。P 是统计学概念中显著度的缩写，表示样本具有总体代表性的犯错概率，它用来判断统计结果的真实度。P 值越小，犯错概率越小，统计结果的可靠性程度就越高。

注2：* 表示 $P<0.05$ 显著相关，** 表示 $P<0.01$ 非常显著相关，*** 表示 $P<0.001$ 极端显著相关。

表6-7　生活满意度决定性因素回归分析

	回归系数	标准差	F 统计量	概率 P
自变量	1.198	0.406		
婚姻状况	0.217 *	0.112		
年龄	2.667 *	0.011		
教育程度	−1.668	0.092	8.438	0.000
工作满意度	0.458 ***	0.090		
R	0.364			
调整后的 R	0.321			

注：* 表示 $P<0.05$，** 表示 $P<0.01$，*** 表示 $P<0.001$，R 指整体生活满意度。

2009 年，安徽师范大学教育科学学院的陈文涛、桑青松、梅芳芳等通过调查安徽省科技工作者当前的生活质量和工作满意度状况，研究生活质量状况、工作满意度状况以及生活质量和工作满意度之间的关系[①]。通过 Pearson

---

① 陈文涛，桑青松，梅芳芳. 安徽省科技工作者生活质量与工作满意度调查研究 [J]. 大众科技，2009（04）：211-213.

Correlation 相关分析可知，在 0.01 相关水平上，生活质量与工作满意度呈现正相关关系，相关系数为 0.501，也就是说，提高科技工作者的工作满意度，其生活满意度也会提高（见表 6-8）。

在前两次工作满意度、生活满意度分开调查的基础上，本课题组又开展了生活满意度和工作满意度相关性的调查、研究和分析（调查表详见附录），与国内外学者的研究相同，生活满意度和工作满意度具有显著的正相关关系。

表 6-8　生活满意度和工作满意度相关性

	生活满意度
工作满意度	0.501 ***

馆员工作满意度的 7 个影响因素"领导管理、福利报酬、工作本身、工作压力、人际关系、发展前景及个人生活"中与生活满意度最相关的影响因素是：领导管理、福利报酬、工作本身、工作压力及人际关系。馆员生活满意度的 6 个影响因素"生活态度、家庭成员关系、家庭总收入、家庭责任、业余生活、身体状况"中与工作满意度最相关的影响因素是：生活态度、家庭成员关系、家庭总收入、业余生活、身体状况（见表 6-9）。

表 6-9　生活满意度、工作满意度影响因素的相关性分析

项　目	整体生活满意度	项　目	整体工作满意度
整体工作满意度	r= =0.502 ***	整体生活满意度	r= =0.502 ***
领导管理	r= =0.474 ***	家庭成员关系	r= =0.413 ***
工作本身	r= =0.609 ****	家庭总收入	r= =0.462 ***
工作压力	r= =0.326 **	生活态度	r= =0.260 *
工作环境	r= =0.186	业余生活	r= =0.375 **
福利报酬	r= =0.512 ****	身体状况	r= =0.389 **
人际关系	r= =0.227		
个人生活	r= =0.189		

由于两者之间相互作用、相互影响的关系，图书馆管理者只要以两者之中的任何一方为起点，采取有效措施，提升馆员的工作或生活满意度，另一方也会随之提升。随着馆员工作或生活满意度的逐年上升，馆员的工作与生

活才能齐头并进，协调发展。

（四）三项调查小结

理论分析和实际调查显示：整个图书馆行业馆员的工作满意度状况欠佳，部分馆员工作满意度不太高的主要影响因素是"工作地位、工作成就感、工资福利"等。受其影响，馆员的生活满意度水平也亟待提高。与前面的理论分析和实际调查相吻合，经过高校馆员的生活满意度量表的调查、分析，再次证明：图书馆职业的福利待遇不高，影响家庭的总收入状况；家庭成员关系不和谐，家庭成员之间的矛盾和冲突较多，导致馆员个体需要得到满足的程度不高。"家庭成员关系、家庭总收入"是影响馆员的生活满意度水平的重要因素，也是决定馆员工作与生活平衡与否的重要指标。若要实现馆员工作与生活的平衡发展，提高馆员的整体工作、生活满意度水平，必须以"工作地位、工作成就感、工资福利、家庭成员关系、家庭总收入"等重要影响因素为突破口，采取有效措施，减少工作与生活的不和谐因素，提升馆员目前的工作、生活满意感。

第三节　实现高校图书馆员工作与生活平衡的 L-EAP 策略

员工援助计划（EAP）开始是组织给予员工的一项福利计划，随着EAP 的不断发展，从 EAP 计划的制订到每个步骤的实施，再到实施效果的反馈，EAP 项目的整个过程都渗透着"尊重人""关心人""重视人"等人本管理的理念。因为各级组织中的高层管理者都意识到：只有真正地关注、关爱和关心员工，才能从心里获得员工对组织的忠诚和对工作的责任感；只有赢得了员工的心，才能更好地赢得员工的脑子和双手，员工的成长和组织的发展才能协调一致。因此，将员工援助计划（EAP）逐步纳入到图书馆管理与服务中，从管理入手助推 EAP，应当成为未来图书馆 L-EAP 的发展之路。

一、L-EAP 模式中影响馆员工作与生活满意度的核心因素

根据前文调查和分析的结果，高校图书馆应重点围绕 EAP 中影响馆员工作满意度与生活满意度的核心因素，制订 L-EAP 的实施方案，采取切实可行的措施，提高馆员的工作满意度和生活幸福感，帮助馆员实现工作与生活的平衡发展。L-EAP 模式中影响馆员工作满意度与生活满意度的核心因素主要

有（如图 6 - 2）：

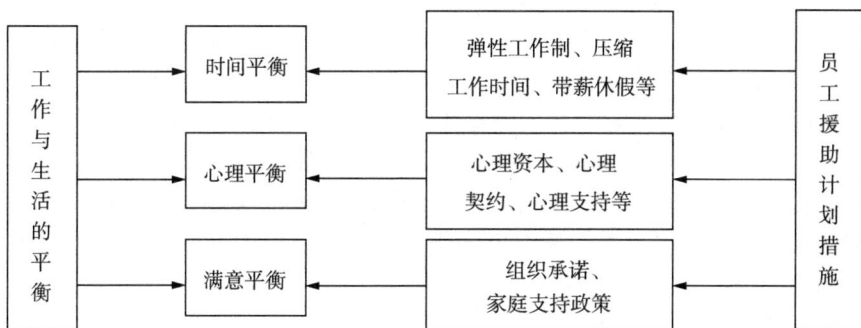

図6-2　L-EAP 模式中影响馆员工作与生活满意度的核心因素

（一）弹性工作制

1. 弹性工作制及其与工作、生活平衡的关系

弹性工作制（Flexibility）不仅仅是针对时间（Time）上的，还包括了员工对于自己的工作形式（Type）、工作场所（Work Place）等的灵活控制程度，这些弹性会直接影响到员工工作和生活的方方面面。从前面提到的美国薪酬协会的总报酬模型中可以看出，弹性工作制的研究内容不仅仅是指弹性的状态，还包括支持这些弹性的相关措施，如工作分享、心理支持、组织承诺等[①]。实行灵活的工作时间，如少数人可以在工作之外的时间来工作，同时允许住得离单位较远的员工更好地安排工作和生活。

随着工作与生活平衡概念的提出，弹性工作制的内容也得到了不断地丰富和发展，其应用范围也越来越广泛。实践证明，弹性工作制可以有效缓解工作和家庭的冲突，促进员工的工作与生活的平衡发展。

2. 弹性工作制在图书馆行业的应用优势——女性馆员较多

从传统的认识来看，男性馆员更多地会将重心放在工作上，而女性馆员则是将重心放在生活上。女性馆员承担着来自工作和家庭生活双方面的压力，长时间紧张的工作、持续的工作压力确实为女性带来了个人生活的局限性，时间和精力的限制都很难使女性馆员做到工作与生活的完全平衡。尤其是在女性较多的图书馆行业，女性馆员工作与生活的冲突现象更是屡见不鲜，如

---

① Pascale Peters, Laura den Dulk, Tanja van der Lippe. The effects of time-spatial flexibility and new working conditions on employees'work-life balance: the Dutch case［J］. Community Work &Family, 2009 (3)：279-297.

果能够采用弹性工作制，可以有效缓解女性馆员的职业压力，减少工作与生活的冲突。可以预知，弹性工作制的实施在图书馆行业更容易获得较多的支持。

（二）压缩工作时间

长时间的工作不可避免地对家庭生活造成一定的干扰。欧洲的调查发现：每周工作少于 35 小时，或者从事兼职工作的人呈现出较少的健康问题。工作时间的长短和工作与生活平衡之间存在显著的正相关关系，员工的可支配工作时间长短可以促进个人生活需求的满足程度，使得他（她）们的生活满意度提高①。因为个人需要在一定时间内得到满足以后，所感受到用来工作和进行社交生活的时间充裕性可以预测幸福感。从以往的研究可以看出，减少工作时间可以有效地改善生活的质量。

（三）带薪休假

带薪休假是指在报酬不变的情况下，缩短一定时期的工作时间，其中休年假是一种很普遍的措施，还可以通过压缩工作周的方式来实现带薪休假。长时间的工作需要调剂，家庭生活或许就是最好的调剂品，无论是白领还是蓝领的员工，由于长时间工作在一种性质比较固定、单调的行业，他（她）们都很乐意接受带薪休假的政策，这对他（她）们的生理和心理健康都大有好处。实践证明，带薪休假可以预防消极情绪的产生，有效缓解工作与生活的冲突，使员工的心理状态更加健康，对工作与生活有很好的促进作用。

（四）管理层创造家庭支持政策

家庭支持政策的建立和推广，离不开组织对家庭支持政策的支持和拥护，换言之，就是要培养一批图书馆管理层中的家庭支持者。尤其在平衡工作与家庭生活的关系上，组织的干预策略是非常重要的，只有构建起完整、健全的组织干预系统，并使其与个人、家庭、政府和社会各个层面的干预策略形成一个互利、互补的整体，工作与家庭冲突现象才能得到有效控制。

各类组织（包括图书馆）中的管理者、领导者要对工作、家庭冲突现象持更加人性化和宽松的管理方式，容许他（她）们采用弹性工作制，允许他（她）们工作时间内拨打私人电话，允许他（她）们在特殊情况下带小孩上班，当他（她）们因私事请假时应表示理解和支持等②。家庭支持政策中的核心影响因素主要有：

① 李纯. 酒店员工工作—生活平衡研究 [D]. 长沙：湖南师范大学，2010.

② 李奇奇，张丽琍. 女性工作——家庭冲突的组织支持策略与员工援助计划 [J]. 人力资源管理，2010（12）：86-87.

1. 心理资本

由于 EAP 模式中的心理资本对工作促进生活、生活促进工作均具有显著的预测作用，所以，心理资本在工作、生活平衡中对工作满意度、生活满意度发挥着重要的中介作用，因为从工作当中获得的各种技能、行为及心境对工作满意度、生活满意度有积极的溢出效应。具体表现在：具有较高心理资本的馆员对工作领域的行为特征及情境的评价较高，所获得的回报也较高，他（她）们的满意感自然就高。也就是说，具有较高心理资本的馆员会对工作的情境做出较为积极的认知评价，激励他（她）寻求和创设积极的、有利于自身发展的情境和条件，工作满意度提高了，生活满意度也会随之提高。

2. 心理支持

积累 EAP 心理资本的重要途径就是获得心理支持。心理支持是指员工感知到的来自组织、上级等方面对其工作与生活的关心、支持和认同。根据"社会交换理论"，心理支持一般有两个来源：一个是来自组织、同事和上级的支持，称之为"组织支持"；一个是来自于非工作领域主要指亲友等社会关系的支持，称之为"社会支持"[1]。

（1）组织支持

组织支持理论（Organizational Support Theory）认为，当员工感到组织对他（她）很关心、支持和认同时，他（她）们就会对工作产生相应的满足感、自豪感，积极投入工作，并能取得良好的工作绩效[2]。事实上，EAP 中的组织支持不仅可以提高馆员的工作满意感使其获得高绩效，同时还能通过为馆员的家庭生活提供诸多便利条件，如营造组织支持家庭生活的良好氛围，提高工作时间、场所的灵活变通性，提供多样化的福利待遇等，来提高馆员的生活质量，提升馆员的生活幸福感。因此，馆员感受到的组织支持能够同时提高他（她）们的工作和生活满意度。

（2）社会支持

社会支持（Social Support）指的是社会各方面（主要指亲朋好友）给予个体精神和物质上的帮助和支援，反映了一个人与社会联系的密切程度和人际交往质量。来自上级、同事以及亲朋好友的社会性支持，可以满足员工的

---

① 蒙维洋. 从社会交换理论的视角探讨高职院校教学团队建设 [J]. 高等建筑教育，2013，22（02）：147–150.

② 贺慧玲. 工作家庭冲突与社会支持、生活满意度的关系 [D]. 北京：北京师范大学，2007.

归属感和情感支持等方面的需要，从而增强员工对组织的感情承诺和社会依赖性①。社会支持对个人身心健康和情绪、情感的影响日益受到研究者的关注。EAP 中有关社会支持的研究表明，社会支持能够有效缓解馆员的工作、生活压力，促使馆员积极工作、快乐生活。因此，馆员接收到的社会支持能够有效提高他们的工作、生活满意度。

3. 组织承诺

组织承诺是指员工对组织目标和价值的信念和接受（认同度）、愿意为组织的利益付出适当的甚至是额外的努力（参与度），以及继续留在此组织的强烈愿望（忠诚度）。由于工作、生活满意度是个人根据自己设定的标准，对其工作状况及生活质量所做出的主观总体评价，以认知成分为主导，因此不仅受外部环境影响，更受到个人认知因素的影响，而组织承诺则能从一定程度上改变个体的认知状况。根据"互惠原则"，组织支持感能促使馆员产生一种关心组织利益的强烈责任感、义务感，增强馆员对组织人性化管理的感情承诺②。例如，当组织对馆员在经济和职业发展等方面给予关心和支持时，可以增进馆员对组织的感情依赖，提高他（她）们获得发展的荣誉感。因此，组织承诺在提高馆员的工作和生活满意度之间也发挥着不可替代的中介作用。

二、高校图书馆员工作与生活满意度的现状与 EAP 的关系

（一）高校馆员工作、生活满意度的现状分析

随着现代科技在图书馆的应用，职业压力（Professional Pressure）、职业倦怠（Professional Burnout）现象已成为图书馆员职业发展的主要障碍。2004年中国"工作倦怠指数"首次调查报告显示，有35%的人表现出较高的情绪衰竭，由压力引发的职业衰竭、生理心理疾病、离职、缺勤的事件时有报道③。本课题组开展的前期调查结果显示，近四分之一的高校馆员倦怠感较强，高度倦怠者超过4%。情绪衰竭的最终结果必然是工作效率的下降，在企业体现的是直接的经济损失。在图书馆行业，由于其工作的特殊性和固有性质，如工作成果难以鉴定、价值实现的滞后性等，其职业衰竭的损失不能立

---

① 陆玲玲. 基于组织支持感的组织公平感与组织承诺的关系研究 [D]. 苏州：苏州大学，2010.

② 陈上贵. 组织支持感与员工满意度关系的实证研究 [EB/OL]. [2010-10-26]. http://www.docin.com/p-4738448.

③ 中国"工作倦怠指数"调查报告 [EB/OL]. [2012-12-24]. http://www.people.com.cn/GB/shenghuo/1089/3042998.html.

竿见影地以经济指标来衡量，但它的负面影响更深远、更严重。国内外的许多调查、研究（包括本研究在内）已证明图书馆行业普遍存在职业压力、职业倦怠现象，而这两种现象最容易直接导致馆员工作、生活满意度的大幅度下降。前期的相关调查显示：目前高校图书馆员的工作、生活满意度水平不是很高，而高校及图书馆的管理层在平衡馆员的工作、生活之中没有发挥积极的推动作用。

（二）EAP 与馆员工作、生活满意度影响因素的相关性调查与分析

根据馆员工作、生活满意度的相关因素以及 EAP 的四个主要层面，课题组设计了员工援助计划与馆员工作、生活满意度相关性的调查问卷（调查表详见附录）对两者的相关性进行了全面分析和实证研究。结果证明馆员工作、生活满意度与员工援助计划有着密切的联系，如图6-3所示。

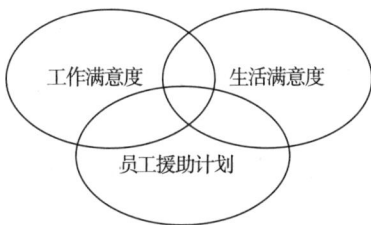

图6-3　馆员工作满意度、生活满意度与员工援助计划的相互关系

本研究调查的范围主要是在华南、华东和华北地区的各类型图书馆，覆盖的样本量还不算是很多。另外，目前我国许多服务行业也还没有完全通过EAP 来提升员工的工作满意度，在图书馆行业实施 EAP 更是处于起步阶段，这些都可能限制了本课题研究的广度和深度。通过描述性分析及相关性分析，结论如下：

1. EAP 与工作、生活满意度的描述性分析

由表6-10可知：EAP 四个层面中，员工福利层面平均数为3.0188，得分最高，其次是教育发展层面平均数为2.7355，咨询辅导层面和家庭协助层面平均数得分较低，分别是1.9732和1.2837，说明目前中国的服务行业包括图书馆在内，EAP 的实施还更多地停留在员工福利和教育发展方面，在家庭协助和咨询辅导方面做得还不够，其中平均数最大的刚到3。国内大多数服务行业对 EAP 不是很重视，EAP 的推行还有赖于政府相关部门、理论界和业务界一起协同推动。在工作、生活满意度层面，平均数为2.2362、2.3457，小于中间值3，说明调查样本中馆员的工作满意度、生活满意度水平不是很高，有待于组织进一步改善和提高。

表 6-10　员工援助计划与工作、生活满意度描述性分析

员工援助计划	样本数目	最小值	最大值	平均数	标准差
咨询辅导层面	300	0	5	1.9732	1.2172
教育发展层面	300	0	5	2.7355	0.9855
家庭协助层面	300	0	5	1.2837	1.1384
员工福利层面	300	0	5	3.0188	0.9348
工作满意度	300	0.5	4.5	2.2362	0.8837
生活满意度	300	0.7	5.2	2.3457	0.9816

2. EAP 与工作、生活满意度影响因素的相关性分析

本研究采用皮尔逊（Pearson）积差相关分析，取得工作满意度和员工援助计划不同层面之间的相关系数（R），作为衡量它们之间紧密联系程度的重要指标，并进行单尾检验，得出 P 值，结果见表 6-11。可以发现，馆员工作满意度与员工援助计划的教育发展层面和咨询辅导层面两个因子显著相关（显著性系数 P 值分别为 0.000、0.005），说明在员工援助计划中，教育发展和员工福利这两个因子可以解释馆员工作满意度上的差异，员工福利和家庭协助这两个因子则可以有效解释馆员生活满意度上的差异。

表 6-11　工作、生活满意度与员工援助计划各层面的相关性分析表

员工援助计划	工作满意度 皮尔逊相关系数	生活满意度 皮尔逊相关系数	Sig. 1 tailed P 值
咨询辅导层面	0.191	0.097	0.433
教育发展层面	0.270	0.067	0.000 ***
家庭协助层面	0.056	0.206	0.148
员工福利层面	0.097	0.282	0.005 **

注 1：＊表示 P<a（a 为显著性水平，取值 0.05）。P 是统计学概念中显著度的缩写，表示样本具有总体代表性的犯错概率，它用来判断统计结果的真实度。P 值越小，犯错概率越小，统计结果的可靠性程度就越高。

注 2：** 表示 P<0.01 非常显著相关，*** 表示 P<0.001 极端显著相关。

目前，国内外的大量实践已经证明 EAP 有助于提高组织绩效，其中很重要的一点就是实施 EAP 可以提高员工的工作、生活满意度，但是 EAP 主要包括四个方面，这四个方面在提高工作、生活满意度上的效果不一样，从表 6-

11 中可以看出，组织在实施援助计划的各个层面上，员工工作满意度的相关程度不一样，不同组织在实施教育发展层面有显著差异，在员工福利层面也有差异，由此得出结论：组织在实施教育发展和员工福利方面越重视，员工的工作、生活满意度就越高，反之则越低[①]。事实上，重视馆员的教育和发展是很重要的，组织越强调这些，馆员对组织的忠诚度越高，工作满意度也会提高。员工福利方面是最基本的保障因素，包括馆员的食宿及业余活动条件，还有馆员的健康、医疗服务等，如果没有较好的员工福利做铺垫，提高馆员的生活满意度也将成为空中楼阁，任何管理者都须重视和加强这一方面的工作。

3. EAP 与馆员工作、生活满意度影响因素的相关性总结

从上面的调查、分析可以看出：馆员工作满意度的影响因素与 EAP 中的咨询辅导及教育发展层面有很大的相关性，馆员生活满意度的影响因素与 EAP 中的家庭协助及员工福利层面有很大的相关性，综合国内外已有的研究成果和课题组成员在图书馆多年的工作经验，两者的相关性影响因素可归纳为以下几个方面：

（1）对图书馆领导管理的认可程度

它主要包括对图书馆领导管理以及图书馆规章制度的满意程度。具体来说，主要指图书馆办馆宗旨、方针、政策等带给馆员的心理满足感程度；馆员从图书馆组织运行机制、行为模式中所获得的心理满足感等；馆员对图书馆业务管理规范性、绩效考核公正性、薪酬制度合理性等的满意程度。

（2）对人际关系的满意程度

它主要包括与领导的沟通、同事关系的融洽、部门冲突的解决以及领导的关怀等。工作中馆员与馆员之间的融洽与否往往会影响个人的思想、行为和工作表现，随着馆员素质的不断提高，良好的同事关系和部门之间的协作氛围，上级领导对于下属的尊重、信任和授权，上级领导的人格魅力和领导艺术都是提高馆员士气，增加集体向心力、凝聚力，提升馆员工作满意度的积极因素[②]。家庭成员之间能够和睦相处，关系融洽，这种和谐的人际关系是提高馆员生活质量的重要推动力量。

（3）对工作本身的满意程度

课题组开展的前期调查显示：工作任务的挑战性与复杂性程度，馆员对

[①] 张升飞．员工援助计划因子分析及其对工作士气的影响［J］．广西民族大学学报：哲学社会科学版，2010（03）：24-26.

[②] 张娜．创新团队社会资本及对团队绩效的影响研究［D］．济南：济南大学，2008.

工作的兴趣契合度以及工作中收获的成就感是影响工作满意度的重要因素。工作目标太高，可望而不可即，往往会降低馆员的工作积极性，但是工作目标太低，缺乏挑战性和竞争性同样会造成馆员对工作的懈怠和不满；工作任务过于单调、缺乏复杂性，容易使馆员缺乏工作热情，导致满意度下降；只有当馆员对工作本身产生浓厚的兴趣，且工作任务又符合自己的期望，才能激发馆员的工作积极性，提升馆员的工作业绩。

（4）对福利报酬及发展前景的满意程度

报酬在一定程度上可以认为是组织衡量馆员完成既定组织目标或所做贡献大小的重要指标，主要指报酬的数量、公平性及合理性三个方面。报酬的多少直接影响和决定着馆员的"家庭总收入"情况，更影响和决定着馆员的生活质量，所以很多馆员视报酬为提高生活满意度的基本条件。另外，馆员还十分重视图书馆职业的相关福利待遇及发展前景，如工作能否给自己提供学习、成长的发展环境；工作中能否学到对自己成长和发展有用的知识和技能；图书馆组织能否为馆员提供各种培训及职务晋升的机会等，这些都会直接影响馆员对工作满意度的评价水平。

4. EAP 可以提高馆员的工作、生活满意度

Degroot 总结了 18 项研究结果发现，EAP 与工作满意度、工作绩效呈正相关系①。在美国，职业压力每年给国家财政带来的损失平均为 2000 亿美元。Keith 等人对密西根大学 722 名使用 EAP 的教职员工进行了长达 5 年的跟踪研究，发现实施这个项目可以增加留职率和减少病假率，至少为该大学节省了65351 美元②。到目前为止，我国虽然没有这类具体的统计数据，但实践证明EAP 能有效缓解职业压力、职业倦怠现象，在本书前面的章节中都已经分别详细论述过。

因此，高等院校的行政领导和图书馆管理者要有全局观念和长远的战略眼光，不能把院（校）内或馆内实施 EAP 看作是增加人力资源的开支，而应视为能够增值的长远投资项目，它所带来的将是馆员抱怨的减少、工作热情的提高、凝聚力的增强和工作绩效的提升等。实施 EAP 不仅能提高馆员的工作、生活满意度，减少工作与生活的不和谐因素，促使馆员工作与生活平衡发展，同时也是增强图书馆组织绩效、实现学院可持续发展的重要举措！

---

① Degroot T, Kiker D S. A meta analysis of the norrmonetary effects of employee health management programs [J]. Human Resource Management, 2003, 42 (01): 53-69.

② 朱君伟，刘晋红. 员工帮助计划（EAP）在我国的发展及本土化探析 [J]. 山西煤炭管理干部学院学报，2007, 20 (4): 22-22.

三、提高高校图书馆员工作满意度的 L-EAP 对策

通过问卷的调查和分析，高校图书馆员工作满意度的水平高低受工作薪酬、所在高校类型、馆员专业背景、职务等多个方面因素的影响，因此，图书馆在实施 EAP 过程中，要提升馆员工作满意度的总体水平，可以从 EAP 的四个方面（咨询辅导方面、家庭协助方面、教育发展方面、员工福利方面）寻找新的突破口，重点围绕 EAP 中影响馆员工作满意度的核心因素，从馆员专业技能到自由时间管理、积极人格构建和职业生涯规划等各方面进行全面考察和培训，使馆员以更大的热情投入到本职工作中，提高组织绩效，增强馆员的职业认同感。从提高馆员工作满意度的角度出发，我们提出以下 L-EAP 方法（如图 6-4）：

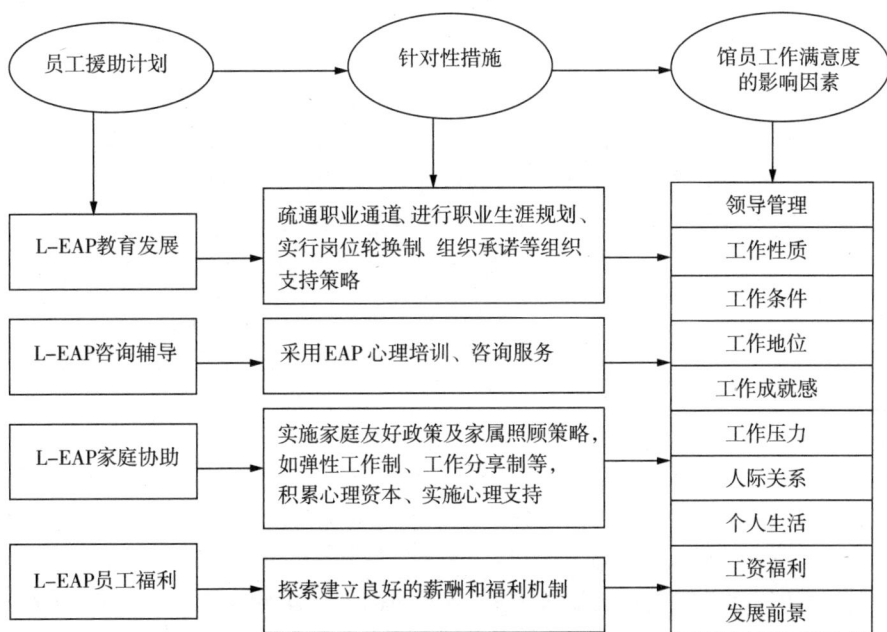

图 6-4　员工援助计划与馆员工作满意度的影响因素

（一）L-EAP 教育发展方面——职业发展及岗位设置

L-EAP 组织重视馆员的职业生涯管理，是将图书馆组织和馆员双方的需要、目标、利益合理结合、合理匹配，以达到动态均衡和协调发展，促使图书馆组织与馆员职业发展双丰收。从前期的调查可以看出，加强馆员的教育和发展训练是所有环节中最重要的一个方面，图书馆 EAP 组织（简称 L-

EAP）越重视这些，馆员对组织的忠诚度就越高，工作满意度也会提高。关于馆员的职业发展和规划在前面的章节中已详细论述过，此处仅从工作满意度的角度阐述其可采取的主要措施。

1. 为馆员设置、疏通职业通道

图书馆 L-EAP 组织一方面应根据馆员及组织的发展目标，从管理、技术、职称上为馆员设计不同的职业生涯发展路径和阶梯，为馆员实现更高一级的目标创造条件；另一方面应促使馆员在职业生涯中专业技能获得不断提高，潜能得到最大限度的发挥。L-EAP 组织还要积极引导和鼓励馆员进行学术研究，对馆员的论文、论著等学术成果要配有一定的物质和精神奖励，并在馆内形成一定的规章制度①。同时也应鼓励馆员多参加馆外的各种学术交流、研讨活动，创造条件定期或不定期举办本馆的学术研讨活动，创造良好的学术气氛。另外，还要积极为那些具备职称晋升条件的馆员铺设发展通道、提供科研环境，让他（她）们有时间和精力多承担一些重要的研究项目或科研任务，督促、帮助他（她）们在工作和学术上取得更多的创新成果。

2. 对馆员的职业生涯进行分阶段规划、管理

图书馆 L-EAP 组织可以对馆员的职业生涯进行分阶段规划和管理。如对年轻馆员应提供富有挑战性的工作，让新馆员在职业生涯发展中能保持旺盛的工作热情、积极投入工作，展现自我、实现自我价值，确定其今后职业生涯的发展方向。对中年馆员，可以安排他（她）们多对年轻馆员进行"传""帮""带"，L-EAP 组织应多为其提供有针对性的培训和教育，鼓励或资助他（她）们经常"充电"，使他（她）们的专业优势能够得到不断更新和发展，增强中年馆员的职业保障感，防止知识老化、退化现象的出现。针对即将退休的老馆员，L-EAP 组织要帮助其制订详细的退休筹备计划，协助职业生涯后期的馆员做好工作、情感及心理上的转移和过渡。

3. 实行部分岗位轮换制

目前我国高校图书馆普遍存在缺少鼓励创新的机制和氛围，在图书馆岗位设置及人员安排上较少考虑馆员的个人特长及性格特点。在 L-EAP 模式的引导下，图书馆管理者可以通过合理调整馆内的组织结构和人员聘用，尽量做到"人适其事、事得其人"，最大限度地发挥馆员的主观能动性。如图书管理者馆可采用以及部分岗位轮换制的方法，有计划、有步骤地进行岗位轮换，促使馆员感觉工作更具挑战性，从而使馆员在新的岗位上产生更大的热情，

---

① 周丹. 浅谈高校图书馆员职业生涯规划与管理［J］. 广西轻工业，2010（8）：207-208.

避免馆员职业生涯中出现心理疲怠期，影响馆员的工作积极性。

（二）L-EAP 咨询辅导方面——培训机会及心理咨询服务

随着科技的迅速发展，图书馆日常工作中所需的各项技能及知识更新速度也在不断加快。图书馆 L-EAP 组织应支持馆员通过在职培训、在岗教育、参观学习等多种形式，不断完善和提高馆员的岗位技能，提升馆员的综合职业素质及工作效能。L-EAP 开展的培训内容主要有：

1. L-EAP 心理培训

（1）针对不同层次的馆员群体进行专题培训

对图书馆高层管理人员进行管理策略培训：使高层管理者改变认识和观念，把 L-EAP 看成是增强图书馆核心竞争力和学校稳定发展的基础，是馆员的一项长期性福利项目，应从学校发展的战略高度来促进 L-EAP 的实施和推广；进行咨询的相关理论和技巧培训，使高层管理者在工作中能及时辨识、预防和解决馆员的各种心理障碍。

对全体馆员进行培训：在全体馆员中开展人际交往技巧、情绪调控、压力应对、工作与生活协调、职业生涯规划、危机事件处理、提升情商等专题的培训；条件好的图书馆还可以组织开展心理旅游、团队拓展训练、体育比赛、文化娱乐等活动，积累"心理资本"，增强抗压、抗干扰能力，提高馆员的综合心理素质。

（2）针对不同的培训内容进行专题培训

应增加对馆员的知识、技术、技能方面的培训，使他（她）们能够更好地适应社会环境的变化图书馆行业的发展趋势，减轻馆员的工作和心理负荷；通过有关工作与生活协调、人际交往技巧及情绪管理等方面的讲座和训练，让馆员学会自我认识、自我调节，及时有效地缓解职业压力，从容面对工作与生活。

2. L-EAP 图书馆业务培训

除了注重开展 EAP 心理培训之外，图书馆 L-EAP 组织还应有计划、有步骤地督促馆员加强计算机、网络技术以及图书馆专业知识等方面的培训，支持馆员外出深造或接受继续教育，如脱产进修、在职培训等，使馆员及时"充电"，业务知识得到不断更新，能顺应现代图书馆事业的发展要求。另外，L-EAP 组织也可以借鉴国外的成功经验，如国外很多图书馆以及图书馆协会都会提供一些项目实习机会①。通过参与其他图书馆的实习项目，不仅可以扩

---

① 胡芳，刘金铃. 国外图书馆职业生涯管理典型案例及对我国的启示［J］. 图书馆学研究，2009（4）：80-82.

大馆员的视野，还能把学到的一些新方法和新技术应用于本馆，促进本馆的进步和发展。

3. L-EAP 为有需求馆员提供心理咨询服务

在 L-EAP 项目中，心理咨询是最重要的环节。它主要帮助的对象是那些由于工作或生活压力过大而出现某种生理或心理问题的馆员，排除其工作和生活中的障碍或困扰，帮助他（她）们恢复正常人的工作或生活状态。目前，大多数高校馆中还没有专门设立心理咨询部门，可以采取定期或不定期地聘请心理咨询师的方法，来完成 L-EAP 的各项心理咨询服务。图书馆管理者需要充分地关注每一位馆员，细心观察出馆员在工作中出现的异常表现，如工作不专心、经常与其他馆员或用户发生冲突、情绪沮丧或者工作失误增多等。针对这些馆员工作与生活失衡的现象，提供有针对性的心理咨询和治疗服务，使他（她）们能够认清各自的问题所在，提高馆员应对挫折和冲突的能力，恢复工作与生活的平衡状态。

（三）L-EAP 员工福利方面——建立良好的薪酬待遇

根据前文 Maslow 的需要层次理论，只有在满足员工最基础需求的前提下，才能促使他（她）们追求更高的需求层次——获得较高的工作成就感及满意度。在人的需求层次结构中，处于最底层、最根本的就是人类的生理需求，生理需求的满足依赖一定的物质条件。馆员得到的薪酬收入（即工作收入）是满足馆员和其家庭成员物质生活条件的基础，是影响工作满意度的最重要因素。图书馆组织建立良好的薪酬机制，表面上看起来似乎提高了组织的经营成本，实际上维持了图书馆内部馆员高昂的士气，工作效率也会大大提高；工作氛围的改善，又进一步强化了馆员的忠诚度，使馆员能主动地、持续地改进服务工作，形成一种组织和个人"双赢"的良性循环模式。

在 L-EAP 模式的引导下，高校图书馆管理者可以实施竞争上岗、不同岗位不同津贴的制度，逐步建立起有效吸引和挽留优秀人才的激励机制，逐步提高馆员的经济收入。另外，薪酬的公平性也很重要，但公平不等于平均，应该强调机会均等，按馆员贡献的大小和工作绩效的高低获取奖励，对个别有突出贡献的优秀馆员，应在政策上给予一定的倾斜，在经济上给予一定的支持，鼓励优秀人才脱颖而出，提升他（她）们的工作满意度。

（四）L-EAP 家庭协助方面——建立家庭友好政策

图书馆实施家庭友好政策是为了帮助组织中的馆员个体更好地承担家庭责任，缓解馆员工作、家庭冲突现象，兑现图书馆"组织支持""组织承诺"等援助措施。建立家庭友好政策是 L-EAP 的主要干预手段，主要包括取消性别歧视、倡导工作与家庭生活的同等重要性、鼓励馆员热爱本职工作、热爱家庭生活等。图书馆可采用的家庭友好政策主要有：岗位弹性工作制和工作分享制等。

1. 实行岗位弹性工作制（Flextime）

实行岗位弹性工作制，指馆员在完成规定的工作任务或固定的工作时间长度不变的前提下，可以在时间安排上进行调整和创新，使馆员个体能够在更大程度上管理自己的时间、安排自己的工作。具体体现为：时间长短安排的灵活性、午餐时间的可控性以及日常改变时间安排的控制能力等。在美国，弹性工作制在各类图书馆使用得很普及，我国的图书馆也可以实施部分岗位弹性工作制，这样，馆员在工作时间的选择上能有更多的自由度、灵活性，馆员个体的劳动权益得到了尊重，工作满意度也会随之增加①。

具体落实到图书馆实施 EAP 过程中，可以对家庭负担较重的女性馆员使用弹性工作制，使她们在一定的范围内，能够自由变更工作时间、合理安排工作精力的投入比例，从而帮助图书馆组织激发女性馆员的工作积极性，降低她们的被动缺勤率（如因看护生病的孩子、护理老人等产生的缺勤）和离职率。

2. 实行工作分享制（Job Sharing）

工作分享制是指馆员是通过对劳动时间的分割和团队的互补协作，促使馆员与工作伙伴之间更好地分享工作时间和工作资源。在 L-EAP 实施过程中，可由两名馆员共同承担一份全职工作，并按各自完成工作任务的比例分配薪酬。可分为配对工作（两人对全部工作承担责任）和独立工作（每人只负责自己部分）两种形式②。分享者可相互交换时间并互相帮助，尤其适用于有小孩和老人需要照顾的馆员家庭。这样，没有后顾之忧的馆员，其工作满意度也会提升。

四、提升高校图书馆员生活满意度的 L-EAP 方法

提高馆员工作满意度的种种措施，对提高馆员的生活满意度同样有效，这里不再重复赘述，此处仅侧重从 L-EAP 员工福利、家庭协助等方面来阐述如何提高的馆员生活满意度。

---

① 李凤念. 对于图书馆员工作满意度影响因素及对策研究［EB/OL］.［2012-07-22］. http：//www.docin.com.

② 王西，廖建桥. 工作家庭冲突的组织支持策略研究综述［J］. 人类工效学，2006，12（3）：69-71.

（一）L-EAP 员工福利方面——建立良好的福利机制

前文提到馆员的薪酬收入对馆员的工作满意度的有着显著的影响作用。相对于薪酬收入而言，馆员的福利待遇对其生活满意度的影响更深远。因为，员工福利是决定生活质量的最基本保障因素，它包括馆员的食宿和业余活动条件，还包括馆员的医疗健康及交通补贴等，如果图书馆 L-EAP 组织重视和加强这一方面的工作，馆员的生活条件大大提高，其生活满意度也会随之提高。

（二）L-EAP 家庭协助方面——家属照顾措施

家属照顾措施是指图书馆 L-EAP 组织对有子女或老人的馆员提供一定的"社会支持"项目，如儿童教育项目、儿童和老人日托中心和其他相关信息咨询等，使他（她）们不再担心自己工作繁忙时，无暇顾及老人和子女的照顾问题，从而减少馆员察觉到的工作家庭冲突的发生。

另外，L-EAP 组织还要有意识地培养一批图书馆管理层中的家庭支持者，在图书馆内多实施一些管理层创造家庭支持政策，对老、中、青馆员面临的工作、家庭难题表示关心和理解，尽可能为这些馆员提供必要的援助，如制定馆员家庭走访制度，对女性馆员实行人性化和宽松的管理方式，允许她们采用弹性工作制，对她们因家庭私事请假表示理解等。同时，如果条件允许，还要适当关心馆员的其他家庭成员，帮助他（她）们建立良好的家庭关系，使家庭成员之间能够和睦相处，减少工作、生活之间的矛盾和冲突，更多地获得家人的理解和支持。

五、实现高校图书馆员工作与生活平衡的 L-EAP 措施

从我们的调查、分析可以推知，馆员工作满意度及生活满意度的状况是衡量馆员工作、生活平衡或失衡的重要标尺。只有提高馆员的工作满意度、

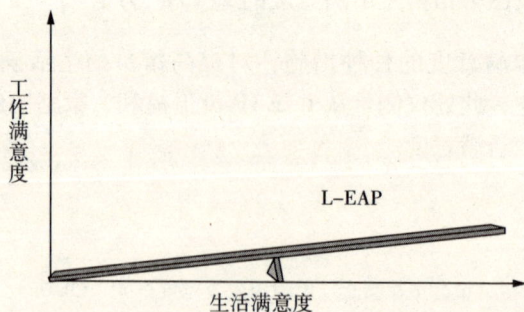

图 6-5 L-EAP 对工作与生活平衡的杠杆作用

生活满意度水平，才能有效缓解馆员工作与生活冲突即失衡现象。也就是说，图书馆管理者应采取适当的 L-EAP 措施，发挥 EAP 的"杠杆作用"，促使馆员积极工作、快乐生活，努力追求馆员工作与生活的平衡发展。

前文已经详细阐述了通过 L-EAP，如何提高馆员的工作满意度及生活满意度，减少工作与生活的矛盾，此处仅针对 L-EAP 的其他措施，进一步细化如何协调馆员工作与生活的关系。

（一）L-EAP 应注重细节管理，实现馆员工作与生活的平衡

西方很多组织提倡：关爱员工要从小处着手，从小事做起，以获得员工对组织的更多忠诚和拥护。如在英特尔公司，对一些经常需要出差的员工，公司会给他们提供免费洗牙、洗衣和理发等保健服务，以让他（她）们显得更加健康和有活力。在西方的一些大型服务行业中，组织甚至还提供照料老人和孩子的相关服务，让员工不被生活中的琐事所羁绊，无后顾之忧，能全力以赴地做好本职工作。一项调查结果表明，凡是提供 EAP 的组织，几乎都在不同程度上提供了员工生活服务方面的细微帮助。我国有些大型服务行业，在员工遇到结婚嫁娶或丧失亲人等重大事件时，往往会给予很大的援助，这就是员工援助的重要体现[①]。

人是有思想、感情、情绪的，工作中所产生的人际关系往往会影响到每个人的思想、态度、情绪和行为。因此，图书馆 L-EAP 组织要注重细节管理，营造一种直言不讳、畅所欲言的人际沟通氛围，促使馆员之间的交流、沟通畅通，让馆员体会到集体的温暖，解除馆员的心理顾虑。人与人之间的相互欣赏与尊重，良好的领导关系及同事关系，对增进同事间的情感，减少工作、生活中的人际冲突有很大的辐射及影响作用。尤其在以女性居多的图书馆行业，管理者更要重视对女性馆员的关心，努力营造出和谐融洽的人际关系氛围，使馆员心情舒畅，工作更努力、生活更顺心。因此，L-EAP 组织也应效仿国内外的一些大型服务行业，关爱员工应从点滴小事做起，重视员工的感情投资，关注馆员生活的方方面面，包括健康生活习惯的养成、营养咨询及医疗服务，甚至其他一些琐碎的生活事件等。

（二）L-EAP 应注重馆员情绪管理，实现馆员工作与生活的平衡

当今社会竞争加剧、节奏加快、工作压力增大，尤其是在服务性行业（包括图书馆在内），受到"负面情绪"困扰的人越来越多，已经直接影响到个人的心理健康和组织的工作绩效。为此，在全球 500 强企业中，90% 以上

---

① 何奎莲. 员工援助计划相关问题探讨［J］. 商业时代，2011（27）：105-106.

的企业都相继实施了"员工援助计划",由企业聘请专业心理咨询师向员工提供心理疏导,促进员工心理健康,积极培养员工的"正面情绪"。

如深圳巴士集团在"员工援助计划"的引导下,构建员工情绪管理(EEM,Employee Emotion Management)体系,在日常管理中开展"链条式"跟踪服务、负面情绪释放等活动;倡导情感关怀理念,创造情感关怀氛围,建立情感关怀制度;并制定评价指标体系,促使员工幸福指数提升①。实践证明,该体系的应用取得了卓越的效果,值得在我国其他服务性行业大力推广与应用。

图书馆 L-EAP 组织也应建立"馆员情绪管理体系",以全方位、全过程关爱每位馆员的方式,及时了解和跟踪馆员的情绪变化情况,积极促成馆员"负面情绪"向"正面情绪"的转变和积累。另外,图书馆 L-EAP 组织也可以针对馆员个体开展"负面情绪释放活动",在图书馆情感互动站设立情绪释放区,释放区内摆放拳击靶、木偶人和拳击手套,专供负面情绪馆员释放负面情绪之用。这样,通过图书馆组织和馆员个体的共同努力,馆员的"负面情绪"将会日渐减少,"正面情绪"将会与日俱增,馆员拥有一种积极、乐观的心态去面对工作与生活,工作与生活中的积极力量将会递增,在积极力量的推动下,工作与生活的冲突与矛盾将会化解或消失。

(三)L-EAP 应制定评价指标体系,促使馆员工作与生活满意指数不断提升

馆员工作、生活满意指数是衡量馆员工作与生活平衡与否的重要指标。图书馆 L-EAP 组织应通过馆员意见征集、专题研讨会以及相关数据分析等措施,结合图书馆行业的特点,确定影响馆员工作、生活满意感的关键因素,从工作、发展、待遇、情感、生活等方面,制订馆员整体满意度(即工作满意度和生活满意度)的评价指标,聘请专业心理顾问导入"馆员工作、生活满意感"调查问卷,定期了解馆员工作、生活满意指数的相关情况。

根据馆员工作满意度及生活满意度的考核评价指标体系,确保结果指标(馆员工作与生活满意指数)达标,同时通过分析影响过程指标的各种因素,对数据偏低的指标通过持续跟踪调查、查找深层原因,并根据馆员的反馈意见和馆员工作、生活满意指数的变化情况,向各部门和上级组织提出 L-EAP

---

① 李永生,何斌.EEM:快乐工作、幸福生活——深圳巴士集团的员工情绪管理〔J〕.清华管理评论,2012(4):90-97.

整改措施，促使馆员工作与生活满意指数不断提升，实现馆员工作与生活的平衡发展。

第四节　本章小结

本章首先根据员工援助计划模式下工作、生活平衡的主要研究内容（时间平衡、心理平衡和满意平衡），以及工作与生活平衡的相关理论（积极心理学、激励理论等），构建工作、生活平衡的理论研究框架，凸显高校图书馆引入 EAP 模式，解决馆员工作与生活失衡现象的重要性和可行性。

然后通过高校馆员工作满意度、生活满意度状况及其影响因素的调查与分析，以及员工援助计划与馆员工作、生活满意度影响因素的相关性调查与分析，了解目前高校馆员工作满意度、生活满意度水平不高的主要影响因素，从中找出馆员工作与生活失衡的主要原因：部分馆员工作满意度不高的主要影响因素是"工作地位、工作成就感、工资福利"；部分馆员生活满意度不高的主要影响因素是"家庭成员关系、家庭总收入等"。

最后根据前期的调查结果，提出高校图书馆应重点围绕 L-EAP 中影响馆员工作满意度与生活满意度的核心影响因素，利用员工援助计划中的一些方法和策略，制订 L-EAP 实施方案，采取针对性措施，在提高馆员工作满意度的同时，提高生活满意度，实现馆员工作和生活的相互促进、平衡发展。

实 践 篇

第七章 有效的管理工具：EAP 在高校图书馆的实施

正如绪论中所述，在国内部分大型企业中，EAP 已经发挥出了很好的作用，并为企业创造了一定的经济效益，目前国内在监狱、公安干警和某些政府公务员中也有尝试，但在事业单位却鲜有涉足。国人对 EAP 的了解仅限于心理学工作者和员工援助计划工作者，以及已经购买并实施 EAP 服务的企业和机构。美国在 20 世纪 70 年代就首开了高校 EAP 服务的先河，到 1996 年全美有近一半的高校开展了校园 EAP 服务项目，但在我国高等院校，尤其是高校图书馆了解 EAP 的人却屈指可数。本书将 EAP 的触角延伸到高校图书馆的人力资源管理中，尝试构建高校图书馆员工援助计划（L-EAP）实施模式，可为其应用领域的进一步拓展提供借鉴。但由于国内高校图书馆与企业不同，有种种办学条件的限制。因此，其产生的社会效益和经济效益并不是立竿见影的，但是通过理论的探讨和分析，可以预见 L-EAP 将在改善馆员工作环境，提高馆员工作积极性，促进高校和谐人际关系的构建和发展方面有着重要的推动作用。

第一节 L-EAP 项目规划的制定

目前员工援助计划（EAP）为企业服务已经有了较为成熟的模式和程序，无论企业大小都可以按照统一的模式去执行，其中可根据企业的实际情况增加或减少某些项目。

高等院校不同于企业，高等院校中的图书馆也不同于企业的一个职能部门或生产班组，但图书馆员们的工作却与生产线上的工人们相似，比如采编部，他们的工作就是买书、编书，完成一定时间内（一般是一年）、一定金额的采购任务，然后分类编目、制表、入库。再如流通部，在接到采编部送来的新书后，馆员们就将书按照大类上架、排序，进入流通，然后就在借借还还中每天重复着"昨天的故事"……日复一日、年复一年，馆员长期工作在这样一个环境中、重复着简单、烦琐的程序，起初的热情渐渐消散、耐心被磨灭、倦怠感不请自来，此时的馆员，不仅没有了工作积极性，而且与读者发生口角冲突的概率大大上升。

在图书馆没有实行现代化管理的时候，一个读者借一本书要通过查找目录—填写索书条—馆员按图索骥—借阅成功（或拒借）等多道程序。那时候一天下来，虽然馆员们感觉很累，但那是身体的累，一觉醒来又精神抖擞了。现在随着现代化技术的日新月异，高校图书馆的数字化管理系统已经历了几度春秋，人们也从刚刚接触信息化管理之初的兴奋，到掌握了运用方法后的淡定，再到驾轻就熟的漠然和目前机械操作的麻木的演变……一天工作之后的疲劳感较之跑库时有过之而无不及，什么原因呢？起初人们也不明就里，却原来是心累啊！

心理学家通过无数个案例，证明了一个事实：心理疲劳不是靠睡眠、休假、旅游所能缓解的。心病还得心药医！员工援助计划在国内外企业的成功实践，为企业也为员工们带来了福音——职业心理健康、心理保健走进了企业管理中，颠覆了传统的刚性化管理模式，强调以人为本的关爱式、人性化的管理，给管理者带来了新课题：关注员工的行为表现，更关注其行为产生的心理、情绪等深层次的原因。

员工援助计划无数次的成功实践表明：最需要解决的是工作压力问题。目前，国内外优秀企业运用 EAP 解决问题的程序是：宣传推广、压力评估、组织改变、教育培训、压力咨询。我们一致认为该程序适用于高校图书馆的人力资源管理。

图书馆员工援助计划是指图书馆以馆员为主要对象，采取系统化的手段、策略，帮助馆员解决可能影响其工作表现和健康的多种问题。通过 L-EAP 可以有效地整合图书馆内外多方面的资源，包括个人、家庭、工作环境、学校和社会等，帮助馆员进行合理的职业生涯规划，应对职业倦怠、职业压力等问题，使馆员在面临复杂问题时能够将问题聚焦，利用多种资源和手段进行有效解决与处理，提升高校图书馆的整体运行效率[①]。

图书馆实施员工援助计划可以从以下几方面着手：从服务目标方面，图书馆需要把 L-EAP 模式定位在缓解压力、调节情绪和解决心理问题三个方面；从服务范围方面，L-EAP 主要针对正常人；从服务内容及实施步骤方面，

---

① 张西超. 员工帮助计划与中国企业 [J]. 中国印刷，2003，(11)：8-11.

L-EAP 模式从馆员工作压力和职业心理状况的调查入手，以评估为基础，建立面向馆员需求的心理健康支持系统（包括宣传教育活动、针对性培训体验活动、文化体育休闲活动、心理咨询与治疗等服务模式），搭建职业能力提升平台和绩效管理平台。

通过在试点图书馆的实践，证明 L-EAP 在提高馆员工作绩效和图书馆组织绩效、营造和谐组织氛围、改善人际关系、促进高校图书馆事业发展中起着不可低估的作用。

兵马未动粮草先行，实施伊始是制定细致的项目计划书、确定专家咨询师人选。

一、L-EAP 项目计划书的制定

（一）项目提供单位

"基于员工援助计划模式的高校图书馆人力资源管理研究"课题组

（二）客户单位简介

1. 安徽大学图书馆

安徽大学创建于 1928 年，1958 年于合肥重建时建设了一座 10350 ㎡ 建筑面积的图书馆。2002 年 8 月建成 23384 ㎡ 的逸夫图书馆。2007 年 7 月又在磬苑校区建成 40661 ㎡ 新馆文典阁。设有办公室、采编部、阅览流通部、特藏阅览部、期刊部、参考咨询部、技术部和图工委秘书处 8 个部门。

安徽大学图书馆藏书丰富，学科齐全。目前，图书馆入藏有中文图书约 210 万册、外文图书 20 余万册、古籍线装书约 13 万册、合订本报刊近 20 万册。古籍线装书中有善本 688 部 9752 册（部分为珍本和孤本），还有《四库全书》《四库全书续编》《四库存目丛书》《丛书集成》《册府元龟》《太平御览》《中华大藏经》《新修大正大藏经》等大型古籍丛书、类书。中外文报刊 9000 余种，其中新中国成立前报刊 670 种，核心期刊约 700 种。经过"211 工程"图书文献保障体系的建设，馆藏资源业已形成适合地方综合性重点大学文献需要的显著特点：藏书品种齐全、综合性强，以人文社科、古籍、安徽传统文化以及安徽地方文献特藏见长。

数字图书馆的资源建设列入了"211 工程"二期文献保障体系的重点。已入藏中文电子图书 56.2 万种，112.4 万册，外文电子图书 4000 多种。外文全文电子期刊 7000 多种，中文全文电子期刊 9000 多种，国内外数据库系统 30 多种。大型数据库有：Elsevier、EBSCO、Springer-Link、PQDD（北美博硕士论文库）、部分美国学协会数据库和 John Wiley 数据库、OCLC 基本组数据库、BA、中国学术期刊网、万方数据、维普数据库、超星电子图书、中文社会科学引文索引 CSSCI、中国科学文献数据库、国研网等。

该馆的自建特色数据库重点建设了具备全文及多媒体内容功能的徽学研究、馆藏古籍电子书、安大博士和硕士论文、馆藏古籍文献目录、馆藏电子出版物目录等数据库。

这些丰富的数据库资源面向全校近三万名师生，每天 24 小时开放，部分资源与兄弟院校共享，面向全省高校开放。实现了多校区网络查询和借阅、校园网 24 小时的馆藏书刊目录检索、新书报道、网上续借、网上预约等服务功能。

实行开放式开架借阅为主的服务方式和现代化的计算机管理与服务，设有学术报告厅、会议室、展厅、密集书库、藏检阅借一体化的专业阅览室和普通阅览室，有普通阅览座位 5200 余席，多功能电子阅览室有电子阅览席位 260 个。采取多种形式开展信息素质教育，并为有关院系提供实习场所。

安徽大学图书馆是全国高校图书情报工作指导委员会委员馆、安徽省高校图书情报工作委员会秘书处所在馆、安徽省高校文献保障体系管理中心和人文社会科学资源中心依托馆。

该馆现有馆员 112 人，其中正高 4 人，副高职称 22 人。具有博士学位的 1 人，硕士学位 35 人，本科学历 45 人。现全馆具有大专以上学历的已占全馆总人数的 80% 以上，馆员的总体学历、职称结构符合高等学校图书馆员的素质要求，业务水平和质量大为提高。

2. 安徽行政学院图书馆

安徽行政学院图书馆是在三校合并、文献资源整合后组成的一所高职高专院校图书馆。总面积约 6000 平方米，共收藏纸质图书 30 多万册，订购报纸 110 种，杂志 1145 种。三个校区共有现刊阅览室 3 个，过刊阅览室 2 个，自修室 2 个，电子阅览室 2 个，教师阅览室 1 个，工具书检索室 1 个，阅览座位共计 778 个。书库和阅览室实行开架借阅。该馆经过多年的积累和资源整合，形成了以行政管理、经济、法律为主的收藏特色。

为了适应现代化图书馆发展的要求，安徽行政学院图书馆近年来大力进行电子资源建设。2005 年设立电子阅览室，目前机房有服务器 3 台，存储容量达 8TB，160 台 PC 机供读者使用，拥有中文数据库中国知网、万方数据库、超星数字图书馆、时代圣典数字图书和自建的 10 个专题数据库，另有 VOD 点播系统。

安徽行政学院图书馆现有工作人员 32 人，其中高级职称 6 人，中级职称 16 人。现全馆具有大专以上学历的已占全馆总人数的 90% 以上，馆员的总体学历、职称结构超过高职高专院校图书馆员的素质要求。

设置采编部、流通部、报刊部、信息检索部和秘书办公室等部门。该馆开展的项目除了提供传统的外借、阅览外，还有新生入学教育，咨询、代查、定向服务、复印打印等服务。

安徽行政学院图书馆的服务宗旨是"读者至上、全心全意为教学、科研服务"。图书馆的建设目标是：围绕学院"以两个培训为中心，逐步提高学历教育水平"的总体目标，坚持改革、发展、求实、创新的方针，为读者提供快捷、准确、完整的图书资料服务，为学院的发展做出应有的贡献。

（三）需求评估

① 对试点高校图书馆及其员工的需求进行全面的评估。

② 针对高校图书馆这一特定的组织结构和文化特点，提供具有针对性的最合适的图书馆员工援助计划（L-EAP）服务方法和模式。

（四）项目目的

① 宣传、普及员工援助计划（EAP）的理念和心理健康知识，让更多的高校图书馆员了解 EAP，并认识心理健康的重要性，知晓如何获得帮助；

② 解决员工在工作生活中遇到的现实问题和常见的心理困扰；

③ 重塑管理模式，打造以人为本的高校图书馆文化。

（五）项目目标

① 消除普遍存在的对心理咨询的误解，使大家认识到心理咨询的对象包括广大的健康人群以及心理咨询的重要性；

② 让图书馆的高、中层管理者能够发现和解决自己在生活和工作中遇到的现实问题和常见的心理困扰；

③ 让图书馆的高、中层管理者能够发现和解决别人在生活和工作中遇到的现实问题和常见的心理困扰。

（六）项目内容

（1）心理健康讲座

（2）心理健康测评

（3）特定人员测评

（4）团体辅导

（5）个案咨询

（七）涉及主题

（1）压力的识别和管理

（2）沟通的目的和技巧

（3）自我职业成长及生涯规划

（4）家庭的幸福生活

（5）生活与工作的平衡

（八）效果保证机制

（1）试点高校图书馆领导的高度重视和大力支持

（2）课题组团队的集体智慧和力量的整合

（3）课题的经费保障

二、EAP 咨询师简介

刘贵勤：课题组负责人。安徽行政学院图书馆研究馆员。中国科学院心理研究所"管理者心理资本开发与培养"研究生、中国科学院心理研究所心理资本优化培育职业指导师。国家人力资源和社会保障部认证：二级心理咨询师、心理督导师；亲子沟通培训师、学习能力指导师、注意力培训师；EAP 高级执行师；中国 EAP 学院签约咨询师。

擅长领域：EAP 职业心理健康及职场解压、危机干预、人际关系、职业发展和职业规划、青少年成长及亲子教育问题、婚姻家庭及情感危机等方面。

第二节　L–EAP 的组织实施

毋庸置疑，图书馆员工援助计划的实施能够丰富 EAP 理论在我国人力资源管理中的实际应用，使 EAP 的使用范围得以延伸。宣传、普及 EAP 理念和心理健康知识有助于构建健康向上的组织文化，激发员工的工作热情和活力，开发其潜力，实现各尽所能、各尽所用，有效整合员工群体诸多要素资源，提升管理效能。

一、L–EAP 的调研和宣传推广

（一）问卷调研及个别访谈

1. 确定课题调查问卷

本课题开题之后，最先开始的工作就是调研问卷的选取和确定。

为了更好地了解和把握高校图书馆员工在工作中的一些客观情况，探求高校图书馆人力资源管理新模式，我们课题组本着科学、严谨、标准化、普适性等原则，经过多方咨询、请教专家、多次商讨、反复酝酿、综合考虑之后，形成了调研问卷（详见附件一）。

2. 发放问卷

问卷调研工作从 2012 年 11 月开始，2013 年 11 月结束，实地调研范围涵盖华南、华东、华北的 32 所高校（重点在广州、北京和安徽），为使获得的数据更具说服力，我们力争扩大调研的范围，多渠道开展调研。

（1）实地调研

2012 年 11 月，广州

华南理工大学、广东工业大学、广东外语外贸大学、中山大学、广东医学院、华南师范大学、广州大学、东莞理工大学

2012 年 12 月，南京

南京大学、东南大学

2013 年初，安徽省

安徽大学、合肥工业大学、中国科学技术大学、安徽医科大学、陆军军官学院、电子工程学院、安徽农业大学、合肥学院、安徽经济管理学院、安徽广播影视职业技术学院

2013 年 3 月，北京

清华大学、北京大学、北京林业大学、北京航空航天大学、北京科技大学、北京地质大学、北京语言大学、北京城市学院、中国人民大学、对外经济贸易大学

2013 年 4 月，武汉

武汉大学、湖北文理学院

（2）网络调研

在实地调研的同时，我们也充分利用了互联网的强大功能，进行了网络普查。首先，利用我们自己的校园网络，在图书馆的网站首页挂上了我们的调查问卷。接着我们又与中国图书馆学会高等学校图书馆分会取得了联系，并得到了分会的大力支持，于是我们的调查表挂上了高等学校图书馆分会的网站。

（3）补充调研

为了使课题的研究能够向深入拓展，更具说服力和影响力，我们在第一次问卷调研的基础上，针对呈现出的几个比较典型的情况和问题，比如，高校图书馆员的压力及压力源、职业高原现象、工作与生活的平衡等，于 2013 年 9 月至 11 月再次选择并自行设计问卷，利用宣传推广、专题讲座之际，进行了二次问卷调研，所用量表详见附件二。

3. 个别访谈

课题组通过问卷测评了解个体的工作状态，接下来通过个别访谈形式了解每个员工对组织的期待。

顾名思义，个别访谈是指与被调查对象之间单独进行的访谈活动，因其

灵活的访谈形式和较强的保密性，研究者有更多机会进入到受访者的内心，分享和了解他们的心理活动和思想观念、个人隐私或敏感性问题，深入地了解其行为发生的背景和影响行为的广泛决定因素，使得信息的获取更加深入、详细和全面，调查结果相对而言更为准确。但因受限于调查者是否受过专门的培训，有无高度熟练的技巧和丰富的经验，因此，样本规模通常较小，资料解释的权威性也相应受到影响。

根据不同的访谈对象和内容，我们采用了标准化访问法和非标准化访问法两种形式。

（1）通过标准化访问法与馆长的访谈

为了宏观地把握高校图书馆的整体状况，我们对调研的 32 个馆中的 10 位馆长采用了标准化的访谈方式，重在了解高校图书馆的组织架构、运行状态、人员结构；组织对员工的期待、组织的发展愿景和规划、痼疾、瓶颈等。

（2）通过非标准化访问法与基层管理和员工的访谈

采用非标准化访问法的目的是为了消除基层管理，特别是普通员工的顾虑，让访谈由"闲问"开始：学的什么专业、在哪个科室工作、在单位工作多长时间等；在"引问"中展开：目前什么职位（职称）、未来 5 年的发展期望和规划等；适时恰当地"追问"，包括实现目标的重点难点、自身的发展和图书馆的发展有着怎样的关联、希望得到图书馆哪些方面的支持和保障等。

访谈人员要保持足够的耐心，不急不躁，逐步推进，把握好尺度。如果谈话对象实在不愿多谈，应予理解，给其时间充分考虑，不宜紧追不放。

个别访谈不是一次可以完成的，除了面对面访谈外，我们还进行了电话、邮箱、QQ 访谈。

（二）宣传推广

在课题组分赴外地开展问卷调研之后，宣传推广工作在我们选定的试点院校拉开序幕。2013 年 1 月和 3 月，课题组分别在两所试点馆安徽行政学院图书馆和安徽大学图书馆举办了宣传讲座——"了解 EAP"，内容主要有：

1. 关于 EAP

（1）EAP 的来源及发展历程①

EAP 是英文 Employee Assistance Program 的简写，直译过来就是员工援助计划，又称员工心理援助项目或全员心理管理技术。它是由组织为员工设置的一套系统的、长期的福利与支持项目。1982 年由 Wslsh 首次正式提出。通

---

① 赵然．员工帮助计划：EAP 咨询师手册［M］．北京：科学出版社，2010：6.

过专业人员对组织的诊断、建议和对员工及其直属亲人提供的专业指导、培训和咨询，旨在帮助解决员工及其家庭成员的各种心理和行为问题，提高员工在组织中的工作绩效以及改善组织气氛和管理。

美国是员工援助计划发源地之一，也是员工援助计划最发达的国家之一。早在 20 世纪初，一些企业注意到员工的酗酒、吸毒和其他一些药物滥用问题会直接或间接地影响到员工和企业的绩效。所以一些企业制订了旨在帮助员工的戒酒计划，这大概应该算是 EAP 的早期雏形了。等到 20 世纪六七十年代，由于美国社会的剧烈变动，工作压力、家庭暴力、离婚和各种法律纠纷等诸多个人问题也越来越影响到企业员工的情绪、工作表现，甚至工作绩效。于是有的企业建立了一些项目，聘请专家帮助员工解决这些个人问题，这就是员工援助计划的开始。

在美国，员工援助计划是非常盛行的，无论是在企业、政府部门还是军队都广泛应用这项援助计划。据统计，美国有四分之一的企业为员工提供常年的 EAP 服务；在英国全部员工中有近 10% 能够受到 EAP 服务；在日本一些企业中出现的爱抚管理模式就是 EAP 的部分内容的翻版之一，一些企业设立了放松室、发泄室、茶室，来缓解员工的紧张情绪，或制订员工健康研修计划和增进健康的方案，帮助员工克服身心方面的疾病。在我国的港澳台地区也有了专门的 EAP 机构，许多企业也开始应用这项服务，其中台湾积体电路制造股份有限公司的 EAP 实施受到了业界的广泛关注。到 20 世纪 90 年代末止，世界财富 500 强中，有 90% 以上的企业建立了 EAP 项目。

EAP 在高校中的应用最早起源于美国。在美国第一个实施 EAP 项目的高校，始于 20 世纪的 70 年代，到 1989 年美国有近 150 所高等院校实施了员工援助计划。据一个文科院校的样本调查显示，到 1996 年有近一半的美国高校开展了校园 EAP 服务项目[①]。

（2）员工援助计划在中国[②]

在我国，员工援助计划的引进属于较晚的，因为许多企业还没有意识到 EAP 的具体作用和它的存在会对企业带来什么样的收益，并且在我国的企业中存在着根深蒂固的物质情结，认为在所有的资本中，人是最不重要的，所以企业对员工心理的关注意识还很淡薄。调查表明，有 20% 的中国（尤其是

---

① 路红，凌文辁，任杰. 引入高校教师压力管理的组织机制：EAP 模式［J］. 教育探索，2009（12）：36-37.

② 张西超. EAP 能为我们带来什么［EB/OL］. ［2012-12-08］. http://wenku. baidu. com/view/bb585bb648d7c/c708a/4538. html.

大城市）员工感到压力过大。近年来的一些研究开始发现，我国抑郁症患者的发病率相当高，而在一些高焦虑、高压力的工作环境，如医院、军队、大型公司中，这一比例可能还会更高。一些与压力和心理问题有关的身心疾病（如高血压、冠心病）的发病率也越来越高……

庆幸的是目前这种状况已有好转。2001 年，联想公司在心理专家的帮助下，率先实施了员工援助计划项目。在中国竞争最激烈的 IT 业已引入了 EAP 服务，并且国内也出现了专门的员工援助计划机构，与此相关的各种心理咨询、诊所亦如雨后春笋般地涌现出来。

中国国内一些著名企业，如中国移动、国家开发银行、国家电网、南方电网、中国海油等，近年来纷纷引入员工援助计划，将之作为落实人文关怀、加强心理疏导的重要举措。毋庸置疑，在我们中国，也会有越来越多的员工受益于 EAP 服务。

（3）员工援助计划的组成①

目前员工援助计划已经发展成为一项很详尽的综合性的服务，其内容主要包括压力管理、职业心理健康、裁员心理危机、灾难性事件、职业生涯发展、健康生活方式、法律纠纷、家庭关系问题、理财问题、饮食习惯、减肥等等各个方面，全面帮助员工解决个人问题。随着员工援助计划的广泛应用，我们有理由相信会有更多的内容加入到 EAP 服务中去。

（4）员工援助计划的服务流程

行业中较为纯熟并且通用的 EAP 流程如图 7－1 所示。

（5）员工援助计划的作用

美国心理学家、人本主义心理学的创立者亚伯拉罕·马斯洛于 1943 年在《人类激励理论》论文中所提出了经典的需求层次理论（Maslow's hierarchy of needs）。该理论将人类的需求分为五种，并将五种需求进行了等级的划分，按层次逐级递升，分别为：生理上的需求、安全上的需求、社交（情感和归属）的需求、尊重的需求、自我实现的需求。马斯洛认为，当人的低层次需求被满足之后，会转而寻求实现更高层次的需要。

需要层次的具体内容如下②：

第一层次生理需求（Physiological needs），也称级别最低、最具优势的需求，如：空气、水、食物、睡眠、性欲、健康。

---

① 赵然. 员工帮助计划：EAP 咨询师手册 [M]. 北京：科学出版社，2010：6.
② 马斯洛. 动机与人格（第 3 版）[M]. 北京：中国人民大学出版社，2012：7.

图 7 - 1　EAP 流程图

资料来源：百度图库。

第二层次安全需求（Safety needs），包括对人身安全、生活稳定以及免遭痛苦、威胁或疾病等，亦属于低级别的需求。

第三层次社交需求（Love and belonging needs），属于较高层次的需求，如：对友谊、爱情以及隶属关系的需求。

第四层次尊重需求（Esteem needs），属于较高层次的需求，如：成就、名望、地位和晋升机

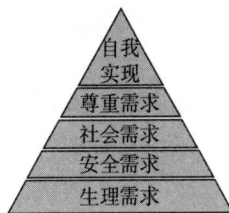

图 7 - 2　马斯洛需要层次论

会等。尊重需求既包括对成就或自我价值的个人感觉，也包括他人对自己的认可与尊重。

第五层次自我实现需求（Self-actualization），是最高层次的需求，包括针对真善美至高人生境界获得的需求，因此前面四项需求都能满足，最高层次的需求方能相继产生，是一种衍生性需求，如：自我实现、发挥潜能等。

需求层次理论有两个基本出发点：一是人人都有需求，某层需求获得满足后，另一层需求才出现；二是在多种需求未获满足前，首先满足迫切需求；该需求满足后，后面的需求才显示出其激励作用。

相反，若任一需求得不到满足，就会使人产生错误的认知，滋生抑郁、焦虑、愤怒、委屈等不良的情绪，从而导致行为的偏差，影响身心健康。

马斯洛理论告诉我们，生理需求只是人们的最基本需求。所以，在对待员工上，物质奖励只是最基本的奖励。随着社会的发展，人们的要求会不断提高，会更多地向求得社会认同和尊重这个方向努力。反映在管理上，就是对人的尊重。在如何一个组织中，尊重个人已经成为更为普遍和明确的共识了。它要求我们在管理中，进行一种人性的回归，即实行以尊重员工为核心的人本管理。

2. 员工援助计划能为我们做什么

员工援助计划就是从心理关怀的角度帮助组织解决员工及其家庭成员的各种心理和行为问题，促进组织与员工、个人与家庭的稳定、健康、和谐的发展。

（1）员工层面

① 增进个人身心健康；

② 促进家庭和睦；

③ 降低工作压力；

④ 改善家庭与工作的关系；

⑤ 消除不良嗜好。

（2）组织层面

① 提高工作效率；

② 减少缺勤率；

③ 减少离职率；

④ 提高工作积极性或士气；

⑤ 减少人力资源管理开支。

3. 心理健康的标准

当今社会，人们越来越关注健康，尤其是心理健康了，因此，了解什么是心理健康，掌握身心健康的标准，对于增强与维护人们的整体健康水平有重要意义。

（1）经典的健康标准

目前被世界公认为"最经典的标准"的心理健康的标准，是由美国心理学家马斯洛和米特尔曼提出的，共有十条：

① 有足够的自我安全感；

② 能充分地了解自己，并对自己的能力作适当的估价；

③ 生活理想切合实际；

④ 不脱离周围现实环境；

⑤ 能保持人格的完整与和谐；

⑥ 善于从经验中学习；

⑦ 能保持良好的人际关系；

⑧ 能适度地发泄情绪和控制情绪；

⑨ 在符合集体要求的条件下，能有限度地发挥个性；

⑩ 在不违背社会规范的前提下，能恰当地满足个人的基本需求。

（2）中国心理健康标准

2012 年 5 月，中国心理卫生协会在中国科协的支持下，经过科研立项和研究，发布了目前最权威的中国心理健康标准。一共有五条：

第一，认识自我，感受安全。评价要素是自我认识、自我接纳，有安全感。

第二，自我学习、生活自立。评价要素是生活能力、学习能力、解决问题能力。

第三，情绪稳定，反应适度。评价要素是情绪稳定、情绪控制、情绪积极。

第四，人际和谐，接纳他人。评价要素是人际交往能力、人际满足、接纳他人。

第五，适应环境，应对挫折。评价要素是行为符合年龄与环境，接受现实、合理应对。

每个健康的人都会在人生发展的不同阶段，工作、生活的方方面面遇到各种困扰、困惑、瓶颈和难题，了解并掌握了心理健康的标准，既可据此进行心理健康的自我诊断。发现自己的心理状况某个或某几个方面与心理健康标准有一定距离，就有针对性地加强心理锻炼，以期达到心理健康水平。如果发现自己的心理状态严重地偏离心理健康标准，就要及时地求医，以便早期诊断与早期治疗。

懂得求助，懂得到何处、向何人求助，是 21 世纪人们必备的技能之一。

讲座结束后，对两个馆的全体人员进行了针对性问卷测试。

二、L-EAP 的组织诊断

从 2012 年 11 月至 2013 年 11 月，历时一年，经过两次问卷调研，对象涉及全国 32 所高校图书馆馆员，类别包含文、理、医、农、军事及综合等各性质院校，层级涵盖重点大学、一般本科院校和普通高职高专。共发放 1200 份问卷，回收 1023 份，回收率 84.4%；剔除无效问卷，如空白卷、漏答项目在两项以上、答案明显呈规律性等，有效样本共 927 份。

通过使用心海心理测量软件和 SPASS 18.0 软件的系统分析，结合个别访谈的资料分析，我们分别就高校图书馆员的压力源及压力类型、职业倦怠、职业高原现象、工作与生活的平衡等方面得出如下结论：

（一）工作压力总体感受不高

调查结果显示，高校图书馆员的工作压力总体感受不高，界于轻度到中度之间。工作压力 7 个维度中压力感由高到低排序为学校管理及制度、社会因素、职业发展、工作负荷、个人特质、家庭方面的问题、人际关系。其中感受最大的压力源是"工资福利待遇低""职称评聘要求高，比例小，竞争激烈""缺乏晋升的机会"等，由此表明社会因素、学校管理及制度和个人职业发展三个因素是目前馆员最主要的压力来源。在所调查的几个因素中，来自人际关系方面的压力最小。不容忽视的是尚有 29.8% 的馆员认为工作压力较大或很大，此情应引起图书馆界高度重视（详见第二章）。

（二）职业倦怠普遍存在

MBI-GS 修订版被称为测量职业倦怠的"黄金准则"，应用非常广泛，其信度和效度具有跨文化的一致性。鉴于此，本课题对高校图书馆员职业倦怠的测量，基本参照 MBI-GS 的修订版。

美国社会心理学家 Maslach 将职业倦怠表述为"在以人为服务对象的职业领域中，个体的一种情感耗竭、人格解体和个人成就感降低的症状"[1]，并提出了具有代表性的职业倦怠三个维度：情感耗竭、人格解体和低职业效能感。实证研究证明，高校图书馆员在三个维度上的倦怠表现，差别不是很大，依次为人格解体（29.9%）、情感耗竭（28.7%）和低职业效能（22.2%）；从人口统计学视角来看，馆员职业倦怠在性别和婚姻方面没有显著性差异，但在年龄、馆龄、学历、职称、职位、收入等方面，其职业倦怠程度在某些维度上仍体现出显著性差异。就情感耗竭维度而言，高学历、高职称、高职位和高收入者表现得相对较重；就人格解体维度而言，中青年的倦怠水平较高，但随着馆龄的增加，其倦怠水平会有所降低；高学历、高收入者的倦怠程度较重，应值得反思。就低职业效能维度而言，收入越高越缺乏个人成就感，应引起全社会的重视。

就综合倦怠程度而言，大多数馆员存在职业倦怠感，其中，接近四分之一的馆员倦怠感较强，高度倦怠者超过 4%，整体上看，馆员职业倦怠程度不容乐观。随着经济社会转型加快，改革加强，竞争加剧，压力加大，这一问

---

① Chutte N, Toppinen S, Kalimo R, Schaufeli W B. The Factorial of the Maslach Burnout Inventory-General Survey [J]. Journal of Occupational and Organizational Psychology, 2000, 73 (1): 53-56.

题会越发凸显，应引起图书馆界高度重视（详见第三章）。

（三）馆员职业高原现象严重

根据统计和分析，我们得出以下几个结论：

（1）高校图书馆员客观职业高原现象较严重。在未考虑职业发展欲望调节因素的情况下，近 5 年内各个职业发展方向上处于停滞期的馆员都超过50%，最高的达到 81.55%（参与决策机会），最低的达到 56.52%（职称高原）。

（2）从向上运动看，专业技术是馆员选择的主要职业发展路线（87.27%），应作为考察馆员职业高原现象的主要方面考虑。职务晋升竞争激烈，以专职管理岗作为职业生涯发展路线的馆员获得进一步发展的难度大。由于将职务晋升作为主要职业发展方向的馆员所占比例低于专业技术职业发展方向，所以其职业发展未满足率低于后者。

（3）高校图书馆员岗位流动率不高，工作岗位相对稳定，工作岗位横向运动整体气氛不活跃。工作岗位未变化达到 65.80%，内容高原系数为 0.31。

（4）在目前高校图书馆的管理体制下，中心运动路线基本属堵塞状况。对 77.78% 的馆员来说，感觉工作不具有挑战性，也就是认为自己的潜力没有得到发展；81.55% 的馆员认为自己参与馆内重大事项决策的可能性很小（详见第四章）。

（四）工作满意度与生活满意度呈正相关

实证调研和理论分析显示：整个图书馆行业馆员的工作满意度状况欠佳，馆员工作满意度不高的主要影响因素是"工作地位、工作成就感、工资福利"等；"家庭成员关系、家庭总收入"是影响馆员的生活满意度水平的重要因素，也是决定馆员工作与生活平衡与否的重要指标。若要实现馆员工作与生活的平衡发展，提高馆员的整体工作、生活满意度水平，必须以"工作地位、工作成就感、工资福利、家庭成员关系、家庭总收入"等重要影响因素为突破口，采取有效措施，减少工作与生活的不和谐因素，提升馆员目前的工作、生活满意感。由于两者之间相互作用、相互影响的关系，图书馆管理者只要以两者之中的任何一方为起点，采取有效措施，提升馆员的工作或生活满意度，另一方也会随之提升（详见第六章）。

从上述访谈和量表分析的结论中，我们不难看出：高校图书馆员中极易出现并普遍存在着职业倦怠、低成就感、职业高原等困惑和压力以及工作与生活的失衡现象。员工援助计划从心理关怀的角度，采取系统化的手段，通过对图书馆工作人员的心理分析，有计划、有目的地进行相关帮助，有效地整合图书馆内外多方资源，在适度调节高校图书馆工作人员的工作压力、职业倦怠，帮助其进行合理的职业生涯规划，提高其工作积极性，促进其身心健康，提升高校图书馆运行效率等方面取得成效，从而推动高校图书馆的建设和发展。

员工援助计划模式符合高校图书馆的需要，并适用于高校图书馆人力资源管理；高校图书馆人力资源管理需要引入员工援助计划模式。

三、L-EAP 的工作模式选择

（一）EAP 的提供模式①

1. 内部 EAP

此模式以管理为基础，专业人员是提供 EAP 项目的本单位的员工。

2. 外部 EAP

专业人员是 EAP 外部服务提供商的员工，根据合同向客户提供服务，是以契约为基础的服务模式。

3. 内外联合的 EAP

部分职责由内部的 EAP 人士完成；其他职责由签约外部 EAP 专业人士完成，该模式强调资源共享。

4. 会员制 EAP

通过员工申请加入专业的员工援助服务机构，成为其会员，由专业机构向会员提供援助以及个性化服务。此模式将专业化和灵活性相结合，服务更具有个性化特征。

（二）L-EAP 工作模式的确定

在高校图书馆人力资源管理中实施员工援助服务，更多地需要在组织和宏观层面上解决环境制度的改革与构建，应根据不同高校、馆员不同的需求设置不同的模式。鉴于此，我们认为在高校图书馆管理系统中引入 EAP 项目的适宜模式应是以内部为主、外部为辅的联合模式，即高校图书馆内部设置的 EAP 组织与外部的专业机构联合，共同为图书馆员提供援助。这种方式既可减少学校的经济支出降低成本、保证了工作人员的专业性，又提高了馆员的信任度，使馆员愿意参加 EAP，并愿敞开心扉寻求心理咨询，同时又可借助组织内部力量，及时发现馆员潜在的压力以及心理问题，为外部 EAP 机构专家提供准确而详细的信息，有效地整合内外资源，协助 EAP 整体项目推进，

① 金星慧. 员工帮助计划（EAP）在 DM 煤矿的应用方案研究［D］. 阜新：辽宁工程技术大学，2011.

并对 EAP 的服务项目质量进行跟踪、监督和评估。我们将这种方式称为 L-EAP，即 Library-EAP，图书馆员工援助计划。

（三）L-EAP 工作的开展

EAP 项目基本上应该包含以下三个层面的工作[1]，L-EAP 亦然。

1. 初级预防：消除诱发问题的来源

初级预防的目的是减少或消除任何导致职业心理健康问题的因素，更重要的是设法建立一个积极的、支持性的、健康的工作环境。通过对人力资源方面的组织诊断，发现问题的所在，寻找解决问题的途径。通常，初级预防通过改变一些人事政策来实现，如改善组织内的信息沟通、工作再设计、给予低层人员更多的自主权等。

2. 二级预防：教育和培训

教育和培训旨在帮助员工了解职业心理健康的知识，如各种可能的因素怎样对员工心理健康产生影响，以及如何提高对抗不良心理问题的能力。有关的教育课程包括应付工作压力、自信心训练、放松技术、生活问题指导以及解决问题的技能等。二级预防的另一个重要目的是向人力资源管理人员和组织内从事员工保健的专业人员提供专门的培训课程，来提高他们对员工心理健康的意识和处理员工个人问题的能力，如"基本咨询技能"和"行为风险管理"等方面的培训。

3. 三级预防：员工心理咨询与辅导

员工心理咨询是指由专业心理咨询人员向员工提供个别、隐私的心理辅导服务，以解决他们的各种心理和行为问题，使他们能够保持较好的心理状态来生活和工作。由于员工的许多职业心理健康问题与家庭生活方面的因素有关，这种心理咨询服务通常也面向员工的直系家庭成员。

这三个层面的工作，我们开展得最多、收效最大的是二级预防，即心理健康的教育与培训。因为这种形式极具公开性，不涉及组织或员工个人的隐私，且内容带有普适性，受众面广，有点类似于团体心理咨询与辅导，某种程度上也起到了团体心理咨询和辅导的效果。

---

[1]　蔡志刚. 探讨 EAP 在中国的发展［EB/OL］. ［2013-01-08］. http：//blog. sina. com. cn/s/blog_ 4ecff83f01007z80. html.

第三节　L-EAP 的咨询服务

团体辅导与个案咨询是心理咨询服务中常用的两种形式，也是 L-EAP 工作阶段中的重要而艰难的任务和过程。团体辅导的对象是组织的全体员工、各级管理层、各独立部门人员，或相关业务协调部门成员。个案咨询分为组织个案咨询与员工个案咨询。

一、团体辅导

（一）团体辅导概述

团体辅导是从英文 Group Counseling 翻译而来的。Group 也可译为小组、群体、集体，Counseling 亦可译为咨询、辅导，所以团体辅导与小组辅导、集体咨询、团体咨询概念相同。团体辅导是在团体情境下进行的一种心理辅导形式，它是以团体为对象，运用适当的辅导策略与方法，通过团体成员间的互动，促使个体在交往中通过观察、学习、体验，认识自我、探讨自我、接纳自我，调整和改善与他人的关系，学习新的态度与行为方式，激发个体潜能，增强适应能力的助人过程①。

团体（Group）是一个集合体，其成员需在两个人以上。从团体动力的角度来看，团体不仅需由两个以上成员组成，而且成员间还应有统一的目标、彼此产生交互作用。也就是说，即使成员达到了两个人以上，但彼此间却没有任何交流和互动，是不能被称之为团体的。所以，团体的构成需满足以下四个主要条件：

① 有一定规模，即成员在二人以上；
② 彼此有相互的影响；
③ 有一致性的共识；
④ 有共同目标。

（二）团体辅导的优势②

1. 人际交往能力的开发

在团体中，通过成员间的系列互动，参与者可以观察、体验人际关系如

---

① 樊富珉. 团体咨询的理论与实践［M］. 北京：清华大学出版社，1996.
② 田国秀. 团体心理游戏实用解析［M］. 北京：学苑出版社，2010.5.

何形成，人际沟通如何进行以及各种微妙的人际反应，学习人际交往的技巧，从而建立并增进良好的人际关系。因此，我们认为团体辅导更能有效地开发和培养人际交往能力，因为对一个人来说，一个非常重要的学习过程就是社会性学习。

2. 归属感和认同感的增强

团体辅导的目的，是为了让团体成员获得社会生活中一条非常宝贵的经验——对自己所在的团体产生强烈的归属感和认同感。在辅导过程中，当团体凝聚力逐渐形成并增强时，成员会无一例外地明确意识到自己是团体中的一员，要以团体为荣，爱护和保护团体的荣誉及形象，保持和团体高度一致的认知和价值评价体系，同舟共济、荣辱与共。

3. 助人自助的体验

被需要的感觉，对任何人来说都是极其重要的。人们会从这种体验中感知到自己的存在感，进而获得价值感和满足感，增强自信心。在团体活动中，成员自始至终都在分担他人的困苦，为解决别人的难题出谋划策，互相支持，彼此帮助。每一个成员都在帮助他人的过程中，蓦然发现自己对别人很重要。他们深切地体悟到助人是快乐之本，受助是成长之源。成员充分感受到这种来自团体中的积极的人生体验，是如此的前所未有，会被深深地触动，并一定会将这一体验和感悟运用到他们今后的生活中，主动承担责任、继续助人行为。

4. 良好适应行为的建立

仿效性学习，是社会学习的重要途径。在团体情景中，除了辅导者外，其他成员的言行举止都具有模仿和参考性，也就是说团体成员为彼此提供行为示范。在团体互动过程中，成员间有更多的机会可以听到别人对自己的看法、建议、反应和观点，而团体情景中的反馈较之个别情境中的反馈往往更具冲击力，也更有价值。能够有效地促进团员反思和内省，改变自己的不良行为，发展出良好的适应行为。

5. 认知视角的多元化

我们说团体是社会的缩影，能够真实地反映社会的面貌。无论是同质性团体，还是异质性团体，其成员必定有着各自不同的成长背景和生活经验，因而他们对问题和事物的看法也会千差万别。而这种视角各异的观点、立场不同的理解，无疑为团体成员提供了丰富的多元信息，使他们的视野被拓宽、思维被激活、眼界得到了提升。

6. "普遍化"的体验

进入团体之前，每个人在遇到现实问题时，都会认为自己是天下最倒霉的那个人，只有自己才会如此背运，于是失望、无助、抱怨、自责，甚至会感到恐惧。通过在团体中分享成员之间的经验与感受后，惊讶地发现，原来很多人也有类似的问题，自己的问题是"普遍化"的，而非独特的！原来自己并不孤单，天下最可怜的人不是我，这儿就有我的同伴！欣喜之余，内心获得释然和平静。这种"和别人一样"的体验，有助于矫正个人的认知偏差，改变自怨自艾的心态、降低防御心理，走出狭隘的个人小天地，学会关心他人，彼此认同与关注。

7. 自我成长的探索

团体是社会的缩影，如同一个浓缩化的社会活动场所，它为参加者创造了一种温暖、抱持和信任的氛围，置身在这样一个安全、温馨的情境中，成员们更倾向于敞开心胸，更多地包容和接纳，将使他们学会客观地评估自己的世界观、价值观，获得并养成积极面对工作与生活的态度，使自己勇于接受挑战，加快成长，更趋成熟。

（三）主题团体辅导

我们在两所试点学校图书馆进行了三次团体辅导。下面按照时间顺序逐一介绍：

第一次：2013 年 5 月 12 日

主题：情绪压力管理与自我和谐

参加人员：图书馆全体职工、其他人员

主要内容：认识什么是情绪；情绪产生的心理学原理；知晓压力及其对个体有哪些影响；现代人情绪压力产生的诱因；情绪压力管理的目的；情绪压力管理的适用人群；情绪压力管理及有效沟通的主要目标。

时间：2 小时 30 分钟

开场热身活动："微笑握手"

在活动中，馆员们感触颇深：原来自己与已经相处了十年甚至二十年的老同事、老领导几乎每天上下班都见面、打招呼，却还从来没有握过手啊！通过微笑握手拉近了彼此的距离，感觉自己跟同事一下子亲近了许多。

在大家分享感受中进入主题。

1. 情绪及其产生的心理学原理

情绪就是人对事物内心的感受，经由身体表现出来的状态。情绪也叫心情。

① 情绪的产生不是事件的本身，而是来自于对事件的感受不同。

② 对事件的聚焦，将会放大情绪的表现。

③ 个体心胸和眼界的开阔，可以帮助自己走出困境。

2. 压力及其影响

① 物理中的压力：垂直作用在物体表面上的力叫作"压力"。

② 生活中的压力：指人遭遇外界影响后所带来的精神、心理的紧张，或者痛苦。

当我们意识到某种情形、某个人或某件事情具有潜在的威胁性，身体和心理下意识出现了某种具有防御性的反应时，压力就产生了。压力具有双重效应，适度的压力会让人警醒并积极应对，因此有益于提高人的工作效率，然而过度的压力则相反，不仅会降低效率，还将严重影响人的健康。

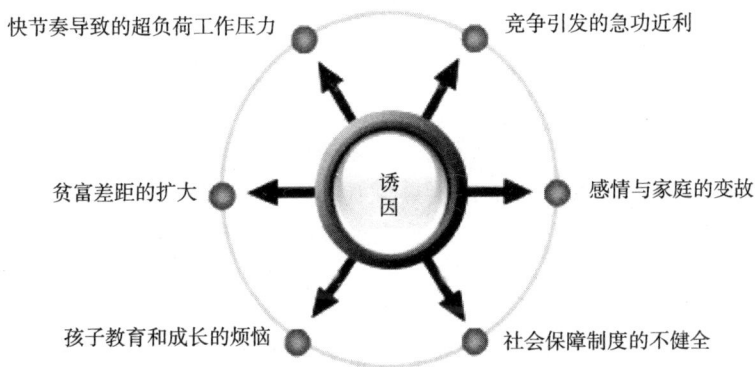

图 7-3　情绪压力产生的诱因

3. 现代人情绪压力产生的诱因

情绪被干扰的比例：恋爱、婚姻、亲子教育为 50%；人际关系为 20%；社会工作为 15%；其他因素为 15%。

4. 情绪压力管理的目的

情绪对人有很大的影响。正性情绪会促进人体内多巴胺的大量分泌，此物质会刺激人的中枢神经系统，使人的思维变得兴奋活跃、记忆力增强、视野也更加开阔。积极乐观的人面对困难时，坚信办法总比困难多，因此，他们很容易就能找到解决问题的方法，取得成功；反之，悲观消极的人则会使情绪朝着负向发展，导致免疫力下降而生病。

美国科学家曾经对 3 万人进行了终身的跟踪调查发现，影响人的寿命的主要因素比例为：情绪 40%，遗传 20%，生活习惯及饮食 20%，不良嗜好及其他 20%。

对情绪压力进行管理，其目的就是让每个人都善于调节情绪，学会以乐观的态度、幽默的情趣及时地缓解紧张的心理状态，并能掌握自我，对由生活事件引起的各类反应能够适时有效地加以排解，真正拥有宁静、自在、快乐、成功的幸福人生。

中场活动："找相似"

活动中，当馆员们发现很多人都跟自己有着同样的爱好时，快乐和幸福感便油然而生。然而，如果没有人跟自己有同样的喜好，内心会倍感失落。此时辅导老师引导大家对这个现象做了深入的探讨——相似性可以让我们彼此更加喜欢，同时，就像自然界找不到两片相同的树叶一样，世界上也没有两个完全一样的人。有情绪是正常的，如何管理情绪却是需要学习的。

5. 情绪压力管理的适用人群

（1）心理健康人群

心理健康的人的具有如下特点：一是身体、智力、情绪十分调和；二是能适应环境，在人际关系中彼此能够谦让；三是有幸福感；四是在工作中能充分发挥自己的能力，过有效率的生活（1946年世界心理卫生联合会提出）。

（2）心理亚健康人群

心理亚健康状态是以频繁出现的情绪躁动、兴致低落、注意力不易集中、过分敏感或行为能力下降等表现为特征的存在状态。心理亚健康状态会导致人们正常的生活质量下降。

（3）部分心理不健康人群

心理不健康的症状有：抑郁症、焦虑症、强迫症、恐惧症、癔症、自闭症、疑病症、躁狂抑郁症、神经衰弱症。诱发这些症状的原因有很多，如：应激事件、丧失、患严重躯体疾病对死亡特别担心、感情破裂、人际关系紧张、遗传等等，是一因多果或一果多因。

6. 情绪压力管理的主要目标

① 积极乐观，抱怨少；

② 悦纳自我，兴趣多；

③ 有效沟通，协作好；

④ 需求合理，情绪稳；

⑤ 睡眠正常，精力旺；

⑥ 婚姻美满，家和谐；

⑦ 珍爱生活，幸福添。

后场活动："信任之旅"

在活动中，大家分别体验了"盲人"和助人者的角色。通过两种角色的互换，辅导老师引导大家思考——原来帮助别人并不是一件容易的事情，我们往往只是以自己的方式去帮助别人，而不能够好好地去体会被帮助者的内心需求。

辅导老师引导馆员们进一步思考——高校图书馆是高校的窗口部门，既是服务性的行业，又有第二课堂的美誉，图书馆员既是服务者，又是教育者，我们在日常工作中是如何帮助他人的呢？我们给他人的所有的建议和指导是否真的符合他人的心理需求呢？光有一颗火热的助人之心还不够，我们还得学习助人的技巧。

结束活动：手语操《相亲相爱的一家人》

辅导老师的引导语伴着音乐娓娓道来：一起在走是缘分，走在一起是幸福。各位老师或许来自不同的城市、毕业于不同的学校，但今天，我们一起工作，一起为取得的成绩欢笑，也一起为图书馆的集体而奉献。我们和家人在一起的时间远远没有和同事和我们为之工作的图书馆在一起的时间久，我们也是一家人，是相亲相爱的一家人，我们已携手走过了昨天，今天正大踏步向前，愿我们有福同享、有难同当，共同期待图书馆——我们这个大家庭的明天越来越好！

虽然图书馆的老师们是第一次参加这样的团体心理辅导活动，但是对于团体中所做的活动，大家都非常投入。活动中馆员们第一次较为深入地体察了自己的情绪，真正做到了坦诚地面对自己和他人。大家普遍感受到了团体的温暖，感受到了很多以前从来没有过的感觉，同时也引发了很多的思考，大家都很期待第二次的活动。

第二次：2013 年 12 月 26 日
主题：和谐共赢：人际关系团体辅导
参加人员：图书馆全体职工
团体目标：增强团体成员的人际沟通能力，改善与他人的交流方式，提高与他人的人际交往技能，懂得应该如何与他人相处得更好。
时间：2 小时 30 分钟

本次团体辅导活动的内容和方案见表 7-1。

表7-1　人际关系团体辅导方案

单元	单元目标	活动流程及内容
一	1. 破冰、融洽小组气氛 2. 组员对基本情况更了解 3. 培养和谐的团体氛围 4. 建立团体规范	1. 同心圆 2. 叠罗汉 3. 成长三部曲 4. 寻找另一半 5. 团体规范
二	1. 促进成员认识自我 2. 增进信任感，彼此接纳 3. 训练成员的语言表达能力	1. 无家可归 2. 谁是我最信任的人 3. 目光炯炯 4. 照镜子
三	1. 认识交往中误会产生的原因，掌握正确的化解方法 2. 认识沟通的重要和不易 3. 讨论、分享自己的感想	1. 毕加索 2. 旁若无人 3. 我的核桃 4. 心灵捕手 5. 喜怒哀乐
四	1. 增进团体的气氛 2. 进一步了解自己和他人 3. 学习合作共事，相互信任	1. 小小动物园 2. 人生曲线 3. 建高塔 4. 一路有你 5. 20个我是谁
五	1. 深入探讨自身的人际沟通方面的问题 2. 体验人际交往中的负性情绪 3. 成员之间相互讨论分析，积极地给予他人帮助 4. 提高大家解决问题的能力	1. 心有千千结 2. 你有什么感受 3. 备受攻击 4. 拒绝场景 5. 气球与牙签 6. 心灵援助

　　人际关系属于社会学范畴，是社会群体中因交往而构成的相互联系的诸多社会关系。人际关系对每个人的情绪、生活、工作都有很大的影响，甚至会导致组织内部不融洽，进而降低工作效率，影响组织内部和谐与发展。

　　人际关系是一个很复杂的问题，人际关系一旦出现问题，整个团队的发展就会受到阻碍。所以，任何一个组织都必须重视构建和谐的人际关系。

　　团体活动中，馆员们有着前所未有的体验和感悟，并对如何构建良好的人际关系进言献策，我们把大家取得共识的策略和方法总结如下。

1. 树立集体意识，积极参加活动

每个人都希望获得他人的支持和认可。同事之间，除了工作外，还可以通过兴趣爱好进行交往、建立友谊；此外，积极参加单位的各种活动、关心同事的生活、分享对工作的看法，善于听取和接受别人的意见……从而不断获得别人的接纳和支持，谋求共同发展。

2. 理解包容，求同存异

每个人都是一个独立的个体，都有自己不同于他人的兴趣、习惯、生活方式和思维方式，在工作中多沟通，以增进彼此的了解。尤其是和自己不喜欢的人交往，更要有一颗包容的心，从工作需要出发，积极寻找对方的优点，理解、宽容、接纳对方，求同存异。

3. 通力合作，避免内耗

巴克莱全球投资者公司的首席执行官帕特里·丹恩女士告诉她的员工们：

作为职员最应该做的事是"不要为自己盘算"。也就是说，员工需要思考的是：怎样做才能使自己真正成为组织里最有用的人。因此，我们每个人最应该做的就是要实现双方通力合作，既不损害自己利益又使对方利益得到充分保障。

帮派是所有职场的一大禁忌。派系，不仅在一定程度上阻碍了工作的有效开展、消耗团队的力量，而且还严重阻碍团队内外的相互关系，使团队无绩效可言。如此，就必须杜绝无序和不协调的状态和内耗的出现。

4. 澄清误会，消除矛盾

工作和交往中，难免遭人误解，而误解通常是因不了解情况而产生的。员工应知晓误会是矛盾的根源，误会也是可以解释清楚的。因此，为化解矛盾、获得谅解，可以寻找合适的机会，平心静气、诚恳地向对方解释事情的原委。

图书馆员工援助计划采用团体辅导方式，有针对性地帮助员工从多方面分析、挖掘矛盾的深层次原因，通过在人际关系不良的员工中引入第三方进行调节，使协调更加可行、有效，既能有效地帮助员工走出当前的困境、缓解其因人际关系不善而产生的不良情绪，而且还可提高其工作效率。

第三次：2014 年 3 月 5 日
主题：以积极乐观的心态幸福工作
参加人员：图书馆全体职工、其他人员
主要内容：

1. 你幸福吗？

2. 幸福是什么？

3. 影响职场幸福的因素？

4. 如何看待自己的工作？

5. 职场幸福的五大层次。

6. 幸福和快乐完全方案。

辅导在提问中展开：

【问题】你是否幸福地工作着？

（1）你幸福吗？

影响你职场幸福的因素是什么？

到底是我们不幸福还是我们忽略了幸福？

（2）幸福是什么？

财富＝快乐？

成功＝幸福？

曾几何时，人们普遍以为，只要财富的积累、社会声望的提高达到一定程度后，幸福感就能理所当然地得到的。

然而，事实又是怎样的呢？2013 年 11 月，《财富》（中文版）联合北京易普斯咨询有限责任公司（以下简称为"易普斯咨询"）连续第 10 年开展全国性的高级经理人压力状况调查工作。调查结果显示（2014年 02 月 14 日，来源：财富中文网），2013 年高级经理人压力指数空前提升，达到了近三年来的峰值，非常值得警惕与注意。高级经理人在高压力下出现了较多心理和躯体方面的不适，我们来看一下他们在"幸福"的光环下的真实状况：

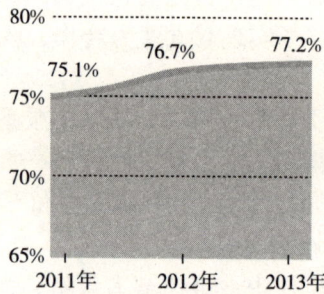

图 7-4　中国高级经理人压力感受变化（2013 年）
资料来源：2013 年中国高级经理人压力状况调查。

表 7-2　中国高级经理人压力下的不适反应（2013 年）

症状	消极情绪	睡眠问题	工作效率降低	职业倦怠	人际关系不良	不良嗜好	其他
人员比例	62.9%	56.4%	68.5%	72.3%	37.5%	19.8%	8.2%

资料来源：2013 年中国高级经理人压力状况调查。

幸福是自身需求的期望与现实满足之间差距的一种愿望实现性的心理感

受。期望与现实之间差距越小，幸福感越强，反之幸福感越低。

（3）影响职场幸福的因素

中国人力资源开发网联合国内众多知名人力资源管理和心理学专家在全国范围内开展的"工作幸福指数调查"（2012 年）显示，中国职场人士总体工作幸福状况不容乐观：

只有 9.79% 的被调查者幸福地工作着，中国职场人士"工作幸福指数"仅为 2.57 分（最高 5 分，最低 0 分），处于中等偏下状态。

让我们来还原一下职场的种种不快乐，看看你是不是也在"工作并难过着"（图 7 - 5）。

影响职场幸福的因素：

★工作压力

★发展空间

★是否受尊重

★工作环境

★休息时间

★其他影响因素

　　　☆股市动荡；

　　　☆楼市冲击波；

　　　☆CPI（消费者物价指数）上涨；

　　　☆经济不景气引发的企业裁员。

此外，价值观对工作价值感和生活幸福感有着非常深刻的影响。

【对比】

** 欧美一些国家的家长只希望他们的孩子能参与并融入社会工作，在把工作做好的同时，如果有时间可以去做些自己喜欢并想做的事情，从中得到满足，开心快乐就好，并不过多地期望孩子当大官、挣大钱。

** 我们从小接受的是光宗耀祖的家庭教育，当我们成为家长也会望子成龙、盼女成凤。所以我们工作后也总期待着可以挣大钱、当大官，仿佛只有这样才能对得起父母的养育之恩。我们活着是为了成全别人的期望，从未或极少想过自己的需要。

（4）职场幸福的五大层次

层次一：生理幸福感

一个人觉得幸福的话，首先其生理状态也是幸福的，例如没有过分压力、焦躁、失眠等状况。提升这个层面的幸福感是最简单的，有一些公司每天下午三点半强迫大家放下工作，做广播体操或者是跳一段舞，都是很好的方法。

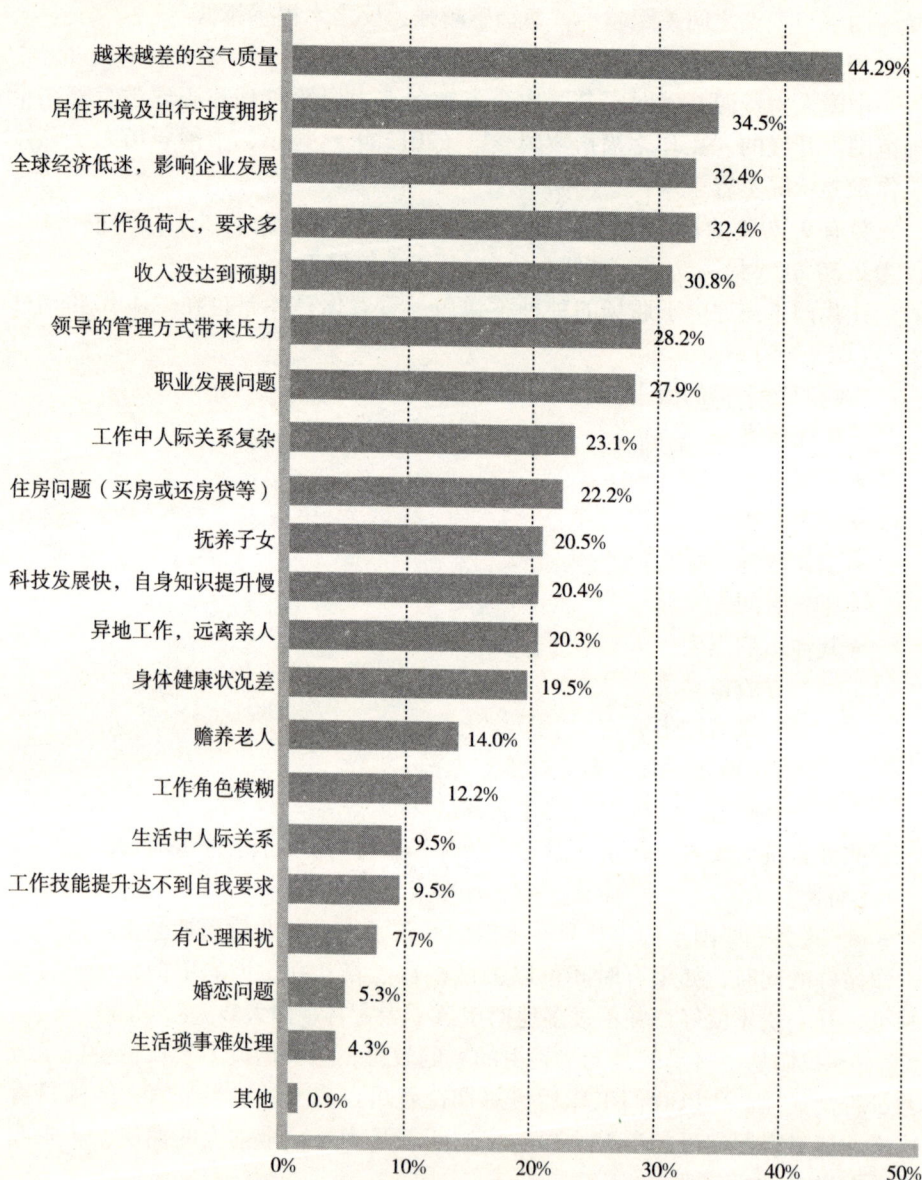

图 7-5 工作不幸福的原因（人员比例）

资料来源：2013 年中国高级经理人压力状况调查。

稍微花费高一些的方式，比如说办健身卡、体检、关注自己的生理状况，也都可以提升生理幸福感。

　　层次二：情绪幸福感

　　乐观的情绪是人类进化的重要特征之一，是个体在应对当下问题和未来问题时形成的一种能力。乐观情绪的人在面对困难时，会继续坚持追求所认为的有价值的目标，同时会采用有效的应对策略，不断调整自我状态，以便尽可能去实现目标。

　　幸福的生活需要大部分时间的乐观和偶尔的悲观。轻度的悲观会使我们在做事之前三思，减少错误结果发生的概率。乐观使我们的生活有梦想、有激情、有活力。

　　层次三：知识幸福感

　　情感的产生是要通过对现实世界的认知而产生快乐或悲伤。因此当你对现实的认知是积极的、乐观的，你就会产生幸福的情感，否则那就只会产生悲伤、愤怒。

　　不断地自我更新知识会让我们开阔视野、增强对规律的把握力，这样会让我们减少痛苦的概率，更多享受快乐幸福的感受。

　　层次四：社交幸福感

　　人是社会性动物，需要通过社交需求的满足来实现自己的存在感。社交需求也叫归属与被关注的需求。

　　当生理需要和安全需要基本满足以后，社交需求就成为人们的强烈动机。希望和人保持友谊，希望得到信任和友爱，渴望有所归属，成为群体的一员，这就是人的归属感。

　　层次五：精神幸福感

　　人是以精神为主导的具有社会属性的高级动物，一切感受皆是精神活动的结果。当物质的追求基本满足后，就会自然追求人的价值存在感；当给周边的人带来更多帮助，赢得周围人的尊重时精神的享受就得到了最大的满足。

　　因此，物质的幸福感时间短暂，精神的幸福感时间久远。

　　（5）如何看待自己的工作

　　大多数人并没有做到正确看待自己的工作

　　对工作，你是那个抱怨者吗？你对工作的态度是应付，还是逃避？如果你不是做一天和尚撞一天钟，甚至连钟也不撞，快乐工作又从何谈起呢？

　　所有的工作都是由大大小小的问题组成的，工作的本质就是解决问题。

　　我们现实的工作中确实存在着很多弊端和不完美，我们的工作：

　　可能缺乏挑战性，乏味无趣；

　　可能付出与收入不平衡，且其他各项待遇也不公平；

　　可能得不到上司的赏识和同事的认可；

......

但，我们只有从自身出发，改变认知和心态，客观地认识工作，正确地对待工作，才能快乐、幸福地工作！也才能让自己在工作中体验到更多的幸福感。

思想变，则行为变；行为变，则结果变；结果变，则人生变。

改善自己，从改善思想开始！改变想法就能改变结果。正确的思想会使任何工作都不再那么讨厌，使自己从工作中获得加倍的快乐。卡耐基说："你要是在工作中找不到快乐，就绝不可能再在任何地方找到它。"

(6) 幸福和快乐完全方案

· **从积极的角度思考问题**[①]

善于从正向的角度思考问题的人是乐观者。任何事物都有两面性，盯着消极的一面，忧愁、烦恼就如影相随；关注积极的一面，快乐、满意时时相伴。外界事物无法左右我们的心境，快乐，还是痛苦，是我们自己的选择。

契诃夫曾经说过，要是你的手指不小心被刺伤，那你应当高兴："挺好的，多亏这根刺不是扎在眼睛里。"人生在世，不如意事常八九，如果你总以悲观的狭隘视角紧盯着生活的阴暗面，那么，你就会被忧虑、愁烦等负性情绪缠住，看不到希望。

只要向着太阳，就不会有阴影。

· **从平凡中看到机会**

乐观主义者练就了一双慧眼，别人看不到的，他能看到，且善于从平凡中抓住稍纵即逝的机会，进而利用机会取得成功。

· **习惯积极的语言方式**

在日常生活中，我们是不是留意过这些话，如"烦死了""不可能的""完蛋了""没希望了"……或许这只是我们习惯性地表达，也许说这些话只是一时的发泄？我们在说的时候，并没意识到这些话将会产生怎样的影响。然而，就是这些语言会给我们带来消极的暗示，并通过潜意识影响到我们的思维和行动。

乐观向上的人一定会用积极的语言去影响自己的情绪，提高自己的积极性。因此，我们要构建积极的语言方式，去发掘事物的正面意义，比如，当你觉得很累时，不要说"今天真是累死了"，我们可以说"忙了一天，现在可以放松了，真令人高兴呀"；当遭遇失败时，不要说"我真笨，又失败了"，

---

① 任俊. 积极心理学 [M]. 北京：开明出版社，2012：10.

而是说"这次虽然没有成功，但我也从中学到了不少东西，下次一定能做得更好的"。渐渐的，你就会发现自己真的变成那样了。

·**构建积极的行为方式**

心理学家们通过研究证明，乐观主义者和悲观主义者观看世界的方式是不同的。悲观主义者眼睛通常是往下看的，他们的大脑工作得更好；而乐观主义者通常是向上看的，他们的大脑会转得更快。而且研究发现，当看到由痛苦所引起的畏怯表情时，人们会产生悲观的想法，但是如果让他们抬头向上看的话，就会减少他们悲观的程度；而如果让他们一直低着头的话，他们就会更加悲观。

人生不设限：尼克·胡哲的故事①

尼克·胡哲，生于澳洲，天生没有四肢，却拥有两个大学学位，是两个机构的负责人，同时投资房地产和股票。骑马、游泳、打鼓、足球…样样皆能，足迹踏遍世界各地，2005 年获得"杰出澳洲青年奖"。这个 27 岁的年轻人以他自己的生命见证，感动、影响和鼓舞每一个认识他的人，引发大家对生命和自我的深深思考——

无论你有多少对生活的抱怨，

无论你有多少对自己的不满，

无论你有多少自以为的伤痛，

只要站在他的面前，你就无法再抱怨、不满和伤心！

·**养成积极的生活方式**

为自己定目标，拥有充实的生活，投身工作并让自己忙起来，用有意义的活动去占领自己头脑，把不快乐的情绪挤出去。当然，乐观心态的形成并非一朝一夕，它需要我们与消极的思维、行为、语言和生活方式进行长期的斗争，需要我们不断地在挫折与考验中学习。

你改变不了过去，但可以改变现在；

你不能预知明天，但可以把握今天；

你改变不了环境，但可以改变自己；

你不能选择容貌，但可以展现笑容；

你不能事事顺利，但可以事事尽心；

你不能延伸生命的长度，但可以决定生命的宽度。

---

① 尼克·胡哲. 人生不设限［M］. 天津：天津社会科学院出版社，2011.

结束曲：感恩的心

感激生育你的人，因为他们使你体验生命；感激抚养你的人，因为他们使你不断成长；感激帮助你的人，因为他们使你渡过难关；感激关怀你的人，因为他们给你温暖；感激鼓励你的人，因为他们给你力量；感激教育你的人，因为他们开化你的蒙昧；感激钟爱你的人，因为他们让你体会爱情的宝贵；感激伤害你的人，因为他磨炼了你的心志；感激绊倒你的人，因为他强化了你的双腿；感激欺骗你的人，因为他增进了你的智慧；感激藐视你的人，因为他觉醒了你的自尊；感激遗弃你的人，因为他教会了你该独立。凡事感激，学会感激。感激一切使你成长的人！拥有一颗感恩的心，幸福快乐常伴随！

在辅导老师的引导语中，馆员们在音乐声中，相互拥抱、握手，感谢一直以来给过自己帮助、支持的同事和领导，大家感受到了彼此的真诚和温暖。

团体辅导在一片和谐、快乐的氛围中结束，但其影响却是持久的。据试点图书馆馆长和部分馆员的反馈，这种形式的培训给他们留下了极为深刻的印象，带给他们从未有过的美好感受和体验，增进了同事间的相互了解和理解，彼此关系更加融洽了，不仅使他们快乐地工作着，而且馆员们带着快乐的情绪回到家，感染着家人，家庭生活的幸福指数也随之提升。

（四）团体辅导在 L-EAP 中应用的优势

根据三次辅导的情况，我们认为这种团体辅导形式的心理培训服务，有其独到的优势，有理由被重视，并可运用到所有为员工提供 EAP 服务的组织的员工服务中。

1. 服务范围可酌情而定

团体心理咨询的团体，可以是小到两个人的小组，也可以是多达千人的大团体，均可达到预期效果。对于提供 EAP 的组织来说，是经济实惠的。我们课题组在图书馆内的 L-EAP 团体辅导都是在 30 ~ 100 人的范围，大小适宜，效果明显。

2. 服务深度或超预期

在团体培训（辅导）中充分融入了心理学的元素，团员是体验式参与，针对现场呈现出的实际问题，更能够深入把握内心真实世界，通过自身的真实体会和感受，也使问题解决更有深度，或使问题得以彻底解决。比如，在我们课题组的第二次团体培训中，一个人际关系沟通不良的人，在团体体验中发现自己长期处在焦虑之中是引起这一问题的根源，并且顿悟了焦虑的真实根源所在，从而使得这一困惑其良久的沟通不畅问题找到了解决的途径。

虽然我们每一次的团体都有一个目标或主题，但由于团体辅导是心灵探索式的培训，往往在达成目标的同时，还触动了成员其他层面的一些问题，使之得以在本次团体中共同成长和提高，因而服务效果更趋全面性。

服务深度还取决于一个团体的氛围是否足够安全和温暖。安全和温暖是团体心理咨询的核心元素，让团体成员在一个安全的氛围中"成长"，而不受伤害，取决并考量一个 EAP 团体领导者的技能和素质。

3. 形式新颖易于认同

组织的文化建设是灵魂。如今一个单位要想留住人才，薪酬的魅力已经不再，如果员工在这个组织中找不到"家"的感觉，他就会离开。所以员工心理援助被越来越多的单位和组织纳入了组织文化建设之中，成为员工的精神福利。

为员工提供心理健康培训和服务，是心理援助的主要工作。而团体辅导形式的教育培训不同于一般形式的培训或拓展训练，它以新颖的方式，充分调动员工的参与度，使每个人在互动过程中毫不刻意地走进自己的内心世界，既避免了成员的应付和阻抗心理，又在培训中不显山不露水地对员工的心理健康指标进行了筛查，使组织得以提前预防，及时提供有针对性的教育培训、心理疏导和咨询。

团体辅导形式的心理咨询，被视为组织文化的新元素，也使得组织文化建设更加健全和完善，且能够得到组织和员工的双重认同。因此，EAP 通过团体心理辅导走进组织、走近员工，很有意义，并将能够全面开展。我们课题组 L-EAP 的实践已经给出了证明。

二、个案咨询

本书研究的重点就是针对图书馆急需改变图书馆员职业倦怠情况的现实需要，通过对图书馆员职业倦怠问题进行分析，积极探索如何将在当代企业管理中发挥着重要作用的员工援助计划模式应用到图书馆工作中，并尝试提出解决的对策和建议。个案咨询是其有效途径和方法之一。

图书馆员工援助计划的个案咨询包括组织个案咨询和员工个案咨询。

（一）组织个案咨询

L-EAP 提供的组织咨询包括与组织有关的问题、政策、活动和事件等可能影响工作场所环境或员工的身心健康的事件。具体如下：

① 对组织领导（馆领导、部主任）的咨询、训练和协助。这些领导想要应对存在问题的员工，改善工作环境，并提高员工的工作积极性。

② 对因个人问题而可能影响工作表现的员工提供保密的、及时的问题确

认和评估。

③ 对因个人问题而有可能影响到工作的员工提供建设性的对策、激励和短期干预。

④ 为员工进一步的诊断、治疗和帮助提供建议，并提供个案监控和后续服务。

⑤ 维护员工在健康、行为方面的权益。

⑥ 确认员工援助计划在组织、个体层面上的效果。

目的是确保 L-EAP 作为组织不可分割的一部分，做出它对实现组织的任务和目标的独特的贡献。由此可见：

① L-EAP 必须对组织的问题迅速做出反应，并解决问题。

② L-EAP 可以成为提升管理层组织沟通效果的有效工具，帮助组织提高沟通效率，达到满意的组织沟通效果。

下面我们将以个案咨询的方式，展现 L-EAP 在组织中的作用。

【案例 1】

压力是把无形的剑
——EAP 视角下的高校图书馆员压力的个案分析

一、案例介绍

E 校是经过数次合并重组后的高校，该校图书馆的馆舍、文献和人员规模也都在不断地合并中扩大、增加，其工作范围也在为教学、科研服务的基础上，增加了为培训服务的职能。然而，当培训部门和学历系部的人员大呼"忙死了"的时候，图书馆的员工们却显得"无所事事"，以至于外界都认为图书馆太清闲，在图书馆工作无异于养老、休闲，真的如此吗？

其实，图书馆工作是被误解的，图书馆员们的内心压力是不被理解的，他们的烦恼是被忽视的。有时候他们为了获得人们的理解，或许需要通过一些"症状"来表达自己。

症状一：我就是一"看书"的。

小 W 历史档案专业本科毕业分配来 E 校图书馆工作。半开架的图书阅览室干净明亮的环境一开始还是让 W 很中意的，非常兴奋，每天按时上下班，无论对谁都笑脸相迎，对读者更是热情服务，有问必答，有求必应。渐渐地她发现：来阅读的学生对她称呼最多的是"喂"，其次是"管理员"，极少有喊她老师的。这还不算，和她一起进校的老师，来阅览室看书，与之交谈中得知图书馆也是有职称评聘的时候，非常惊讶：什么?! 你们图书馆还评职称啊?! 这让 W 大伤自尊！此后，她的工作热情一落千丈，和同学谈到工作时说："我觉得我就是一'看书'的，和营业员差不多，只是不卖书，也不收钱而已。"

症状二：我早就想打人了！

小 H 财会专业大专毕业后分至图书馆流通部工作，小伙子 1.75m 的个头，朝气蓬勃，满怀热情地投入工作。不久就发现自己越来越"没劲"！工作与所学专业一点不搭界不说，还成天做些"毫无技术含量"的活儿——借书、还书、排架、倒架……这也罢了，关键是得不到应有的尊重，学生来了："喂，还书。""哎，借书。"丝毫不能怠慢，否则就会被投诉，领导也要批评。时间一久，小伙子心里特窝火、特憋屈，终于有一天，与一因过期被罚款却不愿意被罚，并且出言不逊的学生发生了肢体冲突。这件事导致了时任馆长被分管校长狠狠批评了一通，图书馆也一再强调了服务意识和服务态度问题。

症状三：领导是在"鞭打快牛"！

L，男，47 岁，图书馆学专业本科毕业分配至 E 校图书馆工作。时至中年的他，依然精力旺盛，仿佛浑身有使不完的劲，而且头脑灵活，时常会有新想法、新创意，深得领导赏识，也因此而经常被借调到其他部门或岗位去做一些额外的工作。虽然辛苦，加班加点是常事，比在图书馆要忙多了，而且是尽义务，没有加班费，起初因为这样能够充分发挥其能力、特长，可以产生价值感和满足感，L 并未觉得有何不妥。可一而再、再而三地被"差遣"，活儿干得比别人多，却给人以"抢了别人功劳"的感觉，有些不被理解。郁闷的同时，也意识到了什么，所以，当领导再次交给他额外工作的时候，他提出了更换岗位、确定职位的要求，却未得到领导的许可，这让他内心产生了极度不平衡感，觉得领导是在"鞭打快牛"。最近有些牢骚和不满情绪，而且身体也向他提出了警告——腰椎间盘突出，各种信号都表达了一个意思：你该休息一下啦。

二、案例分析与点评

E 校图书馆出现的上述症状都是"压力惹的祸"！

压力（stress）的基本内涵为，有机体为满足需要而产生的一种非特定性反应①。因而，当个体非自愿地偏离惯常的或希望的生活方式，体验并表现出

---

① 中国就业培训技术指导中心和中国心理卫生协会. 心理咨询师（基础知识）[M]. 北京：民族出版社，2005：310-322.

不舒服的感觉时，工作压力由此产生。压力的主要症状有：

1. 生理问题

压力会危害我们的身体机能和健康，它带给我们的问题是：免疫系统的问题、心血管系统的问题、肌肉骨骼系统的问题和肠胃系统的问题①。通常表现为：疲劳、头疼、胸闷等，员工的病假人数、时间也会增多。最新研究表明，压力与癌症之间也有着相当程度的关联。

2. 心理问题

压力会间接引起心理问题，对工作绩效的影响同生理疾病等同，甚至更大。高度的压力可能会伴随着愤怒、焦虑不安、抑郁、情绪低落、兴趣丧失、注意力减退、记忆力下降、易激惹、紧张和烦躁等不良情绪。

3. 行为问题

一项研究发现，压力对于攻击性行为，如破坏行为、人际间的侵犯、敌意和抱怨等，有最强的作用。伴随高压力水平可能产生的直接行为包括节食或者暴饮暴食、失眠、爱发脾气、对子女教育不再关心、过度吸烟或酗酒，以及药物成瘾②。此时的图书馆员与读者发生口角冲突，甚至肢体冲突的概率都会上升。

通过问卷调研和相关数据分析，我们发现 E 校图书馆员的工作压力源主要在以下几个方面，见表一所列。

表一　E 校图书馆员的主要压力来源

工作压力源类别	应激源	可能导致的后果
工作条件	工作负载 人的决定 不变的工作	心理的疲劳 筋疲力尽 烦恼
性别角色	角色太稳定 性别比率失调	焦虑或抑郁 低工作成绩 低工作满意度

---

① 中国就业培训技术指导中心和中国心理卫生协会. 心理咨询师（基础知识）［M］. 北京：民族出版社，2005：122-125.

② 徐光兴. 企业心理咨询·EAP 案例集［M］. 上海：上海教育出版社，2012：192-197.

（续表）

工作压力源类别	应 激 源	可能导致的后果
人际关系	不合理的应对方式 不良竞争，嫉妒或生气 缺乏对馆员管理的关心	压力加大 血压上升 工作不满
发展空间	性格与职业 降职、升职 抱负心受挫 人岗不匹配	低成就感 自信丧失 焦虑或抑郁增加 工作不满
组织结构与沟通	僵化、没有活力 岗位职责不明确或训练不足 不参加决策	低工作动力 工作不满
家庭与工作相互影响	夫妻缺少相互支持 婚姻不和谐 亲子教育问题	精神沮丧和疲劳增加 工作动力低 家庭矛盾冲突增加

针对以上出现的问题，EAP咨询师从个体与组织层面提出了应对职业压力的策略：

1. 个体层面

（1）改变认知缓解压力

个体与环境的作用是交互的。面对同样的应激源，不同的个体会产生不同的反应，这与个体的认知有着密切的关系。EAP理念认为，个性特征、个人生活因素会影响员工的压力水平，因为人们处理压力的能力存在差异。

ABC理论①（埃利斯，1950为我们揭示了引发情绪的主要原因）

A是指刺激或诱发事件。它指现实的、已经发生的压力事件和尚未出现、但预期将要出现的压力事件，包括意外变故或生活中的失败。

B是指自我评价和个人所持信念。人们的信念和自我评价有理性和非理性之分。理性认知会诱发出积极健康的情绪，那是因为它具有自我救助性和适应性；而非理性认知会导致不良的消极情绪，因为非理性认知带有自我否

---

① 中国就业培训技术指导中心和中国心理卫生协会．心理咨询师（基础知识）［M］．北京：民族出版社，2005：121-129.

定和自我伤害性的色彩。

C 是指认知的结果。即我们的自我评价和所持信念引发的情绪和行为。

ABC 理论从认知、情绪和行为三个方面告诉我们，压力与潜在压力的产生取决于个体对客观事件的认知和自我评价，而非取决于客观事件本身。对现实中的负面因素的过度关注或片面强调，定然会导致消极情绪和负面行为。

压力环境与员工反应之间一个很重要的变量就是个人认知。例如，高校重组或机构改革时，有的员工会因担心自己失去工作而寝食难安，有的却将其视为一次重新选择、更好地发展自己事业和优势的一个千载难逢的机遇而兴奋不已。因此，我们看到的是：同样的诱因，不同的认知，截然相反的情绪和行为。

因此，了解自己的生活习惯、性格特征和工作状态，减少或放弃那些可能引起高压力的个人嗜好，特殊生活习惯和工作状态，捕捉自己的压力信号，找出压力源——人物、地点、事件，并积极地减少或消除压力①。

（2）运用有效的时间管理缓解压力

时间对我们每个人都是重要的。有效合理的时间管理，无疑是员工降低工作压力的重要而有效的途径之一。那么，如何才能运用有效的时间管理来缓解压力呢？

每天的时间是有限的，几乎也是恒定的，但我们每天所要做的事情却有些是我们无法预知的，有的非常紧急，有的极其重要，有的可以缓办……我们可以把要做的事情按照紧急性和重要性这两个维度再将其划分为四类（如图一所示）：

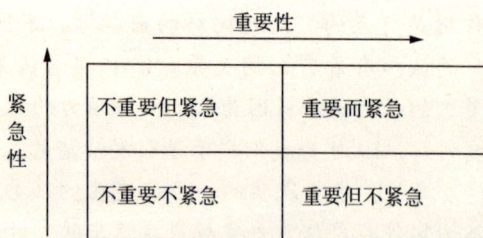

重要性 →

不重要但紧急	重要而紧急
不重要不紧急	重要但不紧急

紧急性 ↑

图一　工作重要性和紧急性的维度

图来自：徐光兴主编的《企业心理咨询·EAP 案例集》第 195 页。

根据图一我们就可以对我们要做的事情进行有效的管理：重要而紧急的

---

① 徐光兴. 企业心理咨询·EAP 案例集 ［M］. 上海：上海教育出版社，2012：192-197.

事情先办，不重要不紧急的事情缓办，从而减轻压力。

（3）提高个人能力，挖掘自身潜能

应树立"终身学习和终身发展"的观念，强化不断学习和发展的意识，积极进取，勤奋工作。在工作中，根据自己所在的工作岗位，不断利用各种机会去提高自身的技术水平和业务能力，积极参加职业培训去提升自我的职业素养，找到职业归属感。所以图书馆员参加职业培训的原则应该是根据自己所在工作岗位的具体要求，和自己的知识结构及实际业务水平，找出自身的薄弱环节，缺什么补什么，差多少补多少。不断接受挑战性的任务去开发自我的潜能，当对所在岗位的工作已经得心应手时，再让自己的知识向纵深拓展，并注重调整自己的知识结构，使之逐渐形成由图书馆学知识、信息知识和网络知识等构成的新的知识结构体系。在工作之余，努力学习新知识和新技术，不断进行"充电"，以后的职业发展争取更多的主动性，获得更多的发展机遇[1]！

（4）调动积极的情绪，保持愉快的心情

心理学研究表明：情绪对人的身心健康起着至关重要的作用。人在压力情景下，会有不同程度的情绪反应，而此时的情绪多为消极情绪。学会对自己的情绪进行管理，是情商的重要组成部分，积极的应对策略是：承认并面对自己有了消极的情绪，而不是去掩饰或逃避，从而采取适当、正确的方法将其宣泄，比如打球、散步、听音乐、找可信赖的朋友倾诉等，还可以寻求心理咨询师的帮助。此外，馆员要对自己的性格、能力等有一个全面、正确的认识，要根据不同情况，采用不同的方法，长久地维护心理健康，要善于自主合理地调适心理，认真分析主客观条件，避免过高地估计自己的成绩及有利条件，防止由于失望而引发的消极情绪。努力提高对环境的适应能力，主动调适和控制自己的心理行为，增强对挫折的心理承受能力，合理降低期望值，及时疏导消极情绪，排除精神压力，防止心理失调[2]。

（5）充实工作内容，承担多种角色

在工作中通过尝试新方法和新技术，更新工作流程，提高工作效率，拓宽工作范围，承担更大责任，增加工作挑战性等，从而达到充实工作内容，寻找到工作成就感的目的！与此同时，在工作或生活中通过承担多种角色，例如担任年轻员工的"教练"，充当同事关系的"协调者"，担任组织内部顾

---

① 刘贵勤. 浅谈图书馆员的岗位流动［J］. 大家，2009（9）：241-242.

② 刘贵勤. 试从心理角度探讨图书馆员的压力及其调适［J］. 大学图书情报学刊，2010（1）：73-75.

问，担任巡回演讲人或讲师，担任组织与外部机构的联络人等，从而在新的角色中找到挑战性，找到被尊重和被需要的感觉①！

(6) 均衡营养，适当运动

科学合理安排饮食，对保证身体健康和充沛精力，具有很好的帮助。建议处于压力状态下的人们，要在平衡膳食的基础上，适当多选择富含营养素的食物，如鸡蛋、牛奶、瘦肉、鱼虾类、粗杂粮、豆类和坚果（如核桃、杏仁、花生、榛子等）。因为研究表明：人在压力状态下，比平常状态下的一般人需要更多的维生素和矿物质，已经被证明与压力有关联的有维生素 B、C 以及钙、镁等微量元素。此外，另一个被证实是减少压力的最简单而有效的方法就是运动，消耗体力是人类自然的发泄途径，而运动不仅能够消耗体力，而且还可促进身体恢复平衡状态，运动之后，人不但会觉得精神轻松，也会感觉补充了体力。

2. 组织层面

(1) 加强组织沟通，保持信息通畅

管理的一项重要职能就是信息沟通。信息不对称必然会产生误会、造成冲突，不仅使沟通的有效性降低，而且会给员工带来较大的压力。组织结构、组织变革会造成角色的模糊性和角色冲突，加强组织沟通，保持信息通畅，会减少和降低此类遭遇性压力和情境性压力的产生，因为减少或消除遭遇性压力和情境性压力有两个至关重要的因素，即建立广泛的社会支持系统、提高人际沟通能力。良好的组织沟通能给组织带来良好的氛围和高绩效，也是减少压力产生的必不可少的环节。沟通是缓解压力的有效途径，要建立有效的横向沟通渠道和纵向沟通渠道。横向沟通可以使员工之间加强联系，彼此了解，相互信任；纵向沟通可使员工更深刻地了解高层管理人员，也可使高层管理人员更好地了解下属，使他们相互之间建立起信任②。这样高层管理人员在做工作时就更有效；同时，有效的沟通渠道可使员工及时了解组织的状况及外部环境的变化，从而及时做出调整，变被动为主动，减轻压力。

管理心理学认为人际关系是指受主体个性特征调节的，并伴随着满意和不满意状态的人与人之间的心理关系③。不同的人际关系会引起人们的不同情感体验并影响着人们的行为方式。

---

① 刘贵勤. 浅谈图书馆员的岗位流动 [J]. 大家, 2009 (9): 241-242.
② 朱彤晖. 让下属快乐工作 [J]. 领导科学, 2005 (19): 26-27.
③ （英）波特·马金. 组织和心理契约: 对工作人员的管理 [M]. 王新超, 译. 北京: 北京大学出版社, 2000.

图书馆的人际关系主要有四种：馆员与领导者、馆员之间、领导者之间、馆员与读者。前两种关系对馆员积极性的调动关系密切。

领导者与馆员的关系，关键一方在领导者，在于领导者对馆员的认识和态度，在于领导者的民主作风和体察下情。馆员之间关系的改善，除了加强信息交流，还应注意培养集体意识。管理心理学的研究及大量事实证明，一个单位职工的集体意识强，人们的思想就容易统一，感情和行为就融洽、协调，成员对集体的自豪感、荣誉感、归属感、责任感也因而会加强，从而产生人际关系中的凝聚力①。

领导者与馆员进行个别交谈；适时召开由领导者、馆员、读者多方面参加，或各方面交叉参加的各种主题座谈会、研讨会；开辟和利用因特网及图书馆网上咨询台、留言版、研讨区等，让领导者、馆员与读者共同参加有关问题的研讨，广开言路，广泛听取各种意见和建议，通过提高馆员心理需求的满意度来达到提高工作效率的目的。适时组织各种有益心身健康的文体活动，搞好图书馆文化建设。

（2）岗位流动与工作再设计

心理学研究表明：影响员工工作压力的主要因素有工作环境和工作满意度。

图书馆工作是一个有机循环的整体，采、分、编、典、流等各项业务工作相互联系和制约。一个馆员如果只懂一个岗位的业务，不了解和熟悉其他岗位的工作，一旦某个岗位人员缺岗或调离时，就会出现其他人难以接替的局面，特别是业务性比较强的部门。许多馆员由于长期从事一种工作，慢慢产生惰性，不思进取，得过且过，特别是在缺乏竞争的环境下，干好干坏一个样，潜能无法释放，才华无处施展，逐渐丧失了工作热情和积极性。也有的馆员评上职称后，产生了自满情绪，不再进行学术研究和知识的更新，致使知识老化，无法适应时代的要求②。

此外，馆员长期在一种环境下工作，会因恩怨过多而不利于自身的发展。同时，长年累月重复一种工作，既容易产生急躁情绪，又容易得职业病。实行岗位流动，馆员到了新的岗位，会对工作产生浓厚的兴趣，并能激发出更高的积极性和创造性。同时，通过同一岗位不同馆员知识水平和工作管理技能等方面的比较，建立一种"能者上，平者让，庸者下"的良性循环机制。

---

① 刘贵勤. 试从心理角度探讨图书馆员的压力及其调适 ［J］. 大学图书情报学刊，2010（1）：73-75.

② 刘贵勤. 浅谈图书馆员的岗位流动 ［J］. 大家，2009（9）：241-242.

同时，馆员面对新的环境，会有一种喜悦的新鲜感，这样既能调节精神，使之保持对工作的热忱并发挥其积极性和创造性，又能改变工作姿态，预防职业病的发生，有利于身心健康。

岗位的流动，对管理干部来说，在基层岗位上进行轮换的经历，有助于他们保持体察下情的谦虚态度，从而减少上下级之间离心离德的可能性。也可使馆员在流动中通过各业务间的对比，参与图书馆的管理，为领导决策、控制和协调各部门的业务提供依据，从而提高图书馆的服务质量和效益。

所以对原有工作进行再设计，进行定期的岗位流动非常有必要，它能够使工作扩大化、丰富化。

(3) 设置恰当的目标

目标定得太高往往挫折较大，目标太低又使人没有奋斗的动力，因此馆员应该确立恰当的目标，使自己通过努力可以达到这个目标，这样可以减少压力的来源。因为科学适当地确立目标可以激发人的正常的期望心理，有效地预防或排除各种不良心理，充分调动人的积极性。管理者应该给期望达到合理目标的人以热情的支持和鼓励，并创造必要的条件，帮助他们通过努力实现自己的目标。为馆员订立的目标应分为基本目标和专门目标。基本目标是为一般馆员订立的目标，要求馆员必须达到；专门目标是为某个特定部门、特定岗位订立的目标，只要求特定部门和特定岗位的馆员必须达到。对于一般部门和岗位的馆员而言，应能熟练掌握本岗及与本岗相关的计算机网络技术和信息技术知识及操作技能即可。对于网络系统建设维护部门和信息技术服务部门等特定部门和特定岗位的馆员，其计算机网络技术和信息技术知识及操作技能则应高于一般馆员，并随着计算机网络技术和信息技术发展的步伐不断提高①。

图书馆员间在气质、性格、能力、经历、工作岗位以及工作目标等方面有差异，要切实搞好教育培训就应该为每一位馆员制订相应的培训计划。计划的制订应符合图书馆工作发展变化的需要，并得到馆员的认同。计划应该包括如下内容：基本业务知识的学习深造、心理素质的改善与锻炼、良好性格的养成方法、敏锐捕捉业务主流新动向的能力等等②。

图书馆的领导要为馆员们学习和掌握新技术，创设一定的环境和条件，利用人文关怀，创造人性化的环境，对每个馆员的学习和工作多关心、多督

---

① 刘贵勤. 试从心理角度探讨图书馆员的压力及其调适 [J]. 大学图书情报学刊, 2010 (1)：73-75.

② 李国红. 网络环境下图书馆员适应力的塑造 [J]. 山东图书馆季刊, 2006 (1)：85-87.

促，使他们能健康、快乐地成长起来。

（4）学科馆员继续教育的制度化

当代学科发展的一个重要特征，就是理论的相互渗透和研究方法的相互借鉴。任何一门新学科的产生与发展，都要受到相关学科领域的影响，皆需采用或借鉴一定的研究方法，才能使这门新学科得以不断地完善。因此，图书馆服务向知识服务、学科服务的拓展和深化就需要提供服务的图书馆员的知识储备和知识更新必须紧跟学科的时代发展脚步，与时俱进。亦因此，学科馆员的继续教育就是长期的需要，图书馆应将学科馆员的培训制度化，将终身学习的个人需求和组织需要相结合，以增强学科馆员学习的主动性和责任性，以及对图书馆这个组织的心理归属感。

（5）引入心理健康教育和咨询

正如前文所述，员工援助计划（Employee Assistance Program，简称 EAP）是由组织为员工设置的一套系统的、长期的服务项目；对员工及其直系亲属提供的专业咨询、培训；解决员工及其家庭成员的各种心理和行为问题；提高员工在组织中的工作绩效；帮助改善组织的环境和气氛。

高校图书馆引入 EAP 来调整馆员的形态、生态、心态和状态，实为明智之举。EAP 可以从以下几个方面展开工作：首先，创建良好的工作环境。研究表明，工作环境轻松、愉悦，人能够发挥出原先 3 倍的工作潜能，而且特别感受不到工作压力的存在。因此，创建良好的工作环境是缓解工作压力的重要环节之一。其次，完善福利制度，满足馆员不断变化和提升的需要，特别是心理层面的需求；优化组织承诺，增强馆员在图书馆这一组织的幸福感受，提高馆员的各项满意度指标，增进馆员的向心力和凝聚力；改善组织氛围，提高馆员的士气，降低离职率、缺勤率等。第三，合理使用人才，增加对馆员的心理支持。图书馆要帮助馆员解决工作中的问题和后顾之忧，优化人员配置，人岗匹配，量才而用，充分调动馆员的工作自主性和积极性。

（6）建设幸福组织

"幸福"是人们一直以来追求的理想目标，各级各类组织中的员工也是为了追求幸福而努力工作。幸福组织就是组织层面保持健康可持续发展、公开公平公正、受人尊敬；团队层面领导者具备积极领导力、成员良好协作；个人层面健康、幸福、高效，与组织同步成长，拥有较高的心理资本①。建设幸

---

① 易普斯企业咨询服务中心．幸福组织建设之道［EB/OL］．http://www.eap.com.cn/DeTail/550.

福组织是所有组织及其员工的核心需要，是一个组织可持续健康发展的客观需要，也是一个组织应尽的社会责任。高校图书馆作为一级组织，其员工与其他组织的员工一样处于社会转型、文化变迁、价值重构、社会竞争加剧的特殊时期，员工心理受到了前所未有的冲击：工作压力水平上升、职业枯竭普遍存在……，只有从组织层面坚持以人为本，为员工创造幸福才能有效提高员工生活质量和工作效率，实现组织的健康可持续发展。

【案例 2】

让焦虑随风而逝
——EAP 管理者咨询案例

焦虑是由紧张、焦急、忧虑、担心和恐惧等感受交织而成的一种复杂的情绪反应。它可以在人遭受挫折时出现，也可能没有明显的诱因而发生。焦虑总是与精神打击以及即将来临的、可能造成的威胁或危险相联系，主观上感到紧张、不愉快，甚至痛苦和难以自制，并伴有植物性神经系统功能的变化或失调。

身为管理者，在日常的管理中，必然会采取一些管理措施，比如轮岗、进行岗位再设计、使员工工作丰富化等，来达到缓解职业倦怠、提升员工的工作热情和积极性以及职业成就感的目的。在实施的过程中，必然会触动一些人，不可避免地会出现焦虑、担忧，甚至抑郁、愤怒等情绪。管理者也不例外，Y 女士（化名）是其中的一员。

一、案例介绍

来访者，Y 女士，49 岁，图书馆学专业本科学历，副研究馆员，中层管理。

按照前一天的电话预约，准时走进咨询室的 Y 女士，中等身材，衣着得体，皮肤白净，丰满，看上去比实际年龄年轻。尽管她面带微笑，但咨询师还是敏锐地捕捉到了她眉宇间隐含的一丝愁容。

落座后，Y 女士就打开了话匣子：最近有件事让我烦心，我都有好几个晚上没有睡好觉了，本来睡眠就比较差，你看，我脸上的皱纹是不是多了？这两天我自己都感到自己老了许多！哎，烦啊！

咨询师面带微笑，看着 Y 女士，等着她的下文。

Y 女士：我们单位在搞双向选择。有个同事，因人际关系问题经历了几个工作岗位，最近又和现部门主任闹翻了，处于待岗中。目前是无人愿要、也不敢要，但又不能不安排她，所以领导找到了我，让我接收她。

咨询师：嗯。您很担心。

Y 女士：是啊，我很担心！我们是老同事，我了解她，我就更不敢要她啊！我现在的部门人际和谐，工作有序，我怕她来了之后，闹得部门鸡犬不宁的，那可如何是好?!可领导一直在找我谈，希望我支持工作，接收该员工。但是，我……

咨询师：这的确是个难题！要是我摊上这事，也会纠结，焦虑，睡不好觉了。

Y 女士：现在接收她已成定局，推不掉了，我该怎么办呢？哎……

咨询师：嗯，接收这样的同事非你所愿，但您还是决定接收她了，您是怎么做到的呢？

Y 女士：还不是我好讲话吗！我们领导就是看我好讲话，也知道我心软，所以才一而再再而三地找我，动员我接收她。这个同事本人也来找过我，我们又是老同事，她目前的状况也是怪可怜的，所以，我就答应接收她了。哎，我怎么就这么心软呢?!

咨询师：可见您是个包容、大度的人，能够顾全大局，并且还是个能够担当的人，这或许就是你们领导看中您的原因之一吧。

Y 女士：或许是吧。（说到这儿，Y 女士的脸上出现了笑容，表情轻松了许多）不是我自夸，我们单位就我这个部门非常团结，大家都能够互相体谅、互相帮忙，很多人都想到我这个部门来哦。可一想到她要来，我就焦虑不安、夜不能寐了。

咨询师：我非常理解您。我们都不愿意自己的团队里出现不和谐音符。您做出接收的决定，真不容易啊！

Y 女士：（点点头，没有说话，眼睛里满是焦虑）

咨询师：我们现在来对您的焦虑进行评估。如果一点都不焦虑是 0 分，非常焦虑是 10 分，您自己评估一下，您现在的焦虑会是几分呢？

Y 女士：（沉思了一会儿）大约有 8 分吧。

咨询师：看来这件事的确给您带来不小的困扰啊！

Y 女士：嗯，我都不能想象她来上班的情景！

咨询师：这的确是个问题啊！在您来我这儿之前您都用过哪些方法去应对的呢？

Y 女士：嗯，是的。我想过很多方法，比如把她放到一个不与人打交道的岗位，比如让她写个承诺书，比如跟领导再谈谈，看是否给她单独设岗……

咨询师：作为管理者，我们都有可能会遇到这样的员工。如何管理这样的员工，就成为我们必须面对的问题了。

Y女士：是啊，以前听到其他部门主任的抱怨或感慨，虽然同情，但没有体会，现在轮到我了，哎……

咨询师：这样吧，我们先休息一会儿。您喝点水，放松一下，我也理一理思路，我们一会儿再谈？

Y女士：好的。

（10分钟后）

咨询师：（将之前所谈内容作了概括反馈）您是个优秀的管理者，而且大度、包容，深得领导和同事的信任，只是现在遇到了暂时的困扰。那么，现在我们来讨论一下，我们要做些什么，采取什么样的行动，会让您的焦虑减少一分到二分，能多睡一两个小时？

Y女士：嗯，这我要好好想想。（沉默一会儿）其实，她是我的老同事，尽管有几年我们不在一个部门，但还是比较了解她的。她不适合去做与人合作的事情，因为她计较，好与人攀比。嗯，就这样，我安排她做具体的事，还可以对她提出一些具体的要求……（说着说着，Y女士的脸色明亮了起来，语调也轻松了）

咨询师：（微笑着点点头）嗯，很好！还有其他方法吗？

Y女士：（沉默，思考）人都需要被认可、被赞许，之前她可能受到的批评和指责较多，我多给以她肯定，再加以适时正向的引导，她一定会成为一个好员工的！嗨，我怎么之前没有想到这一层呢？谢谢你的启发！

咨询师：（微笑地看着Y女士）其实，这个想法您一直就有，而且也是一直这么做的，只是因为心急，一下子没想起来而已。（稍作停顿）如果现在再来评估一下您的焦虑，您给自己评多少分呢？

Y女士：（仰头思考了片刻）大概有4、5分了吧？我回去好好考虑一下如何安排她，一定会有办法的。

咨询师：嗯，不错，已经在5分以下了，祝贺您！

Y女士：谢谢您！

两天后，Y女士再次出现在咨询师面前，依然满腹焦虑。

Y女士：老师，我还是不能想象她来上班的情景，一合眼，她就站在我面前……

咨询师：喔，看来你的正常生活秩序被打乱了啊！

Y女士：可不是吗！尤其是晚上不能安睡，最让我苦恼了。

咨询师：嗯，那我们先来解决您的睡眠问题吧。我现在教给你一些方法，在你无法安睡时使用。

Y 女士：太好了。

接下来，咨询师在背景音乐声中教给 Y 女士简单的呼吸、放松技巧。Y 女士在咨询室内睡着了。

半小时后，Y 女士醒来，很惊讶，也很开心。

咨询师：回去后，当难以入睡时，就按我今天教你的方法先使自己放松下来，就容易入睡了。但是，如果今天回去后，您发现自己的睡眠问题不存在了，您认为发生了什么事，心情处于什么样的状态？谁会第一个感受到您的变化？然后和家人谈谈自己的感受。

Y 女士：好的。

之后的两周内又进行了三次咨询，主要是继续进行呼吸、放松和使用系统脱敏的方法进一步缓解 Y 女士的焦虑，改善她的睡眠质量，再通过认知改变，矫正其对一些问题的看法。

在第六次咨询时，Y 女士告诉咨询师她的睡眠得到了很大的改善，焦虑程度明显降低。

咨询师再次给 Y 女士做了焦虑等级评估。在这次的评估中，Y 女士的焦虑分值降至 3 分了，已经有精力来处理工作中的问题了。这时，咨询师和来访者达成了共识——如何安置那位员工。

咨询师：我有个建议，您回去后拿几张 A4 纸，一折两半，每张纸上写一个你打算用的方法，然后在左边写上"优点"，右边写上"缺点"，从中筛选出最合适的方法来，您觉得怎么样啊？

一周后，Y 女士第七次出现在咨询师面前，情绪饱满，眼含笑意。

咨询师：嗯，不错嘛，您今天容光焕发，更加漂亮了。

Y 女士：谢谢！我回去后按照您教的办法，筛选了一个方案，先跟我们领导沟通了一下，然后把那位同事请到办公室，和领导一起，非常严肃地和她做了一次谈话，首先告诉她，我同意她到我部门，并且给她安排了岗位和工作；接着把我部门的规章制度给了她一份，要她好好学习，领会精神，遵照执行；第三，她需要写份承诺书，给领导和我各一份，她自己一份；第四，如果她依然我行我素，我保留随时请她离开的权利。她同意了。

咨询师：（微笑、点头）嗯。

Y 女士：接着，我们领导严肃地要她感谢我给她的工作机会，要她懂得珍惜，到了新部门后要服从领导，吸取以前的教训，不要再犯老毛病等等。她也表了态，表示今后不会再出现与人争吵的事情了。

咨询师：您真有办法！在管理上您很有一套嘛！

Y女士：嘿嘿，谢谢夸奖！（稍一沉吟）这样的人每个单位都会有，和这样的人一起工作，对我们是个考验，也是对我们能力的锻炼和提升！从某种角度来说，好像我还应该感谢她啊，是不是啊，老师？

咨询师：（微笑）您说呢？

Y女士：（认真地点点头）是的，应该感谢她。他们的存在可以促进我们去思考，去应对，从而得以成长，不断地完善我们自己。

咨询师：是的，我们应该感谢每一个出现在我们生活中的人和事！感谢那些带给我们幸福快乐的人，更要感谢那些带给我们困扰让我们纠结的人，因为他使我们获得成长！祝贺您！

Y女士：谢谢老师！这才是开始啊，以后的日子还长着呢，不知道又会有什么样的事情发生哦（话虽这么说，但Y女士的语气却是轻松的）。

咨询师：嗯，都说"万事开头难"，可您已经开了个好头了，以后无论出现什么样的事，我相信凭您的智慧和能力，一定会圆满解决的！

Y女士：老师，您说得对！只要我自己有信心，真诚对待每一个人，凡事做到公开、公平、公正，用制度去管理人，用情感去凝聚人、以积极的态度和语言去引导、肯定、赞美人，就一定能使我所在的部门一如既往地和谐、团结。

咨询师：我相信您一定能够做到！

Y女士：老师，感谢您这段时间的支持和陪伴，是您帮我渡过了难关，谢谢您！如果今后工作或生活中遇到不顺心的事，我还可以来找您吗？

咨询师：当然可以。只要提前预约即可。

二、案例分析

这是一例尝试使用焦点解决短期治疗方法进行的管理者咨询案例。

焦点解决短期治疗（Solution-focused Brief Therapy，SFBT）是指以寻找解决问题的方法为核心的短程心理治疗技术，是20世纪80年代初期由Steve de Shazer和妻子Inn Berg Kim以及一群有多元训练背景（包括心理、社工、教育、哲学、医学等）的工作小组成员，在美国威斯康星州米华基（Milwaukee）的短期家庭治疗中心（Brief Family Therapy Center，BFTC）共同发展起来的①。

---

① Steve De Shazer, Inn Berg Kim. Doing therapy: A post-structural re-vision ［J］. Journal of Marital and Family Therapy, 1992, 18（1）: 71–81.

经历了二十多年的发展，SFBT已逐步成熟，并广泛应用于家庭服务、心理康复、公众社会服务、儿童福利、监狱、社区治疗中心、学校和医院等领域，并得到积极的肯定①。

台湾师范大学教育心理与辅导教授，台湾焦点解决中心顾问许维素认为，焦点解决方法的精髓是：利用来访者的个人正向经验，建立其行为目标，并加以改善，最终获得咨询效果。它是一种正向策略性、系统性、逻辑性、团队工作联盟性、创意性、多元时间向度相结合的一种咨询方法②。

SFBT是目前EAP咨询工作中最常使用的核心技术之一。

本案例中，针对Y女士的情况，EAP咨询师的分析是：

（1）想拒绝，但又不想得罪馆长。烫手的山芋，别人都朝外扔，自己内心也极其不想接收那位同事，但碍于馆长的要求，不得不应允。

（2）担心自己的能力不够。正因为那是自己原来的老同事，所以知道其难管理的程度，如果管理不善，不仅会影响现在部门老员工的工作热情，而且会破坏和谐的人际关系。这不仅仅是部门全体员工的不幸，也是身为管理者自己的不幸。

（3）内在也不排除想表现的欲望。馆长是在没有其他办法的情况下，找到Y女士，请她接收那位无人敢要的同事的，这不免使得Y女士有些小得意：一来为馆长解决了难题；二来向别人表明自己是有能力的，敢于挑战；三来可以向那位被接收者示好，为了以后便于管理。

然而，毕竟有十几年没有和那位同事共过事了，经了解她不仅缺乏工作动力和热情，工作态度也不好，而且还好攀比，不能"吃亏"，这次的待岗是因为和原部门的主任一言不合，抓起烟灰缸就砸，把那位主任的胸口都砸青了……Y女士失眠了。

尽管Y女士是个有着较丰富管理经验和管理方法的中层管理者，也难免担心、焦虑了。

面对Y女士的问题，EAP咨询师采用了短程焦点解决的方法进行咨询。短程焦点解决治疗方法（SFBT）有许多核心技巧，该案例中EAP咨询师采用了如下几个技巧：

---

① Miller S D，Hubble M A，Duncan B I. Handbook of solution-focused brief therapy SFBT［M］. San Francisco：Jossey_ Bass. 1996.

② 王静. 基于短期治疗的焦点解决法介绍及个案报告［J］. 中国心理卫生杂志，2007，21（8）：578–582.

（一）目标架构

咨询的目标是来访者和咨询师在协商中共同达成的，这个目标一定是来访者想要的，对来访者而言也是重要的目标：咨询师只有尊重来访者，才能促进治疗的合作与效能。目标构架的原则：一是用来访者可以"立刻开始"，即会去做、会去想的描述，也就是所谓的正向的叙述，去提供一个可以达成的具体方向，以促进来访者积极的思考；二是目标的描述宜具体、明确、易操作，使来访者较容易去执行与完成。由可以做到的、小步骤开始，用小改变带出大变化，带给来访者成功的感受与信心；三是来访者希望达成的目标，在生活中必须是可行的，因为改变往往需要由来访者自己来做；四是尽可能贴近来访者的世界，用其习惯和熟悉的语言来进行治疗，这样会较快获得来访者的投入与认可，促进其用心去完成目标，从而获得成就感，提高个人的自尊。

本案例中，EAP 咨询师与来访者达成的咨询目标是：用理性、积极的态度去面对既成的事实，减少焦虑，改善睡眠。

（二）介入技巧①

各种咨询技巧的运用，都是为了帮助来访者发展出有效的、有希望的解决问题的方式，让来访者看到他所想要的目标，并且往想要的目标前进。语言的暗示性，以及"建设性预设问句"是 SFBT 最常用也是最重要的技巧，激发来访者产生建设性的思想，暗示着可能性的改变，而丝毫不减其感受。SFBT 的介入技巧多达十几种，本案例中 EAP 咨询师运用的技巧如下：

1. 一般化（normalizing）

将来访者的问题"正常化"：很多人都遇到过你这样的问题。

告诉来访者他/她的感受，是在相同处境下的人皆会有的反应，让来访者觉得自己不是那么孤单或特异，他/她只是暂时没有找到解决问题的方法而已。

2. 重构（reframing）

短程焦点解决方法认为任何事情都有两面性，咨询师的任务是要诠释并引导来访者看到事物的正向意义。本案例中，EAP 咨询师就是让 Y 女士看到她同意接收那位大家都不愿意也不敢要的同事的正向积极的意义。

3. 刻度化问句（scaling question）

刻度化问句是一个重要的评量工具，可以将来访者的感受、态度、动机、

---

① 许维素. 建构解决之道——焦点解决短期治疗 [M]. 宁波：宁波出版社，2013：15-60.

想法等由抽象的概念变成具体的可量化的数据，协助来访者自我澄清，帮助他们表达出难以说明的内在需求或目标，同时，也能协助咨询师理解来访者、评估咨询的效果与可努力的方向。刻度化问句可用于评量来访者的焦虑程度、自信心的高低、改变动机的大小等等。

4. 奇迹问句（miracle questions）

奇迹问句是引导来访者将关注点放在想要什么不一样的生活，即他/她希望达到的未来满意状态，从而找出适合自己的解决方法，而不是去探究问题的成因。如此可以使来访者对解决问题充满信心，同时又能理清长远目标。常用的句式："当你今天回家时，你的问题已经解决了，你会有什么不一样？"

5. 赞美（compliment）

在与来访者交流的过程中，咨询师应把握机会适时恰当地赞美来访者。赞美，可以营造正向积极的气氛，帮助来访者远离被评价以及面对改变的恐惧，提升他/她的责任感，强化其改变的动机，而且还能纠正来访者只重视问题、缺点的习惯。然咨询师的赞美要真诚、具体，并且以个案所能接受的文化方式表达。

6. 家庭作业（task）

SFBT 的家庭作业可以是思考性的、观察性的或行动性的任务，例如做正向性的观察、多做一点正向或例外的有效行为、发现与观察突发性例外的发生情形、做一点点假设解决架构的方法等。因此，无论何种疗法，家庭作业都应紧扣来访者的咨询目标、改变动机和愿望、语言习惯和思维模式，建议来访者进行新的思索，采用新的行动或继续已经取得一定成功的行动，以促使其持续的改变。本案例中的家庭作业是让 Y 女士筛选可行性方案。

焦点解决短期治疗的技巧多达十几种，限于篇幅，恕不在此一一列出。

三、案例点评

Y 女士遇到的问题，在高等院校图书馆中带有普遍性。在中国，高等院校不同于一般意义上的企事业单位，又不同于政府机构，由于其组织结构和体制方面的原因，不会因为你课上得不好，工作态度不够端正积极，考核不合格等而被辞退，更不会因为和别人搞不好关系而受到警告，或被要求参加相关培训等，除非你自己提出辞职或因严重犯错而被开除（这种概率少之又少）。作为高等院校的必备机构之一的图书馆就更没有人事自主权了，甚至于连进什么样的人都没有话语权，往往是需要的人要不到，或不愿意来，不想要的人却推不掉，更不要想把已经在图书馆里的人推出去了。

中层管理在组织中起着承上启下的作用，他们是上级决策的执行者、下级工作的领导者和监督者，他们的素质和能力对工作的绩效颇具影响，因此任何一个组织对中层管理的选拔、任用以及职后的培养、再提高都应十分重视。

作为一名普通高等院校图书馆的中层管理者，Y 女士既是 EAP 服务的个案，也是 EAP 服务的组织对象，鉴于 Y 女士们的问题颇具典型性，因此该案除了个体咨询外，EAP 咨询师也对其所在的组织提出了改进目标。

（一）EAP 组织咨询的长期目标

组织的目标：管理人员的角色冲突和应对新问题的工作胜任力问题。

① 体会到作为管理层的满足和责任。

② 增强自信心和领导力。

③ 正确批评、训练和引导下属以改善他们的工作表现。

④ 与所管理的团队建立友谊。

⑤ 从管理层的角色跳出来，并能够从事其他职业，即所谓一专多能。

（二）EAP 组织咨询的短期目标

① 请各部门主任描述自己的行为是产生冲突的原因。

② 回顾这些冲突的来龙去脉。

③ 认清自己作为一名领导者的价值和所需承担的责任。

④ 知晓一名成功的领导者，应该具备哪些行为特点。

⑤ 培养、锻炼并树立自己的自信心，工作要求表达具体，恰当、合理地要求改善工作表现。

⑥ 有能力提供有建设性的建议，但不能伤害下属。

⑦ 领导者培训和教育制度化。

（三）EAP 的组织解决方案[①]

（1）EAP 咨询师接受组织委托，与人力资源部门配合，对管理层的典型人员进行访谈，深入了解事情的真相和问题发生的原因，了解当事人的感受，找到问题的根源。

（2）形成 EAP 服务项目分析报告，对目前高校图书馆所面临的问题进行深度分析，找到原因，设计解决方案。

（3）解决方案：个别辅导和团体培训相结合。具体如下：①对有可能晋升的员工进行多方考评、甄选，以确保那些工作表现突出、群众基础良好、具有管理才能的员工被选拔到管理岗位上，并在每一位中层管理履职之初，

---

① 赵然．员工帮助计划 EAP 咨询师手册［M］．北京：科学出版社，2010．

做好前期指导工作。②在职后的培养引导过程中，着重使他们明了自己的角色定位和职责，培养他们的敬业精神和沟通能力，锻炼和提高他们的责任心。③为了使他们具备基本的管理理念和管理素质，可针对性地进行相关管理理论的培训和管理技能的训练，以提高其管理水平。④借鉴企业的做法，设立"导师制"。请优秀的管理者作为年轻（或新任）管理者的导师，帮助、引导年轻（或新任）管理者处理管理中的棘手问题。⑤通过专家、上级领导对中层管理的绩效做定期的评估，进行积极反馈，使各位部门主任能够发现自己的优势，改善自己的不足，更快地成长。

总之，EAP 咨询师应当帮助管理者了解自己对所处情境的感受、在管理困难员工中所产生的情绪（如焦虑、挫败、愤怒、压力、内疚、负罪感等）都是正常的，而帮助员工的最好方法就是努力使自己成为一个好的管理者。

（二）员工个案咨询

员工在任何一个组织中都是核心资源。任何一个组织离开了人，就无法生存，更不可能有发展。任何一个组织，只要存在，就会有管理者和员工，就会产生沟通，也就会有员工咨询，因为咨询是沟通的一种方式。生活在社会大环境中的图书馆员，无论是高校图书馆员，还是公共图书馆员，社会中的许多因素都会给他们带来压力。

那么如何提升高校图书馆员对图书馆工作的职业认同感和效能感，从而达到缓解职业倦怠的目的呢？帮助图书馆员做好职业生涯规划、突破因职业高原带来的发展停滞和困境是图书馆员工援助计划的干预手段之一。

以职业高原成因为视角，高校图书馆员职业高原可以从组织、工作、个人三个维度进行分类：组织高原指虽然馆员有进一步晋升的能力和愿望，但是图书馆不能满足馆员要求，没有晋升的机会，从而使馆员达到职业高原；内容高原指馆员长期处于某一工作岗位，工作缺乏挑战性，工作本身不能提供接触新的知识、技能和职责，所出现的一种个体职业发展的停滞状态；个人高原指由于馆员个人的学历、年龄、自我价值观等因素导致缺少进一步晋升所需的能力和动机，而形成的职业高原。

职业生涯规划的目的就是帮助每个员工达成其生涯发展中每一阶段的任务，并预先规划，为下一个阶段发展提前做好准备。美国学者 Super 将生涯发展分为五个时期，即成长期、探索期、建立期、维持期及衰退期①。

---

① （美）舒伯．职业生涯发展理论［EB/OL］．［2012－04－25］．http：//www.yjbys.com/qiuzhizhinan/show－184034.html.

"成长期"和"探索期"通常是在22岁左右。这个阶段的主要任务是：发展越来越符合现实的自我概念；学会把握机遇或开创机会；职业取向日趋具体化、特定化；实现职业取向。因存在个体差异，所以探索期及成长期对个人生涯的影响也因人而异。

"建立期"一般在23岁到45岁之间。这一阶段也有人称其为"试验期"，因为此阶段多是刚出校门的职场新人，他们职业的选择最初多是父母的期望、师长的意见或盲目从众的，极少是为了实现自己的理想而选择的。所以，一旦发现事与愿违，理想与现实的冲突加剧，心理落差颇大。此时的他们会以寻求理想为借口，不断跳槽、换工作，不稳定是初入职场的新人的一大特点。然而，此阶段却是一个人职业生涯中最主要的阶段，组织中90%以上的员工也在这个年龄范围内。因此对组织或个人而言，生涯中最重要的阶段都在建立期。

"稳定期"的跨度从30岁到40岁。经过10年的磨炼和打拼，此时绝大部分人不仅已明确了生涯路线、确立了事业目标，而且无论在专业技术还是在人际关系上都有了相当丰厚的经验和基础，可以放开手脚、一展身手、贡献所能。

40岁至50岁左右是"生涯中期"，也是职业发展中的所谓"危险期"。其中只有小部分人在稳定期通过个人知识的丰富积累、能力的充分比拼和技能的不断竞争后，因其特殊表现而获得赏识，可能更上一层楼或进入组织的核心，或成为部门主管、高级顾问等，肩负更大的责任。但金字塔形的组织越往上层人数愈少，这必然使得大部分人员没那么幸运。如果心理上一时无法调适，就会对自己的能力甚至理想产生怀疑。

此时，许多人会重新评估自身工作和生涯目标，有的人会试图开创新局面，选择离开公司、出国充电，或自行创业。也有人会逃避工作上的挫折，将自己的生活重心由工作转移至家庭、发展和培养兴趣爱好等。

生涯的停滞是危险期的特征。上班族中大部分人需要面对的问题就是所谓的"中年危机"，此时的个体和20岁出头时的情形完全不同。是转行、另谋他职，抑或自主创业？离开现在的公司，自己的行业知识、专业技能、工作能力和经济实力是否已具备？人脉资源的支持度又如何？一旦失败，又如何维持家庭生计？除非个体早已累积了相当的财富、能力和人脉，并且早做好了规划和长期失业的心理准备。至于最终何去何从，取决于是否有好的生涯规划，否则，将会成为家庭的"负担"，"输不起"的内心体验将是个体前行的阻碍和最大的考验。

生涯发展的危险期对个体来说也提供了一次对自身未来生涯再做一次思

考的机会。"宜静不宜动"可能是大多数人此时的抉择——留在公司里，进入生涯的"维持期"。

"衰退期"是指 60 岁（或 65 岁）退休后至死亡为止。众所周知，法律意义上的退休是指从原公司、原工作岗位上退了下来，不再从事社会工作。按照现行的法律法规，每个人因其所从事的工作类型的不同，其退休年龄会有差异。如果身体状况允许或年龄不到 60 岁，许多人仍然选择继续工作。进入此期的人，应在心理上提前做好退休的准备，否则一下子从工作了近 40 年的岗位上退下来，一夜之间无事可做的状况和感受，是难以面对的。退休后遗症，就是心理无法适应的表现。

美国学者 Super 的"生涯阶段"虽只是一个模式，但这个模式有助于个体规划生涯，排除不安的心理及障碍，顺利度过人生的各个阶段。

职业生涯有一定的发展规律，员工需要对这些规律有深入的理解，并能结合自己的特点和工作实践进行判断和决策。组织在实施员工职业生涯规划的过程中，有责任为员工提供比较专业的职业生涯发展咨询，包括帮助个体进行自我分析、为个体拟订有预见性的培养计划、建立现实客观的发展目标等等。所有这些对提升员工对组织的满意度与忠诚感，减少职业生涯发展方面的压力，形成更有凝聚力的员工队伍都具有深远意义。

图书馆员工援助计划（L-EAP）项目通过对实施馆馆员职业生涯计划的全面指导以激发馆员自我发展的内在动力。L-EAP 咨询师可以为馆员指引发展方向，使馆员为图书馆提供最佳服务的同时，自身也不断成长和提高。在对馆员进行终身学习理念熏陶的同时，还通过与馆员的个别接触，了解其个性、能力、知识结构和发展潜力，帮助他们设计个人学习计划和职业发展规划，使得馆员的知识结构和能力适应图书馆发展的要求和自我成长的需求，并树立终身学习的信念。

以下是两例职业规划个案咨询案例。

【案例 1】

我的职业我做主
——EAP 提升职业认同感和职业成就感个案咨询

在茫茫职海中，无论你是引领风骚还是随波逐流，工作中的不如意随时都会出现。问题出在哪儿呢？是体制僵化还是人治所为？是沟通不畅还是管理弊端？是心态导致还是方法使然？……当遭遇职场寒流时，人们很难静下心来冷静地去分析问题的症结所在，有的跳槽，有的自我否定，有的思考"我是否选错了职业?""我是留下还是离开?"纠纠结结，不知路在何方。这时候，既是对一个组织的人力资源管理的最大考量，也是个人职业生涯规划中的一个重要转折点。

我们在对试点高校进行测量评估的过程中，发现了一位能够客观认识自我，提升职业认同感和职业成就感的个案，希望对高校图书馆及其员工们有所启迪。

一、个案介绍

Q女士，51岁，研究馆员。20世纪80年代初期本科毕业后分配到高校图书馆工作至今。30年的工作经历使她对图书馆的各项业务都非常熟悉，也因此，她对图书馆工作丧失了新鲜感和热情，虽然取得了正高级专业职称，却一度无法获得成就感和满足感。

Q女士是家中的长女，在那个年代，家中子女较多且又生活负担不轻的父母能够开明地供她读大学而不是让她工作以减轻家庭负担，为此她一直对父母心存感激。

按说，毕业于图书馆学专业，又在高校图书馆工作，可谓是"专业对口"了，但Q女士从一开始就没有喜欢过图书馆学专业的课程和后来的图书馆工作。

何故? 原来，当初在选择专业的时候，Q女士的高中班主任，一位饱受"四清""反右"之苦，由大学老师下放、再成为高中老师的慈父般的老教师亲往Q女士家，语重心长地对Q女士说："你是一个女孩，要选择一个能够避开政治风险而又稳定的职业为好，图书馆学专业最适合你。"Q女士的父亲也觉得女儿生性耿直，不太适合去做抛头露面的工作，希望女儿接受老师的建议，就这样，Q女士选择了图书馆学专业。

30年的职业生涯历程，几度风雨几度春秋，Q女士经历了数次院校的合并重组，迎送过几任馆长的离职到任，目睹新老同事的进进出出，馆舍的一次次搬迁，系统化管理的应用，文献信息的数字化过程……变化是短暂的、兴奋是一时的，不变和沉闷却是长久的。

在历次的变迁中，Q女士不是没有心动过，之所以最终没有行动，是因为惰性使然。30年的安逸，磨去了锐气和斗志。

然而，Q女士骨子里是不甘平庸的: 既然做了这份工作，就要在这个领域里做到自己能够做到的最好! 她为自己制定的职业规划是按部就班地取得相应的专业技术职称，在36岁那年取得了当时图书馆的最高职称——副研究馆员（彼时该校图书馆不设正高职称）。这之后又是一段平淡、无为的日子。

院校合并的强劲势头终于将 Q 女士所在的学校卷入，几次合并重组的过程中，Q 女士都有机会进入图书馆的高级管理层，但又都阴差阳错地失去了机会。年届 45 岁的 Q 女士在仕途屡屡受挫之后，再次将目光投向专业技术职称：创造条件，50 岁前一定拿下正高！

功夫不负有心人！经过努力，48 岁那年，Q 女士如愿取得了研究馆员职称。

在此之前，出于自身的需要，Q 女士一边为职称做准备，一边在学习心理学。2009 年通过了国家人力资源和社会保障部的考核，取得了二级心理咨询师证书。通过心理学的学习，她不仅解决了自身的一些困惑，而且从中找到了自己的兴趣所在——传播健康，做健康使者，助人自助，并且在馆领导、校领导的关心和支持下，拿到了高等教育教师资格证，成为一名正式的大学生心理健康教育工作者。

如今，Q 女士图书馆员的工作虽然没有变化，但她改变了看世界的目光：看着自己的学生来图书馆借阅图书内心充满了喜悦，并为自己能够在两个讲台（高校图书馆是学生的第二课堂）为自己和他人的心理健康服务而感到由衷地自豪。

二、个案分析和点评

从色彩心理学角度来看，Q 女士是基本属于"红色性格"的人（红色是她性格中的第一色彩），她善于交际、积极乐观、信任他人、创造快乐、富有激情、表达力强[1]，在图书馆这个成天与书打交道的工作场所，难以发挥其个性和特长，也是其产生倦怠、工作热情不高的根源。

在她与课题组的咨询师半是咨询半是交流的过程中谈到自己曾经的理想是做一名新闻记者或者从事公关事务，抑或是当一名老师，却没想到成了一名大学里的图书馆员。曾几何时，她羞于告诉别人自己是一名图书馆员，必须介绍职业的时候，说出"图书馆"三个字，内心是带有自卑感的。学习了心理学之后，第一件事就是给自己做了"职业兴趣"测试。

Q 女士选择的是经典的《霍兰德职业偏好测验量表》。霍兰德职业兴趣测验是美国著名职业指导专家 J. 霍兰德（Holland）编制的，经过几十年、一百多次大规模的实验研究，在对人格与职业的关系做了诸多假设的基础上，形成了人格类型与职业类型的学说和测验。霍兰德认为具有某一特殊类型人格的人，便

---

[1]　乐嘉．"色"眼识人［M］．上海：文汇出版社，2006：36-45.

会对同一类型的工作（环境）发生兴趣，从而使人格与工作环境相互匹配。

在这一量表中，霍兰德提出了六种职业兴趣类型，可以据此帮助你发现和确定自己的职业兴趣和能力专长，从而科学地做出求职择业的决定。霍兰德的六种职业兴趣类型，由于翻译者的不同诠释，有着不同的版本，中国人民大学出版社出版的《组织行为学》第 10 版中将其分为：现实型、研究型、社会型、传统型、企业型、艺术型，具体如下：

（1）现实型（R）：偏好需要技能、力量、协调性的体力活动。人格特点：害羞、真诚、持久、稳定、顺从、实际。职业范例：机械师、钻井操作工、装配线工人、农场主。

（2）研究型（I）：偏好需要思考、组织和理解的活动。人格特点：分析、创造、好奇、独立。职业范例：生物学家、经济学家、数学家、新闻记者。

（3）社会型（S）：偏好能够帮助和提高别人的活动。人格特点：社会、友好、合作、理解。职业范例：社会工作者、教师、议员、临床心理学家。

（4）传统型（C）：偏好规范、有序、清楚明确的活动。人格特点：顺从、高效、实际、缺乏想象力、缺乏灵活性。职业范例：会计、业务经理、银行出纳员、档案管理员。

（5）企业型（E）：偏好能够影响他人和获得权力的言语活动。人格特点：自信、进取、精力充沛、盛气凌人。职业范例：法官、房地产经纪人、公共关系专家、小企业主。

（6）艺术型（A）：偏好需要创造性表达的、模糊的、无规则可循的活动。人格特点：富于想象力、无序、杂乱、理想、情绪化、不实际。职业范例：画家、音乐家、作家、室内装潢设计师。

表一是职业兴趣类型与其相应职业的对照表，仅供参考。

表一　职业兴趣与相应职业对照表①

职业兴趣	相应职业
R：实际型	木匠、农民、操作 X 光的技师、工程师、飞机机械师、鱼类和野生动物专家、自动化技师、机械工（车工、钳工等）、电工、无线电报务员、火车司机、长途公共汽车司机、机械制图员、修理机器、电器师

---

① 罗宾斯. 组织行为学［M］. 北京：中国人民大学出版社，2005：36-60.

（续表）

职业兴趣	相应职业
I：研究、调查型	气象学者、生物学者、天文学家、药剂师、动物学者、化学家、科学报刊编辑、地质学者、植物学者、物理学者、数学家、实验员、科研人员、科技作者
A：艺术型	室内装饰专家、图书管理专家、摄影师、音乐教师、作家、演员、记者、诗人、作曲家、编剧、雕刻家、漫画家
S：社会型	社会学者、导游、福利机构工作者、咨询人员、社会工作者、社会科学教师、学校领导、精神病工作者、公共保健护士
E：企业、事业型	推销员、进货员、商品批发员、旅馆经理、饭店经理、广告宣传员、调度员、律师、政治家、零售商
C：传统、常规型	记账员、会计、银行出纳、法庭速记员、成本估算员、税务员、核算员、打字员、办公室职员、统计员、计算机操作员、秘书

　　Q女士的自我测试结果是：SAE（社会型+艺术型+企业型）型。她发现，虽然图书馆员的工作不是自己所喜欢的，却也是适合自己的职业之一。自己之所以屡有跳槽和提拔的机会都没有很好地利用，皆源于其性格中的第二色彩——绿色。得益于绿色性格中的"宽容处事、适应性强、擅对压力、乐天知命"①的特点，Q女士纵然不喜欢这份职业，也能够尽自己最大的努力做到自己能做到的最好，也因此，Q女士能够把这份不喜欢却适合自己的职业一干就是30年（可能一直做到退休了），并且取得了研究馆员的最高职称。

　　交谈中，Q女士笑着说："现在的我无论在哪儿都能够自豪地向别人介绍自己是一名图书馆员了，在领导和同事们的大力支持下，也有机会和条件去做我自己喜欢的事情了。打个比方就是：坐在图书馆这把椅子上，左手托着教学，右手擎着喜好。我曾经的理想大都实现了，基本达到了自我实现的层次了。"说到这儿，Q女士把一度投向远方的目光收了回来，注视着咨询师

---

① 乐嘉．"色"眼识人［M］．上海：文汇出版社，2006：36-45.

问："我可以这么认为吗？"虽然是一句问话，但咨询师已经清楚地看到答案写在了 Q 女士微笑的脸上。

每个人在其成长的过程中或多或少都会有些心理创伤和由于某些经历所留下的诸如内疚、悔恨、愤怒等不良情绪体验，这些创伤和体验被我们无意识地压入心底，形成"心结"影响着我们现实中的生活和工作，只有打开这些"心结"，完成内心中的那些未了的心愿（未完成的情结），我们才能毫无羁绊地积极生活和工作。

此案例中的 Q 女士，由于自己学了心理学，对自己的认知和定位较为客观，知道自己需要什么，能做什么，喜欢什么，最看重什么，并且立马去行动：去学习、去考试、去争取、去把握，不放弃一切可能的机会。当仕途亮起红灯的时候，她果断调整了前进的方向，因为她深知：东方不亮西方亮！当这扇门关闭了，必定有一扇窗是为你打开的。

Q 女士的个案给我们的启示：无论是刚刚参加工作的新员工，还是已经在职场摸爬滚打了数年甚至数十年的老员工，都存在一个职业规划和再规划的过程。而作为 EAP 咨询师在给员工做职业指导时，关键要让员工了解、把握以下几点：

1. 自我认知

要做到客观地认识自己，至少要弄清楚四件事：①职业兴趣——喜欢干什么？②个性特点——适合干什么？③职业技能——能够干什么？④职业价值观——为什么而干？只有客观地认识自我，才能有准确的职业定位。

2. 职业认知

古语说：知己知彼，百战不殆。切忌想当然地盲目向往和选择不切实际的职位或不熟悉的行业。最好的未必适合自己，适合自己的才是最好的。正确的职业选择应做到：兴趣与职业的匹配、个性与职业的匹配、价值观与职业的匹配、技能与职业的匹配。

3. 确定职业目标

选择向哪一条路线发展是至关重要的。是做专业技术人员，还是做行政管理工作？抑或是先专业后行政呢？职业目标是要经过综合分析才能最后确定的。综合分析应该从目标取向、能力取向和机会取向三个方面进行。图一是综合分析路径的图示。

4. 与时俱进，不断更新知识

终身学习已是这个时代人们的共识。只有不断地更新知识，提高能力，才能赢得事业的成功；只有保持旺盛的职业竞争力，才能一步一步达到自己设定的职业目标。

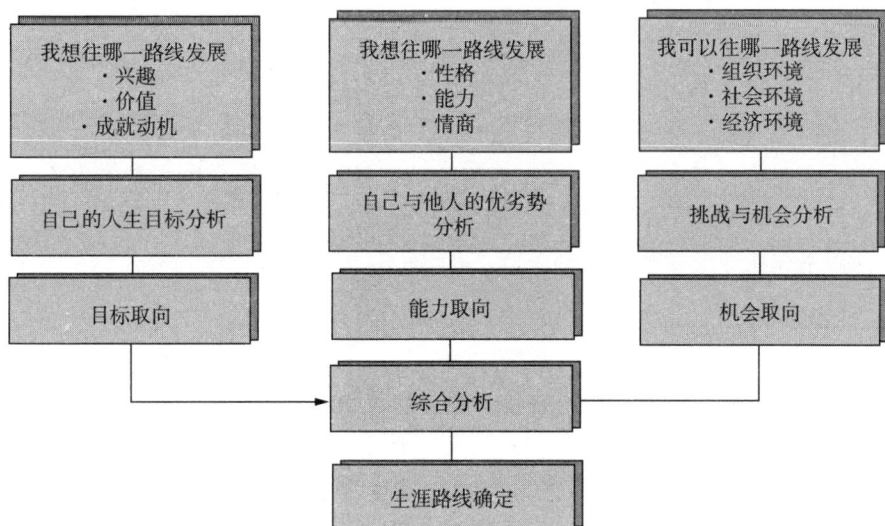

图一　职业生涯路线选择

5. 顺应时代，适时调整

职业生涯规划不是一朝制定终身不变的。随着时代的发展、环境的变化、个人能力的提升，就必须与时俱进，不断地评估和调整自己的职业生涯规划，包括：职业和职业生涯路线的重新选择、人生目标的重新定位以及修正，甚至变更目标实施的计划与方案等①。

此外，由于每个人的职业兴趣、个性特征和与之匹配的职业范围的跨度较大，而且职业又有着喜欢与适合之分，如果你有幸从事的是一项既喜欢又适合的职业，无疑是最佳的选择，定会有理想的成就；如果你从事的职业适合你，却不是你喜欢的，是否可以像 Q 女士那样坚守，先做出一番成绩之后，再去发展自己的所爱，从而达到双赢的目标呢？

长期从事某一职业必然产生倦怠。在工作没有条件变动的情况下，调整心态，换个视角看问题，发展一些兴趣、爱好，不失为一种积极的举措。

在高校图书馆中，像 Q 女士这样的员工应该是核心员工，他们对自己在图书馆的发展方向非常明确，源于自身的发展要求，他们自愿"充电"，不断学习更新知识，不断探索掌握新技术，不断努力自我完善。对于工作，他们更多地考虑职位是否符合其职业长期发展要求，是否有助于实现自我理想，

---

① 徐光兴. 企业心理咨询·EAP 案例集［M］. 上海：上海教育出版社，2012：83-90.

是否有助于推动职业生涯发展和提高自身价值。因此，自我理想和价值的实现推动着核心员工不断的自我完善、自我发展，充分调动他们的积极性和创造性，完成目标的同时也势必会为图书馆赢得地位和声誉。

因此，我们也呼吁高等院校的领导、高校图书馆的领导对高层次人才的管理和使用应该灵活变通，给他们宽松的环境、发挥特长的机会和自由，以增加他们对图书馆的归属感和忠诚度，这也是留住人才，减少人才的流失率，提高图书馆服务层次和质量的保障手段之一。

【案例2】

重拾自信　提升自我价值感
——EAP 职业规划咨询案例

这是一例因职业枯竭导致自我价值感降低的个案的咨询报告。

一、案例介绍

来访者：女性，45 岁，大专学历。20 世纪 90 年代初大专毕业后分配到某中专学校图书馆工作，90 年代末取得中级职称。2005 年，通过合并重组，其原先供职的中专学校升格为大专院校，虽然工作程序和工作伙伴有了一些变化和调整，但由于供职环境没有变化，其工作状态一直良好。但去年起，自感做事没有以前热情、主动了，工作积极性也在下降，甚至连以前喜欢的唱歌都提不起兴趣了，常说："真没劲！"自己也不明白为何失去了往日的激情。

来访者自幼生长在乡村，是家中最小的孩子，也是唯一的女儿，上有两位哥哥。也因此她是父亲的掌上明珠，哥哥们也非常疼爱妹妹，可以说她是在父兄的宠爱笼罩下长大的。

来访者自小体弱多病，性格比较内向、胆小，从不惹是生非，成绩优秀，深得老师的喜爱。工作后的表现和人际关系良好，多次被评为"优秀工作者"。

咨询过程中，来访者一直强调她非常喜欢图书馆的工作，工作之初，看到有如此之多的图书非常兴奋，如饥似渴地阅读了大量的古今中外名著，饱受文学的熏陶，经常写些散文、随感、诗歌等，生活富有激情，对未来充满憧憬。爱人是大学的同窗，对她呵护有加，关爱备至，因其身体原因，婚后一应家务都是婆婆、小姑包了。有了孩子之后，她的任务就是抱孩子、陪孩子玩。婆婆直到其孩子考上高中住校了，才不再为她买菜做饭了。在同事的眼里，她是幸福的，是被羡慕和嫉妒的。

取得中级职称之后，来访者就开始把主要精力放在了孩子的身上了。

孩子上学之后，她是孩子的陪读和课外辅导老师，孩子的每一次考试分数都会引起她或喜或忧的情绪波动。尽管学校的合并重组带来了一些变化，比如来了一位具有高级职称的领导、往日同等职称的同事也在合并后的第三年评上了副高职称，但由于其供职环境的不变，又或因其关注点在孩子那儿，出于惯性，并没有引起她多大的触动。

光阴荏苒，一晃时间又过去了多年，孩子小学毕业升了中学，辅导功课有些力不从心了，而身边的同事有的取得了正高级专业职称，有的退休了，特别是以前同等学力、同一职称的同事也有的评上了副高职称了，而自己还是老样子，唯一不同的是孩子越来越难管了，致使原先偶尔有的失眠、头痛的症状变得频繁且明显加重了。

二、案例分析

咨询师见到来访者时，来访者衣着得体、举止大方，谦和有礼，但却满脸憔悴，一副倦容，话语低沉，无精打采。慢慢地向咨询师述说最近的情绪和感受：为孩子不听话、成绩上不去而苦恼；为常常难以入眠或早醒而痛苦；为老公经常喝醉、晚归而焦虑……情绪随着述说而激动，咨询师目光注视着来访者，认真倾听着，不时地点点头对其表示理解、同情和接纳。半个小时左右，来访者停止了倾诉，情绪也渐渐平息下来。

咨询师敏锐地捕捉到了来访者心情轻松的信号，开始从来访者最关心的与孩子的关系作为切入点来尝试改变来访者的不良认知。

咨询师："孩子就应该听大人的话，是吗？"

来访者："当然！不听老人言吃亏在眼前啊！再说，我也是为孩子好啊！"

咨询师："嗯，你说得对。天下的父母没有不为孩子好的。这么说，你小时候一定是个非常听话的孩子，对父母一向是言听计从，从不反抗的，是吗？"

来访者："嗯……好像也不是……"

咨询师："哦？那是为什么呢？"

来访者："因为父母说的也不是都对啊。他们说得对的，我当然听，说得不对的，我就不会听了。"

咨询师："那，对与不对是以谁的标准来判断的呢？"

来访者："当然是以我的……"

来访者说到这儿停住了，陷入了沉思。咨询师也不再说话，给对方足够的时间去思考。

5分钟后，来访者说："老师，我明白了。接下来我该怎么做呢？"

接下来，咨询师避开其问题，开始和她聊起了工作上的事情。从来访者参加工作之初，一直谈到当下。咨询师在倾听的过程中发现：来访者虽然聪明、要强，但却不是个很有规划的人，对自己的职业发展没有明确的目标。她说：自己根本不知道什么时候应该申报中级职称，而是在当初学校的人事部门的同事一再催促下，急抓抢赶，才终于在当年评上了中级职称。这之后，由于没有晋升的愿望和空间，再加上有孩子，关注的重心转移了。再后来，时代的变迁，院校的合并，人事的更换，工作的繁忙，除了做好本职工作外，大多数人都对自我的发展有个规划和愿景，并且在为实现各自心中的目标而或紧张或轻松地付诸行动了，而她却依然故我，但那时她是满足的，快乐幸福的。

渐渐的，身边的同事不是职务提拔了，就是职称晋升了。要说她一点不为所动也非事实，也曾想好好静下心来看看书，写写文章，却终因自己长时间没有看书写字的习惯而放弃了。起初她还能以老公忙，孩子小，需要她照顾，而自己又不是图书馆学专业的为由，为自己开脱，自我安慰。但是，一年前，一位和她学历一样、资历相仿的同事取得了副高职称，大大地震撼了她！原先的防御机制崩塌了，内心从此起了波澜，焦虑感急剧上升，常常睡不好觉，自认为是因为孩子的成绩不好、老公经常晚归造成的。通过和咨询师的交谈，终于找到了情绪低落、兴趣减退的根源——自我价值感丧失，缺乏职业成就感。

问题的根源找到了，该如何解决呢？

首先，在孩子的教育上，咨询师给来访者讲解了孩子的身心发展规律和学习特点，家长要因势利导，让孩子自主学习，而不能强迫或替代孩子学习。

其次，若要老公少喝酒、早回家，最好的办法就是表达出你对他的需要，而不是指责。

第三，把盯着孩子的目光收回一些，关注一下自己的需求，问问自己到底需要什么，该如何满足自己的需要。

在职业发展上，咨询师和来访者一起回顾了充满激情的过往，来访者回想起自己在准备申报中级职称时每天晚上把孩子哄睡了之后，一个人跑到图书馆去复习英语的情形，自己都奇怪：一向胆小的自己，怎么那时候却不知道害怕了呢？这时候来访者面带笑容，一扫初来时的阴霾，脸上散发出喜悦的神采，人也因此而漂亮了。

咨询师适时地对来访者为评职称迎考英语的干劲做了赞许，不失时机地追问："如果再一次需要那时的干劲，是否可以找回？"来访者表示自己十分喜欢图书馆工作，也希望在未来的5至10年里自己的职业生涯能有所突破和发展。接下来几次咨询中，咨访双方共同梳理了来访者的各方面的能力和优势：工作态度认真负责；易于接受新事物新思想；一旦下决心去做就会努力做好；不会轻言放弃。

咨询共进行了5次。随着咨询的深入，来访者重新找回了信心。咨询师趁热打铁，帮助来访者将其5至10年的计划进行了细化，具体到每一年要完成的目标。每一年子目标的实现都是为达到最终目标而铺路，而且也可以借此降低终极目标实现的难度，提高来访者的价值感和成就感，从而帮助其实现最终的目标。

半年后，咨询师再次见到来访者时，发现她较之前开朗了许多，话语充满了生气，激动地告诉咨询师，她已经在省级学术刊物上发表了两篇论文了！喜悦之情溢于言表，透射出自信和对现在的自我的满足。

三、案例点评

这是一例在高校图书馆中普遍存在的典型的因职业枯竭而导致的自我价值感丧失的案例。该案例中的来访者45岁，作为职场女性，事业应该是处于发展的高峰期，按照中国现行的退休制度，至少还有10年的职业生涯。而这个年龄段通常也是职业发展的迷茫期，或称"职业高原"期，尤其是年轻时把生活的重心放了家庭，错过了最佳发展期，也没有及时注意知识更新，等到孩子大了，离开家了，既往的平衡被打破，生活的重心没有了，往日的激情不再，内心变得空虚、烦躁而焦虑。来访者会不自觉地对孩子的学习成绩倍加关注、对老公的晚归吹毛求疵……却不知其情绪的低落是源于职业耗竭，源于职业发展的停滞。

早在1977年美国心理学家Ference就提出了职业高原（career plateau）的概念，他认为，"职业高原是指在个体职业生涯中的某个阶段，个体获得进一步晋升的可能性很小"。并根据影响员工达到职业高原的组织和个人因素，将职业高原分为个人高原与组织高原。

组织高原①是指在一个组织内缺少员工发展所需的机会，组织无法满足员工个体职业发展的需要，是因组织因素使员工达到职业高原；个人高原是指员工缺少进一步晋升所需的能力和动机，是因个体自身因素所导致的职业发展高原。职业高原被看作是个体职业生涯的峰点，是向上运动中工作责任与挑战的相对终止，是个体职业上的一种"停滞期"。每个人都应该经历过长期

---

① Ference. 职业高原［EB/OL］.［2013-03-14］. http：//baike. baidu. com/view/1212513. htm.

或短期的职业高原期。

据我们通过访谈了解和观察到的结果分析，来访者所在单位的领导对职工的职称的晋升是大力支持的，能够满足员工职业发展的需要，只要员工自身条件达到了要求就有机会获得晋升。

从前文的案例分析中，我们可以看出问题的根源来自于来访者本人。与来访者本人的自我概念和主观认知相关："我不是学图书馆学专业的""我也看不进去这方面的书刊"……本人缺少进一步晋升所需的能力和动机而导致的职业发展上的停滞，是来访者的"个人职业高原"①。

根据控制点理论（罗特，1954）：控制点指的是一个人感到自己的成功与失败的位置在哪里——内部的或外部的。罗特根据个体归因倾向把人分为两种类型：内控者和外控者。内控者认为自己是命运的主人，自己可以控制命运；外控者认为自己受命运的操纵，生活中所发生的一切都是运气和机遇的作用，自己被外界的力量所左右②。当面对相同或类似的情境时，外控者更多地认为自己无力掌控局面而采取消极退缩的方式回避问题和矛盾；内控者坚信自己是命运的主宰，因而他们会更积极主动地采取行动以使事态朝着自己设定的方向发展。因此，同样处于紧张气氛中，外控者不仅比内控者更易于产生压力感，而且还会产生习得性无助感。

这时的来访者处于生活和工作的转折期，面临自我角色的重新认知和定位的问题③。好在她总体上还属于较为开朗、积极向上的人，学习能力较强，聪明且愿意开放自己，最关键的是她倔强、不服输，具有强烈的成就欲望。也正是因为如此，在她苦闷迷茫的时候会主动寻求心理咨询。

通过与来访者的所在组织以及其个人的咨询，来访者认识到了自己才是一切的根源！只有突破自身的一些观念束缚，勇敢面对现实，积极采取行动，才能有所改变和建树。

步入中年的职场女性是一个特殊的群体，尤其在高校图书馆这个工作压力通过"工作负载"来表现、极易产生职业倦怠的特殊的环境中，身为女性，来访者过早地把重心转移到了家庭。蓦然回首，惊觉世界变化之快，自己都快成"陌生人"了，曾经计算机专业毕业的大学生，如今不仅办公系统不会

---

① Ference. 职业高原［EB/OL］.［2013-03-14］. http://baike. baidu. com/view/1212513. htm.

② 中国就业培训技术指导中心和中国心理卫生协会. 心理咨询师（基础知识）［M］. 北京：民族出版社，2005：122-125.

③ 刘贵勤. 试从心理角度探讨图书馆员的压力及其调适［J］. 大学图书情报学刊，2010（1）：73-75.

用，甚至连 QQ 都不知道！为了掩饰自己的无知，来访者调用了防御机制："我不学！反正我的工作也用不上。""我也不喜欢和陌生人聊天，无聊。"……但骨子里不甘平庸的自尊却在煎熬着她。

我们承认，由于自古以来人类的文化中对两性角色定位的差异，以及男女两性天然的生理不同，女性在创造自己事业的同时，承担着比男性更多的责任：在家要做贤妻良母，职场要巾帼不让须眉！职场女性每前进一步，都要比男性多付出几倍的精力，在职务或职称的晋升时，任何单位都不会因为你是女性而降低条件和要求，女性在职场的发展相比男性而言要艰难许多！这也是导致职场女性产生职业倦怠、停滞职业高原的客观原因之一。

按照马斯洛的需要层次论的观点：人们在缺失性需求得到满足之后，成长性需求必然产生。在这个你不前进就是落后的时代，如果你不能与时俱进，不能勇敢地面对现实，正确地认识自我，适时地调整自己的角色、合理地重新定位，那么，你的成就动机越强，自我价值感就越低，必然会产生心理障碍或生理病变。

在此，我们强烈呼吁职场女性学会自我管理和规划人生的同时，也期待高校图书馆能有个"内部职业规划"，即根据每个员工的业绩和能力为其策划和决定未来发展的方向，这不仅有利于提高员工自我定位的准确性，更有利于稳定员工队伍，提高业务能力，减少离职率，增加员工的心灵归属感。而要做到和做好"内部职业规划"，高校图书馆首先要从制度上予以保证，建立完善的职业发展体系，如循序渐进的技能培训、平等的晋升机会、定期的岗位流动、工作内容的丰富化、工作计划的重新设计等。

第四节　L-EAP 实施效果的评估

员工援助计划是一个长期的项目，实施结果如何直接影响项目的持久性和连续性。员工援助计划的效果如何，员工的知识和能力是否在员工援助计划过程中得到提升，所遇到的困扰是否得到有效解决，组织绩效是否得到明显改善，组织投资是否取得良好收益等，都需要一套完整的评估体系来进行评价[①]。评估已成为 EAP 整体的一部分，它不仅让投资方看到投资回报，而

---

① 孙冬梅. 国内外员工帮助计划（EAP）的研究综述［J］. 北京建筑工程学院学报，2009，25（3）：55-59.

且也为 EAP 的严格实施和完善提供了保障。在美、英等 EAP 发达国家，这项工作是由专业的效果评估机构来进行的。完整的评估体系能为员工援助计划实施的效果给予精确的评价，为员工援助计划的进一步推进打下坚实的基础。

一、L-EAP 效果评估的主要内容

图书馆员工援助计划（L-EAP）效果评估，是指图书馆 EAP 部门通过科学的方法和技术对项目的执行情况和效果进行评估和反馈，及时发现问题、解决问题，为今后员工援助计划的继续实施奠定基础。简单地说，也就是检查 L-EAP 的执行能否达到或在多大程度上达到了预期的目标[①]。

目前，国内 EAP 效果评估主要分为四个方面：EAP 的使用情况和服务满意度；EAP 对个人改变的影响；EAP 对组织运行的影响；EAP 的投资回报率分析[②]。结合图书馆行业特点和工作性质，L-EAP 在图书馆行业效果评估的主要内容有（详见表 7-3）：

表 7-3　图书馆 EAP 效果评估综合评价指标

EAP 服务使用情况	EAP 服务便捷程度	发现问题时间、解决问题速度等
	EAP 服务使用程度	使用馆员比例、单个馆员使用频率等
EAP 服务满意度	馆员对 EAP 满意度	服务人员态度、专业水平、可信度等
	管理层对 EAP 满意度	组织运行效率提升程度、组织气氛改观程度等
EAP 服务影响组织运行	实施 EAP 前后硬性指标对比情况	图书借阅量变化、咨询服务量对比、员工缺勤率对比、管理时间消耗对比、读者认可度对比等
	实施 EAP 前后软指标对比情况	工作公平感、工作压力、人际冲突、沟通关系、馆员士气、馆员忠诚度等
EAP 服务改变组织成员行为	馆员使用 EAP 前后：生活态度对比、情绪困扰改观、健康状况对比、心理成熟度对比等	
EAP 服务投入成本	经济成本、时间成本、资源管理成本等	

① 王秀希. 员工援助计划（EAP）的评估探析 [J]. 云南科技管理, 2006, 19 (6)：19-21.
② 王雁飞. 国外员工援助计划相关研究述评 [J]. 心理科学进展, 2005, 13 (2)：219-226.

（一）使用情况指标

L-EAP 的使用情况指标主要考察 L-EAP 服务的便捷性、及时性以及 L-EAP 的使用率。对使用情况的评估有助于图书馆组织及时发现和改善执行中的问题，提高效率。根据这个评估结果可以对 L-EAP 的有效性做出初步判断。

服务使用情况是指使用 L-EAP 的人数占总人数的比率。目前，国内外大多数企业是把使用率当作评估的主要标准的。

服务使用情况的标准一般设定为 10%，即，如果在项目执行的时间内有 10% 的员工使用了 L-EAP 服务，那么这个项目就是有效的、成功的。

我们在两所院校图书馆实施 L-EAP 的过程中的使用率高达 90% 以上，从服务使用情况这个维度上来说，是成功的、有效的。

（二）服务满意度指标

L-EAP 服务满意度指标可分为心理咨询满意度和培训满意度之分。

1. 心理咨询满意度

首先是对获得咨询服务的满意度。如，咨询服务的便捷性、接待人员的工作、咨询室的安全性和舒适性。

其次是对咨询服务本身的满意度。如，对咨询师能力和咨询态度的评定等。

第三是咨询效果。分为短期效果和长期效果。

课题组的咨询师极具亲和力，不仅具有良好的职业素养和专业能力，而且还拥有一定的包容度和开放度，在每次的讲座之后都将自己的通信方式，包括手机、邮箱、QQ 等留给了现场的每一个人，并表示 24 小时开机，随时随地接受预约、咨询，为有需求者提供了极大的便利。咨询效果显著，详见咨询案例报告。

2. 培训满意度

课程的设计：课程内容、课程时间、课程编排等；

授课教师：敬业精神、专业能力、授课风格等；

培训安排：培训时间和地点的选定、培训设备、培训宣传、服务人员评定等。

培训满意度是显著的。无论是到课率（安徽大学图书馆在编员工 120 人全部到课，还有部分其他部门的员工及学生；安徽行政学院图书馆 32 人，到课 28 人），还是过程中的专注度，再到课后的反响强烈度（据安徽大学储节旺馆长反馈：《以积极乐观的心态幸福工作》反响强烈，引起的讨论热持续一个月有余，馆员们称这是对他们影响深刻的课程，并将课上所学到的知识带回家和家人分享并在生活中加以应用，不仅提升了职场幸福感，也提升了生活幸福指数），无不说明培训效果是良好的、令人满意的。

（三）个人改变影响指标

L-EAP 对个人改变影响指标是指 L-EAP 服务前后馆员在知识、态度、行为、心理健康、心理成长等方面的改变情况。对个人改变的测量有助于进一步分析 L-EAP 项目对组织的影响并最终计算出投资回报率。

课题组通过培训讲座和个案咨询，对部分馆员进行了职业生涯的再规划，减轻了他们的职业倦怠和压力，使他们有了发展的目标和积极性，工作热情再度升温；有效缓解了中层管理的管理无力感和焦虑感（参见个案咨询案例）。

（四）组织运行影响指标

L-EAP 对组织运行影响指标包括硬性指标和软性指标两部分。硬指标包括：服务产品的数量、服务质量、完勤率、缺勤率、管理时间、馆员赔偿、招聘及培训等；软指标包括人际冲突、沟通关系、馆员士气、工作满意度、馆员忠诚度、组织气氛、组织文化等。

试点图书馆通过 L-EAP 的一些实践活动，图书馆管理层可以觉察出馆员群体的心理健康状况有了明显的改善；群体意见的关注角度也发生了变化；有严重心理困扰的馆员的心理健康状态已经发生改变（以前是任何部门都朝外推、不敢要的人，现在工作积极性很高，而且严格遵守规章制度，不迟到不早退，人际和谐度也提高了）；馆员对学院的总体满意度大大提升，增强了对图书馆组织的心理归属感；人际冲突有所减少，个人和团队的工作效率有所提高，人际沟通变得更加顺畅、有效等。

（五）投资回报率指标

有很多组织对 EAP 的成本效益或投资回报作了比较系统的分析，这些研究结果证明，EAP 不仅能够促进工作绩效的提高，而且能够降低员工管理的成本，减少由于人为因素可能给组织带来的各种损失。图书馆行业也可借鉴其他服务行业的操作方法，有针对性地开展此项指标的评估和分析。

因我们工作的两所院校图书馆是试点单位，不存在购买 EAP 服务的行为，因此显性的"投资回报率指标"无法评估，也无从评估。但隐性回报率是显著的：工作环境改善了，人际关系的和谐度提升了，工作与生活的满意度提高了，幸福指数上升了……

二、L-EAP 效果评估的过程

L-EAP 效果评估是指图书馆 L-EAP 组织通过科学的方法和手段对项目的

执行情况和效果进行正确评估和合理反馈，及时发现、解决问题，总结 L-EAP 实施的成功经验，为今后 L-EAP 的再实施奠定良好的基础。简单地说，也就是准确判定 L-EAP 的执行能否达到或在多大程度上达到了预期的效果。图书馆员工援助计划的主要评估过程如图 7-6 所示。

（一）对 L-EAP 进行需求评估

所谓需求评估是指在 L-EAP 规划和执行之前或之中对组织和馆员的需求、组织结构和文化的特点以及组织内、外可获得的资源支持情况和阻力因素进行鉴定。L-EAP 需求评估是很细致的工作，图书馆通过问卷调查和个人访谈的方式对馆员进行仔细调查，按照发现问题的频率数、重要性、影响力以及迫切性等进行分类、筛选，从而确定 L-EAP 评估项目的主要内容和具体细则。这个过程通常由图书馆和外部服务机构共同完成。我们主要通过以下方式来评估：

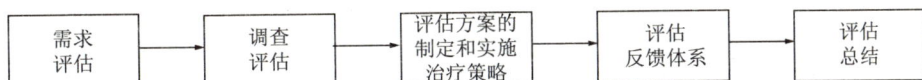

图 7-6　图书馆员工援助计划的主要评估过程①

1. 日常观察

从图书馆管理者那儿了解其发现馆员的一些异常问题（如馆员关系紧张、迟到早退现象严重、馆员情绪波动较大等），则根据这些情况判断并提出图书馆组织是否需要引入 L-EAP 的评估项目的建议。

2. 组织诊断

诊断报告是实施 L-EAP 评估项目的重要依据。在正式实施 L-EAP 项目评估之前，我们首先对图书馆管理中存在的问题和馆员的心理健康进行了调研和深入分析，制定符合实际情况的 L-EAP 评估项目。这些调研和分析主要依据现有调查资料，对 L-EAP 项目评估的现状、计划、执行、反馈等方面进行分析，明确 L-EAP 评估需要解决的问题和具体实施方案，然后制定了项目规划书。

（二）对 L-EAP 实施过程中馆员状况进行调查评估

心理专家对馆员进行了详细的心理调查（包括心理健康、工作满意度、自我接纳、幸福感等），通过一些专业的心理问卷（如 SCL-90、特质应对方

---

① 孙冬梅. 国内外员工帮助计划（EAP）的研究综述［J］. 北京建筑工程学院学报，2009（25）：55-59.

式问卷、艾森克人格问卷、工作满意度量表、工作压力量表等），还采用了单独访谈、焦点座谈会等形式，调查、评估馆员现阶段存在的主要心理问题，并对相关问题进行收集、存储、提取、评定，以便及时发现和判断馆员是否存在一些心理障碍，以及造成心理障碍的相关影响因素。一来可以为有心理健康问题的馆员提供有针对性的心理健康知识讲座和相应的心理辅导；二来可以及早发现一些导致馆员心理健康问题的组织影响因素，提出改善性的管理建议，促进图书馆组织管理效能的提高①。

（三）L-EAP 评估方案的制订和实施

评估方案的实施流程包括：首先 L-EAP 组织（本项目中为我们课题组）通过专业心理调查、集体培训和个体咨询等方法，对馆员职业心理现状进行初步筛选、评估、分析、总结出馆员现阶段心理状态报告，反馈给图书馆管理层；然后 L-EAP 评估组织对图书馆的整体工作效率、工作业绩以及馆员人际关系的和谐性等进行深入剖析和研究，制订出改进措施或再实施方案，再次反馈给图书馆。

（四）L-EAP 评估反馈体系的建立

图书馆员工援助计划 L-EAP 的评估实施是一个长期的过程，有时候它的结果是比较隐蔽的，人们不容易觉察到它的效用。所以，L-EAP 实施过程中和实施之后的控制反馈是必需的。L-EAP 组织要注重对评估过程中的咨询案例做出记录和反馈②，一方面可以为 L-EAP 专业人员提供经验，增强其专业能力；另一方面可以成为图书馆管理者了解馆员心理状况的依据；更重要的是，其可以为馆员增强心理素质以应对压力、积累馆员心理资本提供宝贵的参考意见。

（五）对 L-EAP 评估进行总结

学校、图书馆、学校其他部门、用户和外部专业评估机构应对图书馆馆员的服务态度、馆员出勤率以及组织氛围等做出总体评估，形成部门阶段性总结。此总结可分为内部总结和外部总结，L-EAP 外部总结主体有学校、学校其他部门、用户和外部专业评估机构；内部总结的主体是馆员和图书馆管理层。同时，L-EAP 组织还要分阶段坚持撰写 L-EAP 评估报告，通过 L-EAP 评估报告，对 L-EAP 的有效性进行准确评价，再将评价结果反馈给图书馆管理者、馆员个人以及专业评估机构，可以为 L-EAP 的再实施提供推动力。

① 王雁飞. 国外员工援助计划相关研究述评［J］. 心理科学进展，2005：219-226.
② 徐兰杰. 员工帮助计划在压力管理中的应用［D］. 北京：首都经济贸易大学密云分校，2009：1-2.

我们试点中的一所图书馆，原先人心涣散，团队意识薄弱，工作纪律不严，平常还不是太明显，但一开会就原形毕露了——通常是会议主持者声嘶力竭，下面的参会者自说自话，嗡嗡之声此起彼伏……无论会议大小、有无其他部门的人在场，皆无改观，给人留下了极其恶劣的印象。在实施 EAP 半年之后，又一次在有外单位人员参会的情况下，会风大为好转，这次给他们留下的是极其良好的印象，惊喜地表达出他们的感受——图书馆变化真的很大啊，好！图书馆的变化不胫而走。

对 L-EAP 评估进行总结需要建立在一定事实的基础上，为了评估的准确性和建议的有的放矢，我们在提交总结前做了问卷调查（详见附件二 EAP 效果满意度调查表）。

三、L-EAP 效果评估的指标[①]

目前，L-EAP 推广面临的最大难题就是来自对其运作效果的评估。它的评估不仅包括可以量化的指标，还包括其他不能量化的指标如态度、情绪、适应能力等。尤其是它的效果很难用较直观的经济指标，来进行直接的衡量和换算。如何制定合理的可操作的评估指标来评价 L-EAP 的实施效果，这不仅是图书馆组织评价该项目成功与否的关键所在，也是日后确立图书馆行业标准、制定 L-EAP 市场规范的重要依据之一。

由于 L-EAP 给组织带来的利益不仅体现在经济上，还体现在社会效益和人文效益上，但是后者往往不容易被衡量出来。因此，L-EAP 组织需要综合考虑中国国情和图书馆文化的特殊性，制定一个科学合理、行之有效的评估指标体系、评估方法及实施方案，促使图书馆管理者真正了解 L-EAP，着力推行、实施 L-EAP。结合图书馆行业的服务性质，国内图书馆实施 L-EAP 时使用的评估指标主要有：馆员病假率、馆员旷工率、馆员离职率、馆员出勤率、图书借阅量、咨询服务量、读者认可度、馆员士气、馆员忠诚度、工作满意度等。主要评估指标如图 7-7 所示。

四、L-EAP 评估体系的构建

L-EAP 的实施结果如何直接影响项目的持久性和连续性，L-EAP 的效果如何，馆员的知识和能力能否在实施 L-EAP 过程中得到提升，所遇到的困扰能否得到有效缓解，组织工作绩效能否得到明显改善等，都需要建立一套完

---

① 徐进. 某通信公司开展员工援助计划的效果评价 [J]. 中外企业家. 2010（1）：31-33.

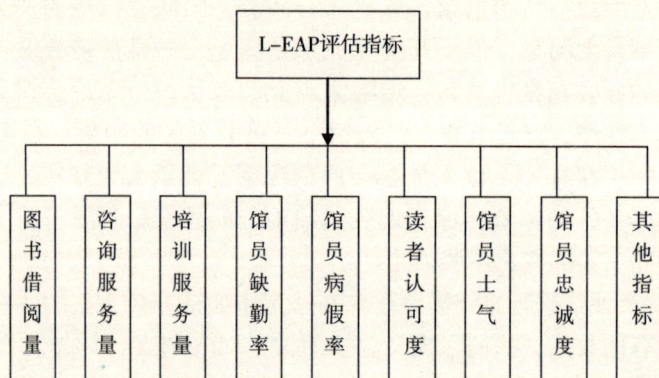

图 7-7　图书馆 L-EAP 评估的主要指标

整的评估体系来进行衡量。该评估体系能对 L-EAP 的实施效果给予精确的评价，为 L-EAP 的进一步推进提供"正能量"。目前，图书馆行业构建 L-EAP 评估体系主要包括以下核心内容：

（1）L-EAP 组织向图书馆馆长、各部门分管主任等管理层提供咨询、培训和帮助，促进图书馆管理层改进工作作风，改善馆员情绪，提高馆员工作业绩，同时可以将 L-EAP 服务延伸到馆员及其家庭成员。咨询与培训的主要内容包括：咨询次数、咨询人数、咨询总费用、培训次数、培训人数、培训费用、办公设备采购费用等。

（2）当馆员的个人问题可能影响到工作绩效时，L-EAP 组织提供及时、保密的问题甄别服务，或对图书馆的所有馆员进行心理测评和评估；关心馆员个体心理健康，及时排解馆员心理困扰，预防馆员职业倦怠的产生和加剧。评估的主要内容包括：集体问卷调查次数、集体访谈次数、集体评估效果、保密性访谈次数以及个人心理问题识别等。

（3）L-EAP 运用建设性面谈、激励和短期干预技术等手段进行内部管理干预，尽可能帮助馆员解决各种难题。内部干预的主要内容有：领导正式沟通、领导非正式沟通、与读者面谈、集体活动、带薪休假、职称晋升平均年限、病假、突发事件响应时间以及心理应激制度完备性等。

（4）L-EAP 与专业机构合作，为有心理问题且有治疗需求的馆员提供外部诊断治疗，并提供个案监督和跟踪服务。外部治疗的主要内容有：治疗机构的个数、治疗费用的分摊比例、诊断结果的准确度、时间管理以及家庭教育的合理建议等。

（5）L-EAP 组织收集馆员心理问题的反馈信息，方便图书馆管理层及时了解馆员心理发展动向。信息反馈的主要内容有：干预结果是否及时、准确、有效；治疗时间、治愈人数、治疗效果以及治愈复发率等。

（6）依据图书馆的发展和馆员的个人发展前景，按照 L-EAP 模式进行改进，制订馆员健康管理计划，促使图书馆组织文化建设、人力资源管理等再上新台阶。L-EAP 改进的主要内容有：健康咨询计划的制订，组织文化、绩效考核的改进措施，晋升途径的扩展以及职业生涯的规划等。

（7）对 L-EAP 进行整体评价，为组织和个人绩效提供 L-EAP 服务的鉴定效果。L-EAP 主要应用在图书馆的总体工作业绩评价，图书借阅量、读者认可度、馆员出勤率、馆员士气、馆员忠诚度以及人际关系处理等方面，对比 L-EAP 实施前后馆员在以上几个测量指标方面的变化情况，找出差距与不足，为图书馆管理层提供决策参考。

由于社会性质的不同，我国图书馆员面临的主要问题集中体现在工作压力、职业生涯发展、人际关系、沟通、工作与家庭关系、婚姻与恋爱问题等方面。为此需要结合我国自身特点，发展我国本土化的 EAP 评估模式。尤其是在图书馆领域推广 EAP 评估服务时，更要考虑图书馆文化的适应性和服务的特殊性[1]。一方面应当以压力、情绪管理为主，同时注重馆员的职业生涯规划，关注馆员人际关系和团队协作精神的培养；另一方面，由于馆员的许多职业心理问题与家庭因素有关，在条件允许的情况下，EAP 的评估服务对象也应该涵盖与馆员密切相关的人员。

我们认为，随着 L-EAP 实践的逐步推广和应用，以满足组织和馆员的需求为出发点，L-EAP 的服务内容和服务模式也在不断地扩大和多样化，L-EAP 评估体系的核心内容也逐渐与图书馆工作场所的执行情况、行为规范，以及与图书馆组织所特有的薪酬、福利政策的推行情况相关联，其效果评估也更多地关注 L-EAP 给馆员和组织带来的综合效益和长远效益。

第五节　本章小结

本章是实践篇，是将前期的理论研究结果，付诸实施并加以实证的过程。在这个过程中，我们基本遵循国内外优秀企业运用 EAP 解决问题的程序，即

---

① 李金平，陈维政. 员工协助计划（EAP）综述及其在中国的应用［J］. 管理现代化，2005（4）：42-44.

宣传推广、压力评估、组织改变、教育培训、压力咨询。

首先，我们选取了安徽大学图书馆（211 高校）和安徽经济管理学院图书馆（高职高专）作为实操单位，拟定了详细的《L-EAP 项目计划书》，确定了咨询师人选。

然后，进入组织实施阶段。在这个环节，我们广泛调研、宣传推广；用翔实的数据做出组织诊断：高校图书馆员中职业倦怠普遍存在、职业压力感受性不高、职业高原现象严重、工作满意度和生活满意度呈正相关；针对高校图书馆及其员工的特点，决定采用以内部为主、外部为辅的联合模式开展工作。

团体辅导与个案咨询是心理咨询服务中常用的两种形式，也是 L-EAP 工作阶段中的重要而艰难的任务和过程。团体辅导的对象是组织的全体员工、各级管理层、各独立部门人员，或相关业务协调部门成员。个案咨询分为组织个案咨询与员工个案咨询。L-EAP 咨询服务展现了团体辅导的整个流程和组织及员工咨询的典型案例。

最后是 L-EAP 实施效果的评估。效果评估包含 EAP 服务使用率和服务满意度，是对服务提供者和服务接受者的反馈，也是 EAP 和 L-EAP 服务中不可缺失、不容忽视的环节。L-EAP 效果评估的主要内容、评估过程、评估指标以及评估体系的构建都是有待进一步深入探讨的问题。

第八章　结束语：成绩、问题与展望

"基于员工援助计划模式的高校图书馆人力资源管理研究（12BTQ005）"自 2012 年 5 月获得立项至 2014 年 7 月，在课题组全体成员传心揖志、共同努力下，如期完成了研究任务。

盘点两年来经历的路程，其中有奋斗的汗水，更有攻关成功那一刻的喜悦。在研究过程中，课题组成员相互陪伴，渡过一个又一个难关，给彼此带来欢笑、鼓励和支持，携手走过的时光永在心间。

第一节　主要收获

本研究是综合性研究，重在理论与实践相结合。我们在研究的过程中紧紧围绕理论探讨和实际应用这两条主线开展工作。从心理学的角度，通过实证研究，充分证明 EAP 是提高组织绩效、减轻工作压力、缓解职业倦怠、促进员工心理健康的良方，为其他即将使用 EAP 的组织提供理论参考和实用模本。

一、L-EAP 的成功引入

课题组成员来自安徽行政学院图书馆和安徽大学图书馆，前者是高职高专院校，后者是 211 本科院校，在两位馆长的大力支持下，这两所不同类型学校的图书馆成为我们实操研究的试点单位。

且不说安行政学院图书馆的馆领导是课题组的主要成员，支持此项科研工作是应尽的职责和义务，更重要的是尝试通过员工援助计划（EAP）的应用在传统人力资源管理模式上有所突破。

人力资源管理专家、安徽大学图书馆的现任馆长储节旺，是在我们的课题进入实操阶段时接手图书馆工作的。在接手初期的千头万绪中，非但没有拒绝，反而以极大的热情表示欢迎我们进行试点工作，并亲自布置、安排我们的宣传、讲座和团体辅导，令我们深受感动和鼓舞。

二、L-EAP 的基本成效

EAP 是为所有工作着的人们提供的一种心理健康援助服务，其服务对象涵盖 18～60 岁的工作人群，数量巨大、涉及面广，内容包含工作、生活的方方面面，如，职业生涯辅导、职场人际关系辅导、情绪与压力管理、工作绩效、亲子沟通、婚恋情感、家庭问题、哀伤辅导、危机干预等等[①]。图书馆员工援助计划实施的宗旨是为了提升图书馆组织和员工的健康、和谐、共同发展。

众所周知，教高［2002］3 号《普通高等学校图书馆规程（修订）》第一章总则第一条中明确指出："高等学校图书馆是学校的文献信息中心，是为教学和科学研究服务的学术性机构，是学校信息化和社会信息化的重要基地。高等学校图书馆的工作是学校教学和科学研究工作的重要组成部分。高等学校图书馆的建设和发展应与学校的建设和发展相适应，其水平是学校总体水平的重要标志"[②]。

然而，现实却是，在高校中，图书馆工作人员处于第三等级的"教辅"地位（第一为教学，第二为行政），但他们的劳动付出却并不因为他们的教辅地位而少一些[③]。然而，在年终奖金、职称评定、住房政策等方面，都处于一种不能言说的尴尬位置，职称评定的要求甚至比教师更严格。这样的原因和事实，是造成图书馆员心理失衡的内在因素，也使图书馆工作受到严重影响。

读者的"偏见"也是造成图书馆工作人员压力的社会原因之一。一些读者以为图书馆工作无非就是"借书、还书"，只要识字就可以胜任，不需要、也不可能存在高素质的馆员，因而缺乏对馆员应有的尊重意识。特别是在高校，图书馆员甚至不被大学生承认为老师而只是"管理员"，明显带有贬义色彩，使得馆员们常常无法肯定自我的存在，逐渐产生挫折、没有成就感等负面情绪[④]。

---

① 赵然. 员工帮助计划 EAP 咨询师手册［M］. 北京：科学出版社，2010.

② 中华人民共和国教育部. 普通高等学校图书馆规程（修订）（教高［2002］3 号）.

③ 侯富芳. 高校图书馆工作人员心理失衡问题试探［J］. 河北科技图苑，2004（4）：67-68，64.

④ 刘贵勤. 试从心理角度探讨图书馆员的压力及其调适［J］. 大学图书情报学刊，2010（1）：73-75.

传统的管理模式中常用的说法是：有为才能有位。那么，对处于第三等级的"教辅"地位的图书馆及其员工来说，需要多大的作为，才能提高自己的地位呢？目前为止，没有标准答案。L-EAP 通过组织咨询和员工咨询，给组织和员工提供了不同的发展方向。

（一）组织的作为——加强图书馆的文化建设，打造幸福组织

现代管理理论认为，管理关系的实质是伦理关系，管理活动的关键在于协调管理的伦理关系。因为人们总是从一种具体的社会文化背景和道德背景出发来做出各种判断和选择的。以人文关怀为核心的伦理管理建设应涵盖管理哲学、价值取向、人格追求、分配体系、规章制度等内容，只有建立的管理伦理规范充满人文精神，才能使焦躁不安的人心有所归依，使迷惘失措的行为有所参①。

正如绪论所述，EAP 是由组织为员工设置的一套系统的、长期的服务项目；对员工及其直系亲属提供的专业咨询、培训；解决员工及其家庭成员的各种心理和行为问题；提高员工在组织中的工作绩效。高校图书馆引入 EAP 来调整馆员的形态、生态、心态和状态，实为明智之举。

L-EAP 专家建议组织从以下几个方面展开工作：

1. 加强图书馆建设，打造幸福组织

"幸福"是人们一直以来追求的理想目标，各级各类组织中的员工也是为了追求幸福而努力工作。幸福组织就是组织层面保持健康可持续发展、公开公平公正、受人尊敬；团队层面领导者具备积极领导力、成员良好协作；个人层面健康、幸福、高效，与组织同步成长，拥有较高的心理资本。建设幸福组织是所有组织及其员工的核心需要，是一个组织可持续健康发展的客观需要，也是一个组织应尽的社会责任②。高校图书馆作为一级组织，其员工与其他组织的员工一样处于社会转型、文化变迁、价值重构、社会竞争加剧的特殊时期，员工心理受到了前所未有的冲击：工作压力水平上升、职业枯竭普遍存在……只有从组织层面坚持以人为本，为员工创造幸福才能有效提高员工生活质量和工作效率，实现组织的健康可持续发展。

2. 创建良好的物理工作环境

研究表明，工作环境轻松、愉悦，人能够发挥出原先 3 倍的工作潜能，而且特别感受不到工作压力的存在。因此，创建良好的工作环境是缓解工作

---

① 刘贵勤. 试论图书馆的伦理管理 [J]. 大学图书情报学刊, 2011 (2)：20-23.
② 易普斯企业咨询服务中心. 幸福组织建设之道 [EB/OL]. http：//www. eap. com. cn/CN/Detail/550.

压力的重要环节之一。

安徽大学图书馆在储节旺馆长的努力下，取得了校领导的大力支持，敦促学校行政会议审议通过了图书馆起草的《图书馆阅研环境提升方案》。之后，首先对四个阅览室进行了灯光改造、购置了电子存包柜、自助借还书系统、自助复印扫描系统等，大大提升了物理环境的科学、美观、舒适，馆员们一致认为宽敞明亮的借阅环境使他们身心愉悦，置身其间，工作是愉快的！

3. 倡导读书，打造图书馆的文化氛围

安徽大学2013年在磬苑校区文典阁学术报告厅的文典讲堂成功举办了30场阅读经典活动，其中的12场各类专题讲座，给馆员们留下了深刻的印象。讲课的专家除了我们的咨询专家外，还邀请了安徽大学本校的专家教授和省内外各大院校的专家教授，内容涉及政治、经济、哲学、环境、心理学、教育学、职业礼仪、学术规范与论文写作等等，还有流行音乐、外国名著解读，更有师生同台，共演经典的"读经典·讲故事"比赛、有奖征文比赛以及图书漂流活动：让知识因传播而美丽……

通过丰富多彩的培训和活动，馆员们认识到身为省内高校表率的安徽大学的成员，特别是在图书馆这样一个窗口部门的工作人员，需要不断通过提升文化素养、完善自身形象、提高服务意识来塑造学校形象；把微笑，这一最美的语言带进校园、带进图书馆，用知识服务来提升自我的职业价值感、自豪感，展现我们的勃勃生机和活力，让我们的生活充满阳光。

4. 丰富工余活动，融洽人际关系

L-EAP专家认为，培养业余爱好、体育运动是缓解工作压力的重要手段和方法。业余爱好生动丰富、多彩有趣的个体，他的压力感会比较容易降低。因为一个人遇到压力时，如果他有自己的业余爱好和喜欢的运动项目，就可以转移自己的关注点，使自己的心理活动趋于和缓、平静，从而减轻压力，维护身心健康①。而且馆员之间还会因为爱好相同或相近而拉近彼此的距离，人际关系会越来越融洽。

图书馆是大学的窗口部门，馆员们平常都各司其职，上班下班，除非一个部门的，几乎少有机会碰面，彼此缺少沟通，就会产生一些不必要的误会，甚至冲突。开会固然是个好办法，但形式却未免单一、枯燥，散会之后依然各走各道，气氛沉闷依旧。因此，L-EAP专家建议图书馆的管理者经常创造

---

① 刘贵勤. 试从心理角度探讨图书馆员的压力及其调适［J］. 大学图书情报学刊. 2010（1）: 73-75.

一些机会让大家多见面、多沟通，以增加了解、理解与和解。

课题组主要成员之一，安徽行政学院图书馆的陶方林馆长深谙其道，该校的西校区在大蜀山脚下，于是馆务会有时候就开在了山顶上：3：00开会，2：50在山顶签到。这种变换形式和地点的会议方式，既不影响会议的正常进行，又有利于员工的身心健康，还活跃了气氛，可谓一举多得。更有会前、会后的丰富多彩的游戏比赛等健康的娱乐活动……轻松愉快中拉近彼此的距离、消除隔阂，使人与人之间的关系更加融洽。

此外，两所学校的图书馆都有组织馆内羽毛球队、歌咏队的设想，并计划利用工余时间长期化、常态化训练。

通过引入L-EAP服务，图书馆的管理者们进一步懂得，要提高图书馆员的工作效率和服务效率，就要使馆员们带着舒畅愉快的心情投入工作，而要达到这一目的，就要知晓如何利用管理艺术尽量减少引起馆员工作和生活压力的压力源。

5. 合理使用人才，培养学科馆员并使继续教育制度化

当代学科发展的一个重要特征，就是理论的相互渗透和研究方法的相互借鉴。任何一门新学科的产生与发展，都要受到相关学科领域的影响，皆需采用或借鉴一定的研究方法，才能使这门新学科得以不断地完善。因此，图书馆服务向知识服务、学科服务的拓展和深化就需要提供服务的图书馆员的知识储备和知识更新必须紧跟学科的时代发展脚步，与时俱进。亦因此，学科馆员的继续教育就是长期的需要，图书馆应将学科馆员的培训制度化，将终身学习的个人需求和组织需要相结合，以增强学科馆员学习的主动性和责任性，以及对图书馆这个组织的心理归属感。

此外，满足馆员不断变化和提升的需要，增加对馆员的心理支持。尽最大的努力，利用一切可能性优化人员配置，使人岗匹配，量才而用，增强馆员在图书馆这一组织的幸福感受，充分调动馆员的工作自主性和积极性。

还是以安徽大学为例，引入L-EAP试点服务的一年中，该馆先后成立了考核委员会、学术委员会、资源建设委员会、财经委员会等馆内组织，执政为民、还政于民，使馆员对图书馆的各项工作有了知情权和参与权，人人都把图书馆当成了自己的家，提高了大家的工作热情和心理归属感；出台了馆内《学术交流与科研管理制度》，把馆员的培训和继续教育常态化、制度化，根据每个馆员的不同需求，采取邀请校外专家来馆对馆员进行系列培训、分批派遣出去进修等方法提升馆员的理论素养和业务水平。2013年，分两批派遣了14名馆员赴上海交通大学图书馆进修和实训，选派了2名馆员到武汉大学学习前沿的理论知识；首次进行馆内科研项目立项。储节旺馆长表示，

2014 年及以后这项工作将继续并使之常态化。

上述各项举措的实施，组织的关怀和培养，使得馆员们倍觉被重视，主人翁的感觉油然而生，不但工作积极性十分高涨，而且强化了图书馆的定位并提升了馆员的自我定位——兼具服务者和学术研究者于一身，是为学术研究服务的工作者，自尊感和成就感得以实现和满足。组织搭建了良好的平台，为馆员的职业发展提供了必要的条件，馆员也自觉地把自己的发展前途与组织的愿景相联系，实现组织与个人的和谐共赢！

无独有偶，安行政学院图书馆的陶方林馆长也是在我们的课题进行中接任的，作为课题组主要成员，他义不容辞地为 L-EAP 在本馆的实施提供了极大的便利和支持，自己更加身体力行地把心理健康、心理援助服务运用到管理中，为了稳定本馆的员工队伍，提议并讨论确定了为每一位馆员量身打造的、独特的职业发展路线，并决定尝试从馆内资助科研项目做起，培养新生代的科研人员，真正使图书馆成为提供知识服务的学术性的服务机构、学生的第二课堂，提高馆员的责任感和使命感。

6. 完善各项制度，以制度留人

俗话说：没有规矩不成方圆。加强并完善各项规章制度，使工作有章可循，明确奖惩，优化组织承诺，既有利于提高馆员的各项满意度指标，增进馆员的向心力和凝聚力，又可改善组织氛围，提高馆员的士气，降低离职率、缺勤率等。

随着十八大精神的深入学习，建章立制已是必要的工作任务之一。两所试点馆新出台了《学术交流与科研管理制度》，从自身角度强化图书馆的学术性地位；相关馆内组织商讨、逐步完善的规章制度有《日常考勤制度》《文献传递制度》《文献采购管理制度》等。馆员们参与图书馆的各项管理，主人翁意识得以增强。

7. 引入心理健康教育和咨询

（1）通过手册、卡片、广播、网站、讲座等方式宣传、普及 EAP 的理念和心理健康知识的教育，让馆员更多地了解员工援助计划，并认识心理健康的重要性，知晓如何获得帮助；

（2）通过人际关系、情绪管理、提升职场幸福感等内容的相关讲座和团体辅导，消除了普遍存在的对心理咨询的误解，认识到心理咨询的对象包括广大的健康人群以及心理咨询的重要性；

（3）通过团体辅导和个案咨询，使每一个图书馆员学会如何发现和解决自己在生活和工作中遇到的现实问题和常见的心理困扰；并且能够发现和解决别人在生活和工作中遇到的现实问题和常见的心理困扰。不仅自己知晓何时需要求助，向何人求助，而且还知晓如何引导他人在需要的时候寻求帮助的技能。

（二）个人的修为——通过培训和咨询，倡导自主学习，提升内在素养

（1）L-EAP 主要基于心理因素，校正馆员认知，纠正归因偏见，引导并协助馆员运用积极的思维方式，建立合理的职业期望，降低职业倦怠感、减轻职业压力。

（2）针对不同个性的馆员，采用更直接的行为训练，教会馆员采用恰当的宣泄方式，如倾诉、哭泣、写作、运动、交友，培养广泛的兴趣爱好，合理地释放其消极情绪，缓解其不良症状，提高其 EQ 水准，融洽人际关系。

（3）通过 L-EAP 的相关培训，提升高校图书馆员的心理资本——以信心、希望、乐观和韧性为核心的心理资本，旨在充分发掘人的潜在优势——增强自我效能感、善于积极归因、能够从逆境中迅速恢复；有效地管理自己情绪、进行自我激励、提升主观幸福感；激情工作，快乐生活，在提高工作满意度的同时，提高生活满意度，最终实现馆员工作和生活的相互促进、平衡发展。

（4）通过团体辅导和个案咨询，使馆员懂得幸福的三要素是身体健康、家庭温馨、婚姻美满。拥有幸福的家庭就是用宽容之心善待伴侣、孩子和老人。而来自幸福家庭的支持，是有效缓解职业倦怠、减轻工作压力，建立和谐人际关系的良方。

（三）设计了具有本课题特色的针对性调研问卷

为了使课题研究更具针对性，我们在研究过程中就相关问题进行了二次调研。二次调研的问卷是我们课题组自行设计或修改的，如高校图书馆员职业高原客观现状调查表、高校图书馆员工作压力源量表、图书馆员工作满意度状况调查、图书馆员生活满意度状况调查、L-EAP 效果满意度调查表、EAP 与馆员工作和生活满意度相关性调查表、EAP 与馆员工作和生活满意度调查访谈提纲以及人口学相关信息量表等。这些问卷测量的数据和统计结果更具针对性和说服力，也更具科学性和普适性。

（四）取得了满意的服务效果

L-EAP 的效果评估主要有两个维度，即服务使用率和服务满意度。

1. 服务使用率

服务使用率是指使用 EAP 的人数占总人数的比率。目前，国内外大多数企业是把使用率当作评估的主要标准的。

服务使用率的标准一般设定为 10%，即，如果在项目执行的时间内有10% 的员工使用了心理援助服务，那么这个项目就是有效的、成功的。

L-EAP 在两所院校图书馆的使用率高达90%（包含宣传、讲座和咨询），从服务使用率这个维度上来说，是成功的、有效的。

2. 服务满意度

这里又有心理咨询满意度和培训满意度之分。

（1）心理咨询满意度

首先是对获得咨询服务的满意度。如，咨询服务的便捷性、接待人员的工作、咨询室的安全性和舒适性。

其次是对咨询服务本身的满意度。如，对咨询师能力和咨询态度的评定等。

第三是咨询效果。分为短期效果和长期效果。

课题组的咨询师具有良好的职业素养和专业能力，每次讲座之后都将自己的手机、邮箱、QQ 等通信方式留给了现场的每一个人，并表示24 小时开机，随时随地接受预约、咨询，为有需求者提供了极大的便利。在课题实操期间，咨询师通过邮箱、电话、面询等方式接受的咨询36 人次，类型有职业生涯规划、子女教育、同事关系、压力管理、个人成长等，因此，无论从服务使用率，还是服务满意度的维度上来说，都是成功的、有效的。

（2）培训满意度

课程的设计：课程内容、课程时间、课程编排等；

授课教师：敬业精神、专业能力、授课风格等；

培训安排：培训时间和地点的选定、培训设备、培训宣传、服务人员评定等。

培训满意度是非常明显的。无论是到课率，还是过程中的专注度，再到课后的反响强烈度，无不说明培训效果是良好的、令人满意的。

我们的实践，充分证明了员工援助计划（EAP）可以运用于高校图书馆的人力资源管理中，是行之有效的管理工具。

（五）本研究的价值以及社会影响和效益

1. 学术价值

EAP 在高校图书馆的应用研究是有益的尝试，我们深知应用性研究也必须要有思想理论的指导，必须具有研究的前瞻性与战略性，要把研究的内容与现实情况有机结合在一起，才能对实践有指导性的效用。因此，我们研究的过程中以问卷和访谈等形式，采集了各种相关数据，保证了本研究的专业性、科学性、实用性。在理论探讨的基础上，有目的、有计划地进行了实证，详细地介绍了 L-EAP 的实施过程，构建了相应的实用模本。

2. 应用价值

图书馆属于服务性行业，要求其员工对自己的工作有一个充分的、正确的理解和认识，有豁达的心胸和耐心、控制力等，同时也需要向他们提供一个有效的释放压力的途径和方法。运用 EAP 项目来帮助高校图书馆员处理各种来自工作和生活中的压力和困惑，帮助他们合理释放负性情绪，通过各类培训来加速他们的自我成长和发展。组织对馆员心理健康的关注，包括帮助他们解决来自家庭的后顾之忧等，EAP 服务尤其能凸显其独特的作用。

3. 社会影响和效益

（1）应对策略的广泛性

本研究通过对高校图书馆员工作压力现状及影响因素的实证研究、职业倦怠的测量和诊断、职业高原现象的调查与分析、馆员工作与生活平衡问题的探析等，从 EAP 的视角，给所有生活在职场中、关注自身生活质量的读者提供了为自己清除生活上、心灵上的负面因素，营造适宜的工作、家庭和心灵环境的对策。

（2）调研问卷的普适性

本课题根据研究需要设计或修改的针对性调研问卷具有普适性，适用于各类型图书馆了解其员工的现实状况和真实需求，并可为其他服务型行业了解其从业人员的职业和生活现状提供借鉴和参考。

（3）适用范围的延展性

课题组在研究和实践过程中受到启发，认为馆员心理健康固然值得关注，基于读者的心理关怀同样值得在大学生阅读辅导中进行尝试。有鉴于此，我们深化与教学系部乃至班级的合作，通过举办心理讲座、个别咨询和团体辅导等形式，立足阅读推广，开展心理关怀，在大学生读者中注入全新的阅读理念和健康的生活方式，并以此倡导读者多读书、读好书，会做人、做好人。有针对性的调研问卷具有普适性，适用于各类型图书馆了解其员工的现实状况和真实需求，也可为其他服务型行业了解其从业人员的职业和生活现状提供借鉴和参考。

我们以"读者阅读辅导中的心理关怀"为题，参加了安徽省高校图书馆工作委员会举办的"首届安徽省高校图书馆服务创新案例大赛"，并获得三等奖。

（4）心理资本的培养与开发

心理资本是在当今工作场所中，能被测量、开发和有效管理，进而能提升绩效的核心资本和能力。

高等院校是社会的有机组成部分，高校图书馆是高校的三大支柱之一，是学生的第二课堂，其核心要素都是"人"。培养与开发图书馆员的心理资本对高校图书馆的发展，进而对高等院校的提升和发展都有着极为重要而深远的意义。

三、经验与感悟

从课题进入之初的茫然，到课题深入后的逐渐清晰，课题组成员们能够独自担当一个子课题的研究工作，并取得良好的进展。

本课题将大家带入了一个全新的领域，之前从未涉足的领域，一切从头开始，从零起步，到课题结束时，成员们不仅从对员工援助计划（EAP）的一无所知，到了如指掌，并且对各自承担的研究领域有了突破性的领悟和收获：有的对职业生涯规划有了全新的认识，重新审视并调整了自己的职业生涯规划，走出了职业高原；有的跻身为职业倦怠和压力管理专家，对如何管理工作压力、缓解职业倦怠提出了独到的见解；更有对情商内涵的深入了解、对人际沟通技巧的进一步掌握、知晓如何界定人际交往的尺度和界限；对工作与生活的平衡、提升幸福感有了深切的体悟。最让我们引以为豪的是成功地构建了高校图书馆员工援助计划（L-EAP）模式。

世上无难事，只要肯登攀！梦想成为现实的唯一途径就是去做、去行动！

第二节　存在问题

员工援助计划（EAP）在中国这块土地上的发展，必然会带上某种形式的"中国特色"，即所谓的"本土化"特色，甚至会有"行业化"的烙印①。在众多的不确定中，由我们这些非专业人士将其引入了高等学府中的一个部门——图书馆中来试行，虽不失为有益的尝试，但其中的艰难和阻力，也必然使得成效难达预期。

我们经过反思和总结，发现主要有以下几个方面的不足。

一、L-EAP 专业服务人员的缺失

从员工援助计划（EAP）提供的服务性质来看，其专业服务人员应该包含拥有咨询心理学、社会工作、职业发展咨询、教育学、管理学、行为科学，

---

① 徐佼. EAP 在我国公共部门人力资源管理中的应用探索［D］. 南昌：南昌大学，2010.

以及精神医学等领域的专业背景，同时具有并且正在从事咨询助人工作的专业人员。EAP专业服务人员必须具备相关领域的专业实践资格，但同时也必须相当地熟悉和了解所服务的组织机构和员工，具有公司内部作业流程的一般知识，并能够理解员工的一般心态和在工作中各种面临的可能问题等①。

本课题组成员的专业背景多为图书馆学、情报学，专业较为单一，缺少其他相关学科的专家，大家都存在一个学习新知识、了解新领域的过程，因而，大量的时间需要用于自身的学习和提高上，使得课题的研究深度难以拓展。

二、L-EAP 操作流程的失范

员工援助计划在中国发展的一个很重要挑战来自其专业服务人员。对我们课题组而言这也正是我们的软肋。因此，我们在实际操作过程中，流程不太规范。规范的EAP项目应包含三个层面的工作，即"初级预防：消除诱发问题的来源""二级预防：教育和培训"和"三级预防：员工心理咨询与辅导"②，我们虽然每个层级都有涉及，但皆属蜻蜓点水，不能深入。

1. 初级预防：消除诱发问题的来源仅限给出建议

L-EAP建议图书馆管理层尝试通过改变一些人事政策，如，改善组织内的信息沟通、工作再设计、给予普通馆员更多的自主权等措施，来达到建立一个支持性的，积极健康的工作环境的目的。

众所周知，虽然贵为高等院校中的第二课堂，图书馆在高等学府中依然处于一个不能言说的尴尬地位。尽管我们非常熟悉和了解所服务的组织机构和员工，能够了解和理解员工的一般心态及其在工作中可能面临的各种问题等，但图书馆既无人权，亦无财权，引进人才要通过人事部门，改善照明要经由财务和后勤，并且还须上校（院）长办公会议才能最终达成目标（可喜的是安徽大学图书馆部分达成了愿望）……因此，我们的建议是否能够被采纳，采纳后能够实现的程度，取决于图书馆的领导层，更取决于该图书馆所在院校的决策层的支持度。

2. 二级预防：教育和培训踯躅徘徊

L-EAP的教育和培训旨在帮助员工了解职业心理健康的知识，向人力资源管理人员和组织内从事员工保健的专业人员提供专门的培训课程，来提高

---

① 胡悦，李伟东．浅谈中国EAP［J］．活力，2006（6）：135.

② 企业EAP的基本项目-企业EAP-师培训［EB/OL］．［2011-01-04］．http：//www.360doc.com/content/11/0104/17/4104525_ 83937109. shtml.

他们对员工心理健康的意识和处理员工个人问题的能力。相应的教育课程包括应对工作压力、情绪管理、提升自信心训练、生活问题指导以及解决问题技能等。

巧合的是，我们试点的图书馆的馆长都是在我们课题进行过半的过程中接任并主持图书馆工作的，尽管他们以行动表示了极大的支持，配合十八大群众路线精神的学习和实践，特意挤出时间安排我们去给全体馆员做宣传、讲座，但由于接任初期工作的千头万绪，且各种学习任务较多，以及各大高校图书馆都没有内部的人力资源管理人员和专职从事员工保健的专业人员，使得我们的教育培训工作只停留在面向普通员工的普及性教育阶段，暂未获得进一步拓展的空间和条件。

3. 三级预防：员工心理咨询与辅导犹抱琵琶半遮面

员工心理咨询是指由专业心理咨询人员向员工提供个别的、隐私的心理辅导服务，以解决他们的各种心理和行为问题，使他们能够保持较好的心理状态来生活和工作[1]。由于员工的许多职业心理健康问题与家庭生活方面的因素有关，因此员工心理咨询还面向员工的直系亲属。

随着心理咨询以危机干预的方式出现在汶川，之后又频频亮相于大大小小的媒体以来，心理咨询与心理咨询师虽然逐渐进入普通大众的视野和生活，但是理智上的知晓或接受，与让人们遇到问题和困惑时走进心理咨询室去寻求心理咨询师的帮助之间还有很长的距离。

因此，我们的咨询案例基本上是彼此之间比较熟悉且关系良好的人，以"闲谈"的方式，或者通过匿名电话和电子邮件的方式进行的个案咨询。但个案都具有典型性和代表性。

虽然 L-EAP 的心理咨询服务通常也面向馆员的直系家庭成员，但馆员们都是犹抱琵琶半遮面的个案，家庭成员更是间接求助。

4. 没有建立心理档案和后续的回访

心理健康管理是员工援助计划最突出的任务，是心理援助介入组织管理不同于人力资源管理的最明显特色。EAP 服务须引进专业的心理咨询人员，对员工的心理健康进行专业观察、测试和建档，并对员工的情商进行全面的提升。

建档和回访不仅是完整的 EAP 服务的一部分，而且是组织和我们自己了解我们所做的工作是否达到了预期目标的依据。因此，我们不仅需要在每次

---

① 陈可. 人力资源管理中的"降压"药方 [J]. 企业改革与管理, 2005 (7): 34-35.

服务结束以后进行评估，而且还应有后续的回访。一个人的成长是长期的，刚刚听完讲座或参加完一次团体辅导的当时感受或许不深，但在几个月以后发现自己开始在改变，甚至会影响终身……继续做好回访工作是接受 EAP 服务的组织和提供服务的团队的共同需要。

图书馆作为高等院校的内设机构之一，没有人力资源管理部门，更没有员工心理健康教育和咨询的机构与场所，也就没有专人负责档案的整理和保管工作，再者，课题组只有一位咨询师，如果没有取得下一步工作的许可和支持，这项工作必将会随着我们课题的结项而结束。因此，我们以短期 L-EAP 服务的模式来操作，就没有为员工建立心理档案，也没有进行后续的回访。

5. 没有获得校方的支持

员工援助计划在国内外的实践证明：管理层最大限度地支持和经费的投入，是 EAP 成功与否的关键。若要在高校图书馆中完整地实施 L-EAP，必须取得该馆所在的院校的最高决策层和管理层的支持。而这恰恰是我们难以做到的。

三、L-EAP 效果评估的欠缺

员工援助计划的工作之一是对其运作效果的评估。在实际操作中，对 EAP 效果的评估往往需要一个长期过程，而且需要对所有的相关资料进行比较系统的积累。解决好图书馆行业评估问题更是有一定的难度。

员工援助计划评估的主要目的是为了解决员工心理和个人发展问题，从而增强组织的有效性，为员工援助计划的进一步实施提供依据。在员工援助计划实施过程中，影响评估指标的因素很多，采用简单的指标层次难以覆盖复杂的员工援助计划实施过程；另一方面，如果采用庞大的评估指标体系，难以分清主次，评估人员往往只关注那些硬性指标，而忽略那些关乎组织长期发展的软性指标，使评估流于形式，也违背了员工援助计划评估的最终愿望。

本课题重点从理论上分析了图书馆员工援助计划效果评估的内容、指标及调查等情况，希望通过本课题组的共同努力，争取在此方面有所进展。但由于 L-EAP 效果评估和一般项目的评估有所区别，目前国内对 L-EAP 效果评估问题的研究比较少，对实施效果的评估及测量也没有执行力强、科学有效的方法。特别是个案咨询效果的评估，由于图书馆行业的特点和人类心理的特殊性，我们没有长期的自愿性个案，且为了消除人们的防范心理和抵触情绪，也没有对个案进行咨询前后的测评，只能通过我们的观察和第三方的评价来进行咨询效果的评估。

　　此外，EAP 的使用率是指使用 EAP 服务的人数占总人数的比率，关于这方面的统计，应该细化到每个服务项目，如使用咨询的人数、使用培训的人数等。使用率的调查方法很多，基本上都需要完备的 EAP 档案记录系统来支持。这就要求 EAP 项目执行组在项目进行过程中，建立整个计划的系统记录追踪构架，对每个咨询个案、每场培训进行详细的电子档案记载，以方便评估人员在后期进行综合分析。

　　目前，国内图书馆界对员工援助计划的研究和实施处于起步阶段，我们也是第一次将 EAP 项目的服务在高校图书馆应用。对于如何执行 L-EAP，L-EAP 应该怎样在图书馆行业内合理运行，L-EAP 的服务到底应该包含哪些核心内容，尤其是 L-EAP 的评估应该包含哪些项目和标准，还需要进一步深入研究和实践。希望国内图书馆界以此为契机，共同努力、积极探索 L-EAP 效果评估的新标准、新方法，加快员工援助计划在图书馆行业的实施进程。

第三节　未来展望

　　起源于 20 世纪初的美国的员工援助计划，1998 年，伴随着宝洁、诺基亚等跨国公司进入中国。2001 年，国内企业联想集团率先尝试这一独特的心理援助服务。随着国人对 EAP 的了解，需求在不断扩大，人们开始使用"心理按摩"这一形象的比喻来诠释 EAP 的功能①。

　　员工援助计划落地中国 16 年后的今天，"心理按摩"已经不再是世界 500 强的专利，除了外企在中国的分公司外，国内诸多大型企业如联想、华为、中兴通讯、腾讯、中国移动、中国海油等也通过引入员工帮助计划来加强对员工的心理关怀，北京、上海等地的一些政府部门也加入了这个行列。尤其是在近年来一些企业高管的健康频亮红灯、中国中铁执行董事兼总裁白中仁的离世引发外界惋惜之余，亦再度将心理健康问题引入公众视野。

　　但是无论从观念上还是在资源配置方面，目前的心理健康产业还远不成熟，为了避免误解，人们一直在弱化心理咨询，而将其称之为一种心理关怀、精神福利②。

---

　　① 网易财经. 中国中铁总裁离世凸显心理健康的亟待解决 [EB/OL]. [2014-01-07]. http://money.163.com/14-01-07/01/9HUU883800253BOH.html.

　　② 卢丽涛，马晓华. 中国中铁总裁离世背后："心理按摩"蹒跚商界 [N]. 第一财经日报，2014-01-08.

一、EAP 的需求将越来越强烈

员工援助计划在人力资源管理中的显著作用在于其能够运用人格理论和专业的心理测评方法，为新员工的引进、团队人员的搭配、员工能力和人格的成长提供专业的服务，使人力资源管理更加科学化。

（一）社会需求

（1）中国处于经济转型期，每年新增 800 万个工作岗位，在大量的就业群体中，不乏刚刚脱离家庭的关爱、独自走向社会的"80 后""90 后"的独生子女，该群体普遍存在一个适应新环境的问题。独自并非独立，定然会有相当一部分人存在不适应状况，会有不同程度的情绪反应，出现不稳定状态，需要及时地调适。

（2）抑郁症是一种常见心理疾病，每十位男性中就可能有一位患有抑郁症；而女性每 5 位中就可能有一位患有抑郁；约 15% 的抑郁症患者死于自杀①。

（3）中国是世界上自杀率最高的国家之一，总自杀率为 23/100000，而国际平均自杀率仅为 10/100000。中国自杀率是国际平均数的 2.3 倍②。

（4）进入 2000 年之后，中国的离婚率以每年 200 万对的速度递增。

（5）人际关系问题突出：60% 的自杀者在自杀的前两天有一个急性诱发事件，一般是人际关系矛盾。

（6）既往的社会支持度降低。

（二）组织需求

组织是社会的细胞，组织健康了，社会必然健康。组织对员工援助计划的需求无论是在数量上，还是在行业上，都在逐年增加。

（1）从 2001 年开始，联想集团率先使用员工援助计划，之后很多企业加入其中。

（2）各类组织机构在提升形象、减少投诉、安全防范、提高员工效率、建设幸福组织等方面的需求。

（3）许多企业经过了快速增长期，面临着留人问题。

（4）跨国经营带来的文化渗入、文化融合问题。

---

① 道客巴巴. 抑郁症的药物治疗［EB/OL］.［2014 - 02 - 05］. http：//www.doc88.com/p-0139089739557.html.

② 齐力. 大学生自杀现象心理分析与危机干预研究［J］. 中华女子学院学报，2003（4）：59-62.

（5）知识员工、核心员工、管理人员的激励问题。

（6）经济、社会转型期的企业变革、政府机构改革、事业单位的改革、高等院校的撤并及融合等等。

（三）个人需求

对社会和组织而言，"人"都是最核心的因素。人的健康，才能有组织的幸福，进而才能有社会的和谐。心理援助是每个人的需求。

（1）认识自我，开发潜能。

（2）缓解压力，提高个人工作表现和业绩。

（3）改正不良习惯。

（4）家庭与工作，提高生活质量。

（5）提升工作幸福感和家庭幸福感。

20年前，员工工作是为了一份工资；10年前，除了工资，员工对工作环境有了要求；5年前，员工更注重生活的品质了，生活不快乐，工作没心情；今天，要留住员工，加薪已失去了效力，他们不仅要尊严，还要"家"的温馨！

高等院校作为社会结构链条上的一个组成部分，其内设机构图书馆也是由一个个"人"组成的一个基层组织，无一例外地要应对上述问题，对员工援助计划的需求也同样强烈。

二、EAP 的应用将越来越广泛

企业率先实施员工援助计划是我国与世界接轨的必然趋势和要求，构建以人为本的和谐社会为 EAP 实施提供了保障。

如今，EAP 已经发展为一项综合性服务，其内容涵盖组织人文关怀、员工心理健康、压力和情绪管理、职场人际关系指导、团队凝聚力建设、裁员心理危机、灾难性事件、职业生涯发展、健康生活方式、法律纠纷、理财问题、行为习惯、减肥等等各个方面，全面帮助员工解决个人问题[①]。

EAP 不仅可管理和减轻员工压力，亦可使员工从繁杂琐碎的个人问题中得到解脱，长久维护其心身健康。

（一）政策导向

2007 年 10 月《中国共产党第十七次全国代表大会报告》正式提出"注重人文关怀和心理疏导"，从政策层面对整个中国员工援助计划的组织发展产

---

① 刘志明. EAP 怎样管理职场压力［J］. 中国商人，2004（5）：53-54.

生了深远的影响。

2012 年 11 月《中国共产党第十八次全国代表大会报告》中再次强调：
"注重人文关怀和心理疏导，培育自尊自信、理性平和、积极向上的社会
心态。"

中国人的心理问题不容忽视。

高速发展的社会经济环境，在带给人们丰富多彩的生活的同时，躁动、
焦虑、抑郁、敌意等不良情绪也充斥着人们生活和工作的方方面面。心理健
康引起上至中央政府，下至平民百姓的关注，实属必然。

（二）法规的相继出台

党和国家已从政策法律的高度阐明了 EAP 在我国经济社会发展中的战略
意义。自 2006 年起，我国相继出台的各项有关文件如下：

1. 《中共中央关于构建社会主义和谐社会若干重大问题的决定》

2006 年 1 月 20 日，《中共中央关于构建社会主义和谐社会若干重大问题
的决定》提出：注重促进人的心理和谐，加强人文关怀和心理疏导，引导人
们正确对待自己、他人和社会，正确对待困难、挫折和荣誉。加强心理健康
教育和保健，健全心理咨询网络，塑造自尊自信、理性平和、积极向上的社
会心态。

2. 《中华全国总工会关于进一步做好职工队伍和社会稳定工作的意见》

2010 年 5 月 29 日，《中华全国总工会关于进一步做好职工队伍和社会稳
定工作的意见》中强调：要关心职工的生产生活，注意加强青年职工特别是
新生代农民工的心理疏导，加大对他们心理健康的关注和投入，帮助他们搞
好自我管理、自我调适，缓解心理压力，提高耐挫能力，营造良好的人际关
系，使广大职工有尊严地生活，实现体面劳动。

3. 《中华全国总工会关于进一步加强企业工会工作充分发挥企业公会作
用的决定》

2010 年 7 月 26 日，《中华全国总工会关于进一步加强企业工会工作充分
发挥企业公会作用的决定》重申：注重加强青年职工特别是新生代农民工的
心理疏导，开展互帮互助和心理咨询活动，帮助他们搞好自我管理、自我调
适，舒缓心理压力，提高耐挫能力，营造良好的人际关系。

4. 《关于关心干部心理健康提高干部心理素质的意见》

2011 年 11 月 29 日，中纪委、中组部、监察部《关于关心干部心理健康
提高干部心理素质的意见》首次提出：关心干部心理健康、提高干部心理素
质，是建设高素质干部队伍的重要内容。

5. 《中华人民共和国精神卫生法》①

2012年10月26日，《中华人民共和国精神卫生法》由中华人民共和国第十一届全国人民代表大会常务委员会第二十九次会议于2012年10月26日通过，自2013年5月1日起施行。

在这部期盼已久的国家大法的第二章"心理健康促进和精神障碍预防"中涉及各级政府、各类用人单位的具体规定如下：

各级人民政府和县级以上人民政府有关部门制定的突发事件应急预案，应当包括心理援助的内容。发生突发事件，履行统一领导职责或者组织处置突发事件的人民政府应当根据突发事件的具体情况，按照应急预案的规定，组织开展心理援助工作。同时明确要求各级政府部门，各用人单位，各级各类学校及教师，医务人员、监狱、看守所、拘留所、强制隔离戒毒所等场所，县级以上地方人民政府人力资源社会保障、教育、卫生、司法行政、公安等部门，村民委员会、居民委员会，家庭成员，新闻媒体、社会组织等，都应该采取措施，开展心理援助、心理咨询、心理健康促进和精神障碍预防工作。精神卫生法同时要求心理咨询人员应当提高业务素质，遵守执业规范，为社会公众提供专业化的心理咨询服务。

心理援助首次被写进法规，凸显政府的高度重视。我们有充分的理由相信：继农业文明、工业文明之后，中国社会已经全面迎来了EAP的时代！

（三）应用范围的延伸

员工援助计划的触角已经从世界500强，延伸到了中国500强、大型国企、公安干警、监狱系统、政府公务员，必将拓展至事业单位、高等院校等领域。

任何一个组织的核心动力都是人才。人才能不能发挥出个人最大化的潜能和作用，取决于其是否能够处理好自身生活。一个人的问题，无论那些问题是来自工作还是生活中，如果没有处理好，都会直接或者间接影响组织的绩效。心理健康服务已经被越来越多的组织和个人所知晓、所认可，也势必成为组织文化建设的重要组成部分。

员工援助计划可以从工作人员的职业安全与健康、福利入手，亦可从工会或妇联的工作作为一个切入点来进行推动。我们有理由、有信心相信政府在这个领域将给予政策上的支持和财务上的资助，能够更充分地体现其在关注所有工作人员的身心健康，以及从这个角度来推动或加速经济、社会发展的作用。

---

① 新华社北京.2012年10月26日电.中华人民共和国主席令第62号：中华人民共和国精神卫生法［EB/OL］.［2012-10-26］.中央政府门户网站.http://www.gov.cn/flfg/2012-10-26/content_2253975.htm.

(四) L-EAP 的应用前景

随着 3G 技术的成熟与普及,湖南联通创造性地引入员工援助计划,成功地设计、构建了"职工 e 家"系统,开创并实现了一种基于 3G 技术的 EAP 应用新模式。通过该模式,企业可以整合多种优质资源,为员工提供泛在、实时的 EAP 服务,并通过灵活配置不同模块的服务功能,满足员工的差异化、多样化需求,通过这个系统平台,每一位员工通过移动通信终端,都可以泛在、实时地获得心理与生理、个体与社会、工作与家庭、个人与组织等不同维度、不同层次的援助。

如今,4G 时代正以破竹之势到来,在湖南联通 EAP 模式的"职工 e 家"项目的成功启迪下,高校图书馆可以尝试构建基于 3G 技术的 L-EAP "图书馆 e 家"系统,L-EAP 实施流程主要包括调查、宣传、培训、咨询、评估五个主要环节①,该系统主要包括馆长信箱、图书馆公告通知、职工书屋、职工聊天室、法律援助中心、心理咨询中心、社团展示和职工游戏八大服务模块,以此为媒介,图书馆可以借助信息化手段,成功搭建图书馆组织与馆员、馆员与馆员、馆员与 EAP 服务人员之间的互动沟通平台。

正是通过基于 4G 技术提供的泛在、实时信息交互平台,该平台所整合的优质资源功能得以充分发挥,心理健康和日常法律、法规常识得以被推送到每个馆员的移动终端上,心理咨询师才能开展远程心理辅导和协助服务,使馆员切身感受到来自管理层方方面面的关怀。也就是说,这种基于泛在、实时的信息交互技术,充分彰显了 EAP 的优势和价值,使 L-EAP 完全融入馆员的工作、生活之中,成为馆员减少工作与生活的冲突,追求幸福、实现人生平衡发展的有力保障。

三、EAP 的推广将越来越受重视

总结归纳国外员工援助计划的研究和实践,我们发现,一个成功的、有效的员工援助计划,无一例外地具备以下几个方面的要素:

(一) 管理层的认同与支持度进一步增强

无论是大到拥有数万雇员的巨人企业,还是小到只有 50 名员工的公司,EAP 项目若要达到预期的成效并能够持续进行下去,管理者最大限度地认可与积极支持非常必要。

---

① 郑久波.EAP (员工援助计划) 在中国的发展现状与对策分析 [J].现代企业教育, 2012 (02):113-114.

国内的实践也不无例外地证明了这一点。张西超博士的易普斯团队组织实施的联想集团客服本部 EAP 项目、国家开发银行总行 EAP 项目、北京西门子通信网络股份有限公司 EAP 项目、国家开发银行河南省分行 EAP 项目中，亦自始至终地高度重视来自管理层的支持。在项目前期论证、方案设定、组织实施、效果评估的各个环节，他们都积极创造和高层管理者充分沟通并获取最大限度支持的条件，并与该群体保持良好的关系与接触①。

我们课题组得以在两所院校图书馆试点 L-EAP，得益于我们取得了两所院校图书馆馆长的大力支持。我们更加坚信在十八大精神的鼓舞下，有了党的政策的引领和法规的规范，各行各业的高层管理者对 EAP 的认同和参与、支持的程度将大大增强，势必为整个组织提供一个典范。中层管理者和其他各层管理者也将会以极大的热情，全力支持 EAP 的工作。

若有机会，我们也将在下一步的工作中，进一步取得学校管理层的认可和支持，立足高等院校，面向全校教职员工开展工作，让心理援助惠及更多的群体和个人。

（二）工会等相关职能部门的协助与参与度提升

在美国，EAP 项目得到了全国范围内的工会组织的支持，同时工会与管理者之间的协作对 EAP 专家来说也非常重要。

在我国，工会有职工之家的美称，有些单位的工会隶属于机关党委（或与机关党委联合办公），如果实施员工援助计划的组织以机关党委（工会）为主导，机关党委（工会）的领导和工作人员为了促使该项目发挥更大成效，并为所属员工提供更为切实有效的帮助，为了调动员工的广泛参与度，他们会积极协调人力资源部门合理安排培训时间，尽可能不与员工的周末休息发生冲突，以保证更多的员工参与进来②。国家开发银行总行的 EAP 项目就是在其机关党委的支持和协同下实施的。

员工援助计划是个长期的、系统的项目，虽然是分任务、分阶段来完成的，但每个阶段自有它的内在的连续性。员工援助计划有短期和长期之分，一套完整的员工心理援助项目，从启动到完成，需要历时三年；短期的援助项目可根据组织的需求提供一次或多次的相应的培训、测评和辅导。

因此，与所工作的高校及其机关党委或图书馆的工会建立紧密的联系，

---

① 国际劳工组织 2000 年 10 月发布的调查报告［EB/OL］.［2013-12-20］. http：//wenku. baidu. com/view/6fef11df998fcc22bdd10d07. html.

② 郑州福斯特心理咨询中心. EAP 的基本要素［EB/OL］.［2012-12-15］. http：//blog. sina. com. cn/s/blog_ b12bf8ed01017fzu. html.

向他们宣传、普及员工援助计划（EAP）的宗旨和程序，取得他们的认可和支持，并积极参与进来，协助我们共同一致地实施这项工作，将是我们下一步工作的计划和目标。

（三）相关政策与程序的宣传力度加大

EAP具有其公开的政策与规范的流程。每一个组织和单位在决定向员工提供此项服务的时候，首先要让员工了解并相信组织推动EAP的诚意，而最有效的办法无外乎是正式宣布一套明确的政策与详细的程序。

在我们的讲座中，所宣传的政策和程序主要包括以下几个方面：

1. 每个人遇到的问题都具有普遍性

让员工认识到每个人都有可能遇到问题或困扰，这些问题或困扰都带有普遍性，且是可以被接纳的，无须回避，最佳选择是勇敢面对并积极寻求解决问题的途径和方法。

2. 组织支持并协助员工解决问题

个人的问题或困扰，对组织而言，会影响组织氛围，降低士气，破坏人际关系的和谐；对员工个人来说，不仅身心健康受损，还会影响家庭关系，生活质量下降。因此，只要员工本人希望解决问题，组织会给予支持和协助，并聘请专业机构的专业人员向面临困扰的员工提供保密的、专业的帮助。

3. 员工援助计划不是管理者的工具

一个组织最宝贵的财富是员工，设立并实施员工援助计划，是组织为员工提供的福利项目之一，是为了帮助员工及其直系亲属更好地工作和生活，提升职业成就感和生活幸福感。

4. 自愿原则

员工是否接受心理援助的服务，组织没有硬性规定和要求，完全取决于员工及其亲属本人的意愿。同时，提供服务的机构和专业人员将为所有接受心理援助服务的员工保密，他们的资料都将受到严格保护。强化员工参与的信心与保障。

5. 执行程序

要让每一位员工了解员工援助计划的政策是如何执行的。如，执行步骤、享受服务的注意事项、相关工作流程等等执行程序的相关说明。最好印成手册发给员工本人，并寄给员工家属以示郑重①。

---

① 佘佩沛. 员工帮助计划（EAP）在中国饭店业中的应用初探［D］. 青岛：青岛大学，2009.

（四）保密

保密是员工援助计划的生命线以及其得以有效实施的基础，所有员工都有权利为自己的问题寻求帮助并获得保密的承诺。服务机构必须在各个环节上做到严格的保密，在任何情况下，员工的相关信息都不会记入档案，而且，除了员工本人和专业咨询师外，没有人会知道他（她）的实质问题①。只有员工本人有权利公开自己的咨询信息，其他人则无此权利。

但 EAP 并不是一副万能药，图书馆组织根据实际情况采取合理方式，有针对性地引进 EAP，尽可能使 EAP 与中国的国情和图书馆文化的特殊性结合起来，创新员工援助计划的服务内容，促使 EAP 的本土化发展。另外，实施EAP 项目还需要学院相关制度的支持与保障，如建立和健全高校图书馆资金投入机制、图书馆领导接待制度、馆员激励机制、用户教育制度等②。

四、L-EAP 的研究将越来越深入

美国著名组织心理咨询顾问布兰达·布莱尔曾经对中国的 EAP 工作者们说过这样一段话："你们在为其他人开辟道路；你们可以为讨论定调；你们可以设计项目，满足你所在城市及所服务的企业雇主的特殊要求；你们可以为充满活力的职业打下基础；向雇主及其员工提供独特服务。"

本书无论是在图书馆学界还是心理学界都是一种有益的尝试，是一种有意义的探索与实践，没有现成的模式可以套用。从某种意义上说，我们也是在摸索中前进，也因此，我们坚信 L-EAP 在高校图书馆的应用不会随着课题的结项而结束其使命，必将会有一个长期的、稳定的发展。

（一）队伍逐步向专业化迈进

我们课题组的全体成员都是在高校图书馆工作，并且都是高层管理和中层管理，经过两年的学习和实践，对 EAP 的政策和流程已经非常熟悉了，再加上经过近一年的初步尝试，每个人既是实施者，也是参与者和受益者，深知 EAP 对组织和员工个人的意义和重要性。从对 EAP 的一无所知或所知甚少，到今天以专业人员的视角对此有了极大的认同度，并将以极大的热情投入下一步的工作中。未来工作中我们将是高校图书馆的管理者和 EAP 的实施者，势必能够构建更加符合高校图书馆的员工援助计划模式，更进一步构建高等院校的员工心理援助模式。

---

① 田慧娟. 员工帮助计划在我国企业裁员中的应用研究 [D]. 大连：大连理工大学，2009.
② 张曼玲，王洪滨. 图书馆组织文化浅析 [J]. 图书馆建设，2010（4）：22-23.

（二）压力与情绪管理的长期需要

对于中国来说，压力和情绪管理事实上已经成为整个社会当今和未来的管理中最重要、最紧迫的课题之一。

高校图书馆员并非生活在真空中，和其他各行各业的从业者一样，在社会和经济的转型期，他们同样要面对各种压力，产生各样情绪和不适应感，甚至焦虑、抑郁，如何调整情绪、缓解压力，是每一个正常人的共同的需求。

员工援助计划能够帮助组织解决的就是员工的压力、情绪和其他心理问题（随着社会和 EAP 的发展，其所包含的内容、服务涉及的面必将越来越广泛）。作为整个社会大家庭中的一员，高校图书馆员的压力和情绪问题不容忽视，并且，此项工作需要系统而持久地延续。我们的课题研究将变成日常管理工作的一部分得以延展和继续。

（三）构建馆员心理健康常模体系

常模是一种供比较的标准量数，由标准化样本测试结果计算而来，即某一标准化样本的平均数和标准差。它是人才测评用于比较和解释测验结果时的参照分数标准。测验分数必须与某种标准比较，才能显示出它所代表的意义。

在 L-EAP 具体实施之前，首先进行一次大规模馆员心理健康普查，然后计划每隔 3 至 5 年进行一次馆员心理健康检查，在此基础上进而构建一个有序的、具有高校特点的馆员心理健康常模体系。

（四）心理资本的提升

积极心理学的出现，改变了心理学家们看世界的目光，他们从过去关注"人出现了什么问题"，转向考虑怎样才能培养、开发人的潜能，让其达到最佳状态。管理学家路桑斯教授将积极心理学的思想引入到人力资源管理与组织行为学领域，创造性地提出"心理资本"这一概念。

心理资本[①]（Psychological Capital Appreciation，简称 PCA），是指个体在成长和发展过程中表现出来的一种积极心理状态，是超越人力资本和社会资本的一种核心心理要素，是促进个人成长和绩效提升的心理资源。以信心、希望、乐观和韧性为核心的心理资本，旨在充分发掘人的潜在优势。

（1）信心：自我效能感，成功的信心。

（2）希望：没有希望、自暴自弃的人不可能创造价值。而一个充满希望

---

① （美）Luthans F. Carolyu M，Bruce J，et al. 心理资本［M］. 李超平，译. 北京：中国轻工业出版社，2008.

的人，一定具有坚定的意志，并会为实现希望寻求一切可行的方法和途径，创造价值。

（3）乐观：乐观者善于积极归因，他们把逆境和困难归结为暂时的不顺，而把成功归结为诸如自己的能力、素养等持久可控的因素。他们既注重现实，又能灵活应变。

（4）韧性：即复原与超越的能力。逆境、冲突、压力、失败、责任……职场中人人都会有，韧性就是能够从逆境中迅速恢复的心理能力。

作为在工作场所能被测量、开发和有效管理的心理资本，是提升员工绩效的核心资本和能力。

今天，无论个人还是组织都在激烈的竞争中求得生存和发展。世界是平的，任何组织的竞争优势都已不是财力，不是技术，而是人！人具有无限的潜能，其根源就在于人的心理资本。随着积极心理学的不断融入和发展，心理资本更增添了如下的内容①：

（1）主观幸福感：自己心里觉得幸福，才是真正的幸福。

（2）情商：感觉自己和他人的感受，进行自我激励，有效地管理自己情绪的能力。

（3）组织公民行为：自觉、自发地帮助组织、关心组织利益，并且维护组织效益的行为，它并非直接由正式的赏罚体系引起。

经济发展正处于快速成长与社会转型之中的中国，如果需要有一种资源可以在一定程度上为我国社会的和谐稳定、为国民经济的可持续性增长提供原发性动力的，那就是国民的心理资本。

高等院校是社会的有机组成部分，高校图书馆是高校的三大支柱之一，是学生的第二课堂，其核心要素都是"人"。培养与开发图书馆员的心理资本对高校图书馆的发展，进而对高等院校的提升和发展都有着极为重要而深远的意义。

本书之后的工作将注重并希望在馆员心理资本的开发、培养与提升方面有所进展。

---

① 百科词条：心理资本. http://baike.baidu.com/view/3001629.htm.

附录一：问卷调查量表（普适性）

"基于员工援助计划模式的高校图书馆人力资源
管理研究"课题调查问卷

尊敬的女士/先生：

您好！我们是 2012 年度国家社会科学基金项目"基于员工援助计划模式的高校图书馆人力资源管理研究（12BTQ005）"课题组成员。为了更好地了解和把握高校图书馆员工在工作中的一些客观情况，探求高校图书馆人力资源管理新模式，特制定此问卷。

本次问卷调查是基于课题研究的需要，目的在于评估高校图书馆员工在工作中遇到问题时的情绪和应对方式。答案没有对错之分，请您按照题目要求进行选择，如实表达自己的真实感受。对于获得的调查结果，我们只进行整体的状态描述和统计分析，不需要您填写姓名，不涉及任何个人隐私。根据相关规定，我们将对您提供的资料进行严格保密。

我们的最终研究成果将提交有关决策部门，以期对解决当前高校图书馆员工面临的问题、完善并创新高校图书馆人力资源管理起到一定促进作用。您所提供的资料对我们的研究会有很大帮助，我们衷心希望您在百忙中抽出时间认真填写问卷。

对您的积极参与和大力支持，我们表示衷心的感谢！

"基于员工援助计划模式的高校图书馆人力资源管理研究"课题组
2012 年 11 月

第一部分：个人基本信息

请在符合您实际情况的答案前划上"√"号或在空线上填上您的答案。

单位名称：＿＿＿＿＿＿＿＿＿所在地区：＿＿＿＿＿＿省＿＿＿＿＿市

1. 年龄：A. 30 岁以下　　　B. 31～40 岁　　　C. 41～50 岁　　　D. 50 岁以上

2. 性别：A. 男　　　　　　B. 女

3. 婚姻状况：A. 已婚　　　B. 未婚　　　　　C. 离异　　　　　D. 丧偶

4. 子女年龄：A. 学龄前　　　　　　　　　　B. 已入学

      C. 已在职   D. 无子女

  5. 学校类型：A. 重点院校   B. 一般本科   C. 专科院校

  6. 您的学历：A. 硕士研究生及以上   B. 大学本科

             C. 专科   D. 其他

  7. 职称情况：A. 初级   B. 中级   C. 高级   D. 其他

  8. 工作年限：A. 3 年以下   B. 3~5 年

             C. 5~10 年   D. 10 年以上

  9. 工作岗位：A. 普通员工   B. 中层管理   C. 馆领导

  10. 经济收入（月）：A. 2000 元以下   B. 2000~3000 元

                C. 3000~4000 元   D. 4000~5000 元

                E. 5000 元以上

第二部分：您对工作的感受

请您根据过去三个月的感受，判断它们在您身上发生的频率，并在合适的数字上划"√"。

极少：一年几次；偶尔：每月一次或更少；经常：每月几次；频繁：每周一次；非常频繁：每周几次							
项　目	从不	极少	偶尔	经常	频繁	非常频繁	每天
一、情绪耗竭							
1　工作让我感觉身心俱惫	0	1	2	3	4	5	6
2　下班的时候我感觉精疲力竭	0	1	2	3	4	5	6
3　早晨起床不得不面对工作时，我感觉非常累	0	1	2	3	4	5	6
4　整天工作对我来说确实压力很大	0	1	2	3	4	5	6
5　工作让我有快要崩溃的感觉	0	1	2	3	4	5	6
二、去人性化/玩世不恭							
1　自从干这份工作，我对工作越来越不感兴趣	0	1	2	3	4	5	6
2　我对工作不像以前那样热心了	0	1	2	3	4	5	6
3　我怀疑自己所做工作的意义	0	1	2	3	4	5	6

（续表）

4	我对自己所做工作是否有贡献越来越不关心	0	1	2	3	4	5	6
三、个人成就感/职业效能								
1	我能有效地解决工作中出现的问题	0	1	2	3	4	5	6
2	我觉得我在为图书馆作有用的贡献	0	1	2	3	4	5	6
3	在我看来，我擅长于自己的工作	0	1	2	3	4	5	6
4	当完成工作上的一些事情时，我感到非常高兴	0	1	2	3	4	5	6
5	我完成了很多有价值的工作	0	1	2	3	4	5	6
6	我自信自己能有效地完成各项工作	0	1	2	3	4	5	6

第三部分：特质应对方式

请您在合适的数字上划"√"，以代表您近一个月真实使用的应对压力的方法。

序号	项　目	肯定是的	多数时间是	不太肯定	多数时间不是	肯定不是
1	能尽快地将不愉快忘掉	1	2	3	4	5
2	易陷入对事件的回忆和幻想之中而不能摆脱	1	2	3	4	5
3	当作事情根本未发生过	1	2	3	4	5
4	易迁怒于别人而经常发脾气	1	2	3	4	5
5	通常向好的方面想，想开些	1	2	3	4	5
6	不愉快的事很容易引起情绪波动	1	2	3	4	5
7	喜欢将情绪压在心底不让其表现出来，但又忘不掉	1	2	3	4	5
8	通常与类似的人比较，就觉得算不了什么	1	2	3	4	5
9	能较快将消极因素化为积极因素，例如参加活动	1	2	3	4	5
10	遇烦恼的事很容易想悄悄地哭一场	1	2	3	4	5

（续表）

序号	项　目	肯定是的	多数时间是	不太肯定	多数时间不是	肯定不是
11	旁人很容易使你重新高兴起来	1	2	3	4	5
12	如果与人发生冲突，宁可长期不理对方	1	2	3	4	5
13	对重大困难往往举棋不定，想不出办法	1	2	3	4	5
14	对困难和痛苦能很快适应	1	2	3	4	5
15	相信困难和挫折可以锻炼人	1	2	3	4	5
16	在很长的时间里回忆所遇到的不愉快事	1	2	3	4	5
17	遇到难题往往责怪自己无能而怨恨自己	1	2	3	4	5
18	认为天底下没有什么大不了的事	1	2	3	4	5
19	遇苦恼事喜欢一人独处	1	2	3	4	5
20	通常以幽默的方式化解尴尬局面	1	2	3	4	5

第四部分：情绪心理反应

请您根据过去一周下述情况影响您的实际感受，在合适的数字上划"√"。

序号	项　目	没有	很轻	中等	偏重	严重
1	头痛	1	2	3	4	5
2	神经过敏，心中不踏实	1	2	3	4	5
3	头脑中有不必要的想法或字句盘旋	1	2	3	4	5
4	头昏或昏倒	1	2	3	4	5
5	对异性的兴趣减退	1	2	3	4	5
6	对旁人责备求全	1	2	3	4	5
7	感到别人能控制您的思想	1	2	3	4	5
8	责怪别人制造麻烦	1	2	3	4	5
9	忘记性大	1	2	3	4	5
10	担心自己的衣饰整齐及仪态的端正	1	2	3	4	5
11	容易烦恼和激动	1	2	3	4	5

（续表）

序号	项　目	没有	很轻	中等	偏重	严重
12	胸痛	1	2	3	4	5
13	害怕空旷的场所或街道	1	2	3	4	5
14	感到自己的精力下降，活动减退	1	2	3	4	5
15	想结束自己的生命	1	2	3	4	5
16	听到旁人听不到的声音	1	2	3	4	5
17	发抖	1	2	3	4	5
18	感到大多数人都不可信任	1	2	3	4	5
19	胃口不好	1	2	3	4	5
20	容易哭泣	1	2	3	4	5
21	同异性相处时感觉害羞不自在	1	2	3	4	5
22	感到受骗、中了圈套或有人想抓住您	1	2	3	4	5
23	无缘无故地突然感到害怕	1	2	3	4	5
24	自己不能控制地大发脾气	1	2	3	4	5
25	怕单独出门	1	2	3	4	5
26	经常责怪自己	1	2	3	4	5
27	腰痛	1	2	3	4	5
28	感到难以完成任务	1	2	3	4	5
29	感到孤独	1	2	3	4	5
30	感到苦闷	1	2	3	4	5
31	过分担忧	1	2	3	4	5
32	对事物不感兴趣	1	2	3	4	5
33	感到害怕	1	2	3	4	5
34	您的感情容易受到伤害	1	2	3	4	5
35	旁人能知道您的私下想法	1	2	3	4	5
36	感到别人不理解您，不同情您	1	2	3	4	5
37	感到人们对您不友好，不喜欢您	1	2	3	4	5
38	做事必须做得很慢以保证做得正确	1	2	3	4	5

（续表）

序号	项　目	没有	很轻	中等	偏重	严重
39	心跳得很厉害	1	2	3	4	5
40	恶心或胃部不舒服	1	2	3	4	5
41	感到比不上他人	1	2	3	4	5
42	肌肉酸痛	1	2	3	4	5
43	感到有人在监视您、谈论您	1	2	3	4	5
44	难以入睡	1	2	3	4	5
45	做事必须反复检查	1	2	3	4	5
46	难以做出决定	1	2	3	4	5
47	怕乘电车、公共汽车、地铁或火车	1	2	3	4	5
48	呼吸有困难	1	2	3	4	5
49	一阵阵发冷或发热	1	2	3	4	5
50	因为感到害怕而避开某些东西、场合或活动	1	2	3	4	5
51	脑子变空了	1	2	3	4	5
52	身体发麻或疼痛	1	2	3	4	5
53	喉咙有梗阻感	1	2	3	4	5
54	感到前途没有希望	1	2	3	4	5
55	不能集中注意力	1	2	3	4	5
56	感到身体的某一部分软弱无力	1	2	3	4	5
57	感到紧张或容易紧张	1	2	3	4	5
58	感到手或脚发重	1	2	3	4	5
59	想到死亡的事	1	2	3	4	5
60	吃得太多	1	2	3	4	5
61	当别人看着您或谈论您时感到不自在	1	2	3	4	5
62	有一些不属于您自己的想法	1	2	3	4	5
63	有想打人或伤害他人的想法	1	2	3	4	5
64	醒得太早	1	2	3	4	5
65	必须反复洗手、点数目或触摸某些东西	1	2	3	4	5

（续表）

序号	项　目	没有	很轻	中等	偏重	严重
66	睡得不稳不深	1	2	3	4	5
67	有想摔坏或破坏东西的冲动	1	2	3	4	5
68	有一些别人没有的想法或念头	1	2	3	4	5
69	感到对别人神经过敏	1	2	3	4	5
70	在商店或电影院等人多的地方感到不自在	1	2	3	4	5
71	感到任何事情都很困难	1	2	3	4	5
72	一阵阵恐惧或惊恐	1	2	3	4	5
73	感到在公共场合吃东西很不舒服	1	2	3	4	5
74	经常与人争论	1	2	3	4	5
75	单独一人时神经很紧张	1	2	3	4	5
76	别人对您的成绩没有做出恰当的评价	1	2	3	4	5
77	即使和别人在一起也感到孤独	1	2	3	4	5
78	感到坐立不安心神不宁	1	2	3	4	5
79	感到自己没有什么价值	1	2	3	4	5
80	感到熟悉的东西变成陌生或不像是真实的	1	2	3	4	5
81	大叫或摔东西	1	2	3	4	5
82	害怕会在公共场合昏倒	1	2	3	4	5
83	感到别人想占您的便宜	1	2	3	4	5
84	为一些有关性的想法而苦恼	1	2	3	4	5
85	您认为应该因为自己的过错而受到惩罚	1	2	3	4	5
86	感到要很快把事情做完	1	2	3	4	5
87	感到自己的身体有严重问题	1	2	3	4	5
88	从未感到和其他人很亲近	1	2	3	4	5
89	感到自己有罪	1	2	3	4	5
90	感到自己的脑子有问题	1	2	3	4	5

第五部分：性格与职业评判

请认真阅读每一题，并根据自己的实际情况，在合适的数字上划"√"。

序号	项　目	是	否	不能确定
1	你曾经将钢笔拆散并加以清洗并能够独立将它组装起来吗？	1	2	3
2	你会用积木搭建许多造型吗？或小时候经常拼七巧板吗？	1	2	3
3	你在中学里喜欢做实验吗？	1	2	3
4	你喜欢尝试做一些木工、电工、修理钟表等一件或几件事情吗？	1	2	3
5	你家里有些东西需要小修小补时，常常由你做吗？	1	2	3
6	你常常偷偷去摆弄一些不让你摆弄的机械或机器吗？	1	2	3
7	你觉得身边有一把镊子或者老虎钳等，就会有许多便利吗？	1	2	3
8	看到老师傅在做活，你能够很快地准确模仿吗？	1	2	3
9	你对电视或者单位里的智力竞赛很有兴趣吗？	1	2	3
10	你常常到新华书店或者图书馆翻阅图书吗？	1	2	3
11	你常常主动去做一些有兴趣的习题吗？	1	2	3
12	你总想知道一件新产品或者新事物的构造或工作原理吗？	1	2	3
13	当同事或同学不会做一道习题来请教你时，你能够给他讲清楚吗？	1	2	3
14	你常常会对一件想知道但又无法详细知道的事物，想象其特征吗？	1	2	3
15	会去仔细考虑一道别人讨论不休的问题吗？	1	2	3
16	看推理小说或电影时，你事先的分析和结果常常一致吗？	1	2	3
17	你对戏剧、电影、小说、音乐、美术等其中某个方面感兴趣吗？	1	2	3
18	你常常喜欢对文艺界的明星品头论足吗？	1	2	3
19	你曾经参加文艺演出或写过诗歌、短文被采用或参加绘画训练吗？	1	2	3
20	你喜欢把卧室布置得优雅一些而不是过分豪华而拥挤吗？	1	2	3

（续表）

序号	项　目	是	否	不能确定
21	你能够准确地评价别人的服装、外貌及家具摆设的美感如何吗？	1	2	3
22	你认为仪表美主要是为表现对美的追求而非让别人赞扬、羡慕吗？	1	2	3
23	你觉得工作之余听听音乐、看看画册或欣赏戏剧是一种乐趣吗？	1	2	3
24	遇到美术展览会或演唱会，常常由朋友来邀请你一起去吗？	1	2	3
25	你常常主动给朋友写信或打电话吗？	1	2	3
26	你能够列出五个自认为够朋友的人吗？	1	2	3
27	你愿意参加学校、社会团体或单位组织的各种活动吗？	1	2	3
28	你能够帮助不认识的人或向他们表示你的安慰和同情吗？	1	2	3
29	你喜欢到新的场所活动并结识新的朋友吗？	1	2	3
30	对一些令人讨厌的人，你会因某种原因原谅、同情甚至帮助他吗？	1	2	3
31	有些活动虽没有报酬，但是你觉得对社会有好处，就积极参加吗？	1	2	3
32	你很注重你的仪表风度，这主要是为了让人产生良好的印象吗？	1	2	3
33	你觉得通过买卖赚钱，或者通过银行生息很有意思吗？	1	2	3
34	你常常能够发现别人活动中的某些不足，并提出建议让其改进吗？	1	2	3
35	如果让你做一个个体户，一定能够经营得非常好吗？	1	2	3
36	你在学校里担任过某些职务并且自认为干得不错吗？	1	2	3
37	你有信心说服别人接受你的观点吗？	1	2	3
38	你的心算能力较强，不对一大堆数字感到头疼吗？	1	2	3
39	做一件事时，你常常考虑它的利弊得失吗？	1	2	3
40	别人找你算账或讲理时，你常从另外一个角度发现其漏洞吗？	1	2	3

（续表）

序号	项　目	是	否	不能确定
41	你能够用一两个小时坐下来抄写一份你并不感兴趣的材料吗？	1	2	3
42	你能够按照领导或者老师的要求尽自己的能力做好每一件事情吗？	1	2	3
43	无论填什么表格，你都非常认真吗？	1	2	3
44	在讨论会上，如果别人的观点和你的相同，你就不发表意见了吗？	1	2	3
45	你常常觉得你周围有不少人比你更有才干吗？	1	2	3
46	你喜欢重复做别人做过的事而不喜欢动脑筋摸索着干事情吗？	1	2	3
47	你喜欢那些习惯了的，或者责任小的、轻松自由的工作吗？	1	2	3
48	你愿意将非常烦琐的事情整理好，或使单调的工作运转吗？	1	2	3

附录二：问卷调查量表（针对性）

第六部分：高校图书馆员工作压力源量表

下列项目可能给您带来压力。请您判断自己在该项目上压力感受的大小，在相应的选项上打"√"。

序号	内　容	没有压力	压力较小	压力较大
1	社会变革和技术变迁令人不太适应			
2	社会对馆员的期望要求高			
3	工资、福利待遇低			
4	馆员要承担的责任太多			
5	馆员的社会地位低，不受尊重			
6	学校推行定岗、分流、竞争上岗的用人机制			
7	学校对科研的要求高			
8	职称评聘要求高，比例小，竞争激烈			
9	工作缺乏成就感			
10	缺乏晋升的机会			
11	感到自己发展前景暗淡			
12	对工作本身缺乏兴趣			
13	知识更新加速，需要不断学习			
14	建立良好人际关系困难			
15	同事之间的关系淡漠			
16	感觉与学生读者的关系疏远			
17	每天要做的事情太多			
18	所做的事情琐碎、繁杂、工作量大			
19	工作中要扮演不同要求的角色			
20	家庭、工作不能同时兼顾			
21	觉得自身能力不足，缺乏自信			
22	自我期望过高			
23	个性与工作要求或组织文化冲突			
24	为子女的教育或工作担忧			
25	家人对工作理解和支持不够			
26	您对目前工作压力总体上的感受程度			

第七部分：高校图书馆员职业高原客观现状调查表

请认真阅读每一题，并根据自己的实际情况，在合适您的判断上划"√"。

序号	问题（近5年内）	判断	
		是	否
1	您的职务有变化吗？		
2	您的职称有变化吗？		
3	您的工作岗位有变化吗？		
4	您所从事的工作挑战性有变化吗？		
5	您是否有机会参与馆内重大事项决策？		

第八部分：图书馆员工作满意度状况调查

请您根据自己的真实感受，在相应项上打"√"。

序号	内　容	非常满意	比较满意	一般	不太满意	很不满意
1	当我遇到困难时，会得到领导的支持和帮助	5	4	3	2	1
2	当我工作取得成绩时，能得到领导的表扬、奖励	5	4	3	2	1
3	领导在处理问题时比较公平，对事不对人	5	4	3	2	1
4	馆员提出来的一些好的想法与建议能得到领导的重视	5	4	3	2	1
5	职务晋升靠能力和水平，不靠关系	5	4	3	2	1
6	同事之间的关系是融洽的，与同事相处时，我感到轻松愉快	5	4	3	2	1
7	通过同事间的交流，我能及时知道单位和图书馆的许多信息	5	4	3	2	1
8	同事之间多是良性竞争	5	4	3	2	1
9	同事之间在专业上能够相互帮助和支持	5	4	3	2	1
10	图书馆的人事纠纷多，人际关系复杂	5	4	3	2	1

（续表）

序号	内　容	非常满意	比较满意	一般	不太满意	很不满意
11	我感到工作给我的压力很大	5	4	3	2	1
12	工作让我感觉精神疲惫	5	4	3	2	1
13	早上想到还有一天的工作要做会有累的感觉	5	4	3	2	1
14	工作让我变得不像原来那样耐心了	5	4	3	2	1
15	工作让我变得不像以前那样热情了	5	4	3	2	1
16	我完成过一些有价值的工作，工作让我有成就感	5	4	3	2	1
17	我的工作具有一定的挑战性	5	4	3	2	1
18	我的工作让我觉得很充实，我认为自己是有价值的	5	4	3	2	1
19	我的工作积极性较高，能主动处理一些疑难问题	5	4	3	2	1
20	我能妥善地解决工作中出现的大多数问题	5	4	3	2	1
21	就我的职位和工作量而言，我的薪酬是合理的	5	4	3	2	1
22	在我们单位，成绩突出就能得到晋升	5	4	3	2	1
23	我对自己的收入是满意的	5	4	3	2	1
24	我目前的收入是稳定的	5	4	3	2	1
25	图书馆的奖惩制度严明，有利于提高工作效率	5	4	3	2	1
26	在工作中，我能不断提升自己	5	4	3	2	1
27	图书馆领导鼓励职工争取学习和发展机会	5	4	3	2	1
28	我的工作使我的知识能力水平不断提高	5	4	3	2	1
29	我的技术和工作能力能在工作中得到施展	5	4	3	2	1
30	单位的晋升政策是公平的，职称评定是公正的	5	4	3	2	1

第九部分：图书馆员生活满意度状况调查

本部分想了解您对目前生活的评价，请根据您自己的真实感受，在相应项上打"√"。

序号	内 容	非常满意	比较满意	一般	不太满意	很不满意
1	我能尽力挖掘生活中事情好的一面	5	4	3	2	1
2	烦恼的时候能自我调解，表露或发泄不满的情绪	5	4	3	2	1
3	生活让我变得不像以前那样热情了	5	4	3	2	1
4	我对未来的生活充满信心，觉得生活有意义	5	4	3	2	1
5	我对未来的生活信心不足，觉得生活很单调	5	4	3	2	1
6	我对自己的配偶很满意，家庭生活很幸福	5	4	3	2	1
7	我对子女的教育及就业状况比较满意	5	4	3	2	1
8	我对自己目前在社会、家庭中的地位比较满意	5	4	3	2	1
9	我对社会、家庭中主要成员对自己的态度比较满意	5	4	3	2	1
10	在我遇到困难时，经常获得朋友、家人的帮助和支持	5	4	3	2	1
11	我对自己目前的收入比较满意	5	4	3	2	1
12	我对目前承担的家务劳动及家庭责任比较满意	5	4	3	2	1
13	我对自己目前的生活状况（衣食住行等）比较满意	5	4	3	2	1
14	我对目前的生活方式比较满意，经常觉得生活很轻松，很愉快	5	4	3	2	1
15	我想改变自己目前的生活方式，经常觉得生活很无聊，很琐碎	5	4	3	2	1

（续表）

序号	内　容	非常满意	比较满意	一般	不太满意	很不满意
16	下班后，我由于种种压力而无法做我喜欢的事	5	4	3	2	1
17	图书馆工作对我的个人生活有促进作用	5	4	3	2	1
18	我能精心规划，安排好业余时间，我的业余生活丰富多彩	5	4	3	2	1
19	图书馆组织的各项活动有利于员工的身心健康	5	4	3	2	1
20	图书馆工作很累，我的工作过多挤占了我的私生活时间	5	4	3	2	1
21	每天睡眠时间在 7 小时以上，很少有失眠情况	5	4	3	2	1
22	每周体育锻炼时间在 2.5 小时以上	5	4	3	2	1
23	易疲劳，我常常感到自己精力不足	5	4	3	2	1
24	我能协调好工作和家庭的矛盾	5	4	3	2	1
25	我的身体状况良好，能承担目前的工作和生活责任	5	4	3	2	1

第十部分：图书馆员工作满意度及生活满意度相关性调查

请根据您自己的真实感受，在相应项上打"√"。

序号	内　容 （1~17 题工作对生活的影响；18~25 生活对工作的影响）	非常同意	比较同意	不确定	不太同意	很不同意
1	领导对我工作的支持和帮助能促进我更加热爱生活	5	4	3	2	1
2	职务、职称上的晋升能改善我的生活条件	5	4	3	2	1

(续表)

序号	内 容 (1~17题工作对生活的影响；18~25生活对工作的影响)	非常同意	比较同意	不确定	不太同意	很不同意
3	我的工作压力很大，感到生活也有压力	5	4	3	2	1
4	我对图书馆工作有热情，对生活也充满热情	5	4	3	2	1
5	图书馆的工作让我身心疲惫，回到家庭生活中也感到身心疲惫	5	4	3	2	1
6	图书馆的工作让我变得没有耐性，对待生活中的事件也缺乏耐心	5	4	3	2	1
7	图书馆的工作成就感高，使我对生活拥有积极的心态	5	4	3	2	1
8	图书馆的工作成就感较低，影响我对生活的积极性	5	4	3	2	1
9	图书馆的工作很有价值，使我觉得生活也丰富多彩	5	4	3	2	1
10	图书馆的工作性质单调、枯燥无味，使我觉得生活方式也比较单一	5	4	3	2	1
11	图书馆的工作环境很舒适，工作之余回到家中心情也很舒畅	5	4	3	2	1
12	图书馆的工作环境很嘈杂，工作之余回到家中心情很压抑	5	4	3	2	1
13	图书馆的工作收入合理，能够满足我的日常生活支出	5	4	3	2	1
14	图书馆的工作收入不高，影响我提升生活质量	5	4	3	2	1
15	工作中人际相处的技巧，也适用于家庭成员之间的和睦相处	5	4	3	2	1
16	工作中人际关系融洽，回到家庭生活中感到心情愉悦	5	4	3	2	1

（续表）

序号	内 容 （1~17 题工作对生活的影响；18~25 生活对工作的影响）	非常同意	比较同意	不确定	不太同意	很不同意
17	图书馆的人事纠纷多，人际关系复杂，影响到我的生活情绪	5	4	3	2	1
18	我对生活充满信心，觉得生活有意义，图书馆的工作有价值	5	4	3	2	1
19	我对生活信心不足，觉得生活枯燥，图书馆的工作也没有太多价值	5	4	3	2	1
20	我的家庭关系很和谐，使我有平和的心态投入到图书馆工作中	5	4	3	2	1
21	我的家庭成员之间矛盾和冲突多，经常影响我的工作情绪、状态	5	4	3	2	1
22	我的业余生活丰富多彩、身心放松，使我能有充沛的精力投入工作	5	4	3	2	1
23	我的业余生活单一，对生活没有激情，对工作也缺乏更多的热情	5	4	3	2	1
24	我能协调好工作、家庭生活的关系，做到工作、家庭相互促进	5	4	3	2	1
25	我很难协调好工作、家庭生活的关系	5	4	3	2	1

第十一部分：L-EAP 效果满意度调查表

尊敬的馆员朋友：

本次调查是为了了解您对 L-EAP 的真实看法，为高校图书馆 L-EAP 工作的改进及员工满意度提升提供依据。您的宝贵意见至关重要，我们真诚地希望得到您的支持与合作！

请您勾选出您认为最合适的选项。

序号	相关问题	满意度选项
1	您知道 EAP 吗?	□知道,很全面　□基本知道　□不知道
2	您使用过的 EAP 相关服务(可多选)	□EAP 宣传活动　□EAP 电话咨询　□EAP 心理测评　□EAP 心理辅导　□EAP 其他服务:＿＿＿＿
3	您觉得 EAP 咨询辅导效果如何?	□非常好,能帮我解决相关的疑惑　□没感觉,不能给予我有效帮助　□不好,不但帮不了我,反而使我更疑惑　□没使用过,不清楚
4	您觉得 EAP 心理测评效果如何?	□很好,能够使我更了解自己　□没感觉,问卷设计没有新意　□不好,答案都是千篇一律,无借鉴性可言,浪费时间　□没做过
5	您对心理健康讲座活动的评价是?	□非常好　□一般　□不好　□没参加过　(注:如果选择一般或不好原因是:□讲师水平太低,讲课乏味　□课题内容不好,没什么兴趣　□时间安排不好,不喜欢占用自己的空余时间　□其他原因:＿＿＿＿)
6	您对图书馆开展的 EAP 活动的评价是?	□非常好　□一般　□不好　□没参加过
7	您觉得 EAP 开展的这些活动有意义吗?	□有意义　□有些有,有些无　□无意义
8	EAP 开展后,您觉得自己在哪些方面有了改变?(可多选)	□对自我的认识　□心理压力承受度及排解　□工作积极性　□团队沟通和协作　□工作绩效　□态度行为　□没有改变,维持原状　□其他方面:＿＿＿＿
9	您觉得 EAP 服务中的保密性如何?	□很好,能保护本人的隐私　□不好,会把本人的隐私透露给他人,很不安全
10	如果您使用过 EAP 咨询服务,请对 EAP 咨询师做出评价。	
11	如果您参加过图书馆 EAP 专场活动,请说明参加的次数及对活动的评价。	
12	您对 EAP 服务开展的建议有哪些?	

（续表）

序号	相关问题	满意度选项
13	请对您所了解的或参与过的 EAP 服务做出综合性评价。	
14	对于高校图书馆是否引进 EAP 项目，您的态度是？	□是　□中立　□否

第十二部分：EAP 与馆员工作、生活满意度相关性调查

序号	内 容 （从 EAP 的四个方面：咨询辅导、教育发展、家庭协助及员工福利）	非常同意	比较同意	不确定	不太同意	很不同意
1	EAP 有助于提高馆员的工作成就感	5	4	3	2	1
2	EAP 有助于提升图书馆工作业绩	5	4	3	2	1
3	EAP 有助于改善图书馆工作的硬件环境	5	4	3	2	1
4	EAP 有助于馆员职业生涯规划与发展，拓展馆员职业通道	5	4	3	2	1
5	EAP 有助于馆员职位转换与调岗适应	5	4	3	2	1
6	EAP 有助于开展图书馆业务培训及其他技能培训	5	4	3	2	1
7	EAP 有助于馆员进行退休规划	5	4	3	2	1
8	EAP 有助于图书馆对裁员离职的安置与处理	5	4	3	2	1
9	EAP 有助于图书馆工作场所人际冲突的处理	5	4	3	2	1
10	EAP 有助于非图书馆职业人际关系的处理	5	4	3	2	1
11	EAP 有助于馆员婚姻情感问题的咨询与解决	5	4	3	2	1
12	EAP 有助于馆员家庭代际关系的处理	5	4	3	2	1
13	EAP 有助于馆员子女抚养与教育等亲子问题的咨询与解答	5	4	3	2	1
14	EAP 有助于馆员对年长父母的照料	5	4	3	2	1

（续表）

序号	内　容 （从 EAP 的四个方面：咨询辅导、教育发展、家庭协助及员工福利）	非常同意	比较同意	不确定	不太同意	很不同意
15	EAP 有助于馆员家庭理财咨询与建议	5	4	3	2	1
16	EAP 有助于馆员闲暇时间的管理与休闲娱乐问题的咨询	5	4	3	2	1
17	EAP 有助于馆员对职业压力、职业倦怠等不良情绪的控制与管理	5	4	3	2	1
18	EAP 有助于图书馆管理者对馆员实施家属照顾措施	5	4	3	2	1
19	EAP 有助于图书馆管理者对馆员实施家庭友好政策	5	4	3	2	1
20	EAP 有助于馆员心理健康状态的培养	5	4	3	2	1
21	EAP 有助于馆员运动保健	5	4	3	2	1
22	EAP 有助于馆员开展营养管理与饮食健康	5	4	3	2	1
23	EAP 有助于馆员不良嗜好的戒除与指导	5	4	3	2	1
24	EAP 有助于图书馆减少缺勤率、病假率，降低工作失误	5	4	3	2	1
25	EAP 有助于降低图书馆时间、资源管理成本	5	4	3	2	1
26	EAP 有助于提升馆员士气、馆员忠诚度	5	4	3	2	1

本部分想了解您对 EAP 与工作、生活满意度相关性的评价，请根据您自己的真实感受，在相应项上打"√"。

第十三部分：EAP 与馆员工作、生活满意度的访谈提纲调查

【图书馆普通馆员访谈提纲】

1. 您觉得所从事的图书馆工作使您感到快乐吗？您觉得业余生活快乐吗？

2. 图书馆组织可曾采取过关怀馆员工作、生活的措施或者活动？效果如何？

3. 除了已开展的措施或者活动之外，您还需要得到工作、生活中哪些方面的援助？

4. 如果员工援助计划在图书馆展开，您愿意尝试吗？有何要求？

【图书馆中层管理者访谈提纲】

1. 在您日常的图书馆管理中，是否觉察到部分馆员有工作与生活失衡的迹象？

2. 作为一名中层管理者，您觉得部分馆员的工作与生活失衡的现象主要表现在哪些方面？对图书馆组织及馆员个体有哪些不利影响？

3. 针对部分馆员的工作与生活失衡现象，管理者已采取了哪些方式平衡馆员的工作与生活？

4. 已您的管理经验和切身感受谈一下，您希望图书馆实施员工援助计划的哪些措施来平衡馆员的工作与生活？

【图书馆高层管理者访谈提纲】

1. 图书馆组织通过何种形式了解过馆员的工作、生活满意度状况？

2. 图书馆组织通过何种形式了解过馆员的缺勤率、病假率及流失率情况？如何衡量馆员的工作业绩及图书馆组织绩效的？

3. 以您的高层管理者经验，馆员来自工作方面的冲突、矛盾对生活会产生怎样的负面影响？来自生活方面的冲突、矛盾会对工作产生怎样的负面影响？

4. 图书馆目前的福利项目有哪些？馆员的反馈意见及受益情况如何？

5. 针对部分馆员的工作与生活的失衡现象，图书馆组织可曾采取过关怀措施（减压培训、情绪管理、团体活动等)？馆员的反馈情况如何？关怀措施持续情况如何？

6. 您曾了解或接触过 EAP 吗？如果在图书馆开展此项目，对实现馆员的工作与生活平衡有哪些方面的帮助？有哪些阻碍？预期的效果如何？

参 考 文 献

［1］Goodins B. Occupational Social Work ［M］. New Jersey Prentice-Hall, Inc, 1987.

［2］Bohlander, Sherman. Managing Human Resources ［M］. South - Western Publishing Company, 1992.

［3］Dessler G. Human resource management ［M］. Englewood Prentice-Hall Intemational Inc, 1994.

［4］Arthur A R. Employee assistance programs: the emperor's new clothes of stress management ［J］. British Journal of Guidance&Counseling, 2000, 28 (4).

［5］Cooper C L, Marshall J. Occupatunal Sources of Stress: A review of the literature relating to coronary heart disease and mental ill-health. Jounnal of Occupational Psychology, 1978, 49: 11-28.

［6］Lazarus R S, Launier R. Stress-related transactions between person and environment ［M］ // Perspectives in international psychology. Springer us, 1978: 287-327.

［7］Quiek J C, Quiek J D. Organizational stress and preventive management ［M］. New York: Mc Graw Hill, 1984.

［8］Caplan R D, Cobb S, French J R P. Job demands and worker health: main effects and occupational differences ［J］. Psychosomatic Medicine, 1977, 39 (1).

［9］Summers T P, Decotiis T A, Denisi A S. A field study of some antecedents and consequences of felt job stress ［J］. Occupational stress: A handbook, 1995: 113-128.

［10］French J R P, Caplan R D, Van Harrison R. The mechanisms of job stress and strain ［M］. Chichester, ［Sussex］; New york: J wiley, c 1982.

［11］Karasek R A. Job demands, job decision latitude, and mental strain: implication for job redesign ［J］. Administrative Science Quarterly, 1979,

24 (2): 285-308.

[12] Lazarus R S, Launier R. Stress-related transactions between person and environment [M] //. Perspectives in international psychology. Springer us, 1978 :287-327.

[13] Weiss S, Baker G S, Das Gupta RD. Vibrational residual stress relief in a plain carbon steel weldment [J]. Welding Journal, 1976, 55 (2): 47-51.

[14] lvancevich J M, Matteson M T. Stress and work: a managerial perspective [M]. Glenview: Scott. Foresman, 1980.

[15] Cooper C L, Marshall J. Understanding executive stress [M]. London: Macmillan Press, 1978.

[16] Bunge C A. Stress in the Library workplace [J]. New Library World, 1987, 38 (1): 561-564.

[17] Yerkes R M, Dodson J D. The relation of strength of stimulus to rapidity of habit – fonmation [J]. Journal of Comparative Neurologcal and Psychology, 1908, 18 (18): 459-482.

[18] Freudenberger H J. Staff Burnout [J]. Journal of Social Issues, 1974, 30 (1): 159-165.

[19] Chutte N, Toppinen S, Kalimo R, Schaufeli W B. The Factorial of the Maslach Burnout Inventory-General Survey [J]. Journal of Occupational and Organizational Psychology, 2000, 73 (1): 53-56.

[20] Reitz J M. Dictionary for library and information science [M]. Westport Libraries Unlmited, 2004.

[21] Schaufeli W B, Enzmann D. The bournout companion to study and practice: A critical analysis [M]. London: Taylor and Francis, 1998: 34-35.

[22] Maslach C. Burnout, the cost of caring [M]. Englewood Cliffs, NJ: Prentice-Hall 1982.

[23] Ivancevich J, Matteson M. Stress diagnostic survey comments and psychometric properties of a multidimensional self report inventory [M]. Houston: FD Associates, 1988.

[24] Farber B A. Crisis in education: Stress and burnout in the American teacher [M]. San Francisco: Jossey-Bass, 1991

[25] Bibeau G. Certaine aspects cultures, diagnostiques et juridiques de burnout [M]. Montreat: Confederation de Syndicats Nationaus, 1989: 73-78.

[26] Rantze K R, Feller R W. Counseling career-plateaued works during times

of social change ［J］. Journal of Employment Counseling, 1985 (22): 23-28.

［27］Hall D T. Project work as an antidote to career plateauing in the declining engineering organization ［J］. Human Resource Management, 1985, 24 (3): 271-292.

［28］Stout S K. Dynamics of the career plateauing process ［J］. Journal of Vocational Behavior, 1988, 32: 74-91.

［29］Burke R J. Examining the career plateau: some preliminary findings ［J］. Psychological Reports, 1989, 65: 295-306.

［30］Near J P. A discrin infant analysis of plateaued versus non-plateaued managers ［J］. Journal of Vocational Behavior, 1985, 26: 177-188.

［31］Sadri R S, Cooper C L. Worksite stress management interventions: their effectiveness and conceptuali-sation ［J］. Journal of Managerial Psychology, 2003 (09): 45-49.

［32］Keith L R. Managing job stress: an Employee Assis-Tance/ Human Resource Partnership ［J］. Personal Review, 2005 (1): 1-50.

［33］Arthur A R. Empolyee assistance programs: the emperor's new clothes of stress management? ［J］. British Journal of Guidance &Conseling, 2000, 28 (4): 549-559.

［34］Cunningham G. Effective Employee assistance programs : A guide for EAP counselors and managers ［M］. New Delhi: International Education and Professional Publisher, 1994.

［35］DeFrank, R. S., Cooper, C. L. Worksite Stress Management Interventions: Their Effectiveness and Conceptualization ［J］. Journal of Managerial Psychology, 1987 (2): 4-9.

［36］Murphy L R. Managing job stress: an employee assistance/human resource partnership ［J］. Personal Review, 1995, 24 (1): 41-50.

［37］Degroot T, Kiker D S. A meta analysis of the norrmonetary effects of employee health management programs ［J］. Human Resource Management, 2003, 42 (01): 53-69.

［38］Wolfe R A, Parker D, Napier N. Employee health management and organizational performance ［J］. Journal of Applied Behavioral Science, 1994, 30: 22-42.

［39］Stange K C, Strecher V J, Schoenbach V J, et al. Psychosocial predictors of participation in a worksite health-promotion program ［J］. Journal of

Occupational Medicine, 1991, 33: 479-485.

[40] Barbara Burd. Work value of academic librarians: Exploring the relationships between values, job satisfaction, commitment and intent to leave [J]. Charlotte, North Carolina, 2003 (4).

[41] I rene Landry Schulz, Charles Teddlie. There relationship between teachers' job satisfaction and their perception of principals' use of power and school effectiveness [J]. Education, 2001 (3).

[42] Niels Ole Pots, Carl Gustav Fohannsen. Job satisfaction and motiviational strategies among library directors [J]. New Library World, 2005 (106).

[43] Ference T P, Stoner J A, Warren E K. Managing the Career Plateau [J]. Academy of Management Review, 1977, 2 (4): 602-612.

[44] Bardwick J M. The Plateauing Trap: how to avoid it in your career and your life [Z]. New York: American Management Association, 1986 (47): 159-172.

[45] Orpen C. The career patterns and work attitudes of plateaued and non-plateaued managers [J]. International Journal of Manpower, 1983, 1 (4): 32-37.

[46] Tremblay M, Roger A. Career plateauing reactions: the moderating role of job scope, role ambiguity and participation among Canadian managers [J]. International Journal of Human Resource Management, 2004, 15 (6): 996-1017.

[47] Ference T P, Stoner J A, Warren E K. Managing the career plateau [J]. Academy of Management Review, 1977, 2 (24): 602-612.

[48] Bardwick J M. The Plateauing trap: how to avoid it in your career and your life [Z]. New York: Ameriean Management Association, 1986 (47): 159-172.

[49] Chutte N, Toppinen S, Kalimo R, Schaufeli W B. The Factorial of the Maslach Burnout Inventory-General Survey [J]. Journal of Occupational and Organizational Psychology, 2000, 73 (1): 53-56.

[50] Schein E. The individual, the organization and the career: A conceptual scheme [J]. Journal of Applied Bhavioral Science. 1971. 7 (4): 401-406.

[51] 张西超. 员工帮助计划（EAP）：提高企业绩效的有效途径 [J]，经济界，2003 (3): 58.

[52] 陶梦轲，王锐，赵然. 员工帮助计划（EAP）服务需求现状综述 [J]. 中国外资，2012 (6): 18.

[53] 王雁飞. 国外员工援助计划相关研究述评 [J]. 心理科学进展, 2005 (13): 219-226.

[54] 赵勇. EAP 在中国发展的本土化应用研究 [D]. 保定: 河北大学, 2011.

[55] 孙冬梅. 国内外员工帮助计划 (EAP) 的研究综述 [J]. 北京建筑工程学院学报, 2009 (9): 56.

[56] 闲杰勒德·哈格里夫斯. 压力管理 [M]. 刘子正, 译. 中国社会科学出版社, 2001.

[57] 林桂碧. 他山之石: 台湾地区 EAP 的发展与现状 [J]. 企业研究, 2003 (18): 66-67.

[58] 刘亚林. EAP (员工帮助计划) 的成本、效用: 理论研究和实证分析 [D]. 北京: 首都经济贸易大学, 2009.

[59] 李星. EAP 雇员帮助计划 [EB/OL]. [2013-6-2]. http://blog. sina. com. cn/s/blog_ 4b674d3f0100hupc. html.

[60] EAP 在企业中应用的成功案例 [EB/OL]. [2013-6-14]. http://blog. sina. com. cn/s/blog_ 61ef74990100fg2l. html.

[61] 路红, 凌文辁, 任杰. 引入高校教师压力管理的组织机制: EAP 模式 [J]. 教育探索, 2009 (12): 36-37.

[62] 王鹏, 乔依琳. 我国 EAP 实证研究成果及本土化研究综述 [J]. 现代商业, 2011 (06): 98-99.

[63] 郝伟. 提高高校图书馆人员素质探讨 [J]. 科技信息, 2010 (25): 645.

[64] 张黎. 员工帮助计划 (EAP) 在高校图书馆员工管理中的应用 [D]. 长春: 吉林大学, 2011.

[65] 石林. 职业压力与应对 [M]. 北京: 社会科学文献出版社, 2005.

[66] 许小东, 孟晓斌. 工作压力: 应对与管理 [M]. 北京: 航空工业出版社, 2004.

[67] 王东波. 图书馆员工作压力及其应对策略 [J]. 中华医学图书情报杂志, 2011, 20 (3): 21-23.

[68] 周庆. 高校图书馆员的职业压力及其对策 [J]. 临沧师范高等专科学校学报, 2009 (3): 129-132.

[69] 郁笑春. 现代高校图书馆服务育人之创新模式 [J] //现代图书馆服务: 浙江省图书馆学会第十一次学术研讨会论文集. 2008.

[70] 李静. 探索图书馆人文管理的新模式——EAP [J]. 内蒙古科技与

经济，2009（1）：110-111.

［71］（美）罗宾斯．组织行为学［M］．北京：中国人民大学出版社，1997.

［72］许小东．工作压力应对与管理［M］．北京：航空工业出版社，2004.

［73］陈书梅．我国公立大学暨学院图书馆馆员工作压力源之调查研究［J］．大学图书馆，2003（1）：25-55.

［74］张西超．员工帮助计划—中国 EAP 的理论与实践［M］．北京：中国社会科学出版社，2006.

［75］赵然．员工帮助计划：EAP 咨询师手册［M］．北京：科学出版社，2010.

［76］张金峰．员工工作压力研究［D］．北京：北京师范大学，2003.

［77］周苗苗．EAP 的中国模式研究［D］．青岛：中国海洋大学，2005.

［78］贺靖雯．员工压力源分析与公司 EAP 实施对策研究［D］．武汉：华中科技大学，2006.

［79］张军华．高校图书馆馆员职业倦怠的现状及其对策［D］．武汉：华中师范大学，2008.

［80］徐兰杰．员工帮助计划在压力管理中的应用［D］．北京：首都经济贸易大学，2009.

［81］潜良玉．员工压力管理中的心理援助计划（EAP）应用研究——以江西移动公司为例［D］．南昌：南昌大学，2011.

［82］赵丽颖．员工帮助计划（EAP）在高校教师压力管理中的应用研究［D］．沈阳：沈阳师范大学，2013.

［83］李丹．应用 EAP 改善中职教师职业倦怠的探究——以沈阳市化学工业学校为例［D］．沈阳：东北大学，2011.

［84］季芳．民办高校辅导员职业倦怠与 B 廿构想［D］．南京：南京师范大学，2011.

［85］周世江．关于中、美、日图书馆员工作心理的若干压力［J］．河南图书馆学刊，2004（5）：77-78.

［86］王雁飞．国外员工援助计划相关研究述评［J］．心理科学进展，2005（5）：219-226.

［87］孙昕．EAP 在图书馆职业压力管理中的应用［J］．情报探索，2008（4）：85-87.

［88］张甲丽，侯平．运用 EAP 缓解高职院校教师压力初探［J］．职业

教育，2008（5）：29-32.

[89] 肖玉虹. 试论 EAP 与高校图书馆组织文化的融合 [J]. 医学信息，2008（11）：2018-2021.

[90] 杨玲. 高校图书馆馆员职业倦怠及其干预措施 [J]. 滁州学院学报，2010（3）：126-128.

[91] 余桦，李士明. 高校教师压力管理与 EAP 模式的构建 [J]. 黑龙江教育，2010（9）：50-51.

[92] 李晓慧. EAP 在高校图书馆员职业倦怠干预中的应用 [J]. 四川图书馆学报，2011（3）：70-73.

[93] 吴志鸿. 基于 EAP 视角的图书馆个性化激励机制的构建 [J]，上海高校图书情报工作研究，2010（1）：32-36.

[94] 郭建斌. EAP 的非薪酬激励功能分析 [J]. 中国人力资源开发，2006（2）：75-78.

[95] 陈文. 基于高校辅导员心理压力现状的 EAP 模式构建 [J]. 中国矿业大学学报：社会科学版，2013（6）：77-81.

[96] 孙红. 职业倦怠 [M]. 北京：人民卫生出版社，2009.

[97] 宋国萍，汪默. 职业健康心理学 [M]. 南京：东南大学出版社，2010.

[98] 聂红梅等. 阅读疗法对改善大学生抑郁心理的实证研究析 [J]. 当代教育理论与实践，2012（7）：25-26.

[99] 王芳，许燕，蒋奖. 职业枯竭的测量方法 [J]. 心理科学进展，2005（6）：814-821.

[100] 李超平，时勘. 分配公平与程序公平对工作倦怠的影响 [J]. 心理学报，2003（5）：677-684.

[101] 徐长江，时勘. 工作倦怠：一个不断扩张的研究领域 [J]. 心理科学进展，2003（6）：680-685.

[102] 赵玉芳，毕重增. 中学教师职业倦怠状况及影响因素的研究[J]. 心理发展与教育，2003（1）：80-83.

[103] 李超平，时勘，罗正学. 医护人员工作家庭冲突与工作倦怠的关系 [J]. 中国心理卫生杂志，2003（12）：807-809.

[104] 李永鑫，李艺敏. 工作倦怠诊断标准的初步探讨 [J]. 心理科学，2006（1）：148-153.

[105] 陆萍. 高校图书馆员激励的心理保健功效 [J]. 科技情报开发与经济，2004（11）：41-42.

［106］吴涛．图书馆员职业倦怠的归因及其对策［J］．图书馆学研究，2004（8）：28-31．

［107］张馨，王家同．高校图书馆员工职业倦怠的心理学分析［J］．情报杂志，2006（3）：144-145．

［108］李静．高校图书馆员职业倦怠状况的成因分析［J］．大学图书情报学刊，2008（3）：78-82．

［109］杨帅．广州高校图书馆员职业倦怠现状调查研究［J］．图书情报工作，2009（7）：99-103．

［110］张红莉，鲁海宁，马迪倩．天津市高校图书馆员职业倦怠实证研究［J］．图书馆工作与研究，2011（7）：47-50．

［111］朱海英．高校女性图书馆员职业倦怠现状及对策［J］．图书馆学研究，2013（1）：110-113．

［112］360百科．组织支持感．http：//baike．so．com/doc/5986602.'html．

［113］陶方林．关于图书馆人本管理的理性思考［J］．农业图书情报学刊，2009（3）：220-222．

［114］边建芳，陈恒玉．高校图书馆员职业倦怠现象的心理学分析[J]．晋图学刊，2010（4）：44-46．

［115］徐大真．职业心理学［M］．北京：高等教育出版社，2011．

［116］（英）Michael Carroll．职场心理咨询——EAP高级实战详解[M]．林紫心理机构，译．上海：华东师范大学出版社，2012．

［117］钟进华．EAP——改善图书馆员职业倦怠的帮助计划［J］．科技情报开发与经济，2009（1）：60-61．

［118］杨容．图书馆员职业倦怠的成因分析及对策研究［J］．四川图书馆学报，2012（2）：64-67．

［119］白雪松．图书馆员心理健康与员工帮助计划［J］．林业科技情报，2010（2）：126-128．

［120］祝少辉．论高校图书馆员自身职业倦怠的克服［J］．法制与社会，2010（7）：202-203．

［121］李莉．高校图书馆员职业倦怠浅析［J］．科技情报开发与经济，2012（18）：50-51．

［122］孔彬．图书馆员职业倦怠及其心理调适［J］．图书馆员，2012（1）：116-118．

［123］陈玉梅．图书馆一线馆员职业倦怠的成因及其干预［J］．科技情报开发与经济，2013（17）：36-39．

[124] 白巧凤. 高校图书馆员职业倦怠心理探析 [J]. 农业图书情报学刊, 2013 (6)：199-202.

[125] 李晓慧. EAP 在高校图书馆员职业倦怠干预中的作用 [J]. 四川图书馆学报, 2011 (3)：70-73.

[126] 赵春英. 新时期图书馆员心理状况调研 [J]. 图书馆学刊, 2011 (10)：30-32.

[127] 刘方方等. 工作倦怠对馆员主观幸福感影响的调查与分析 [J]. 图书馆, 2011 (6)：81-84.

[128] 英·迈克尔·卡罗. 职场心理咨询 [M]. 上海. 华东师范大学出版社, 2012.

[129] 姚晓敏. 和谐社会构建中的人际关系探析 [D]. 长沙：湖南师范大学. 2009.

[130] 李梅, 张满红. 浅谈高校图书馆的人际关系 [J]. 农业图书情报学刊, 2010 (5)：44-46.

[131] 刘磊. 构建图书馆和谐文化 [J]. 科技情报开发与经济, 2007 (24)：74-75.

[132] 王雪梅. 浅析高校图书馆人际关系的和谐 [J]. 中国西部科技, 2011 (08)：33-35.

[133] 李美玲. 浅谈高校图书馆员和谐人际关系的培养及其意义 [J]. 内江科技, 2011 (4)：25-27.

[134] 张军华. 高校图书馆馆员职业倦怠的现状及其对策 [D]. 武汉：华中师范大学, 2008.

[135] 孙红卫. 高校图书馆员心理压力影响因素分析与对策 [J]. 图书馆界, 2007 (1)：32-35.

[136] 陈宇. 我国图书馆员职业倦怠研究 [J]. 图书馆工作与研究, 2009 (06)：23-25.

[137] 邓尚民, 门伟莉. 高校图书馆员工作满意度与职业倦怠关系的实证研究 [J]. 图书情报工作, 2010 (06)：23-25.

[138] 刘美萍. 国内外职业倦怠研究概说 [J]. 沈阳师范大学学报：社会科学版, 2003, 27 (1)：81-84.

[139] 张彤彤. 谈图书馆人际关系的和谐 [J]. 大学图书情报学刊, 2007 (8)：53-54, 58.

[140] 肖菊蘋. 现代职业女性心理健康状况调查与分析 [J]. 职业, 2013 (24)：170-172.

［141］张曼玲，王洪滨．图书馆组织文化浅析［J］．图书馆建设，2010（4）：22-23．

［142］李清，程利国．员工帮助计划（EAP）：提高员工心理健康的有效途径［J］．闽江学院学报，2004（4）：17-19．

［143］孙鸿燕．浅谈高校图书馆人际关系的和谐［J］．图书情报研究，2006（35）：109-111．

［144］杨蓉，张莉，周虹．浅析针对高校教师队伍员工援助计划（EAP）的实施［J］．中国民航飞行学院学报，2012（4）：22-23．

［145］许宁，刘志明．EAP——精神按摩企业员［J］．现代企业教育，2005（4）：44-45．

［146］柳艳艳．高职院校员工援助计划（EAP）实施模式的构建［J］．天津市财贸管理干部学院学报，2012（09）：25-27．

［147］乔翠香．谈高校图书馆人际关系协调［J］．商丘师范学院学报，2007，23（10）：115-116．

［148］沈小凤．论高校图书馆和谐人际关系的构建［J］．图书馆，2007（4）：74-76．

［149］夏淑芳．谈高校图书馆流通部良好人际关系的建立［J］．河北技图苑，2008，21（5）：64-66．

［150］欧阳佩瑾．新环境下图书馆和谐人际关系的构建［J］．贵图学刊，2007（4）：61-63．

［151］张玉礼．新时期高校图书馆十大人际关系论纲［J］．晋图学刊，1995（2）：5-8．

［152］肖岚，叶翎．高校图书馆人性化服务的探讨与实践［J］．中华医学图书情报杂志，2010（10）：22-23．

［153］廖颖．关于高校图书馆服务创新的思考［J］．中外企业家，2008（6）：52-54．

［154］孔祥飞，周秀梅．高职高专图书馆管理如何实现以人为本［J］．高校图书馆工作，2008（5）：41-43．

［155］马圳联．浅析图书馆以人为本服务与管理［J］．管理观察，2009（5）：25-27．

［156］秦晓珠．从用户满意获取图书馆服务价值［J］．图书馆，2008（5）：34-36．

［157］李小平．构建高校图书馆和谐人际关系的着力点研究［J］．高校图书馆工作，2009（3）：45-47．

[158] 黄仕楚. 对建立良好人际关系的刍议 [J]. 湖南涉外经济学院学报, 2006 (4): 22-25.

[159] 杨兴凤. 试论高校图书馆和谐人际关系构建 [J]. 办公室业务, 2013 (11): 125-126.

[160] 龙雪梅. 论以人为本的和谐图书馆的构建 [J]. 高校图书馆工作, 2006 (3): 11-13.

[161] 马来宏等. 谈高校图书馆的人性化建设 [J]. 高校图书馆工作, 2010 (2): 26-27.

[162] 黄苏芬. 基于情绪管理的高校和谐人际关系研究 [J]. 邢台学院学报, 2012 (03): 34-36.

[163] 马世成. 建立和谐人际关系 提高学校管理水平 [J]. 发展, 2012 (07): 7-9.

[164] 邓以惠. 角色换位体验与社会互动——浅谈高校图书馆和谐人际关系的建设 [J]. 科技情报开发与经济, 2011 (22): 44-46.

[165] 孙波. 浅谈 EAP 在现代企业人力资源管理中的应用 [J]. 齐齐哈尔师范高等专科学校学报, 2007: 56-57.

[166] 张美君. 构建和谐的校园人际关系 [J]. 现代交际, 2011 (04): 32-35.

[167] 郭慧虹. 论高校图书馆员职业倦怠的成因及其抑制 [J]. 温州师范学院学报, 2006 (3): 104-107.

[168] 吴爱惠. 浅谈高校图书馆员的职业倦怠及心理调适 [J]. 江西图书馆学刊, 2005 (2): 108-110.

[169] 赵婷. 简论高校图书馆员职业倦怠的产生及其消除 [J]. 晋图学刊, 2005 (3): 71-72.

[170] 李立新. 试论图书馆工作者职业倦怠的文化成因及对策 [J]. 图书馆, 2008 (4): 16-18.

[171] 张馨. 高校图书馆员工职业倦怠问题解析 [J]. 图书情报知识, 2006 (3): 23-25.

[172] 翟敏杰. 图书馆员职业倦怠心理的形成与克服 [J]. 图书馆工作与研究, 2009 (8): 96-97.

[173] 彭晓哲. 如何应对职业倦怠 [J]. 中国职工教育, 2013 (10): 54.

[174] 周世江. 关于中、美、日图书馆员工作心理的若干压力 [J]. 河南图书馆学刊, 2004 (5): 33-35.

[175] 张诮龙. L-EAP, 为中国企业员工减压 [J]. 人力资源, 2006 (16): 52-54.

[176] 冒国新. 高校图书馆员的心理压力与调适 [J]. 图书馆工作与研究, 2006 (3): 24-26.

[177] 吴佳. 高校女性图书馆员的心理障碍与调适 [J]. 文教资料, 2011 (5): 11-14.

[178] 任罡. 浅谈图书馆员的心理健康 [J]. 国家图书馆学刊, 2005 (3): 54-56.

[179] 郭元春. 构建和谐校园人际关系培养良好人际交往能力 [J]. 中国职工教育, 2013 (18): 26-28.

[180] 张盛. 双重互动: 媒介化社会的舆论新表征 [J]. 新闻传播, 2013 (06): 26-28.

[181] 张佳睿. 基于压力管理的员工帮助计划研究 [D]. 兰州: 兰州大学, 2006.

[182] 钟进华. EAP——改善图书馆员职业倦怠的帮助计划 [J]. 科技情报开发与经济, 2009, 18 (1): 22-24.

[183] 杨文士. 管理学原理 [M]. 北京: 中国人民大学出版社, 2004.

[184] 时蓉华. 现代社会心理学. [M] 上海: 华东师范大学出版社, 1989: 197-206.

[185] 郑美群. 职业生涯管理 [M]. 北京: 机械工业出版社, 2010: 137-296.

[186] 谢国宝 龙立荣 职业生涯高原研究述评 [J]. 心理科学进展, 2005, 13 (3): 350.

[187] 杨文士. 管理学原理 [M]. 北京: 中国人民大学出版社, 2004.

[188] (美) F W Lancaster. 电子时代的图书馆和图书馆员 [M]. 郑登理, 陈珍成, 译. 北京: 科学技术文献出版社, 1985.

[189] (美) Richard L. Daft, Raymond A. Noe. 组织行为学 [M]. 杨宇, 闫鲜宁, 于维佳, 译. 北京: 机械工业出版社, 2004.

[190] (美) Brian Luke Seaward. 压力管理策略 [M]. 许燕等, 译. 北京: 中国轻工业出版社, 2008.

[191] (英) Perter Makin. 组织和心理契约 [M]. 王新超, 译. 北京: 北京大学出版社, 2000.

[192] 李春. 高校图书馆全面质量管理体系下的人力资源管理 [M]. 北京: 北京大学出版社, 2008.

[193] 余建英，何旭宏．数据统计分析与 SPSS 应用 [M]．北京：人民邮电出版社，2003.

[194] 陈纳．积极心理学视野下的企业员工援助计划 [J]．学理论，2013（07）：92-93.

[195] 陈敏．企业员工工作满意度的比较研究 [D]．合肥：中国科技大学，2001.

[196] 陈维政，刘云．工作满意度与工作绩效的相关性 [J]．企业人力资源管理，2003（06）：28-31.

[197] 陈志勇，龙文武，傅克刚．医务人员工作满意度调查研究 [J]．医学与哲学：人文社会医学版，2007（09）：62-63.

[198] 陈红．浅析员工援助计划在旅游企业绩效建设中的作用 [J]．浙江旅游职业学院学报，2009（05）：48-52.

[199] 单剑辉．八大因素影响员工工作满意度——基于科研事业单位的实证调查与研究 [J]．职业，2006（12）：31-32.

[200] 董洁，杜林致，符艺．当代图书馆员"快乐指数"回归分析模型的构建 [J]．图书情报工作，2007（06）：24-27.

[201] 董洁，杜林致，李超．图书馆员工作满意度回归分析模型的构建 [J]．图书情报知识，2007（05）：30-33.

[202] 杜林致，宋颖，秦阳．当代图书馆员"快乐指数"调查问卷规范化分析 [J]．图书情报工作，2007（06）：28-31.

[203] 杜林致，刘颖，孙晓明．收入水平对当今图书馆员工作满意度的影响研究 [J]．图书情报知识，2007（05）：22-25.

[204] 段晶晶．图书馆员工作满意度影响因素及对策研究 [J]．图书馆工作与研究，2009（02）：89-90.

[205] 方玉红．冲突管理、团队绩效以及工作满意度的研究 [J]．浙江金融，2006（09）：56-57.

[206] 冯伯麟．教师工作满意及其影响因素的研究 [J]．教育研究，1996（02）：42-49.

[207] 符艺，李超，赵宏艳．当代图书馆员快乐感受比较分析 [J]．图书情报工作，2007（06）：16-19.

[208] 傅霖，张兴瑞，黄云森．外来劳务工继续教育获得性与工作满意度相关性的实证研究 [J]．职教论坛，2008（13）：21-25.

[209] 高燕．高校图书馆员职业倦怠现象的成因及干预策略 [J]．甘肃高师学报，2010（15）：128-129.

［210］郭朝晖. 企业员工援助计划（EAP）的应用效果及导入［J］. 科技与管理, 2006（02）: 151-152.

［211］谷向东, 郑日昌. 员工援助计划: 解决组织中心理健康问题的途径［J］. 心理科学进展, 2004（06）: 398-399.

［212］裴新军. 论图书馆员工工作压力、焦虑、倦怠心理问题［J］. 福建图书馆理论与实践, 2008（02）: 32-39.

［213］胡翠红. 员工满意度模型及因素分析［J］. 统计与决策, 2006（10）: 24-26.

［214］韩翼. 工作绩效与工作满意度、组织承诺和目标定向的关系［J］. 心理学报, 2008（01）: 84-91.

［215］惠调艳. 研发人员工作满意度影响因素研究［J］. 科技进步与对策, 2007（01）: 182-184.

［216］霍丽敏, 徐建华, 张丹. 不同类型图书馆员工作满意度分析［J］. 图书情报知识, 2007（05）: 26-29.

［217］姜鹏飞. 论高校图书馆员的职业倦怠［J］. 重庆图情研究, 2007（02）: 23.

［218］雷英华, 刘春, 马凤英. 高校图书馆员对自身工作满意程度的调查分析［J］. 河南图书馆学刊, 2004（01）: 65-67.

［219］李金平等. 员工协助计划（员工援助计划）综述及其在中国的应用［J］. 管理现代化, 2005（06）: 45-49.

［220］李超, 徐建华, 霍丽敏, 等. 当代图书馆员"快乐指数"调查主报告［J］. 图书情报工作, 2007（06）: 6-11.

［221］李翠娟. 高校知识型图书馆员的特征及激励原则［J］. 科技咨询导报, 2007（23）: 253.

［222］李明. 北京民营企业员工工作满意度的调查研究［D］. 天津: 天津师范大学, 2007.

［223］李倩莹. 复合型图书馆中馆员工作的良性循环——轮岗制［J］. 内蒙古科技与经济, 2007（19）: 130-131.

［224］李凤念. 图书馆员工满意度影响因素分析及对策研究［J］. 河北科技图苑, 2011（04）: 22-23.

［225］陈纳. 积极心理学视野下的企业员工援助计划［EB/OL］. ［2013-06-21］. http://www.docin.com.

［226］陈丽遐等. 挖掘大学生积极的人格物质［EB/OL］. ［2013-09-25］. http://www.docin.com.

[227] 程莘文. 浅谈信息素质养成教育——新时期高校图书馆的重要使命 [J]. 河北科技园苑, 2008, 21 (2): 26-28.

[228] 刘建, 陈永进等. EAP 研究述评 [J]. 四川职业技术学院学报, 2008 (05): 32-34.

[229] 刘春艳. 员工援助计划在我国的发展及建议 [J]. 科技和产业, 2007 (02): 69-70.

[230] 刘风瑜, 张金成. 员工工作满意度调查问卷的有效性及民营企业员工工作满意度影响因素研究 [J]. 南开管理评论, 2004 (03): 92-104.

[231] 梁树新. 论教师心理契约管理 [J]. 鄂州大学学报, 2006 (02): 67-69.

[232] 刘莴斐, 王兆良. 合肥市高等医学院校教师工作满意度的调查与分析 [J]. 卫生软科学, 2008 (04): 247-251.

[233] 卢盛华. 图书馆员工工作满意度研究 [J]. 图书与情报, 2004 (02): 67-68.

[234] 卢嘉. 工作满意度的评价结构和方法 [J]. 人力资源管理与开发, 2001 (01) 15-18.

[235] 马迪倩, 宋震. 天津市高校图书馆员工作满意度回归分析模型 [J]. 图书馆工作与研究, 2010 (10): 33-36.

[236] 马迪倩. 天津市高校图书馆员工作满意度实证研究 [D]. 天津: 南开大学, 2008.

[237] 马骅. 论心理契约在和谐图书馆人力资源管理中的应用 [J]. 图书馆学刊, 2007 (01): 66-67.

[238] 宁元元, 张晓辉, 朱月龙. 浅析健全员工帮助计划 (EAP) 评估体系 [J]. 经济与管理, 2006, 20 (6): 76-78.

[239] 齐登业. 当前国企员工工作满意度调查分析 [D]. 济南: 山东大学, 2002.

[240] 秦阳, 刘颖, 田立忠. 当今图书馆员快乐指数对工作满意度影响的研究 [J]. 图书情报知识, 2007 (05): 18-21.

[241] 青平, 李崇光, 吴乐. 农村基层干部工作满意度实证分析 [J]. 农业经济问题, 2008 (07): 62-71.

[242] 申卫群. 论高校图书馆员心理健康问题及对策 [J]. 科技情报开发与经济, 2007 (20): 50-51.

[243] 濮瑜. 浅析员工援助计划在医院建设中的应用 [J]. 医院管理, 2010 (08): 155-157.

［244］宋颖．徐建华．当今图书馆员工作满意度对组织承诺影响的研究
［J］．图书情报知识，2007（09）：10．

［245］睢党臣，李晓静．工作满意度影响因素的排序研究［J］．全国商
情：经济理论研究 2006（11）：43-46．

［246］孙建萍，孙建红，安寸然．高校教师工作满意度调查与分析［J］．
教育探索，2006（9）：78-80．

［247］孙晓明，董洁，秦阳．当今图书馆员工作满意度对其快乐指数影
响研究［J］．图书情报知识，2007（5）：13-17．

［248］唐芳贵，彭艳．高校教师职业倦怠与工作满意度、社会支持关系
［J］．中国公共卫生，2008（8）：930-932．

［249］田立忠，唐承秀，郑铂．当代图书馆员快乐源、痛苦源排序分析
［J］．图书情报工作，2007（6）：20-23．

［250］汪彩玲．工作满意度影响因素分析［J］．市场研究，2005（2）：
29-32．

［251］汪象华．非营利性组织激励绩效测量：工作满意度与组织承诺研
究述评［J］．青海社会科学，2006（4）：14-18．

［252］汪象华．激励因素与工作满意度及组织承诺关系实证研究——以
武警基层干部为例［J］．系统工程，2006（5）：66-71．

［253］王金平．中等学校教职工工作满意度调查及分析［D］．天津：天
津师范大学，2001．

［254］王赛芳．员工工作满意度理论探析［J］．改革与战略，
2006（7）：95-98．

［255］秦春．关于图书馆员和谐工作关系的思考［J］．科技情报开发与
经济，2008（4）：65-66．

［256］王伟，杨俊生．国外生活满意度研究成果及其意义价值［J］．江
西师范大学学报：哲学社会科学版，2010（2）：41-43．

［257］王宝红．工作满意度与关系研究综述［J］．经济研究导刊，
2008（8）：12-14．

［258］王秀希．员工援助计划（EAP）的评估探析［J］．云南科技管理，
2006（6）：19-21．

［259］魏文选．中国若干所大学教师工作满意度的实证研究［D］．广
州：华中师范大学，2006．

［260］文新跃．心理契约理论与工作满意度影响因素的研究［J］．韶关
学院学报，2006（7）：61-64．

[261] 吴代英. 高校图书馆员与公共图书馆员职业倦怠之比较 [J]. 池州学院学报, 2008 (3): 157-161.

[262] 熊菊敏. 高校图书馆如何营造管理及服务中的和谐氛围 [J]. 职业时空, 2007 (12): 54-55.

[263] 熊九生. 性格与工作满意度 [J]. 职业, 2004 (4): 34-35.

[264] 徐建华, 霍丽敏, 赵睿. 当代图书馆员"快乐指数"的实证分析 [J]. 图书情报工作, 2007 (6): 12-15.

[265] 宋颖, 徐建华. 当今图书馆员工作满意度对组织承诺影响的研究 [J]. 图书情报知识, 2007 (5): 8-12.

[266] 徐建华. 从实证的角度研究当代图书馆员的工作满意度 [J]. 图书情报知识, 2007 (9): 5-7.

[267] 徐靖, 张荣旭, 王金祥, 等. 科研院所图书馆目前状况及发展对策探讨 [J]. 医学信息, 2007 (7): 1185-1187.

[268] 徐兰杰. 员工帮助计划在压力管理中的应用 [D]. 北京: 首都经济贸易大学, 2009.

[269] 杨玉美, 李秋洁, 赵术菊. 护士工作价值观与工作满意度的调查研究 [J]. 护理研究, 2008 (19): 1711-1713.

[270] 杨秀伟, 李明斐, 张国梁. 高校教师工作满意度及其与离职倾向关系的实证研究 [J]. 大连理工大学学报: 社会科学版, 2005 (4): 66-69.

[271] 殷占兵. 职业倦怠: 高校图书馆员的隐形杀手. 图书与情报 [J], 2004 (4): 74-75.

[272] 殷雪梅. 提高图书馆员工作满意度的对策及其意义 [J]. 科技情报开发及经济, 2007 (28): 72-73.

[273] 殷雪梅. 图书馆员工作满意度探析 [J]. 中小学图书情报世界, 2007 (3): 14-16.

[274] 中国人力资源网. 中国"工作倦怠指数"调查报告 [R]. http://www.people.com.cn/GB/shenghuo/1089/3042998.html.

[275] 张西超. 员工帮助计划与中国企业 [J]. 中国印刷, 2003 (11): 8-11.

[276] 张西超. 带着快乐去上班 [M]. 北京: 中信出版社, 2011.

[277] 张利. 高校图书馆员工工作满意度调查量表的编制研究 [J]. 大学图书情报学刊, 2008 (2): 26-30.

[278] 张利. 首都高校教师工作满意度的结构、现状及其影响研究 [D]. 北京: 对外经济贸易大学, 2007.

［279］张灵. 高校高层次人才工作满意度影响因素分析［J］. 广东技术师范学院学报，2007（6）：68-70.

［280］张平，崔永胜. 员工工作满意度影响因素的研究进展［J］. 经济师，2005（2）：160-161.

［281］张星. 示范性院校建设背景下高职教师工作满意度研究——以浙江经济职业技术学院为例［J］. 职业技术教育，2008（16）：56-60.

［282］张升飞. 员工援助计划因子分析及其对工作士气的影响［J］. 广西民族大学学报：哲学社会科学版，2010（3）：24-26.

［283］张勉，李树茁. 企业员工工作满意度决定因素实证研究［J］. 统计研究，2001（8）：33-37.

［284］张军华. 高校图书馆馆员职业倦怠的现状及其对策［D］. 武汉：华中师范大学，2008.

［285］周昌勇. 公务员工作满意度研究：以汕头市为例［D］. 汕头：汕头大学，2006.

［286］周玲，刘洪. 员工工作满意度研究综述［J］. 第8届全国青年管理科学与系统科学学术会议论文集，2005.

［287］周晓. 国外 EAP 模式对我国人力资源管理的意义［J］. 科学时代，2006（12）：38-39.

［288］周苗苗. EAP 的中国模式研究［D］. 青岛：中国海洋大学，2005.

［289］路红，凌文辁，任杰. 引入高校教师压力管理的组织机制：EAP 模式［J］. 教育探索，2009（12）：36-37.

［290］张西超. EAP 能为我们带来什么［EB/OL］.［2012-12-08］. http：//wenku. baidu. com/view/bb585bb648d7c/c708a/4538. html.

［291］马斯洛. 动机与人格（第3版）［M］. 中国人民大学出版社，2012.

［292］金星慧. 员工帮助计划（EAP）在 DM 煤矿的应用方案研究［D］. 阜新：辽宁工程技术大学，2011.

［293］蔡志刚. 探讨 EAP 在中国的发展［EB/OL］.［2013-01-08］. http：//blog. sina. com. cn/s/blog_ 4ecff83f01007z80. html.

［294］樊富珉. 团体咨询的理论与实践［M］. 北京：清华大学出版社，1996.

［295］田国秀. 团体心理游戏实用解析［M］. 北京：学苑出版社，2010.

［296］任俊. 积极心理学［M］. 北京：开明出版社，2012.

[297]（美）舒伯．职业生涯发展理论［EB/OL］．［2012-04-25］.
http：//www. yjbys. com/qiuzhizhinan/show-184034. html.

[298] 王秀希．员工援助计划（EAP）的评估探析［J］．云南科技管理,
2006（6）：19-21.

[299] 徐兰杰．员工帮助计划在压力管理中的应用［D］．北京：首都经
济贸易大学密云分校, 2009.

[300] 徐进．某通信公司开展员工援助计划的效果评价［J］．中外企业
家, 2010（1）：31-33.

[301] 李金平等．员工协助计划（EAP）综述及其在中国的应用［J］.
管理现代化, 2005：45-49.

[302] 中国就业培训技术指导中心和中国心理卫生协会．心理咨询师
（基础知识）［M］．北京：民族出版社, 2005.

[303] 中国就业培训技术指导中心和中国心理卫生协会．心理咨询师
（三级）［M］．北京：民族出版社, 2005.

[304] 徐光兴．企业心理咨询·EAP 案例集［M］．上海：上海教育出版
社, 2012：192-197.

[305] 刘贵勤．浅谈图书馆员的岗位流动［J］．大家, 2009（9）：
241-242.

[306] 朱彤晖．让下属快乐工作［J］．领导科学, 2005（19）：26-27.

[307] 李国红．网络环境下图书馆员适应力的塑造［J］．山东图书馆季
刊, 2006（1）：85-87.

[308] 易普斯企业咨询服务中心．幸福组织建设之道［EB/OL］.
http：//www. eap. com. cn/DeTail/550.

[309] 王静．基于短期治疗的焦点解决法介绍及个案报告［J］．中国心
理卫生杂志, 2007, 21（8）：578-582.

[310] 许维素．建构解决之道——焦点解决短期治疗［M］．宁波：宁波
出版社, 2013.

[311] 赵然．员工帮助计划 EAP 咨询师手册［M］．北京：科学出版
社, 2010.

[312] 乐嘉．"色"眼识人［M］．上海：文汇出版社, 2006.

[313] 罗宾斯．组织行为学（第10版）［M］．北京：中国人民大学出版
社, 2005.

[314] 徐光兴．企业心理咨询·EAP 案例集［M］．上海教育出版社,
2012：83-90.

［315］Ference. 职业高原［EB/OL］.［2013-03-14］. http：//baike. baidu. com/view/1212513. htm.

［316］卢丽涛，马晓华. 中国中铁总裁离世背后："心理按摩"蹒跚商界［N］. 第一财经日报，2014-01-08.

［317］中华人民共和国教育部. 普通高等学校图书馆规程（修订）（教高［2002］3 号）. 2002-02-21.

［318］侯富芳. 高校图书馆工作人员心理失衡问题试探［J］. 河北科技图苑，2004（4）：67-68.

［319］刘贵勤. 试从心理角度探讨图书馆员的压力及其调适［J］. 大学图书情报学刊，2010（1）：73-75.

［320］刘贵勤. 试论图书馆的伦理管理［J］. 大学图书情报学刊，2011（2）：20-23.

［321］新华社北京 10 月 26 日电：中华人民共和国主席令第 62 号. 中华人民共和国精神卫生法. 中央政府门户网站. www. gov. cn/+Hg/2012-10/26conten-2253975. html.

［322］张曼玲，王洪滨. 图书馆组织文化浅析［J］. 图书馆建设，2010（4）：22-23.

［323］百科词条：心理资本. http：//baike. baidu. com/view/3001629. htm.

后　记

　　2008 年 4 月 5 日，那是一个值得纪念的日子，冥冥之中，刚刚拿到心理咨询师证书一年后的我，懵懵懂懂地报名参加了一个为期四天的"安徽省首届 EAP 实战班暨签约咨询师班"的培训，首次接触到了 EAP，知道了 EAP 的全称是"Employee Assistance Program"，直译为员工援助计划，又称员工心理援助项目或全员心理管理技术，也第一次知道了世界上还有一种职业叫"EAP 咨询师"。带着一份好奇和一份期待，走入了课堂，开始了解 EAP 的概念、历史、作用、工作模式、取得的成效，并对其在中国的发展未来充满了期待，跃跃欲试地想一试身手，却一直没有机会。但从此心中埋下了 EAP 的种子，等待合适的时机发芽、成长。

　　不经意间，斗转星移，时光悄然划过了四年。2012 年春，几经酝酿、反复斟酌之后，我确定以"基于员工援助计划模式的高校图书馆人力资源管理研究"为题申报了国家社会科学基金，喜获立项。

　　EAP 是为所有工作着的人们提供的一种心理健康援助服务，其服务的人群数量巨大、服务的内容涉及面广。1998 年随跨国公司进入中国，2001 年诞生了中国本土第一个完整意义上的 EAP 项目——张西超博士主持的联想客户服务部的员工援助计划。十几年间，EAP 本土化的发展有了长足的进步，在大型企业的应用业已非常成熟、日臻完善了，但在高等院校，尤其是在高等院校的一个业务部门——图书馆人力资源管理中的应用尚未见涉及。因此，课题获得立项欣喜之余，也不免心有忐忑。

　　众所周知，高校图书馆员在高等院校中是非常特殊的一个群体，虽说不可或缺，却又未感受到被重视。且不说成就感和价值感了，甚至连存在感都很弱，工作激情不再、职业倦怠弥漫、人际关系微妙……EAP 能否实施？如何操作？图书馆 L-EAP 模式如何构建？效果如何？……太多的问号等着我们去解答。

　　功夫不负有心人！经过两年多的努力，我们在 EAP 的蓝图上增添了多彩的画卷，虽不尽善尽美，却也可圈可点。今天，我们把她以专著的形式呈现出来，希望得到同行专家、学者的指教！

　　本书是在课题研究的基础上形成的。而本课题是综合性研究，特点是理论与实践相结合，因此本书分理论篇和实践篇两大块共八章。其中理论篇六章：第一章绪论，主要介绍了课题选题的背景和意义、EAP 的相关知识和应用实践，以及高校图书馆引入 EAP 的必要性及其意义；第二章至第六章分别就高校图书馆员的压力及压力源、职业倦怠、人际关系、职业高原现象、工作与生活平衡问题进行了实证调研和理论探讨、分析成因并分别提出应对策略。实践篇的第七章详细地介绍了图书馆员工援助计划（L-EAP）的实施过程，从制定项目规划书、调研、宣传推广、组织诊断、团体辅导、个案咨询到效果评估，基本上提供了一个可以拿来就用的实用模本；第八章也是本书的最后一章对我们的研究取得的成绩和存在的不足进行了总结、对 EAP 和 L-EAP 的未来进行了展望。

　　本书是我们课题组集体智慧的结晶。第一章由许秀杰执笔；第二章由李咏梅执笔；第三章由陶方林执笔；第四章由路俊英执笔；第五章由储结兵执笔；第六章由王宁执笔；第七章和第八章由刘贵勤执笔。全书由刘贵勤修改并统稿。

　　回顾两年来的历程，有艰辛，也有喜悦，更多的是感谢！在本书出版之际，首先我要感谢的是吴良仁、姚维传、袁维海等院领导以及科研处的许跃辉、王海岩、欧树同、郭君等同志们，在他们的具体关怀和专业指导下，使得课题的申报以成功；感谢我们走访的 32 所高校的图书馆馆长们，由于他们的大力支持，我们的问卷调研和访谈非常的顺利；感谢安徽大学储节旺馆长和安徽行政学院陶方林馆长以及两所图书馆的全体同仁，为我们课题的实操提供条件并大力支持且通力合作，本书实践篇的完成归功于他们；感谢课题组的全体成员，两年来，我们一起走过的日日夜夜将永远留在我们的记忆中：我们探讨、我们争论、我们达成共识……这之中有困惑、烦恼和艰辛，更多的是喜悦、欢笑和自豪！最后，我特别要深深感谢的是我们课题组成员的家人，无数个日子，当我们奔赴在调研的路上，他/她们不仅要做好本职工作，还要独自承担着接送孩子、照顾老人的责任，但却毫无怨言，因此，在这些幕后英雄们的默默且鼎力的支持下，我们课题组成员才能够安心、放心、全心地投入研究中，为课题研究按时、顺利地完成提供了保障。

　　希望"高校图书馆人力资源管理中的 EAP 模式应用"不仅仅是一本 EAP 视角下的高校图书馆人力资源管理的著作，因为它的读者对象并非仅限于高校图书馆员，任何一个生活在职场中、关注自身生活质量的读者均可从中学得几招，为自己消除生活上、心灵上的负面因素，营造愉悦的工作、生活和心灵环境。

EAP事业的发展，需要热爱EAP事业的同仁们共同努力和热忱付出。期望本书抛砖引玉，为中国EAP大厦的高度添加一块砖、一片瓦。本书所引用的论点和材料虽均注明出处，参考文献也在书末列入，但难免有疏漏，恳请谅解。

由于EAP涉及的学科领域非常广泛，我们课题组成员专业面较为单一，加上时间的限制，使得我们的研究深度有所欠缺。本书的缺点与不足，恳请专家、同行和读者批评指正，在此，谨向你们表示诚挚的谢意！

本课题组组长　刘贵勤